世界の正体と猶太人

酒井勝軍

奪われし日本【復活版】シリーズとは？

「友は強し」を合言葉に、必要な書籍を必要な方へ——たとえ100部からでもお届けする！　そんな出版社「ともはつよし社」が企画した書籍をヒカルランドが販売していく——必然のコラボレーション！　それが「奪われし日本【復活版】シリーズ」です！　きびしい出版業界の中で「志」一本でお届けする珠玉の作品群——ご愛顧のほど、よろしくお願い申し上げます♪

※本書は大正13（1924）年、内外書房より刊行された『世界の正體と猶太人』の復刻版です。

世界《せかい》の正體《しょうたい》と猶太人《ゆだやじん》

自《じ》序《じょ》

先年《せんねん》ハルピンに於《おい》て、四王天大佐《しおうてんたいさ》より數葉《すうよう》の繪葉書《えはがき》を贈《おく》られたりしが、何《いず》れも猶太禍《ゆだやか》を諷刺《ふうし》したるものにして、其内《そのうち》最《もっと》も注意《ちゅうい》と興味《きょうみ》とを惹《ひ》きたるは「歐州諸國襲撃《おうしゅうしょこくしゅうげき》の猶太人《ゆだやじん》」と題《だい》し、下《した》に多數《たすう》の猶太人《ゆだやじん》あつて、何《いず》れも手《て》に綱《つな》を取《と》り、右題字中《みぎだいじちゅう》の「歐州諸國《おうしゅうしょこく》」（ロシヤ語《ご》）より、オー（アッチエストウオ乃《すなわ》ち祖國《そこく》の頭字《かしらじ》）及《およ》びペー（パトリオテズム乃《すなわ》ち愛國心《あいこくしん》の頭字《かしらじ》）の二字《にじ》を引下《ひきお》ろしつつあるものにして、歐州諸國《おうしゅうしょこく》より此二字《これにじ》を取《と》り去《さ》れば猶太諸國《ゆだやしょこく》と變《かわ》る趣向《しゅこう》なり。

忠君愛國《ちゅうくんあいこく》の念《ねん》が世界到《せかいいた》る處《ところ》に於《お》いて極《きわ》めて薄弱《はくじゃく》となり、國《くに》に由《よ》りては全《まった》く其跡《そのあと》を絶《た》ちたるが如《ごと》きは自由平等《じゆうびょうどう》を巧《たく》みに謳歌《おうか》せしめたる猶太人《ゆだやじん》の術中《じゅっちゅう》に陷《おちい》りたる結果《けっか》にして、我國《わがくに》に在《あ》りても著《いちじる》しく其中毒《そのちゅうどく》を受《う》けつつあるものなり、而《しか》してヨーロッパより「忠君愛國《ちゅうくんあいこく》」を抜《ぬ》き去《さ》れば猶太《ゆだや》となるが如《ごと》きは固《もと》よりロシヤ語《ご》に限《かぎ》られたる事《こと》ならんが、猶太人《ゆだやじん》の陰謀《いんぼう》を有《あ》りのまま諷刺《ふうし》せるものにして大《おおい》に興味《きょうみ》あり又大《またおおい》に警戒《けいかい》すべき事《こと》なりとす。

爾來《じらい》、餘《よ》は世界《せかい》の凡《すべ》ての化粧的外皮《けしようてきがいひ》を剝奪《はくだつ》せば其正體《そのしようたい》果《はた》して如何《いか》なるべきやてふ新《あた》らしき研究《けんきゆう》に誘《さそ》はれたりしが、本書《ほんしよ》は卽《すなわ》ち其研究《そのけんきゆう》の一半《いつぱん》にして、餘《よ》は之《これ》に由《よ》りて我國民《わがこくみん》を其迷《そのまよ》へる百年《ひやくねん》の戀《こい》より覺醒《かくせい》せしめんと欲《ほつ》す、豫言者《よげんしや》イザヤ叱咤《しつた》すらく、『シオンよ、醒《さ》めよ、汝《なんじ》の力《ちから》を衣《き》よ』と、シオンとは古事記《こじき》に所謂《いわゆる》『朝日之直刺國《あさひのちよくしこく》、夕日之日照國《ゆうひのにつしようこく》』なり、卽《すなわ》ち日本《にほん》なり。

日本《にほん》よ、醒《さ》めよ、さめて汝《なんじ》の力《ちから》を衣《き》よ。

國民《こくみん》よ、醒《さ》めよ、さめて汝《なんじ》の力《ちから》に歸《かえ》れ。

二千五百八十四年紀元節《にせんごひやくはちじゆうよねんきげんせつ》

著《ちよ》者《しや》識《しるす》

世界《せかい》の正體《しょうたい》と猶太人《ゆだやじん》

目次

第三章　米國《べいこく》の正體《しょうたい》……117

カバーデザイン　藤本千早

世界《せかい》の正體《しょうたい》と猶太人《ゆだやじん》

第一章　總論《そうろん》

想《おも》ひ起《おこ》す、第十九世紀《だいじゆうきゆうせいき》の後半《こうはん》、殊《こと》に其末期《そのまつき》に於《お》いて、我等亞細亞民族《われらあじあみんぞく》は列强《れつきよう》Powersなる熟語《じゆくご》に夥《おびた》だしく威嚇《いかく》せられたりき、而《しか》して白皙人種《はくせきじんしゆ》と云《い》へば最優最良最强《さいゆうさいりようさいきよう》の人種《じんしゆ》にして、歐米人《おうべいじん》と云《い》へば雲漢《うんかん》を聳《そび》ゆる文明人《ぶんめいじん》、神明《しんめい》に奉仕《ほうし》する開化人《かいかじん》、有色人種《ゆうしよくじんしゆ》の到底《とうてい》伍《ご》し難《がた》き否模《いやも》し難《がた》き、上級《じようきゆう》のものの如《ごと》くに心得《こころえ》、我等大和民族《われらやまとみんぞく》の如《ごと》きは世界《せかい》の舞臺《ぶたい》に立《た》ちては馬脚《ばきやく》の役《やく》を勤《つと》むるより外《ほか》なく、髪《かみ》の黒《くろ》きを恨《うら》み、面《めん》の黄《き》なるを嘆《たん》じ、中《なか》には負《ま》けず嫌《ぎら》ひが、歐米人《おうべいじん》の丈高《たけたか》きは脚《あし》の長《なが》きが故《ゆえ》なりと負《ま》け惜《おし》みを洩《も》らしたることもありたりしが、汽車《きしや》は人力車《じんりきしや》より速《はや》く、電信《でんしん》は飛脚《ひきやく》よりも速《はや》く、彈丸《だんがん》は矢《や》よりも速《はや》く、從《したが》つて兎《うさぎ》と龜《かめ》とは競走場裡《きようそうじようり》に共《とも》に立《た》つべきものに非《あら》ざることを、分《わか》り易《やす》き物質的文明《ぶつしつてきぶんめい》を以《もつ》て敎《おし》へられたりし結果《けつか》、假令身長《たといしんちよう》を六尺《ろくしやく》たらしめ能《あた》はざるとも、又假令眼球《またたといがんきゆう》を碧色《へきしよく》たらしめ能《あた》はざるとも、せめて彼等《かれら》の言語《げんご》なりとも解《かい》するを得《え》ばやとの淺《あさ》ましき心《こころ》に誘《さそ》はれて、昨日《さくじつ》までは鎖國攘夷《さこくじょうい》に肩《かた》を張《は》り居《お》りたりし者《もの》、今《いま》は犬《いぬ》と共《とも》に西洋人《せいようじん》の食卓《しょくたく》より落《お》ちたるパン屑《くず》に舌鼓《したつづみ》を打《う》たざるを愚《ぐ》と呼《よ》ぶに到《いた》れり。

されば、世界《せかい》は廣《ひろ》く國《くに》は多《おお》しといへども、若《も》し地球上《ちきゅうじょう》より歐羅巴及《よーろっぱおよび》亞米利加《あめりか》の二大州《にだいしゅう》を取《と》り去《さ》らば殘《のこ》る三大州《さんだいしゅう》の諸國《しょこく》は唯之《ただこ》れ半開未化《はんかいみか》野蠻民族《やばんみんぞく》の群《むれ》に過《す》ぎずして、文明諸國《ぶんめいしょこく》の高等動物園《こうとうどうぶつえん》程度《ていど》のもの、天地《てんち》の主宰者《しゅさいしゃ》なる神《かみ》に奉仕《ほうし》するを知《し》らざる不靈不信《ふれいふしん》の徒《と》、動物學上《どうぶつがくじょう》の人類《じんるい》なれども、之《これ》を歐《おう》米人《べいじん》と等《ひと》しく萬物《ばんぶつ》の靈長《れいちょう》として取扱《とりあつか》ふ能《あた》はざるは勿論《もちろん》なりてふ觀念《かんねん》が、奴隷根性《どれいこんじょう》を伴《とも》ひ來《きた》りて我等《われら》の頭腦《ずのう》を支配《しはい》したりき。

殊《こと》に基督教《きりすときょう》の宣教師《せんきょうし》の如《ごと》きは天降《あまくだ》れる聖使《せいし》の如《ごと》くに信《しん》ぜられて、其後塵《そのこうじん》をすら拜《はい》したるものもありたりき。

斯《か》くて味噌《みそ》は野蠻臭《やばんくさ》く、澤庵《たくあん》は野蠻臭《やばんくさ》く、下駄《げた》は野蠻臭《やばんくさ》く、疊《たたみ》は野蠻臭《やばんくさ》く、バタは文明味《ぶんめいあじ》あり、ピクルは文明味《ぶんめいあじ》あり、靴《くつ》は文明味《ぶんめいあじ》あり、椅子《いす》は文明味《ぶんめいあじ》ありとなし、ために二言《にごん》なき武士《ぶし》の價《あたい》は天保錢《てんぽうせん》の如《ごと》くに下落《げらく》し、正直《しょうじき》の手本《てほん》としてはワシントン一點張《いってんば》りとなりたるが、甚《はなは》しきに至《いた》りては二千五百《にせんごひゃく》年來《ねんらい》の國體《こくたい》を革《あらた》めて新式政治《しんしきせいじ》即《すなわ》ち共和制《きょうわせい》たらしめざるべからずと口走《くちばし》るものすら現《あら》はれたりき。

要《よう》するに内國《ないこく》の事物《じぶつ》は凡《すべ》て醜劣《しゅうれつ》にして、海外《かいがい》の事物《じぶつ》は悉《ことごと》く優良《ゆうりょう》なりとの信念《しんねん》は、いつしか責任觀《せきにんかん》念《ねん》の最《もつと》も鮮《あざや》かなりし大和民族《やまとみんぞく》をして、犠牲精神《ぎせいせいしん》に最《もつと》も豊《ゆた》かなりし我大和民族《わがやまとみんぞく》をして、徒《いたず》らに權利《けんり》を唱《とな》ひ利己《りこ》に活《い》きる事《こと》のみに没頭《ぼつとう》する者《もの》と成《な》り果《は》てしめたるなり、而《しか》して之《こ》れ世界人類《せかいじんるい》の自然的進歩《しぜんてきしんぽ》に非《あら》ずして、世界覆滅《せかいふくめつ》を志《こころざ》す陰謀團《いんぼうだん》の計略《けいりやく》にてありし事《こと》は拙者《せつしや》「猶太民族《ゆだやみんぞく》の大陰謀《だいいんぼう》」に詳述《しようじゆつ》せるが如《ごと》し。

夫《そ》れ自然《しぜん》の發達《はつたつ》は恰《あたか》も樹木《じゆもく》の成長《せいちよう》するが如《ごと》きものにして、一國及世界《いつこくおよびせかい》の發達亦斯《はつたつまたか》くあるべきものなり、然《しか》るに今日《こんにち》に於《お》いて歐米《おうべい》の文明《ぶんめい》を顧《かえり》みるに、其文明《そのぶんめい》は成長《せいちよう》に非《あら》ずして建築《けんちく》にてありしを見《み》るべし成長《せいちよう》は天授《てんじゆ》にして人力《じんりき》に非《あら》ざるも、建築《けんちく》は人爲《じんい》にして神爲《じんい》に非《あら》ず、而《しか》して人爲《じんい》の建築《けんちく》は無形《むけい》の生命或《せいめいあるい》は心靈《しんれい》と交渉《こうしよう》なく、唯有形《ただゆうけい》の物質《ぶつしつ》のみを材料《ざいりよう》となすものなるが故《ゆえ》に、バベルの塔《とう》が跡形《あとかた》もなく崩壞《ほうかい》せられしがごとくに物質的文明《ぶつしつてきぶんめい》は亦其醜《またそのみにく》き終《おわ》りを告《つ》ぐべきは明《あきら》かなり、故《ゆえ》に歐米《おうべい》の識者亦之《しきしやまたこれ》を憂《うれ》へざりしに非《あら》ざりしも、人間《にんげん》の弱點《じやくてん》を摑《つか》みたる物質的文明《ぶつしつてきぶんめい》は、止《と》め度《ど》なく進歩《しんぽ》して狂《くる》へる馬《うま》の如《ごと》く、自《みずか》ら岩壁《がんぺき》に其頭蓋骨《そのずがいこつ》を碎《くだ》きて斃《たば》るゝまでは止《や》まざるなり、而《しか》も其外觀《そのがいかん》の雄大《ゆうだい》にして且《か》つ華麗《かれい》なるに魅《み》せられ田舎出《いなかで》の少女《しようじよ》が都《みやこ》の虚榮《きよえい》に憧《あこ》がるゝと同様《どうよう》に我國民《わがこくみん》は歐米《おうべい》の物質的文明《ぶつしつてきぶんめい》に心醉《しんすい》したるなり。

而《しか》も我國民《わがこくみん》の迷夢未《めいむいま》だ深《ふか》きに、天誅《てんちゆう》か神怒《しんど》か、永《なが》らく世界《せかい》を惑《まど》はしたる歐米《おうべい》の似而非文明《えせぶんめい》は世界《せかい》大戰《たいせん》のために秋《あき》の木《こ》の葉《は》の如《ごと》く翻弄《ほんろう》せられ、白《しろ》く塗《ぬ》りたる墓《はか》と共《とも》に崩壞《ほうかい》して、醜《みにく》き殘骸《ざんがい》の惡臭《あくしゆう》鼻《はな》を衝《つ》くあるのみ、之《これ》に次《つ》いで、之《これ》を模倣《もほう》して得々《ええ》たりし我帝都亦《われていとまた》ポンペイ最後《さいご》の日《ひ》を實演《じつえん》したるが、天《てん》災《さい》のためとはいへ、地變《ちへん》のためとはいへ、深《ふか》く反省《はんせい》し來《く》れば天誅《てんちゆう》なかるべからず、神怒《しんど》なかるべからず。

ア丶過去六十年間教《かころくじゆうねんかんおし》へられ、又學《またまな》びたる我等《われら》の世界觀《せかいかん》は凡《すべ》て虚《きよ》なりき曲《きよく》なりき又僞《またにせ》なりき、教《おし》へたるものの罪《つみ》か、學《まな》びたるものの罪《つみ》かは問《と》ふの要《よう》なし唯復興《ただふつこう》に於《お》いて過去《かこ》の愚《ぐ》を再《ふた》びせざる事《こと》こそ當《とう》面《めん》の急務《きゆうむ》とすべし。

まぼろしのかげを追《お》ひて
うき世《よ》にさまよひ
うつらふ花《はな》にあくがる丶
汝《なんじ》が身《み》のはかなさ

來《きた》りて九段坂上《くだんざかうえ》に立《た》ちて帝都崩壞《ていとほうかい》の跡《あと》を見《み》よ、行《い》きてアララツト山頂《さんちよう》に立《た》ちて歐羅巴崩壞《よーろつぱほうかい》の跡《あと》を見《み》よ、想《おも》ひ去《さ》り偲《しの》び來《く》れば感無量《かんむりよう》、さながら惡夢《あくむ》の醒《さ》めたるがごとく、又茫然《またぼうぜん》として新《あら》たなる夢《ゆめ》に入《はい》りしが如《ごと》けむ、然《しか》り我帝都《われていと》が見《み》る影《かげ》もなく變《かわ》り果《は》てしが如《ごと》く、歐羅巴《よーろつぱ》は亦見《またみ》るかげもなく變《かわ》り果《は》てたるなり、而《しか》して昨日《さくじつ》の列强《れつきよう》は卽《すなわ》ち今日《こんにち》の列弱《れつじやく》にして、如何《いか》に優勝劣敗《ゆうしようれつぱい》の世《よ》の中《なか》とはいへ、餘《あま》りに無《む》遠慮無會釋《えんりよむえしやく》なる淘汰《とうた》なる哉《かな》と第三者《だいさんしや》をして徐《おもむ》ろに惻隱《そくいん》の情《じよう》に堪《た》えざらしむるなり、試《こころ》みに見《み》よ、當時《とうじ》列强《れつきよう》として數《かぞ》へられたりし國々《くにぐに》は、卽《すなわ》ち當時文明《とうじぶんめい》——物質的文明《ぶつしつてきぶんめい》を誇《ほこ》りたる國々《くにぐに》にして、卽《すなわ》ち英吉利《いぎりす》、佛蘭西《ふらんす》、伊太利《いたりあ》、獨逸《どいつ》、墺地利《おーすとりあ》、匈牙利《はんがりー》、露西亞《ろしあ》、西班牙《すぺいん》、希臘《ぎりしあ》、及《および》土耳其《とるこ》等《など》、之《これ》に北米合《ほくべいがっ》衆國《しゅうこく》を加《くわ》へたるものにてありしが、換言《かんげん》すれば世界《せかい》は之《こ》れ歐米《おうべい》の世界《せかい》にして、此等諸國《これらしょこく》の欲《ほっ》する所《ところ》成《な》らざるなき有様《ありさま》なりしなり、されば此等諸國《これらしょこく》にして基督教《きりすときょう》てふ中心《ちゅうしん》に一致《いっち》して、凝《こ》つて團《だん》を成《な》さば、彼等《かれら》は如何程《いかほど》にも世界《せかい》を左右《さゆう》し得《え》たるものにして、基督教《きりすときょう》の理想《りそう》する世界王國《せかいおうこく》の如《ごと》き實現《じつげん》決して不可能《ふかのう》に非《あら》ざりしに、彼等《かれら》の文明《ぶんめい》は人爲《じんい》の建築《けんちく》なりしが故《ゆえ》に、各國各様《かっこくかくよう》の趣向《しゅこう》に走《はし》り、卽《すなわ》ち利己《りこ》に增長《ぞうちょう》したりしが故《ゆえ》に、遂《つい》には神聖帝國《しんせいていこく》の羅馬法王《ろーまほうおう》すら其權威《そのけんい》を失墜《しっつい》し、歐羅巴《よーろっぱ》は實《じつ》に野獸《やじゅう》の雜居地《ざつきょち》と化《か》し去《さ》りしなり、而《しか》も其化粧術巧妙《そのけしょうじゅつこうみょう》に進歩《しんぽ》し居《お》りしがために今日《こんにち》まで其眞相《そのしんそう》を蔽《おお》ひ居《お》りしなり、されど今日《こんにち》に於《お》いて何人《なんぴと》か歐米《おうべい》を信《しん》ぜんや、何人《なんぴと》か歐米《おうべい》を文明國《ぶんめいこく》と稱《たた》へんや、又何人《またなんぴと》か歐米人《おうべいじん》を開化《かいか》人《じん》と唱《とな》へんや。

若《も》し天地《てんち》に神明《しんめい》なくば、亞細亞及阿弗利加《あじあおよびあふりか》は彼等《かれら》のために遂《つい》に食《く》ひ盡《つく》さるべかりしならんが、僅《わず》かに一髪《いっぱつ》の間《あいだ》を以《もっ》て之《これ》を免《まぬ》かれたりしとはいへ、阿弗利加《あふりか》は已《すで》に彼等《かれら》の獸慾《じゅうよく》の好餌《こうじ》となり、亞細亞《あじあ》亦《また》其五分《そのごぶん》の四《よん》を彼等《かれら》のために汚《けが》されたるなり、而《しか》して日本《にほん》、支那《しな》、波斯及暹羅等《ぺるしあおよびしゃむなど》を除《のぞ》けば他《ほか》は殆《ほと》んど彼等《かれら》の屬領《ぞくりょう》なり、西伯利《しべりあ》、勘索加《かんさくか》の露領《ろりょう》なるは言《い》はずものが、印度《いんど》、西藏《せいぞう》、メソポタミヤ、ベルジスタン等《など》は英國《えいこく》の旗風《はたかぜ》に靡《なび》き、支那《しな》の如《ごと》き強大國《きょうたいこく》すら英佛露獨及米《えいふつろどくおよびべい》のために蠶食《さんしょく》せられて、唯僅《ただわず》かに日本一國《にほんいっこく》のみ漸《ようや》く彼等《かれら》の害《がい》を免《まぬ》かれ居《お》るのみなり。

幸《さいわ》ひに彼等《かれら》野獣《やじゆう》の徒《と》、侵略飽《しんりやくあ》くところを知《し》らざりしがために、彼等《かれら》相互間《そうごかん》に爭奪《そうだつ》自《おの》づから起《おこ》りて、彼等《かれら》をして容易《ようい》に欲《ほつ》する所《ところ》を行《おこな》はざらしめしが、而《しか》も彼等《かれら》は文化《ぶんか》又《また》は教化《きようか》の美名《びめい》を翳《かざ》して侵略《しんりやく》を試《こころ》み來《きた》れるなり、彼等《かれら》は日本海外出稼人《にほんかいがいでかせぎにん》は侵略《しんりやく》の先驅《せんく》なりと非難《ひなん》するも、未《いま》だ曾《か》つて其事實《そのじじつ》あることなく反《かえ》つて日本《にほん》に侵略心《しんりやくしん》なきことを齒《は》がゆく思《おも》はしむるものなくんばあらず、然《しか》るに彼等《かれら》、殊《こと》に英《えい》米《べい》は宣教師《せんきようし》を先驅《せんく》となし、『宣教《せんきよう》に國境《こつきよう》なし』と唱《とな》へしめつゝ、自由《じゆう》に凡《すべ》ての國境《こつきよう》を乘《の》り越《こ》え、到《いた》るところに國旗《こつき》を植《う》ゑつゝあるなり、故《ゆえ》に彼等《かれら》の侵略《しんりやく》は平和的手段《へいわてきしゆだん》にして、其禍害《そのかがい》は干戈的侵略《かんかてきしんりやく》の比《ひ》に非《あら》ざるなり、而《しか》も侵略《しんりやく》さるゝもの之《これ》を知《し》らずして反《かえ》つて之《これ》を歡迎《かんげい》す。

而《しか》して此種《このしゆ》の侵略《しんりやく》に由《よ》りて、假令國境《たといこつきよう》に異狀《いじよう》なくも其國體《そのこくたい》全然《ぜんぜん》惡化《あつか》し、共和國《きようわこく》が帝國《ていこく》となりたるは未《いま》だ一《いち》の例《れい》も見《み》るを得《え》ざるも、帝國《ていこく》又《また》は王國《おうこく》は擧《こぞ》つて共和國《きようわこく》となる事《こと》を忘《わす》るべからず、而《しか》して其政《そのせい》治革命《じかくめい》の第一聲《だいいつせい》は自由平等是《じゆうびようどうこれ》なり、而《しか》して此自由平等《このじゆうびようどう》なるものは、彼等《かれら》文化國民《ぶんかこくみん》と稱《しよう》するものの念《ねん》佛《ぶつ》にして、其眞價値《そのしんかち》果《はた》して如何《いかん》は過般《かはん》の世界大戰《せかいたいせん》に由《よ》りて遺憾《いかん》なく露出《ろしゆつ》せられたるなり、即《すなわ》ち自由《じゆう》平等《びようどう》なる念佛《ねんぶつ》は歐羅巴《よーろつぱ》を崩壞《ほうかい》し、列強《れつきよう》を崩壞《ほうかい》し、所謂文明國《いわゆるぶんめいこく》の正體《しようたい》を暴露《ばくろ》せるものなり、而《しか》して我《われ》等《ら》は此自由平等《このじゆうびようどう》こそ基督教《きりすときよう》の精華《せいか》なりと思《おも》ひきや、實《じつ》は之《こ》れ基督教《きりすときよう》とは沒交渉《ぼつこうしよう》のものにてありしなり、されば何處《どこ》より彼等《かれら》は此念佛《このねんぶつ》を案出《あんしゆつ》せるやといふに、即《すなわ》ち之《こ》れマソン主義《しゆぎ》（フリーメーソンリー）より產出《さんしゆつ》せるものにして、此一事《このいちじ》に由《よ》るも彼等《かれら》所謂列強《いわゆるれつきよう》は基督教國《きりすときようこく》に非《あら》ずしてマソン國《こく》なるを知《し》るを得《え》たり、於 茲乎《ここにおいてや》、彼等《かれら》の正體《しょうたい》は略《ほ》ぼ明白《めいはく》となりたるなり。

夫《そ》れ國家《こっか》の興亡存廢《こうぼうそんぱい》は、恰《あたか》も個人《こじん》の興亡《こうぼう》と同《おな》じきものなるが故《ゆえ》に生者必滅《しょうじゃひつめつ》、會者常離《えしゃじょうり》の理《り》に支配《しはい》せらるゝものにして、敢《あ》へて珍《ちん》とするに足《た》らずといへども、二十世紀《にじゅっせいき》に入《はい》りて以來《いらい》の如《ごと》く世界《せかい》の地《ち》圖《ず》に大變化《だいへんか》を來《きた》したるは古來未曾有《こらいみぞう》なり、而《しか》して其變化《そのへんか》は餘《あま》りに急激《きゅうげき》にして、全《まった》く思《おも》ひがけなきものにてありしかば思《おも》はず其正體《そのしょうたい》を暴露《ばくろ》せるものにして、外國心醉《がいこくしんすい》の結果《けっか》將《まさ》に國體《こくたい》を喪失《そうしつ》すべかりし我日本《われにほん》に取《と》りては此上《このうえ》なき幸福《こうふく》にてありしなり、思《おも》ふに、如何《いか》なる外國心醉者《がいこくしんすいしゃ》といへども、遺憾《いかん》なく暴露《ばくろ》せられたる歐米《おうべい》の醜態《しゅうたい》を目前《もくぜん》に見《み》て呆然《ぼうぜん》たらざるものあらざるべし、ア、、醒《さ》めよ、日本《にほん》の國《こく》民《みん》よ、爾《なんじ》は過去《かこ》數十年間《すうじゅうねんかん》思想《しそう》に於《お》ける放蕩兒《ほうとうじ》にてありき、而《しか》して汝《なんじ》を迷《まよ》はしめたる歐米《おうべい》の文明《ぶんめい》なるものは全然虛僞《ぜんぜんきょぎ》のものにして、其口《そのくち》にせる平和《へいわ》人道《じんどう》博愛《はくあい》自由《じゆう》平等《びょうどう》正義《せいぎ》なるものは單《たん》に表面《ひょうめん》の厚化粧《あつげしょう》に過《す》ぎずして、其二《そのに》の腕《うで》を見《み》よ、其脊《そのせ》を見《み》よ、物凄《ものすご》き火炎《かえん》を噴《ふ》く毒蛇《どくへび》の文身《いれずみ》は抑《そもそ》も何《なに》を語《かた》るぞ、否《いな》エキス光線《こうせん》にて透寫《とうしゃ》せられたる彼等《かれら》の野獸性《やじゅうせい》は已《おのれ》に爾《なんじ》をして翻然神明《ほんぜんしんめい》の前《まえ》に麻《あさ》を着《き》、灰《はい》を被《かぶ》りて懺悔《ざんげ》せしむるに足《た》らずや、爾《なんじ》は日本《にほん》を神州《しんしゅう》といふ、而《しか》も爾《なんじ》は其尊嚴《そのそんげん》を無視《むし》してイサウの如《ごと》く一椀《いちわん》の紅汁《べにじる》のために國體《こくたい》を賣《う》らんとせしなり、蓋《けだ》し放蕩《ほうとう》の極《きわみ》なり、されど天祐灼然《てんゆうしゃくぜん》として今尚《いまな》ほ昔日《せきじつ》の如《ごと》く、茲《ここ》に爾《なんじ》を惑《まど》はせる魑魅魍魎等《ちみもうりょうなど》の正體《しょうたい》を示《しめ》して爾《なんじ》をして神州擁護《しんしゅうようご》の大使命《だいしめい》に自覺《じかく》すべき機會《きかい》を與《あた》へ給《たま》へり、而《しか》も尚《な》ほ醒《さ》めずんば神怒《しんど》立《ち》ち所《どころ》に或《あるい》は天災《てんさい》となり、或《あるい》は地變《ちへん》となつて爾《なんじ》の國民的罪惡《こくみんてきざいあく》を質《ただ》し給《たま》ふべし。

日本《にほん》は神州《しんしゅう》なり、國民《こくみん》の勝手《かつて》に左右《さゆう》しうべきものに非《あら》ずといへども、皇國《こうこく》を禍《か》せんとする外夷《がいい》は、皇國《こうこく》を憂《うれ》ふる國民《こくみん》より賢且強《けんかつきょう》なり、而《しか》も其手段巧妙《そのしゅだんこうみょう》なりしがために誤《あやま》つて皇國臣民《こうこくしんみん》としての臣節《しんせつ》を忘却《ぼうきゃく》したりしなり、誰《だれ》か國《くに》の進歩《しんぽ》を冀《こいねが》はざらんや、又民《またたみ》の文化《ぶんか》を欲《ほっ》せざらんや、然《しか》り、其希望餘《そのきぼうあま》りに熱烈《ねつれつ》なりしが故《ゆえ》に、歐米《おうべい》の文明《ぶんめい》と稱《しょう》するものを呑服《どんふく》したるなり、然《しか》るに其文化又《そのぶんかまた》は教化《きょうか》と稱《しょう》したるものは實《じつ》は歐化又《おうかまた》は米化《べいか》の運動《うんどう》の詭計《きけい》にてありしなり。

夫《そ》れ歐化《おうか》といひ米化《べいか》といふ何《いず》れも武器《ぶき》を使用《しよう》せざる侵略《しんりゃく》にして、最《もっと》も悪性《あくせい》の侵略《しんりゃく》なり、恰《あたか》もペストの如《ごと》し、而《しか》して其禍害砲彈《そのかがいほうだん》に比《ひ》して百倍《ひゃくばい》なり、而《しか》も砲彈《ほうだん》は防《ふせ》ぎ易《やす》きもペストは防《ふせ》ぎ難《がた》し、尚其上《なおそのうえ》に文化的侵略《ぶんかてきしんりゃく》は侵略者《しんりゃくしゃ》に何等《なんら》の危害《きがい》を與《あた》へざる利益《りえき》あり、故《ゆえ》に最《もっと》も險悪《けんあく》なる侵略者《しんりゃくしゃ》は文化的侵略《ぶんかてきしんりゃく》に由《よ》るものとす、若《も》し之《これ》を識《し》りて之《これ》を防《ふせ》がんとするものあらば、彼《かれ》は教化《きょうか》に國境《こっきょう》なし、文化《ぶんか》に國境《こっきょう》なしと高唱《こうしょう》して我《われ》を卑下《ひげ》するのみならず、更《さら》に豫《あらかじ》め準備《じゅんび》せるものの如《ごと》く我國民《わがこくみん》の一部《いちぶ》をして思想《しそう》は自由《じゆう》なり、信教《しんきょう》は自由《じゆう》なりと、號《よ》ばしむるなり、而《しか》して所謂文化又教化《いわゆるぶんかまたきょうか》に耽溺盲従《たんできもうじゅう》する我國民《わがこくみん》の一《いち》部《ぶ》は、マサカに外國《がいこく》に降服《こうふく》とは言《い》ひ兼《か》ね、之《これ》を以《もっ》て日本《にほん》の世界化《せかいか》なりと強辯《きょうべん》し、又國體破壞《またこくたいはかい》とは言《い》ひ兼《か》ね、之《これ》を以《もっ》て大勢順應《たいせいじゅんのう》なりと強辯《きょうべん》す、而《しか》して彼等《かれら》は建國以來二千六百年《けんこくいらいにせんろっぴゃくねん》の美《うつく》しき國民性《こくみんせい》を喪《そう》失《しっ》し行《い》くを以《もっ》て文化《ぶんか》なりと妄語《もうご》するなり、文化《ぶんか》にあれ、世界化《せかいか》にあれ大勢順應《たいせいじゅんのう》にあれ、事實《じじつ》に於《お》いて皇國覆滅《こうこくふくめつ》なり、彼等《かれら》は目前《もくぜん》の小利《しょうり》に誘《さそ》はれて、國際神社又《こくさいじんじやまた》は國際會社《こくさいがいしや》の勸誘員《かんゆういん》に瞞着《まんちやく》せられ、皇《こう》國及其臣民《こくおよびそのしんみん》を賣《う》らんとするユダの輩《ともがら》なり、而《しか》も此《これ》ユダ少數《しょうすう》に非《あら》ずして寧《むし》ろ多數《たすう》なり、故《ゆえ》に神州《しんしゅう》を加護《かご》し給《たま》ふ神明《しんめい》は外《そと》に侵略者《しんりやくしや》の正體《しょうたい》を暴露《ばくろ》し、内《うち》に放蕩人民《ほうとうじんみん》の覺醒《かくせい》を促《うな》がし給《たま》はんために、驚《おどろ》くべき攝理《せつり》を以《もつ》て世界《せかい》を赤裸々《せきらら》に爲《な》し給《たま》へるなり。

國民《こくみん》よ、箱入娘《はこいりむすめ》が些細《ささい》なる誘惑《ゆうわく》よりして蓮葉女《はすおんな》となりたるを見《み》ずや、彼《かれ》は世間《せけん》を知《し》らざりしがために殊《こと》に誘惑《ゆうわく》され易《やす》きものなり、我國民《わがこくみん》は永《なが》らく箱入娘《はこいりむすめ》にてありしなり、故《ゆえ》に世界《せかい》を知《し》らざりしなり、故《ゆえ》に誘惑《ゆうわく》せられたるなり、されど國民《こくみん》よ、今爾《いまなんじ》の星《ほし》の如《ごと》き瞳《ひとみ》を定《さだ》めて世界《せかい》を見《み》よ、萬國《ばんこく》を見《み》よ彼等《かれら》の赤裸々《せきらら》の醜態《しゅうたい》を見《み》よ、尙《な》ほ爾《なんじ》は其無垢《そのむく》の戀《こい》を此醜態《このしゅうたい》の前《まえ》に供《そな》へんとする乎《かな》。

見《み》よ、世界《せかい》の大勢《たいせい》は俄然《がぜん》として急轉直下《きゆうてんちよつか》し、二十世紀《にじゅっせいき》に入《はい》るや世界《せかい》の萬國《ばんこく》は深夜強震《しんやきょうしん》に襲《おそ》はれたるかの如《ごと》く、其寢卷姿《そのねまきすがた》にて飛《と》び出《だ》せり、而《しか》して所謂文明國又《いわゆるぶんめいこくまた》は列強《れつきょう》なるものの正體《しょうたい》は痛快《つうかい》に暴露《ばくろ》せられたるなり。

目下地球《もつかちきゅう》の表面《ひょうめん》には、三千乃至五千《さんぜんないしごせん》の言語使用《げんごしよう》せられ居《お》りて、聖書《せいしょ》が翻譯《ほんやく》せられたる言語《げんご》のみを數《かぞ》ふるも優《ゆう》に四百以上《よんひやくいじょう》ありといへども、國語《こくご》として世界的權威《せかいてきけんい》を有《ゆう》するものは幾十《いくじゅう》にも足《た》らざるべし、而《しか》して今日兎《こんにちと》にも角《かく》にも主權者《しゆけんしや》を有《ゆう》して國家《こつか》の體面《たいめん》を保《たも》ち居《お》るものをも數《かぞ》へ來《く》れば實《じつ》に左《ひだり》の六十三ケ國《じゅうさんかこく》の多數《たすう》を算《さん》すといへども。

國《こく》名《めい》	主《しゆ》權《けん》者《しや》
日《に》本《ほん》	天《てん》皇《のう》
支《し》那《な》	大《だい》總《そう》統《とう》
シヤム	王《おう》
ネパール	マハラズラヤ
アフガン	アミル
ブータン	マハラヤ
ペルシヤ	シヤー
オマン	サルタン
アルメニヤ	首《しゆ》相《しよう》
ジヨルジヤ	首《しゆ》相《しよう》
トルコ	議《ぎ》長《ちよう》
ロシヤ	首《しゆ》相《しよう》
エストニヤ	首《しゆ》相《しよう》

ラトヴィヤ　大《だい》統《とう》領《りよう》
リスアニヤ　大《だい》統《とう》領《りよう》
ウクライナ　労《ろう》農《のう》委《い》員《いん》
ポーランド　大《だい》統《とう》領《りよう》
フインランド　大《だい》統《とう》領《りよう》
スウエーデン　王《おう》
ノールウエイ　王《おう》
デンマルク　王《おう》
ド　イ　ツ　大《だい》統《とう》領《りよう》
オーストリー　大《だい》統《とう》領《りよう》
ハンガリー　統《とう》治《ち》官《かん》
チエツコ・スロバキヤ　大《だい》統《とう》領《りよう》
セルブス・クロアーツ・エドンスロヴエンス　王《おう》
ルーマニヤ　王《おう》

ブルガリヤ
ギリシヤ
イタリー
スヰッツル
モナコ
フランス
ルクセンブルク
ベルギー
オランダ
大ブリテーン
ポルトガル
エジプト
アビシニヤ
モロッコ
スペイーン

王《おう》
統《とう》治《ち》官《かん》
王《おう》
大《だい》統《とう》領《りよう》
公《こう》
大《だい》統《とう》領《りよう》
大《たい》公《こう》女《じよ》
王《おう》
女《じよ》王《おう》
王《おう》
大《だい》統《とう》領《りよう》
王《おう》
女《じよ》王《おう》
サルタ
王《おう》

リベリヤ　大《だい》統《とう》領《りょう》
北《ほく》米《べい》合《がっ》衆《しゅう》國《こく》　同《どう》
メキシコ　同《どう》
グアテマラ　同《どう》
サルヴアドル　同《どう》
ニカラグア　同《どう》
コスタ・リカ　同《どう》
パナマ　同《どう》
キユーバ　同《どう》
ドミンゴ　同《どう》
ハイチ　同《どう》
コロンビヤ　同《どう》
エクアドル　同《どう》
ペルー　同《どう》
ヴエネズエラ　同《どう》

ブラジル　同《どう》
ボリヴイヤ　同《どう》
パラグアイ　同《どう》
ウルグアイ　同《どう》
チリー　同《どう》
アルゼンチン　同《どう》（一九二三年末調《せんきゆうひやくにじゆうさんねんまつしらべ》）

此内克《このうちよ》く世界《せかい》の大舞臺《だいぶたい》に立《た》ちて一役《ひとやく》を演《えん》じうるものを求《もと》むれば果《はた》して幾何《いか》ありうべきや、勿論國《もちろんこく》力《りよく》と人口《じんこう》とは必《かなら》ずしも並行《へいこう》するものに非《あら》ずといへども、人口一千萬以下《じんこういつせんまんいか》の國《くに》は之《これ》を除外《じよがい》するも世界《せかい》の大勢《たいせい》には何等影響《なんらえいきよう》なきが故《ゆえ》に、假《か》りに一千萬以上《いつせんまんいじよう》の國々《くにぐに》のみを數《かぞ》ふれば。

國名《こくめい》	人口概算《じんこうがいさん》
日本《にほん》	七千七百萬人《ななせんななひやくまんにん》
支那《しな》	三億七千八百萬人《さんおくななせんはつぴやくまんにん》
露西亞《ろしあ》	一億三千六百萬人《いちおくさんぜんろつぴやくまんにん》

ポーランド　二千七百萬人《にせんななひやくまんにん》
ブラジル　三千萬人《さんぜんまんにん》
獨逸《どいつ》　六千萬人《ろくせんまんにん》
チエツコ・スロバアキヤ　千四百萬人《せんよんひやくまんにん》
セルブ・クロアート・スローウエン　千二百萬人《せんにひやくまんにん》
ルーマニヤ　千八百萬人《せんはつぴやくまんにん》
伊太利《いたりあ》　四千萬人《よんせんまんにん》
佛蘭西《ふらんす》　九千七百萬人《きゆうせんななひやくまんにん》
白耳義《べるぎー》　千八百萬人《せんはつぴやくまんにん》
和蘭《おらんだ》　四千六百萬人《よんせんろつぴやくまんにん》
英吉利《いぎりす》　三億八千萬人《さんおくはつせんまんにん》
西班牙《すぺいん》　二千二百萬人《にせんにひやくまんにん》
葡萄牙《ぼるとがる》　千五百萬人《せんごひやくまんにん》
北米合衆國《ほくべいがつしゆうこく》　一億二千萬人《いちおくにせんまんにん》
メキシコ　千五百萬人《せんごひやくまんにん》

右十八ケ國《みぎじゆうはちかこく》に過《す》ぎないが、曩《さ》きに列强《れつきよう》として世界《せかい》を見下《みくだ》したるものの內《うち》、土耳其《とるこ》及《および》墺地利匈牙利《おーすとりあはんがりー》は甚《はなは》だしく崩壊《ほうかい》せられて今《いま》は此選《これせん》に洩《も》れ、希臘《ぎりしあ》の如《ごと》きは自己《じこ》の存在《そんざい》すら漸《ようや》く危《あやぶ》まれて全《まつた》く落伍《らくご》せり、而《しか》して右十八ケ國《みぎじゆうはちかこく》は大國《たいこく》の部《ぶ》に入《はい》りたるものなれども、凡《すべ》て之《こ》れ强國《きようこく》なりといふに非《あら》ず、假令《たとい》ばメキシコの如《ごと》きは米國《べいこく》の在《あ》らん限《かぎ》り强大《きようだい》なる自主國《じしゆこく》たるを得《え》ざるべく、西班牙葡萄牙《すぺいんぽるとがる》の時代《じだい》は已《すで》に數《すう》世紀《せいき》を過《す》ぎ去《さ》りて何人《なんびと》も念頭《ねんとう》に浮《うか》ぶるものなく、和蘭《おらんだ》の如《ごと》きはカイゼルの避難《ひなん》せしがために漸《ようや》く其存《そのそん》在《ざい》を想起《そうき》せられ、白耳義《べるぎー》及《および》ルーマニヤは强《きよう》は强《きよう》なりといへども何《いず》れより見《み》るも今日《こんにち》の列强《れつきよう》として伍《ご》すべきものに非《あら》ず、又一興《またいつきよう》チエツコ・スロヴアキヤ及《および》セルブ・クロアート・スローヴエン等《ら》は未知《みち》數《すう》なるのみならず、辛《かろ》ふじて他力本願《たりきほんがん》を保《たも》ち獨立《どくりつ》し居《お》るに過《す》ぎず、又《また》ブラジルは植民國《しよくみんこく》の域《いき》を脫《だつ》せず、支那《しな》は內訌《ないこう》絶《た》えずして安定更《あんていさら》に無《な》く、ポーランドは大《だい》なる曲物《くせもの》なれども、當分列强《とうぶんれつきよう》の資格《しかく》なく、其《その》他北方《たほつぽう》の雄《ゆう》として知《し》られたる露西亞《ろしあ》、及中歐帝國《およびちゆうおうていこく》の稱《しよう》ありたる獨逸《どいつ》も、ルーブルとマルクの價値《かち》全《ぜん》然《ぜん》ゼロなるに見《み》て固《もと》より十年以前《じゆうねんいぜん》の夢《ゆめ》を續《つづ》けうべからず。

斯《か》く觀《かん》じ來《く》れば、今日世界《こんにちせかい》の列强《れつきよう》として承認《しようにん》しうべきものは日本《にほん》、伊太利《いたりあ》、佛蘭西《ふらんす》、英吉利《いぎりす》及米《およびべい》國《こく》の五ケ國《ごかこく》の外《ほか》無《な》き事《こと》となるべし、而《しか》して之《こ》れ推測《すいそく》に非《あら》ずして事實《じじつ》なり。

千九百十七年《せんきゆうひやくじゆうななねん》、瑞典《すうえーでん》ウプサラ大學《だいがく》のキエレン教授《きようじゆ》は、世界大戰《せかいたいせん》の實蹟《じつせき》を目前《もくぜん》に見《み》つゝ、「現代《げんだい》の八大強國《はちだいきようこく》」と題《だい》する一書《いつしよ》を公《おおやけ》にせし事《こと》ありしが、其八大強國《そのはちだいきようこく》なるものは墺地利《おーすとりあ》、伊太利《いたりあ》、佛蘭《ふらん》西《す》、獨逸《どいつ》、英吉利《いぎりす》、合衆國《がつしゆうこく》、露西亞《ろしあ》、及日本《およびにほん》にして、其論據《そのろんきよ》極《きわ》めて科學的《かがくてき》にてありしかば、其斷定《そのだんてい》は何人《なんびと》にも異議《いぎ》なきものにてありしが、大戰《たいせん》の結果《けつか》、墺地利《おーすとりあ》、獨逸及露西亞《どいつおよびろしあ》は悲慘《ひさん》なる最後《さいご》を遂《と》げたりしが故《ゆえ》に、現存《げんぞん》する世界强國《せかいきようこく》は余《よ》の掲《かか》げたるものと同《おな》じく五强《ごきよう》となりたるなり。

而《しか》して第二十世紀初頭《だいにじゆつせいきしよとう》の世界强國《せかいきようこく》の形勢《けいせい》を問《と》はゞ、千九百〇一年《せんきゆうひやくいちねん》ハルトは『今世紀《こんせいき》に於《お》ける世《せ》界《かい》の列强《れつきよう》は露西亞《ろしあ》、獨逸《どいつ》、英吉利《いぎりす》、米國《べいこく》、日本及支那《にほんおよびしな》の六大國《ろくだいこく》なり』と豫測《よそく》したりしが、形勢激變《けいせいげきへん》し彼《かれ》の豫測《よそく》は半《なか》ば外《は》づれたるも、日英米《にちえいべい》の三國《さんこく》は益々彼《ますますかれ》の豫測《よそく》を强《つよ》めつゝあり、而《しか》してキエレン教《きよう》授《じゆ》は左《ひだり》の如《ごと》く云《い》へり。

> 千九百十二年《せんきゆうひやくじゆうにねん》には支那及東方《しなおよびとうほう》てふ大小二個《だいしようにこ》の世界舞臺《せかいぶたい》に二組《ふたくみ》の六强會合《ろつきようかいごう》が催《もよお》されたが、前《ぜん》者《しや》は企者業《きしやぎよう》の會合《かいごう》にして墺地利《おーすとりあ》と伊太利《いたりあ》とは除外《じよがい》せられ、後者《こうしや》はロンドン大使會《たいしかい》にて代表《だいひよう》された會合《かいごう》で、日米兩國《にちべいりようこく》は除外《じよがい》された、之《これ》を以《もつ》て見《み》ると、墺伊日米《おういにちべい》の四國《よんこく》は、純形式上《じゆんけいしきじよう》より云《い》へば低《てい》級《きゆう》の强國《きようこく》で、換言《かんげん》すれば田舍長者《いなかちようじや》と見《み》られたわけである、從《したが》つて英露獨佛《えいろどくふつ》の四國《よんこく》のみが徹頭徹尾《てつとうてつび》一等國《いつとうこく》であり、又世《またせ》界的强國《かいてききようこく》である。

併《しか》しながら右《みぎ》の論證《ろんしよう》は未《いま》だ斷定的性質《だんていてきせいしつ》を有《ゆう》するものではない、吾人《ごじん》は發展的並《はつてんてきなら》びに數量的《すうりようてき》の二《ふた》

つの新見地《しんけんち》より論議《ろんぎ》する必要《ひつよう》がある。（中略《ちゆうりやく》）
　斯《か》く觀《かん》じ來《きた》るとき、吾人《ごじん》は豫測《よそく》しうる現下《げんか》の世界發展《せかいはつてん》の諸相《しよそう》よりして、ハルト氏《し》の六頭政治《ろくとうせいじ》を其《その》儘承認《まましようにん》せず、又必《またかなら》ずしも現代《げんだい》の八頭政治《はつとうせいじ》を信《しん》ぜずして、實《じつ》に世界的勢力《せかいてきせいりよく》の五頭政治《ごとうせいじ》を認《みと》めざるを得《え》ぬ。思《おも》ふに最後《さいご》の世界的霸權《せかいてきはけん》を握《にぎ》らんとの大抱負《だいほうふ》を夢《ゆめ》みる國民《こくみん》を包含《ほうがん》するものは實《じつ》に此五頭政治《これごとうせいじ》にして、之《これ》を外《ほか》にしては又正鵠《またせいこく》を得《え》たる見解《けんかい》ありうべからざるを信《しん》ず。

　而《しか》して彼《かれ》の云《い》へる五頭政治《ごとうせいじ》とは世界最後《せかいさいご》の霸權掌握者《はけんしようあくしや》なるが、其顔觸《そのかおぶれ》は英吉利《いぎりす》、露西亞《ろしあ》、獨逸《どいつ》、米國及支那等《べいこくおよびしななど》にして日本《にほん》は遺憾《いかん》ながら除外《じよがい》せざるを得《え》ずと結論《けつろん》せり。

　靜《しず》かに論據《ろんきよ》を稽《かんが》ふれば右《みぎ》の結論《けつろん》は決《けつ》して不當《ふとう》のものに非《あら》ず、否《いな》、寧《むし》ろ正當《せいとう》と認《みと》むべき理由《りゆう》あれども元來科學《がんらいかがく》なるものは萬能《ばんのう》に非《あら》ず、人智《じんち》は最終《さいしゆう》に非《あら》ず、又世界《またせかい》の進展《しんてん》は必《かなら》ずしも過去《かこ》を反復《はんぷく》するものに非《あら》ざるが故《ゆえ》に、全《まつた》く意表《いひよう》に出《い》づるが如《ごと》き所謂理外《いわゆるりがい》の理《り》に支配《しはい》せらるゝ神祕的發展《しんぴてきはつてん》なきにしも非《あら》ざるを以《もつ》て、彼《かれ》の科學的推定《かがくてきすいてい》は見《み》る間《あいだ》に破壞《はかい》せられ、彼《かれ》の所謂五頭政治《いわゆるごとうせいじ》は全《まつた》く其的《そのまと》を外《はず》れて唯英米兩國《ただえいべいりようこく》のみ其價値《そのかち》を保《たも》ち得《え》たるなり、而《しか》も余《よ》は彼《かれ》の明《めい》を疑《うたが》ふものに非《あら》ず、蓋《けだ》し世界最近《せかいさいきん》の變轉《へんてん》は何人《なんぴと》にも意《い》外《がい》のものにてありしが故《ゆえ》なり。

　而《しか》して彼《かれ》の推定《すいてい》せる五頭政治《ごとうせいじ》は、三年《さんねん》ならずして英佛伊米《えいふついべい》の四頭會議《よんとうかいぎ》となり、次《つ》いで日英米佛《にちえいべいふつ》の四《よん》國協商《こくきょうしょう》となりたるが、其變化《そのへんか》の甚《はなは》だしき科學的智識《かがくてきちせい》をして全《まった》く面目《めんもく》を失《しっ》せしめたるものと謂《い》ふべし。然《しか》りといへども此間《こないだ》に在《あ》りて依然《いぜん》として其所《そこ》を保《たも》ち居《お》るは英米兩國《えいべいりょうこく》なり、佛國《ふっこく》は毎年三十萬《まいとしさんじゅうまん》の人口《じんこう》を減少《げんしょう》しつゝある一事《いちじ》を以《もっ》て見《み》るも國運衰退《こくうんすいたい》に傾《かたむ》きたるものにして、戰勝《せんしょう》の餘威《よい》に由《よ》りて辛《かろ》ふじて歐羅巴《よーろっぱ》の舞臺《ぶたい》に末役《すえやく》を演《えん》じ居《お》るのみなり、而《しか》して世界《せかい》の舞臺《ぶたい》に於《おい》ては最早無役《もはやむやく》となりたるものにして、今日《こんにち》の衰退《すいたい》を招《まね》きたるは言《い》ふまでもなく革命《かくめい》の中毒《ちゅうどく》に外《ほか》ならざるなり、古來革命《こらいかくめい》と稱《しょう》するものに由《よ》りて其國强大《そのくにきょうだい》を爲《な》したるもの東西何處《とうざいいづこ》にありや、見《み》よ、更《さら》に最近《さいきん》に於《お》いて佛國《ふっこく》のフランが漸次下落《ぜんじげらく》しつゝあるを、思《おも》ふに近《ちか》き將來《しょうらい》に於《お》いてルーブル又《また》はマルクの轍《てつ》を踏《ふ》むなるべし、蓋《けだ》しジヤンダークの如《ごと》きは現下《げんか》の佛國女性《ふっこくじょせい》には到底發見《とうていはっけん》し難《がた》き事《こと》となり、第十七世紀後半《だいじゅうななせいきこうはん》の大跳梁《だいちょうりょう》の如《ごと》き佛國民《ふっこくみん》の昔語《むかしがたり》と過《す》ぎたるものとなり果《は》てたり、尤《もっと》も第三次共和國《だいさんじきょうわこく》の下《もと》に露國《ろこく》の加護《かご》を受《う》けて一時《いちじ》旭《あさひ》冲天《ちゅうてん》の勢《いきお》ひを示《しめ》したりしが、今《いま》や戰勝《せんしょう》の餘威《よい》を以《もっ》てしても三色旗《さんしょくき》の意義《いぎ》を保《たも》つ能《あた》はざる實況《じっきょう》を示《しめ》し來《きた》れり、讀者《どくしゃ》よ、革命《かくめい》を記憶《きおく》せよ、其害毒《そのがいどく》を忘《わす》るゝ勿《なか》れ、革命《かくめい》は民權自由《みんけんじゆう》の噴出《ふんしゅつ》なるが、民權自由《みんけんじゆう》は必《かなら》ず國民《こくみん》を放恣淫奔《ほうしいんぽん》ならしむるものにして、男子《だんし》は思想的放蕩《しそうてきほうとう》となり、婦人《ふじん》は虚榮的淫亂《きょえいてきいんらん》となる、而《しか》して産兒制限《さんじせいげん》てふ新方法《しんほうほう》を懸出《かけだ》して、家庭《かてい》を破壞《はかい》し、國家《こっか》を破壞《はかい》するに到《いた》る、千八百六十二年《せんはっぴゃくろくじゅうにねん》ワイツは其政治論《そのせいじろん》に於《お》いて『人口《じんこう》の増加《ぞうか》は必《かなら》ずしも旺盛《おうせい》を意味《いみ》せざるも、住民《じゅうみん》の減少《げんしょう》は常《つね》に衰亡《すいぼう》を意味《いみ》す』と喝破《かっぱ》せしが、僅《わず》かに一世紀前《いっせいきまえ》には歐州第二位《おうしゅうだいにい》の人口《じんこう》を有《ゆう》し、全歐人口《ぜんおうじんこう》の七分一《ななぶんのいち》を占《し》め居《お》りたる佛《ふ》蘭《らんす》西本國《ほんごく》は、今日《こんにち》に於《お》いては十二分《じゆうにぶん》の一《いち》となり、第七位《だいななゐ》に下《くだ》り、將《まさ》に伊太利《いたりあ》に凌駕《りようが》せられんとす、ア、個人主義《こじんしゆぎ》の増長《ぞうちよう》や悪《にく》むべき哉《かな》、而《しか》して王國滅亡《おうこくめつぼう》後佛國《ごふつこく》は如何《いか》なる發展《はつてん》をなしたる乎《や》、千九百《せんきゆうひやく》〇五年以來《ごねんいらい》のサンデカリズム（無政者府主義《むせいしやふしゆぎ》）の跳梁《ちようりよう》を如何《いか》に見《み》るや。

斯《か》くの如《ごと》くにして佛國《ふつこく》は歐州《おうしゆう》の列強《れつきよう》よりすら葬《ほうむ》られつゝあるが、露西亞《ろしあ》、獨逸《どいつ》、墺匈《おーすとりあ》、土耳其等《とるこなど》の强國《きようこく》は國家的破産《こつかてきはさん》の状態《じようたい》にある事《こと》とて、世界《せかい》の强國《きようこく》たらん事《こと》は永劫《えいごう》に絶望《ぜつぼう》といふべく、唯伊太利《ただいたりあ》のみ尚《な》ほ强國《きようこく》の體《てい》を支持《しじ》し居《お》るも、元來伊太利《がんらいいたりあ》は自己《じこ》の實力《じつりよく》を以《もつ》て建《た》ちたる國《くに》に非《あら》ずして、佛蘭西《ふらんす》及獨逸《およびどいつ》の後援《こうえん》に由《よ》つて漸《ようや》く强國《きようこく》の地位《ちい》を保《たも》ち得《え》たるものなるが故《ゆえ》に、千八百七十八年《せんはつぴやくななじゆうはちねん》のベルリン會議《かいぎ》に於《お》いて、不倶戴天《ふぐたいてん》の宿敵墺地利《しゆくてきおーすとりあ》はボスニヤを収《おさ》めて伊太利《いたりあ》を威壓《いあつ》し、又英吉利《またいぎりす》はクプロ島《とう》を握《にぎ》りて伊太利《いたりあ》の地中海權《ちちゆうかいけん》に動搖《どうよう》を與《あた》へたるも彼《かれ》は如何《いかん》ともする能《あた》はず、千八百八十二年《せんはつぴやくはちじゆうにねん》に亘《わた》り、國《こつ》家《か》の安定上已《あんていじようや》むを得《え》ず耻《はじ》を忍《しの》びて獨墺伊《どくおうい》の三國同盟《さんごくどうめい》に加入《かにゆう》せるを見《み》るも如何《いか》に其實力《そのじつりよく》の脆弱《ぜいじやく》なるを知《し》るべきが、世界大戰《せかいたいせん》に際《さい》しては獨逸《どいつ》の鼻息《はないき》を窺《うかが》ひ、開戰後一ケ年《かいせんごいつかねん》を過《す》ぎて漸《ようや》く墺地利《おーすとりあ》に宣戰《せんせん》せしが如《ごと》き、如何《いか》にしても强國《きようこく》の資格《しかく》なきものと斷《だん》じうべし、勿論伊太利《もちろんいたりあ》の愛國心及發奮力《あいこくしんおよびはつぷんりよく》は看過《かんか》し難《がた》きも、伊太利《いたりあ》は根本《こんぽん》より建國法《けんこくほう》を誤《あやま》り、内實《ないじつ》を先《ま》づ計《はか》らずして外觀《がいかん》のみを妄《みだ》りに雄大《ゆうだい》ならしめんと努《つと》めたる結果《けつか》、内部《ないぶ》の缺陷益々擴大《けつかんますますかくだい》せられて統一力愈々衰《とういつりよくいよいよおとろ》へ來《きた》り、そゞろにピサの斜塔《しやとう》を聯想《れんそう》せしめつゝあり、如何《いか》で之《これ》を以《もつ》て强國《きようこく》と見《み》るを得《え》んや、彼《かれ》が四頭會議《よんとうかいぎ》より時々除外《ときどきじよがい》せられたる亦故《またこの》なきに非《あら》ざるなる。

さらば現在《げんざい》、又當分《またとうぶん》、歐羅巴《よーろっぱ》の强國《きようこく》として殘《のこ》るべきものは唯一英國《ゆいいつえいこく》あるのみなり、如何《いか》に急激《きゆうげき》なる變化《へんか》にあらずや。

而《しか》して亞細亞方面《あじあほうめん》に眼《め》を轉《てん》ずれば、多《おお》くは之《こ》れ歐羅巴諸國《よーろっぱしよこく》の屬領《ぞくりよう》にして、否《いや》らざる獨立國《どくりつこく》といへども凡《すべ》てコンマ以下《いか》に屬《ぞく》するもののみなり、唯日本及支那《ただにほんおよびしな》ありて亞細亞州《あじあしゆう》の餘命《よめい》を繫《つな》ぎ居《お》るのみ、而《しか》も支那《しな》は亦昔日《またせきじつ》の支那《しな》に非《あら》ず、彼《かれ》の民衆《みんしゆう》は如何《いか》に富强《ふきよう》なるも、其國土《そのこくど》は如何《いか》に利源《りげん》に豊《ゆた》かなるも、彼《かれ》は日本《にほん》の援助《えんじよ》なき限《かぎ》り到底其國力《とうていそのこくりよく》を挽回《ばんかい》しうべからざるなり、故《ゆえ》に日支兩國若《につしりようこくわか》し健全《けんぜん》なる同盟《どうめい》をなさば全歐否全世界《ぜんおういやぜんせかい》を敵《てき》とするも恐《おそ》るゝに足《た》らざるも、否《あ》らざる限《かぎ》り支那《しな》は永久《えいきゆう》に現狀《げんじよう》を繰返《くりかえ》するに過《す》ぎざるべし。

斯《か》くて公正《こうせい》なる節《せつ》にて世界萬國《せかいばんこく》を篩《ふる》ひ來《く》れば、歐羅巴《よーろっぱ》には英吉利《いぎりす》、西半球《にしはんきゆう》には米國《べいこく》、亞細亞《あじあ》には我日本《われにほん》の三ケ國《さんかこく》のみ優勝者《ゆうしようしや》の格《かく》にて殘《のこ》さるゝに到《いた》り、自然日英米《しぜんにちえいべい》は世界《せかい》の三强《さんきよう》と稱《しよう》せらるべし。

故《ゆえ》に今後《こんご》は日英米三强《にちえいべいさんきよう》の天下《てんか》なり、世界《せかい》の眞相《しんそう》は此三强《このさんきよう》に由《よ》つて知《し》らるべく、世界《せかい》の運命《うんめい》は此三《このさん》强《きよう》に由《よ》りて決《けつ》せらるべし、されば世界《せかい》の正體《しようたい》を知《し》らんとせば、此三國《このさんごく》の正體《しようたい》を探《さぐ》れば足《た》るべく、强《し》ゐて世界萬國《せかいばんこく》を一々裸體《いちいちらたい》となす必要《ひつよう》を見《み》ざるなり。

於兹乎《ここにおいてや》、余《よ》は現代世界《げんだいせかい》を代表《だいひよう》し、又將來《またしようらい》の世界《せかい》を支配《しはい》すべき此三國《このさんごく》を拉致《らち》して、之《これ》を赤裸々《せきらら》となし忌憚《きたん》なき解剖《かいぼう》を試《こころ》みて皇國萬年《こうこくまんねん》の大方針《だいほうしん》を探《さぐ》り出《だ》さんと欲《ほっ》す。

ア、、日英米《にちえいべい》の三强《さんきょう》よ、英國《えいこく》が世界到《せかいいた》る處《ところ》に足場《あしば》を造《つく》り、根據《こんきょ》を設《もう》けて世界政策《せかいせいさく》を實現《じつげん》しつゝありし當時《とうじ》を顧《かえり》みて、今日之《こんにちこれ》を世界《せかい》の三强 中《さんきょうちゅう》に加《くわ》ふるは當然《とうぜん》なるべし、假令印度征服當時《たといいんどせいふくとうじ》の慨《がい》なしとするも、兎《と》に角《かく》エグバート王國一千一百年《おうこくいっせんいっひゃくねん》の歴史《れきし》は今尚《いまな》ほ彼《かれ》をして歐州唯一《おうしゅうゆいいつ》の强國《きょうこく》なるを裏書《うらがき》し居《お》るなり。

次《つ》ぎに米國《べいこく》がモンロー主義《しゅぎ》を巧《たく》みに塗《ぬ》り換《か》へて以來《いらい》、成金式《なりきんしき》に國力《こくりょく》を肥滿《ひまん》せしめ、底《そこ》なき征服慾《せいふくよく》を發露《はつろ》して今日《こんにち》の大《だい》をなし、今《いま》や英國《えいこく》を凌駕《りょうが》して世界《せかい》の最大强《さいだいきょう》となりたる事《こと》は十目之《じゅうもくこれ》を認《みと》むるが故《ゆえ》に、之《これ》を三强《さんきょう》に數《かぞ》ふるは亦當然《またとうぜん》の事《こと》なり。

然《しか》るに極東《きょくとう》の一孤島《いちことう》、最近《さいきん》の擡頭國日本《たいとうこくにほん》が、一躍《いちやく》して世界三强《せかいさんきょう》の一《いち》となり得《え》たる事實《じじつ》に對《たい》しては誰《だれ》か驚異《きょうい》せざらんや、故《ゆえ》に歐米諸國《おうべいしょこく》は日本《にほん》を指《さ》して無類《むるい》の侵略國《しんりゃくこく》の如《ごと》くに毒罵《どくば》するなり、而《しか》も事實《じじつ》に於《お》いては其領土《そのりょうど》は英國《えいこく》の五十分《ごじゅうぶん》の一《いち》に及《およ》ばず、又米國《またべいこく》の十六分《じゅうろくぶん》の一《いち》にも足《た》らざるなり、而《しか》して米《べい》國《こく》は七倍《ななばい》に膨脹《ぼうちょう》し、英國《えいこく》は百倍《ひゃくばい》に膨脹《ぼうちょう》せるに比《ひ》し、日本《にほん》は僅《わず》かに二倍大《にばいだい》となりしのみなり、而《しか》して此二倍大《このにばいだい》も侵略《しんりゃく》の意志《いし》ありて獲得《かくとく》せしものに非《あら》ずして、强國《きょうこく》の壓迫《あっぱく》に由《よ》り已《や》むを得《え》ず國運《こくうん》を堵《と》して戰《たたか》へる結果《けっか》なるが故《ゆえ》に、之《これ》を侵略《しんりゃく》といふは非《ひ》なり、然《しか》るに英米二國《えいべいにこく》の膨脹《ぼうちょう》は悉《ことごと》く弱國《じゃっこく》に對《たい》し無名《むめい》の師《し》を起《おこ》したる結果《けっか》にして、一囘《いっかい》といへども「國家《こっか》の興廢此一擧《こうはいこのいっきょ》にあり」と警告《けいこく》せざるべからざる戰《せん》爭《そう》を爲《な》さゞりしなり、のみならず、彼等《かれら》の侵略戰爭《しんりやくせんそう》は日本《にほん》と何等《なんら》の交渉《こうしよう》なく行《おこな》はれたるものなれども、日清戰爭《につしんせんそう》は英國及英國猶太人《えいこくおよびえいこくゆだやじん》の計畫《けいかく》せしものにして、日露戰爭《にちろせんそう》は米國及米國猶太人《べいこくおよびべいこくゆだやじん》の計畫《けいかく》せるものなる事《こと》を知《し》らば假令日清戰爭《たといにつしんせんそう》に由《よ》りて遼東半島《りようとうはんとう》を奪《うば》ひ、日露戰爭《にちろせんそう》に由《よ》りて沿海州《えんかいしゆう》を奪《うば》ふも彼等《かれら》が之《これ》を侵略《しんりやく》といふは非《ひ》なり、然《しか》るに何故《なにゆえ》にや彼等《かれら》は彼等《かれら》の强奪《ごうだつ》を以《もつ》て罪惡《ざいあく》とせず、反《かえ》つて日本《にほん》の戰《せん》利《り》を以《もつ》て罪惡《ざいあく》となすなり思《おも》ふに日本《にほん》の急進《きゆうしん》に對《たい》する猜疑及嫉妬《さいぎおよびしつと》之《これ》を言《い》はしむるものか。

何《いず》れにもせよ、第二十世紀前半《だいにじゆつせいきぜんはん》の世界《せかい》は、其舞臺《そのぶたい》を日英米三强《にちえいべいさんきよう》を立役《たちやく》として開《ひら》きたるものにして、此三ケ國《このさんかこく》は一《いち》は歐羅巴《よーろつぱ》の優勝者《ゆうしようしや》、一《いち》は亞細亞《あじあ》の優勝者《ゆうしようしや》、又一《またいち》は亞米利加《あめりか》の優勝者《ゆうしようしや》にして、最後《さいご》の優勝《ゆうしよう》を決《けつ》すべく立《た》ちたる世界的選手《せかいてきせんしゆ》なり、故《ゆえ》に此三强《このさんきよう》は早晩必《そうばんかなら》ず雌雄《しゆう》を決《けつ》せざるべからざる運命《うんめい》に置《お》かれたるものなることは、彼我《ひが》默々《もくもく》の間《あいだ》に之《これ》を承認《しようにん》し居《お》る事《こと》なるが、然《さ》らば何《なに》が故《ゆえ》に互《たがい》に危險《きけん》なる戰爭《せんそう》に訴《うつた》へずして、平和談笑裡《へいわだんしようり》に天下《てんか》を三分《さんぶん》し其一《そのいち》を保《たも》たざるかとは此際各自《このさいかくじ》の胸《むね》に浮《うか》び出《い》づる事《こと》ならんが日本《にほん》こそ何等世界政策《なんらせかいせいさく》なるものを有《ゆう》せざれども、英國《えいこく》の三《さん》C政策有《せいさくあ》らん限《かぎ》り、又米國《またべいこく》の三《さん》A政策有《せいさくあ》らん限《かぎ》りは、彼等《かれら》は決《けつ》して世界三等分《せかいさんとうぶん》に滿足《まんぞく》せざるべし、何《なん》となれば、之《これ》に由《よ》りて日本《にほん》の得《え》る所《ところ》は八十倍《はちじゆうばい》なるに米國《べいこく》は僅《わず》かに五倍《ごばい》、又英國《またえいこく》は四割《よんわり》に過《す》ぎざればなり。

されば此際《このさい》、英米相同盟《えいべいしようどうめい》して日本《にほん》を威壓《いあつ》し、英米兩國《えいべいりようこく》にて天下《てんか》を折半《せつぱん》せば如何《いかん》といはゞ、之《こ》れ全《ぜん》然不可能《ふかのう》の事《こと》にして豺狼《さいろう》何《な》んぞ之《これ》に滿足《まんぞく》すべけんや、ヨシ一度《いちど》は兩分《りようぶん》すとも兩者互《りようしやたがい》に世界統一欲《せかいとういつよく》のために最後《さいご》の決戰《けつせん》をなすべきや明《あきら》かなり、然《さ》らば三強《さんきよう》の將來《しようらい》如何《いかん》、余《よ》は之《これ》を結論《けつろん》に讓《ゆず》り、先《ま》づ三強《さんきよう》なるものの厚化粧《あつげしよう》を洗《あら》ひ落《おと》し、其外被《そのがいひ》を剝《は》ぎ去《さ》りて赤裸素體《せきらそたい》となしたる後《あと》、其結着《そのけつちやく》するところを斷《だん》ぜんとす。

第二章　英國《えいこく》の正體《しょうたい》

日下開山横綱格《ひのしたかいざんよこづなかく》の地位《ちい》を占《し》め、往時《おうじ》の羅馬帝國《ろーまていこく》を引伸《ひきのば》したるが如《ごと》き勢《いきお》ひを示《しめ》して、『太陽《たいよう》も我領土《わがりょうど》外《がい》に没《ぼつ》する能《あた》はず』と永《なが》らく傲語《ごうご》せる大英國民《だいえいこくみん》の世界観《せかいかん》は、『草《くさ》より川《かわ》でて草《くさ》に入《い》るてふ武藏野《むさしの》の月《つき》』を誇《ほこ》りたる眼《め》には餘《あま》りに大《だい》なるものにてありしが、而《しか》も其大《そのだい》は人造大《じんぞうだい》にして天成大《てんせいだい》に非《あら》ざりしが故《ゆえ》に、即《すなわ》ち其《その》富强《ふきょう》は投機的《とうきてき》のものにてありしが故《ゆえ》に、否寧《いやむし》ろ高利貸的《こうりがしてき》のものにてありしが故《ゆえ》に、一度《ひとた》び悲《ひ》運《うん》に陥《おちい》らば直《ただ》ちに四方八面《しほうはちめん》の取附《とりつき》に遇《あ》ひて倒産《とうさん》の憂目《うきめ》を見《み》ざる能《あた》はざる運命《うんめい》のものにてありしなり、尚《な》ほ之《これ》に加《くわ》へて大英帝國《だいえいていこく》は恐怖《きょうふ》すべき結核菌《けっかくきん》を其五臓《そのごぞう》に保有《ほゆう》し居《お》りしなり、而《しか》も自《みずか》ら之《これ》を知《し》らずとせば其國家《そのこっか》は外科的及内科的《げかてきおよびないかてき》に致命《ちめい》の病症《びょうしょう》に呪《のろ》はれ居《お》るものにして、其禍根《そのかこん》を第一期《だいいっき》に防止撲滅《ぼうしぼくめつ》せざる限《かぎ》り、其運命《そのうんめい》は已定《いてい》の事《こと》といはざるべからず、ア、歐羅巴《よーろっぱ》の舊華族《きゅうかぞく》と歌《うた》はれたる大英帝國《だいえいていこく》、未《いま》だ老《ろう》衰《すい》すべき年配《ねんぱい》にあらざるに、二十世紀《にじゅっせいき》に入《はい》るや怪《あや》しむべき變調《へんちょう》を呈《てい》し來《きた》り、少《すこ》しく大勢眼《おおぜいがん》あらんには大英帝國《だいえいていこく》のために忌《い》むべき豫告《よこく》を爲《な》すこと決《けつ》して難事《なんじ》に非《あら》ざるまでに其變調《そのへんちょう》は著《いちじる》しきものなるが故《ゆえ》に、曩《さ》きにハーデング大統領《だいとうりょう》の死《し》、日本《にほん》の大震災其他《だいしんさいそのた》を豫告《よこく》して豫言者教授《よげんしゃきょうじゅ》の名《な》ある佛國《ふっこく》のレーモン教授《きょうじゅ》をして『英國《えいこく》は數年内《すうねんない》に其領土《そのりょうど》を元《もと》の島國《しまぐに》にまで縮少《しゅくしょう》すべし』と明言《めいげん》せしむるに到《いた》れり、而《しか》して此豫告《このよこく》に對《たい》する公算亦《こうさんまた》甚《はなは》だ顯著《けんちょ》なり。

ア、一國《いっこく》の全盛期《ぜんせいき》は夫《そ》れ斯《か》くの如《ごと》く薄命《はくめい》なるものか、或《あるい》は又驕《またおご》るもの久《ひさ》しからざるの意乎《いか》。

思《おも》ふに、英國《えいこく》ヴィクトリヤ女王時代《じょおうじだい》は再《ふたた》び來《きた》らざるべし、決《けっ》して來《きた》らざるべし、何故《なにゆえ》に然《さ》る乎《か》、蓋《けだ》し英國人《えいこくじん》の英國《えいこく》は已《すで》に滅《ほろ》びたればなり、而《しか》して今日存在《こんにちそんざい》する英國《えいこく》なるものは、恰《あたか》も鍋島騒動《なべしまそうどう》の猫《ねこ》の變《へん》化《げ》の如《ごと》きものにして、英國《えいこく》に仇《あだ》なす或怪物《あるかいぶつ》のために英國《えいこく》は已《おのれ》に其眞生命《そのしんせいめい》を奪《うば》はれ、現在《げんざい》の英國《えいこく》は即《すなわ》ち其怪物《そのかいぶつ》の化身《けしん》に過《す》ぎざればなり、されど其怪物《そのかいぶつ》なるもの果《はた》して何物《なにもの》ぞ、猫《ねこ》か非《あら》ず、狸《たぬき》か非《あら》ず、恰《あたか》も蜘《く》蛛《も》の如《ごと》く其魔手《そのましゅ》を八方《はっぽう》に伸《のば》して世界大《せかいだい》の網《あみ》を張《は》りつゝある大怪物《だいかいぶつ》なり。

大英帝國《だいえいていこく》といへば百獣《ひゃくじゅう》の王《おう》なる獅子《しし》を連想《れんそう》せしめたる大強國《だいきょうこく》にして、歐羅巴《よーろっぱ》に十二萬平方哩《じゅうにまんへいほうまいる》、亞細亞《あじあ》に百八十七萬平方哩《ひゃくはちじゅうななまんへいほうまいる》、阿弗利加《あふりか》に二百六十萬平方哩《にひゃくろくじゅうまんへいほうまいる》、亞米利加《あめりか》に四百二十三萬平方哩《よんひゃくにじゅうさんまんへいほうまいる》、又太洋州《またたいようしゅう》に二百四十萬平方哩《にひゃくよんじゅうまんへいほうまいる》の領土《りょうど》を有《ゆう》し、總計一千二百二十一萬平方哩《そうけいいっせんにひゃくにじゅういちまんへいほうまいる》にして、實《じつ》に全世界《ぜんせかい》の面積《めんせき》の約五分一大《やくごぶんのいちだい》を占有《せんゆう》し、五大州到《ごだいしゅういた》る所《ところ》として英旗《えいき》の翻《ひるが》へらざる所《ところ》なく、『太陽《たいよう》は我領土《わがりょうど》より沒《ぼっ》することなし』とまで豪語《ごうご》せし其雄姿今尚《そのゆうしいまな》ほ髣髴《ほうふつ》たるに、第二十世紀《だいにじゅっせいき》に入《はい》るや否《いな》や其影甚《そのかげはなは》だしく淡《あわ》くなり來《きた》りて、殆《ほと》んど死靈《しりょう》に憑《つ》かれたるものの如《ごと》く、何等潑溂《なんらはつらつ》たる生氣《せいき》を示《しめ》さず、辛《かろ》ふじて其體裁《そのていさい》を繕《つくろ》ひ居《お》るものの如《ごと》きは抑《そもそ》も何故《なにゆえ》ぞや。

ジョン・ブル老《お》いたる乎《か》、ユニオン・ジャック古《ふる》びたる乎《か》、二世《にせい》をと契《ちぎ》りたりしカナダ夫人《ふじん》は色魔《しきま》なる米國《べいこく》と已《すで》に醜關係《しゅうかんけい》を結《むす》びて戀愛神聖《れんあいしんせい》の歌《うた》を歌《うた》ひ、末子《まっし》の愛《あい》に引《ひ》かされて我儘《わがまま》に育《そだ》てたる愛蘭《あいるらんど》孃《じょう》は無頼漢《ぶらいかん》シン・フエンの爲《た》めに誘《さそ》はれて親《おや》を忘《わす》れ、折角飼《せっかくか》ひ馴《な》らせる印度象《いんどぞう》は性來《せいらい》の野獸性《やじゅうせい》に復《かえ》り、分家濠太利《ぶんけおーすとらりあ》は本家《ほんけ》の干渉《かんしょう》を拒絶《きょぜつ》し、埃及猫《えじぷとねこ》には咬《か》まれ、南阿虎《なんあとら》には吼《ほ》えられ、ビルマ、ニウギネア、マルタすら自己解放《じこかいほう》の機會《きかい》を窺《うかが》ひつゝあるに非《あら》ずや、而《しか》して其大英帝國《そのだいえいていこく》は唯名《ただな》のみにして、英《えい》國民《こくみん》は其國王《そのこくおう》を以《もっ》て一《いち》の國際關係上《こくさいかんけいじょう》の裝飾品《そうしょくひん》とまで酷評《こくひょう》して憚《はば》からざるなり、從《したが》つて英國王室《えいこくおうしつ》は其《その》權威《けんい》を固守《こしゅ》する能《あた》はざるがために、強《し》ゐて人民《じんみん》に迎合《げいごう》せんとするが如《ごと》き態度《たいど》に出《い》で居《お》るは自衛上已《じえいじようや》むを得《え》ずとすも、之《これ》を以《もっ》て文明皇室《ぶんめいこうしつ》の典型《てんけい》なりと心得《こころえ》るに到《いた》っては愚《ぐ》の極《きわみ》、妄《もう》の至《いた》りならずや、王族《おうぞく》は王族《おうぞく》たるべし、華族《かぞく》は華族《かぞく》たるべし、士族《しぞく》は士族《しぞく》たるべし、平民《へいみん》は平民《へいみん》たるべし、階級《かいきゅう》の別無《べつな》くんば已《や》む、若《も》し有《あ》りとせば其位《そのくらい》を保《たも》ちて誤《あやま》るべからず、副將軍光圀《ふくしょうぐんみつくに》の行脚《あんぎゃ》は平民化《へいみんか》せしために非《あら》ず、帝仁德《みかどにんとく》の『民《たみ》の富《とみ》は朕《ちん》の富《とみ》なり』は民主化《みんしゅか》せしために非《あら》ず、前者《ぜんしゃ》は將軍《しょうぐん》の威德《いとく》を益《ますます》輝《かがやき》がさんがために計《はか》り、後者《こうしゃ》は天子《てんし》の尊嚴《そんげん》を愈々行《いよいよおこな》はんがために力《つと》め給《たま》ひしものなり、ア、垂死王國《すいしおうこく》が悶《もだ》ゆる様《さま》を望見《ぼうけん》して之《こ》れ文明王國《ぶんめいおうこく》の美風《びふう》直《じか》に取《と》つて移《うつ》さゞるべからず爲《な》すと如《ごと》きは餘《あま》りに悲慘《ひさん》なる滑稽《こっけい》にして、之《これ》を學《まな》びたるものは自《おの》づから其國《そのくに》を滅《ほろ》ぼすものといはざるべからず、ア、大英帝國《だいえいていこく》の晩年亦憐《ばんねんまたあわれ》むべき哉《や》、海《うみ》に陸《りく》に、文《ぶん》に武《ぶ》に、世界萬國《せかいばんこく》を眼下《がんか》に見下《みくだ》したる其雄姿今《そのゆうしいま》や消《き》えて、水晶宮屋上《すいしょうきゅうおくじょう》へンペン草茂《くさしげ》ること已《すで》に一尺《いっしゃく》、之《こ》れ果《はた》して何《なん》の兆《きざし》ぞ、而《しか》して英國《えいこく》もしレーモン教授《きょうじゅ》の豫告《よこく》の如《ごと》く崩壞《ほうかい》すとせば他殺《たさつ》か自殺《じさつ》か。

古來何《こらいいず》れの國《くに》か滅《ほろ》びざらんや、バビロン滅《ほろ》び、メソポタミヤ滅《ほろ》び、エヂプト滅《ほろ》び、アッスリヤ滅《ほろ》び支那《しな》滅《ほろ》び印度《いんど》滅《ほろ》び、羅馬《ろーま》滅《ほろ》び、天下《てんか》を風靡《ふうび》せる強大國《きょうたいこく》悉《ことごと》く滅《ほろ》びたる歴史《れきし》今《いま》尚《な》ほ鮮《あざや》かなる其地球上《そのちきゅうじょう》に於《お》いて、大英帝國《だいえいていこく》亦《また》同《おな》じき運命《うんめい》に終《おわ》りたりとて何等《なんら》怪《あやし》むべきものに非《あら》ずといへども、英國《えいこく》の末路《まつろ》は史上未曾有《しじょうみぞう》の怪事實《かいじじつ》を祕《ひ》め居《お》るものにして、尋常一樣《じんじょういちよう》の有爲轉變《ういてんぺん》にはあらざるなり、而《しか》して之《こ》れ研究《けんきゅう》に値《あた》ひする歴史上《れきしじょう》の大問題《だいもんだい》なるのみならず、國家《こっか》の興廢上《こうはいじょう》忽《おろそ》かに爲《な》し能《あた》はざる事實《じじつ》なりとす。

最近我當局《さいきんわがとうきょく》は日淸戰爭《にっしんせんそう》の操縱者《そうじゅうしゃ》は○國《こく》にてありしを確認《かくにん》するに到《いた》れりと以聞《いぶん》す、三十年《さんじゅうねん》の後《あと》に於《お》いて之《これ》を探知《たんち》せりとて何《なん》の用《よう》ぞ、而《しか》も未《いま》だ眞相《しんそう》に觸《ふ》れたるには非《あら》ざるなり、而《しか》して二十年《にじゅうねん》の日露《にちろ》戰爭《せんそう》は何國《なにこく》の操縱《そうじゅう》せるものなるかは固《もと》より未《いま》だ確認《かくにん》せられざるなり、余《よ》は皇國《こうこく》のために此不明《このふめい》を憂《うれ》へ、世界攪亂《せかいかくらん》の怪物《かいぶつ》を突止《つきと》むるに先立《さきだ》ち、茲《ここ》に英國《えいこく》の正體《しょうたい》を解剖《かいぼう》せざるべからず。

第一節　英國《えいこく》の素性《すじょう》

西暦紀元八百二十七年《せいれききげんはっぴゃくにじゅうななねん》エグバート佛國《ふっこく》より復歸《ふっき》し英吉利七王國《いぎりすななおうこく》を一統《いっとう》して英吉利王國《いぎりすおうこく》の基《もと》を開《ひら》きし以來《いらい》、茲《ここ》に一千一百年《いっせんいちひゃくねん》、歐羅巴《よーろっぱ》の覇者《はしゃ》として、否世界《いなせかい》の覇者《はしゃ》として勝《か》ち誇《ほこ》りつゝありし大英國《だいえいこく》の素性《すじよう》を調《しら》べ來《く》れば、王國《おうこく》とは稱《しよう》するも固《もと》より萬世一系《ばんせいいつけい》に非《あら》ざるのみか、ゼルチック、デンマルク、ゴドウイン、ノルマン、プランタジネット、ランカスター、ヨーク、チユードル、スチユアート等《など》の七《なな》王朝《おうちよう》を經《へ》て現《げん》ハノーヴアー王朝《おうちよう》に至《いた》りしものにして、王系《おうけい》として尊重《そんちよう》すべき價値《かち》大《だい》に缺如《けつじよ》し、唯《ただ》英吉利王國《いぎりすおうこく》てふ看板《かんばん》を其儘掲《そのままかか》げ來《きた》れりといふに過《す》ぎず、故《ゆえ》に其國語《そのこくご》とする英語《えいご》の如《ごと》きも甚《はなは》だ雜多《ざつた》なる言語《げんご》にして決《けつ》して單純《たんじゆん》なる固有語《こゆうご》に非《あら》ず、卽《すなわ》ち拉丁語《らてんご》を始《はじ》めとして、希臘語《ぎりしあご》、希伯來語《へぶらいご》、セルチツク語《ご》、サクソン語《ご》、丁抹語《でんまーくご》、佛蘭西語《ふらんすご》、西班牙語《すぺいんご》、伊太利語《いたりあご》、獨逸語《どいつご》の混成語《こんせいご》にして、馬來語《まれーご》、印度《いんど》語及支那語《ごおよびしなご》すら混入《こんにゆう》し居《お》るを見《み》ても、以《もつ》て其國體《そのこくたい》の如何《いかん》を推量《すいりよう》しうべし、而《しか》して此併呑式《このへいどんしき》こそ大英《だいえい》國《こく》を實現《じつげん》せしむるに與《あた》つて力《ちから》ありしものならんが、又一方《またいつぽう》に於《お》いて他日四分五裂《たじつしぶごれつ》の因《いん》を爲《な》すものと云《い》はざるべからず、而《しか》して今日其兆候著《こんにちそのちようこういちじる》しきものあるを目撃《もくげき》するに非《あら》ずや、ア、侵略《しんりやく》は大《だい》をなし、努力《どりよく》は層《そう》を加《くわ》ふべきも、建築《けんちく》せる國家《こつか》は必《かなら》ず崩壞《ほうかい》せざるを得《え》ず、借問《しやくもん》す、宏壯絶無《こうそうぜつむ》なりし、バビロン塔今何處《とういまどこ》にかある思《おも》ふに英國《えいこく》の運命亦此天則《うんめいまたこのてんそく》を免《まぬ》かる能《あた》はざるべし、而《しか》も大英國《だいえいこく》の運命《うんめい》は自然《しぜん》の崩《ほう》壞《かい》に由《よ》らずして、人爲《じんい》の破壞《はかい》に由《よ》るものなりと斷《だん》ずべき理由《りゆう》あり、何《なん》となれば其内部《そのないぶ》には白蟻到《しろありいた》る處《ところ》に其害《そのがい》を逞《たくま》ふし居《お》ればなり、深窓《しんそう》の美人《びじん》も國手《こくしゆ》の前《まえ》には肺患第三期《はいかんだいさんき》を宣《せん》せられて最早活《もはやい》ける婦人《ふじん》の資格《しかく》なきなり、自働車上《じどうしやじよう》の紳士《しんし》も法官《ほうかん》の前《まえ》には重禁錮《じゆうきんこ》を宣《せん》せられて最早活《もはやい》ける男子《だんし》の資格《しかく》なきものなり、國家亦然《こつかまたしか》り。

　元來英國《がんらいえいこく》は上王室《じょうおうしつ》より、下臣民《かしんみん》に至《いた》るまで甚《はなは》だ雜混《ざつこん》せる系統《けいとう》を有《ゆう》し、已《すで》に述《の》べたるが如《ごと》く其國語《そのこくご》之《これ》を證《あか》して餘《あま》りある事《こと》なるが、等《ひと》しく英國人《えいこくじん》といふもサクソン種《しゅ》あり、ジュート種《しゅ》あり、セルト種《しゅ》ありアングロ種《しゅ》あり、從《したが》つて國家及國民《こつかおよびこくみん》として多大《ただい》の間隙《かんげき》を有《ゆう》し居《お》るが故《ゆえ》に、英國《えいこく》に對《たい》し野心《やしん》を有《ゆう》する者《もの》に取《と》りては極《きわ》めて都合《つごう》よき事《こと》にてありしなり、さればこそ、世界蠶食《せかいさんしょく》を志《こころざ》せる白蟻《しろあり》をして之《これ》に乘《じょう》ぜしめたるなり、白蟻《しろあり》は卽《すなわ》ち猶太人《ゆだやじん》なり、猶太人《ゆだやじん》の英國《えいこく》を窺《うかが》ふや年己《ねんき》に久《ひさ》しく、イスラエル王《おう》ソロモン（紀元前千〇三十三年《きげんぜんせんさんじゆうさんねん》——九百七十五年《きゆうひやくななじゆうごねん》）當時《とうじ》に於《お》いて、ツロ王《おう》ヒラムと相計《あいはか》り、通商開《つうしょうかい》始《し》のためと稱《しょう》して聯合艦隊《れんごうかんたい》を西航《さいこう》せしめたる事《こと》ありしが、當時英國《とうじえいこく》は錫《すず》の生產地《せいさんち》として名《な》を知《し》られ居《お》りしが故《ゆえ》に、此航海《このこうかい》は固《もと》より通商《つうしょう》なりしならんも、ブリテーン Britain なる名稱《めいしょう》は一說《いっせつ》にはセルチツク語《ご》の Brith 又《また》は Brit 卽《すなわ》ち色《いろ》を塗《ぬ》るの意《い》より來《き》たりといふ、何《なん》となれば古代《こだい》の英國人《えいこくじん》は靑色《あおいろ》にて身體《しんたい》を塗《ぬ》る風習《ふうしゅう》ありしがためなりとの事《こと》なるも、他說《たせつ》にはブリテーンはフエニシヤ語《ご》の Berat-Anach 卽《すなわ》ち錫《すず》の國《くに》てふ意《い》より出《い》でたるものなりといふ、何《いず》れを眞《しん》と定《さだ》め難《がた》きも、フエニシヤ人《じん》が支那《しな》を指《さ》して絹《きぬ》の國《くに》ともいひたるを見《み》れば後說《こうせつ》に多《おお》く理由《りゆう》あるが如《ごと》し、而《しか》して假《か》りに後說《こうせつ》を取《と》ればブリテーンなる名稱《めいしょう》は卽《すなわ》ちセミ族猶太系《ぞくゆだやけい》より出《い》でたるものにして、尙《な》ほ英國西南部端《えいこくせいなんぶたん》コーンヲール地方《ちほう》にマラオン（シオンの惱《なや》み）及《および》ジウ・マーケツト（猶太町《ゆだやちょう》）等《など》の地名《ちめい》あるを見《み》て、猶太人《ゆだやじん》が同地方《どうちほう》に如何《いか》に發展《はってん》し居《い》りしかを知《し》るべし、加之《しかのみならず》、コーンヲール地方《ちほう》の言語《げんご》はヘブライ語《ご》（猶太人《ゆだやじん》の國語《こくご》）と酷《こく》似《じ》し居《お》るのみならず、同地方人《どうちほうじん》の名《な》に猶太名《ゆだやめい》の多《おお》く附《ふ》せられ居《い》るなど益々此感《ますますこのかん》を深《ふか》からしむるも、ソロモン時代《じだい》の事《こと》は餘《あま》りに遠《とお》きが故《ゆえ》に、暫《しば》らく之《これ》を不問《ふもん》に附《ふ》し羅馬時代《ろーまじだい》に降《くだ》り、ジュリヤス・シーザー渡英《とえい》の際《さい》、手兵中《しゅへいちゅう》に少《すく》なからざる猶太兵《ゆだやへい》ありしは事實《じじつ》にして、彼《かれ》は猶太兵《ゆだやへい》を英國《えいこく》に移住《いじゅう》せしめたる形跡《けいせき》あり、次《つ》いでパレステナの形勢日《けいせいひ》に日《ひ》に險悪《けんあく》となり、遂《つい》にデヤスポーラ（離散時代《りさんじだい》）に入《はい》りしがため、猶太人《ゆだやじん》は少《すく》なからず歐羅巴諸國《よーろっぱしょこく》に散布《さんぷ》せられしか、ば勿論英國《もちろんえいこく》にも少《すく》なからず移住《いじゅう》せる筈《はず》にして、尚《なお》ほ此上《このうえ》に、行衛不明《ゆくえふめい》となれるイスラエル十支族《じっしぞく》の一部《いちぶ》が英國《えいこく》に渡《わた》れりとの說《せつ》をなすものありて、即《すなわ》ち紀元前七百二十年《きげんぜんななひやくにじゅうねん》の頃《ころ》バビロンに俘虜《ふりょ》となりたるイエスラエル民族《みんぞく》の一部《いちぶ》が、折《おり》しも同地方《どうちほう》に出現《しゅつげん》せるクムリ族《ぞく》の一支族《いちしぞく》なるスキテヤン人《じん》と落合《おちあ》ひ、共《とも》に西方《せいほう》に放浪《ほうろう》し、英國《えいこく》に渡《わた》りたるものにして、スキテヤン人《じん》は即《すなわ》ちセルチック人《じん》の祖先《そせん》にして、スコットなる名稱《めいしょう》はスキテヤン人《じん》の別名《べつめい》スクタイより出《い》でたるものなり、又《また》スキテヤン人《じん》に次《つ》いで同《おな》じマルムクク族《ぞく》の一族《いちぞく》なるサカイ人《じん》は、中歐及北歐《ちゅうおうおよびほくおう》に侵入《しんにゅう》し、デンマルクに入《はい》り更《さら》に英國《えいこく》に渡《わた》りたるが、デンマルクとはダンの國《くに》てふ義《ぎ》にして、ダンは十二支族《じゅうにしぞく》の一支族《いちしぞく》なり、而《しか》して此《これ》サカイ人《じん》は即《すなわ》ちサキソン人《じん》の祖先《そせん》にして、愛蘭《あいるらんど》に上陸《じょうりく》せるものなりといふ、サカイ人《じん》はアプラハムの子《こ》イサクの後裔《こうえい》なり。

勿論英國人《もちろんえいこくじん》の祖先《そせん》は悉《ことごと》く猶太人《ゆだやじん》なりといふに非《あら》ず、先《さ》きにも述《の》べたるが如《ごと》く英國人《えいこくじん》の系統《けいとう》は甚《はなは》だ混雑《こんざつ》し居《お》るを以《もつ》て之《これ》を一種族《いちしゅぞく》に歸《き》する能《あた》はざるも、以上《いじょう》にて英國《えいこく》に猶太人《ゆだやじん》の血統《けつとう》が少《すく》なからず注《そそ》ぎ居《お》るを知《し》るべし。

尤《もっと》も猶太人《ゆだやじん》の植民《しょくみん》として纏《まとま》りたる史實《しじつ》はノルマン人《じん》の侵略《しんりゃく》（七百八十九年《ななひゃくはちじゅうきゅうねん》）以前《いぜん》に於《お》いて不明《ふめい》なれども、北《きた》ゴール方面《ほうめん》に猶太《ゆだや》の奴隷商《どれいしょう》が出没《しゅつぼつ》せしは確實《かくじつ》にして、英國奴隷《えいこくどれい》が羅馬《ろーま》市場《しじょう》に現《あら》はれたるは主《しゅ》として猶太《ゆだや》の奴隷商《どれいしょう》に由《よ》りて賣買《ばいばい》せられたるものにてありしなり、而《しか》して紀元八百三十三《きげんはっぴゃくさんじゅうさん》年《ねん》に於《おい》てメルシヤ王《おう》ウイトグラフグエグート王《おう》ために大敗《たいはい》するや、難《なん》をクロイラドン寺院《じいん》に避《さ》け、一《いち》時同寺院《じどうじいん》の保護《ほご》を受《う》けたりし事《こと》ありしが、之《これ》に對《たい》し同王《どうおう》は同寺院《どうじいん》に關係《かんけい》ある土地財產等《とちざいさんなど》の保障《ほしょう》を始《はじ》め、基督教徒《きりすときょうと》と猶太人《ゆだやじん》とを問《と》はず其所有權利《そのしょゆうけんり》一切《いっさい》を承認《しょうにん》する旨《むね》を聲明《せいめい》せし旨《むね》イングルフスは其著《そのちょ》「クロイランド寺院史《じいんし》」に錄《ろく》したるを見《み》るも、當時《とうじ》猶太人《ゆだやじん》が集團的居住《しゅうだんてききょじゅう》をなし居《お》りしのみならず、又土地《またとち》所有權《しょゆうけん》を所有《しょゆう》し居《お》りしをも知《し》るべく、ノルマン侵略以前《しんりゃくいぜん》に於《お》いても彼等《かれら》は英國《えいこく》に於《お》いて相當《そうとう》の活動《かつどう》をなし居《お》りしと推《お》しうべし、されど猶太人《ゆだやじん》としての實勢力《じっせいりょく》はノルマン侵略《しんりゃく》と共《とも》に英國《えいこく》に扶植《ふしょく》せられたるものと見《み》るを至當《しとう》とすべし。

第二節　英國《えいこく》の王室《おうしつ》

翻《ひるがえ》つて英國王室《えいこくおうしつ》と猶太人《ゆだやじん》の關係《かんけい》を見《み》るに、英國王室《えいこくおうしつ》は我國《わがくに》の如《ごと》く萬世一系《ばんせいいつけい》に非《あら》ざるが故《ゆえ》に、凡《すべ》ての王朝《おうちょう》との關係《かんけい》を詳 述《しょうじゅつ》するは至難《しなん》なるを以《もっ》て單《たん》に現《げん》ハノヴァ王朝《おうちょう》に止《とど》むべし。

前述《ぜんじゅつ》の如《ごと》く紀元前七百二十年《きげんぜんななひゃくにじゅうねん》の頃《ころ》バビロンに移送《いそう》せられたるイスラエル民族中《みんぞくちゅう》の一部《いちぶ》はスキテヤン人《じん》と合《がっ》してスコツトランドに發展《はってん》し、又他《またほか》の一部《いちぶ》はスキテヤン人《じん》と同族《どうぞく》なるサカイ人《じん》と合《がっ》してデンマルクを建《た》て、又進《またすす》んでアイルランドに向《むか》って發展《はってん》したるものなるが、此《この》アイルランドに上陸《じょうりく》したるはタビデ王統《おうとう》を承《う》けたる者《もの》にして其名《そのな》をテフイといふ、土人《どじん》の記録《きろく》に由《よ》れば之《こ》れ紀元前五百八十三年《きげんぜんごひゃくはちじゅうさんねん》にして、スコツトランド王國《おうこく》の始祖《しそ》フエルグス・モーアは卽《すなわ》ちテイフの後裔《こうえい》なるが、モーアはハノヴア宮家《みやけ》の祖先《そせん》なり。

尙《な》ほ此外英國王室《このほかえいこくおうしつ》と猶太人《ゆだやじん》との密接《みっせつ》なる關係《かんけい》を證明《しょうめい》すべき有力《ゆうりょく》なるものは卽位石《そくいせき》なり、卽位石《そくいせき》は亦戴冠椅子《またたいかんいす》と呼《よ》ばれ、ウエストミンスター寺院《じいん》に奉安《ほうあん》せらるゝ國寶《こくほう》にして、太古《たいこ》ヤコブが曠野《こうや》に露營《ろえい》し雲梯《うんてい》の靈夢《れいむ》を結《むす》びたりし時《とき》に枕《まくら》せる石《いし》にして、聖書《せいしょ》に所謂《いわゆる》ベテル是《これ》なり、而《しか》してソロモン王《おう》がエルサレムに神殿《しんでん》を造營《ぞうえい》するや、此《この》ベテルを殿内《とうんち》に安置《あんち》し以《もっ》て國寶《こくほう》となしたりしが、第三革命《だいさんかくめい》に於《お》いてエルサレム全滅《ぜんめつ》するに及《およ》び、猶太人《ゆだやじん》の一團《いちだん》は敵手及火中《てきしゆおよびかちゆう》より之《これ》を奪還《だつかん》してエヂプトに遁《のが》れ、エヂプト女王《じょおう》スコタと結婚《けっこん》せる雅典王《あてねおう》セクロプスの子《こ》ガセルスなるもの之《これ》を西班牙《すぺいん》に移送《いそう》し、後《のち》シモン・ブレクはアイルランドに轉送《てんそう》してタフ丘 上《きゅうじょう》に安置《あんち》せるものなるが、アイルランド人《じん》は之《これ》を運命石《うんめいせき》と稱《しょう》し、愛 蘭 歷代《あいるらんどれきだい》の王等《おうら》此神石《このじんせき》に座《ざ》して卽位《そくい》の大禮《たいれい》を執行《しっこう》せり、然《しか》るに紀元五百年《きげんごひゃくねん》の頃《ころ》、スコツトランド王國《おうこく》の開祖《かいそ》フエルグス・モーア之《これ》をダンスタフナツゲに移《うつ》し、以《もつ》て蘇國王《そこくおう》の卽位石《そくいいし》として祕藏《ひぞう》せられたりしが、八百四十年《はつぴやくよんじゆうねん》の頃《ころ》ケネス二世《にせい》更《さら》に之《これ》をスコーンに移《うつ》し、第十三世紀末《だいじゆうさんせいきまつ》に至《いた》るや英國王《えいこくおう》エドワード一世《いつせい》遂《つい》に之《これ》を現奉安所《げんほうあんしよ》なるウエストミンスター寺院《じいん》に移《うつ》し、エドワード三世《さんせい》より現帝《げんてい》に至《いた》るまで六百年間《ろつぴやくねんかん》、二十七代《にじゆうななだい》の國王《こくおう》は何《いず》れも此神祕石《このしんぴせき》にて戴冠式《たいかんしき》を擧行《きよこう》せられしのみならず、コーンウオール王族《おうぞく》と猶太王族《ゆだやおうぞく》との結婚式《けつこんしき》も亦幾度《またいくど》となく此神石《このじんせき》の前《まえ》に執行《しつこう》せられたるなり。

而《しか》して英國《えいこく》の國王旗《こくおうき》を見《み》るに七頭《ななとう》の獅子《しし》と竪琴《たてごと》とあるが、獅子《しし》はユダ族《ぞく》の象徵《しようちよう》にして、七《なな》の數《かず》は亦猶太《またゆだや》の神聖數《しんせいすう》なり、而《しか》して竪琴《たてごと》はダビデ王《おう》を象徵《しようちよう》したるものなる事明《ことあきら》かなるが、竪琴《たてごと》を配《はい》せる一《いつ》畫《かく》を碧空色《へきくうしよく》となせるは碧空色《へきくうしよく》は猶太色《ゆだやしよく》なるが故《ゆえ》ならずとせんや、されば英國王室《えいこくおうしつ》の內情《ないじよう》を知悉《ちしつ》し、且《か》つ其他《そのほか》エングランドに於《お》いても、スコツトランドに於《お》いても、亦《また》アイルランドに於《お》いても、此外《このほか》の史實《しじつ》を自覺《じかく》し、古來深《こらいふか》き關係《かんけい》を有《ゆう》し居《い》る猶太人等《ゆだやじんら》は英國《えいこく》こそ歴代志略下第二十一章七節《れきだいしりやくげだいにじゆういつしようななせつ》に錄《ろく》されある『ダビデの家《いえ》を滅《ほろ》ぼすことを好《この》み給《たま》はず』云々《うんぬん》の聖旨《せいし》に由《よ》つて實現《じつげん》せられたる王國《おうこく》ならざるべからずと信《しん》じアングロサクソン人《じん》はイスラエル族《ぞく》の一族《いちぞく》に外《ほか》ならずとし、英國《えいこく》は卽《すなわ》ち我等《われら》の國家《こつか》ならざるべからずと主張《しゆちよう》する英猶主義《えいゆしゆぎ》Anglo-Israelismなるものは現《あら》はれ、其共鳴者英米兩國《そのきようめいしやえいべいりようこく》に於《お》いて二《に》百萬《ひやくまん》と稱《しよう》せられ、倫敦《ろんどん》に於《お》いて機關雜誌《きかんざつし》すら發行《はつこう》せられ、之《これ》に關《かん》する圖書及《としよおよび》出版物亦少《しゆつぱんぶつまたすく》なからず出版《しゆつぱん》せられたりき尤《もつと》もこれは宗派《しゆうは》に非《あら》ざるを以《もつ》て英國教會內《えいこくきようかいない》にも共鳴者續出《きようめいしやぞくしゆつ》したりしが、最初之《さいしよこれ》を主唱《しゆしよう》せるは自《みずか》ら全能者《ぜんのうしや》の甥《おい》なりと稱《しよう》し、神智篇《じんちへん》を著《あら》はしては『我《われ》はダビデの後裔《こうえい》にして希伯來王《へぶらいおう》子《じ》なりと唱《とな》へ、又千八百二十二年《またせんはつぴやくにじゆうにねん》に「英國民《えいこくみん》は行衛不明《ゆくえふめい》の十支族《じつしぞく》の後裔《こうえい》なるを證明《しようめい》せるサクソン人《じん》の英吉利征略正史《いぎりすせいりやくせいし》」を著《あら》はしたるが、此著《このちよ》は主《しゆ》として英猶主義《えいゆしゆぎ》の運動《うんどう》に與《あずか》つて力《ちから》ありしものなりとす、之《これ》に次《つ》いでジエー・ウイルソンの「我《わ》がイスラエル系《けい》」（千八百四十五年《せんはつぴやくよんじゆうごねん》）、ダヴルユー・カーペンターの「見出《みいだ》されたるイスラエル民族《みんぞく》」、エー・グロヴの「ユダの殘黨英吉利《ざんとういぎりす》」等《など》の著《ちよ》あつて、蘇國王室星學者《そこくおうしつせいがくしや》スミス之《これ》に共鳴《きようめい》し、「大《だい》ピラミツトに於《お》ける我傳統《わがでんとう》」を出版《しゆつぱん》したるが、分《わ》けて世上《せじよう》の大《だい》なる注意《ちゆうい》を喚起《かんき》し、二十五萬冊《にじゆうごまんさつ》を發賣《はつばい》して洛陽《らくよう》の紙價《しか》を高《たか》からしめたるはエドワード・ハインの「英國民《えいこくみん》と行衛不明《ゆくえふめい》のイスラエル支族《しぞく》との一致《いつち》」（千八百七十一年出版《せんはつぴやくななじゆういちねんしゆつぱん》）なりとす。尚《な》ほ彼《かれ》は此外《このほか》に「國民《こくみん》の指導者《しどうしや》」なる週刊雜誌《しゆうかんざつし》と、「死《し》より生《せい》」なる月刊雜誌《げつかんざつし》を發行《はつこう》せり、又米國《またべいこく》に於《お》いても千八《せんはつ》百八十年紐育《ぴやくはちじゆうねんにゆーよーく》のギー・ダヴルユー・グリンウツドは「世界《せかい》の嗣子《しし》」と題《だい》する月刊雜誌《げつかんざつし》を發行《はつこう》し、デトローイのプール牧師《ぼくし》は之《これ》に共鳴《きようめい》する所《ところ》ありしかば英猶主義《えいゆしゆぎ》は微力《びりよく》ながらも獨逸《どいつ》に飛火《とびひ》するに至《いた》れり。

此英猶主義《このえいゆしゆぎ》は甚《はなは》だ興味深《きようみぶか》きものにして、此主義《このしゆぎ》を主張《しゆちよう》せる人々《ひとびと》に若《も》し余《よ》が主張《しゆちよう》する日猶主義《にちゆしゆぎ》を聽《き》かしめば、彼等必《かれらかなら》ず彼等《かれら》の英猶主義以上《えいゆしゆぎいじよう》に我《わ》が日猶主義《にちゆしゆぎ》に共鳴《きようめい》するならんも、此方面《このほうめん》の說明《せつめい》は一々《いちいち》聖書《せいしよ》の豫言《よげん》を引照《いんしよう》するの要《よう》なり、且《か》つ神祕的《しんぴてき》のものなるが故《ゆえ》に今茲《いまここ》に之《これ》を陳《ひね》ぶるは適當《てきとう》に非《あら》ざるを以《もつ》て之《これ》を略《りやく》すべきも、兎《と》に角英國《かくえいこく》は猶太人《ゆだやじん》と多大《ただい》なる關係《かんけい》を有《ゆう》し居《お》る國《くに》なる事《こと》は略《ほ》ぼ推《お》しうべし。

のみならず、英國王室《えいこくおうしつ》は物質方面《ぶつしつほうめん》に於《お》いて、即《すなわ》ち財政方面《ざいせいほうめん》に於《お》いて猶太人《ゆだやじん》と極《きわ》めて濃厚《のうこう》なる關係《かんけい》を有《ゆう》し居《お》りしものにして、英國王室《えいこくおうしつ》の財政《ざいせい》は殆《ほと》んど猶太人《ゆだやじん》の獨占《どくせん》ともいふべきほど實勢力《じつせいりよく》を有《ゆう》し、猶太富豪《ゆだやふごう》アロン家《け》の如《ごと》きは一千百六十六年《いつせんひやくろくじゆうろくねん》、即《すなわ》ちヘンリー二世《にせい》の頃《ころ》に於《お》いて已《すで》に英國王室《えいこくおうしつ》に對《たい》し六《ろく》百十六磅《ぴやくじゆうろくぽんど》の債權《さいけん》を有《ゆう》し居《お》りしなり、當時《とうじ》アロンは英國《えいこく》に於《お》ける最大銀行家《さいだいぎんこうか》にして、常《つね》に王室《おうしつ》の財《ざい》政救濟《せいきゆうさい》に努力《どりよく》せしのみならず、猶太人《ゆだやじん》より納《おさ》むる王室《おうしつ》の收入《しゆうにゆう》は、王室《おうしつ》と猶太人《ゆだやじん》との關係《かんけい》を絶《た》つ能《あた》はざらしめたりしかば、猶太人《ゆだやじん》は恰《あたか》も我朝《わがちよう》の藤原氏《ふじはらし》の如《ごと》き立場《たちば》に在《あ》りしものと見《み》て然《しか》るべし、然《しか》り、彼等《かれら》は王室《おうしつ》の寵臣《ちようしん》にして又金庫《またきんこ》なりき、實際猶太人《じつさいゆだやじん》は王室《おうしつ》に取《と》り一《いち》の財產《ざいさん》として優遇《ゆうぐう》せられたるなり、されぱエドワード告白者法令《こくはくしやほうれい》として知《し》らるゝものを見《み》るに左《ひだり》の如《ごと》き一節《いつせつ》あるに見《み》て知《し》るべし。

王《おう》の保護下《ほごか》に在《あ》る猶太人《ゆだやじん》は何人《なんぴと》を問《と》はず王《おう》の特許《とつきよ》なくして富豪《ふごう》の保護《ほご》を受《う》くべからず、若《も》し彼等《かれら》或《また》は彼等《かれら》の財產《ざいさん》を差抑《さしおさ》ふるものあらば王《おう》は之《これ》を自己《じこ》の所有《しよゆう》なりと主張《しゆちよう》するをうべし。

次《つ》いでノルマン王朝《おうちよう》に移《うつ》るや、ウイリヤム勝利者《しようりしや》は國策上猶太人《こくさくじようゆだやじん》を大《おおい》に歡迎《かんげい》し、常時英國《じようじえいこく》の最《もつと》も缺陷《けつかん》なりし中產階級《ちゆうさんかいきゆう》の皆無《かいむ》なりしを塡補《てんぽ》すべく猶太人《ゆだやじん》を利用《りよう》し、貴族及賤民間《きぞくおよびせんみんかん》の仲保者《ちゆうほしや》たらしめたり、殊《こと》に貨幣《かへい》を制定《せいてい》し、商業機關《しょうぎょうきかん》を設置《せっち》するに於《お》いて猶太人《ゆだやじん》の力《ちから》に由《よ》らざるべからざることも看取《かんしゅ》したる彼《かれ》は、益々猶太人《ますますゆだやじん》に對《たい》する優遇《ゆうぐう》を怠《おこた》らず、猶太人《ゆだやじん》も亦王《またおう》の知遇《ちぐう》に感激《かんげき》し愈々其得意《いよいよそのとくい》の手腕《しゅわん》を發揮《はっき》したりしかば、内政外政大《ないせいがいせいおおい》に革《あらた》まり、且《か》つ軍備及通商《ぐんびおよびつうしょう》著《いちじる》しく進《すす》みたるのみならず、反逆又《はんぎゃくまた》は不軋《ふあつ》を計《はか》る者等《ものら》は猶太人《ゆだやじん》の鋭《するど》き眼《め》を窃《ぬす》む能《あた》はずして漸次其跡《ぜんじそのあと》を絶《た》ちたりしかば、ウイリヤム二世及《にせいおよび》ヘンリー一世等亦猶太人《いっせいらまたゆだやじん》を寵愛《ちょうあい》しノルマン時代《じだい》に於《お》いては猶太人《ゆだやじん》は全國到《ぜんこくいた》る處《ところ》に自由《じゆう》に商業《しょうぎょう》を許《ゆる》されたるのみならず其商品《そのしょうひん》は王室御用品《おうしつごようひん》と同《おな》じく無税《むぜい》にてありしなり、而《しか》して困窮《こんきゅう》の場合《ばあい》には救濟《きゅうさい》を申出《もうしい》で、土地《とち》を擔保《たんぽ》となし、欲《ほっ》するものは教會《きょうかい》の財産及赤色服《ざいさんおよびあかいろふく》の外《ほか》は何品《なんぴん》に限《かぎ》らず自由《じゆう》に賣買《ばいばい》するを得《え》、併《あわ》せて高利貸《こうりがし》すら公認《こうにん》せられたりしかば、猶太人《ゆだやじん》の金權《きんけん》は急激《きゅうげき》に擴大《かくだい》せられ、同時《どうじ》に猶太人《ゆだやじん》保護税《ほごぜい》として王室《おうしつ》に納《おさ》むる金額甚《きんがくはなは》だ多額《たがく》にてありしなり、而《しか》も猶太人《ゆだやじん》の信用《しんよう》は動《うご》かすべからざるものありて、基督教徒十二人《きりすときょうとじゅうににん》の保證《ほしょう》よりも猶太人一人《ゆだやじんひとり》の保證《ほしょう》がヨリ多《おお》く信用《しんよう》せられたる程《ほど》にてありき、而《しか》して當時基督教徒《とうじきりすときょうと》は商事企業《しょうじきぎょう》に關係《かんけい》する事《こと》を教會法《きょうかいほう》に由《よ》りて禁《きん》ぜられし事《こと》とて、猶太人《ゆだやじん》は無人《むじん》の境《さかい》を行《い》くが如《ごと》くに活動《かつどう》するを得《え》たりしなり。

　ノルマン王朝《おうちょう》は斯《か》くの如《ごと》く猶太人《ゆだやじん》を優遇《ゆうぐう》せり、政略《せいりゃく》よりとするも猶太人《ゆだやじん》の實勢力發展《じっせいりょくはってん》に於《お》いては同一《どういつ》なり、殊《こと》にウイリヤム二世及《にせいおよび》ヘンリー一世《いっせい》の如《ごと》きは基督教徒《きりすときょうと》に重税《じゅうぜい》を課《か》し、且《か》つ之《これ》を以《もっ》て猶太人救濟《ゆだやじんきゅうさい》に使用《しよう》せし事《こと》さへ珍《めず》らしからざりしかば、徒《いたず》らに猶太人《ゆだやじん》を暴慢《ぼうまん》ならしむると共《とも》に、基督教徒《きりすときょうと》をして嫉視《しっし》せしむるに到《いた》れるは蔽《おお》ふべからず。而《しか》して之《これ》が結果《けっか》として初期《しょき》十字軍《じゅうじぐん》が大脱線《だいだっせん》をなしたるなり。

降《くだ》つてフエルグス・モーアを祖先《そせん》とする現英國王室《げんえいこくおうしつ》ハノヴア家《け》に在《あ》りて、殊《こと》に明君《めいくん》と稱《たた》へられたるヴイクトリヤ女王《じょおう》は、特《とく》に猶太人《ゆだやじん》に同情《どうじょう》を表《あらわ》せられしのみならず、正統派《せいとうは》シオン主義《しゅぎ》の急先鋒《きゅうせんぽう》として知《し》られたりしかば、御一代《ごいちだい》に於《お》いて必《かなら》ず之《これ》を實現《じつげん》せしめんとの熱望抑《ねつぼうおさ》え難《がた》く、之《これ》がために六十三年間王位《ろくじゅうさんねんかんおうい》を占《し》められしものの如《ごと》く、遂《つい》に其晩年《そのばんねん》に於《お》いて。即《すなわ》ち千八百九十七年《せんはっぴゃくきゅうじゅうななねん》に至《いた》り、シオン大會議《だいかいぎ》をバーゼルに開催《かいさい》するの運《はこ》びとなりしものなり、而《しか》して其當時《そのとうじ》、女王《じょおう》はシオン大會議《だいかいぎ》と直接關係《ちょくせつかんけい》あるものとは思《おも》はれざりしに、初彦王《はつひこおう》（現皇太子《げんこうたいし》）誕生《たんじょう》せらるゝや、親《みずか》らダビデと命名《めいめい》し以《もっ》てシオン運動《うんどう》の前途《ぜんと》を祝福《しゅくふく》せられしが、果然千九百十七年《かぜんせんきゅうひゃくじゅうななねん》バルフオーア宣言《せんげん》の公表《こうひょう》となりて始《はじ》めてヴイクトリヤ女王《じょおう》の遺志《いし》にてありし事《こと》を知《し》るに到《いた》れり。

第三節　英國《えいこく》の文化《ぶんか》

若《も》し夫《そ》れ英國《えいこく》の文化《ぶんか》を以《もっ》て基督教《きりすときょう》の力《ちから》なりとせば、基督教《きりすときょう》を英國《えいこく》に輸入《ゆにゅう》せる猶太人《ゆだやじん》の功《こう》を先《ま》づ多《た》とすべきなり。

ジュリアス・シーザー以來英國《いらいえいこく》は羅馬《ろーま》の征服下《せいふくか》にありしと共《とも》に、羅馬《ろーま》の文明《ぶんめい》を吸收《きゅうしゅう》し居《お》りし事《こと》は言《い》ふまでもなきことながら、猶太《ゆだや》の奴隷商人《どれいしょうにん》が六世紀《ろくせいき》の頃英國《ころえいこく》奴隷《どれい》を羅馬《ろーま》市場《しじょう》に送《おく》り來《きた》りしため、時《とき》の羅馬法王《ろーまほうおう》グレゴリーの注意《ちゅうい》を惹《ひ》き、英國宣教《えいこくせんきょう》の意《い》を起《おこ》さしめたるは事實《じじつ》なり、從《したが》つて猶太人自《ゆだやじんじ》身固《しんもと》より基督教《きりすときょう》の普及《ふきゅう》に何等關係《なんらかんけい》なしといへども、宣教《せんきょう》の便宜《べんぎ》を與《あた》へたる事《こと》は見遁《みのが》すべからざることなり、殊《こと》に當時《とうじ》は猶太人《ゆだやじん》は基督教《きりすときょう》を利用《りよう》して己《おの》が地歩《ちほ》を擴《ひろ》めんとの計畫《けいかく》を有《ゆう》し居《お》りしが故《ゆえ》なり、而《しか》してグレゴリー法王《ほうおう》はアングロサクソン宣教團《せんきょうだん》を設立《せつりつ》し、此方面《このほうめん》に努力多《どりょくおお》かりしが故《ゆえ》に、基督教《きりすときょう》は英國及獨逸等《えいこくおよびどいつなど》に急激《きゅうげき》に普及《ふきゅう》せられ、之《これ》に伴《ともな》ふて教育《きょういく》を始《はじ》め、種々《しゅじゅ》なる文化事業其緒《ぶんかじぎょうそのいとぐち》につきたるが、船舶《せんぱく》、通商及金融等《つうしょうおよびきんゆうなど》は殆《ほと》んど猶太人《ゆだやじん》の手《て》にありし事《こと》とて、猶太人《ゆだやじん》の力《ちから》を經《へ》ざれば文化事業《ぶんかじぎょう》の如《ごと》きは到底不可能《とうていふかのう》と見《み》るべかりしなり、要《よう》するに羅馬《ろーま》の文明《ぶんめい》を英國《えいこく》に運搬《うんぱん》せるは猶太人《ゆだやじん》なりと斷《だん》じて然《しか》るべきなり。

例《たと》へば、英國文明《えいこくぶんめい》の淵源《えんげん》ともいふべき最高學府《さいこうがくふ》なる牛津及劍橋大學《おつくすふぉーどおよびけんぶりつじだいがく》を見《み》るに、牛津大學《おつくすふぉーどだいがく》はアルフレッド大王《だいおう》の創立《そうりつ》とは言《い》ひ傳《つた》へらるゝも、十三世紀《じゅうさんせいき》に亘《わた》りて完成《かんせい》せるものにして、劍橋《けんぶりつじ》大學亦之《だいがくまたこれ》と甲乙《こうおつ》なき古《ふる》き歴史《れきし》を有《ゆう》するものなるが、猶太人《ゆだやじん》は征服《せいふく》と同時《どうじ》に牛津《おつくすふぉーど》に居住《きょじゅう》したるものにして、今日《こんにち》の聖《せい》アルデート街一帯《がいいったい》は猶太人街《ゆだやじんがい》として知《し》られたるものなり、而《しか》して牛津大學《おつくすふぉーどだいがく》の校舍《こうしゃ》なるモイセイ館《かん》、ロンバード館及《かんおよび》ヤコブ館等何《かんなどいず》れも猶太人《ゆだやじん》の所有《しょゆう》せしものにてありしなり、又《また》剣橋《けんぶりつじ》に於《お》いても猶太人《ゆだやじん》は千〇七十三年《せんななじゅうさんねん》に植民地《しょくみんち》を起《おこ》し、オールセインウ及《および》セントセパルカア二區《にく》の如《ごと》きは猶太區《ゆだやく》として今尚《いまな》ほ言《い》ひ傳《つた》へらるるのみならず、兩大學《りょうだいがく》とも當初《とうしょ》の學生《がくせい》は旅館又《りょかんまた》は下宿屋《げしゅくや》に於《お》いて受業《じゅぎょう》せしものなりしが、從《したが》つて猶太人《ゆだやじん》との關係甚《かんけいはなは》だ多《おお》かりしは當然《とうぜん》なりといふべし。

而《しか》して當時《とうじ》は、恰《あたか》も我國《わがくに》に於《お》いて英語及獨逸語等《えいごおよびどいつごなど》の必要《ひつよう》を感《かん》ぜられしが如《ごと》く、希臘語及希伯來語《ぎりしあごおよびへぶらいご》等《など》は必須學科《ひっすがっか》にてありしが故《ゆえ》に、猶太教師《ゆだやきょうし》が亦重要《またじゅうよう》なる地位《ちい》を占《し》めたるのみならず、猶太人經營《ゆだやじんけいえい》の希伯來語學校亦少《へぶらいごがっこうまたすく》なからざりき、而《しか》して英語《えいご》を學修《がくしゅう》するものの多《おお》く基督教《きりすときょう》に傾《かたむ》きたるが如《ごと》く、希伯來《へぶらい》語《ご》を學修《がくしゅう》したる結果希伯來化《けっかへぶらいか》したる亦爭《またあらそ》ふへからず、されば牛津大學《おつくすふぉーどだいがく》の如《ごと》きは猶太人《ゆだやじん》と教授間《きょうじゅかん》に生《しょう》じたる紛爭《ふんそう》は總長之《そうちょうこれ》を裁決《さいけつ》する內規《ないき》ありしほど猶太人《ゆだやじん》の勢力《せいりょく》は著《いちじる》しくありしなり、而《しか》してドミニカン派《は》の如《ごと》きは千二百二十一年頃《せんにひゃくにじゅういちねんごろ》牛津《おつくすふぉーど》の猶太人區《ゆだやじんく》の中心《ちゅうしん》に國王《こくおう》の補助下《ほじょか》に改宗者收容館《かいしゅうしゃしゅうようかん》を設立《せつりつ》して猶太人《ゆだやじん》のために努《つと》むる所《ところ》ありしが、ヘンリー三世《さんせい》は之擴張《これかくちょう》し、諸所《しょしょ》「ドムス・コンウエルソルム」なるものを設立《せつりつ》せり、以《もつ》て當時《とうじ》の英國《えいこく》が如何《いか》に猶太人《ゆだやじん》を英國化《えいこくか》せしめんと力《つと》めたるかを知《し》るべし、而《しか》も此英國化《このえいこくか》は猶太人《ゆだやじん》を劣等視《れっとうし》し、猶太《ゆだや》を向上《こうじょう》せしむるがためには非《あら》ずして、猶太人《ゆだやじん》の偉《い》能《のう》を認《みと》め其能力《そののうりょく》を利用《りよう》せんがために英國化《えいこくか》せしめんとしたるなり、而《しか》して十字軍《じゅうじぐん》の餘波《よは》を受《う》けて猶太人《ゆだやじん》が虐殺《ぎゃくさつ》せられ、次《つ》いで追放《ついほう》せられたる時《とき》に於《お》いても、牛津《おつくすふぉーど》の猶太人《ゆだやじん》のみは依然《いぜん》として其儘《そのまま》居住《きょじゅう》したるを見《み》るも、牛津《おつくすふぉーど》に於《お》ける猶太人《ゆだやじん》の實勢力《じっせいりょく》を想像《そうぞう》しべし。

獨《ひと》り二大學所在地《にだいがくしよざいち》のみならず、倫敦《ろんどん》に於《お》いては千百十五年《せんひやくじゆうごねん》の交已《こうすで》にハコ區《く》に一廓《いつかく》を成《な》し唯《ただ》に地利《ちり》に於《お》いて優勝《ゆうしよう》の位地《いち》を占《し》めたりしのみならず、其邸宅《そのていたく》の宏壯《こうそう》にして、其運動《そのうんどう》の大規模《だいきぼ》なる、中世紀《ちゆうせいき》に於《お》ける英國《えいこく》の文化《ぶんか》の鍵《かぎ》は猶太人《ゆだやじん》の手《て》に握《にぎ》られ居《お》るやの觀《かん》ありしなり、聖《せい》ステパノ教會及聖《きようかいおよびせい》メリーコール教會《きようかい》の如《ごと》きは猶太會堂《ゆだやかいどう》を沒收《ぼつしゆう》したるものにして、倫敦銀行所在地《ろんどんぎんこうしよざいち》も猶太會堂《ゆだやかいどう》の在《あ》りし所《ところ》なりしといふ又後年《またこうねん》市長官邸《しちようかんてい》となりたるものも又猶太會堂《またゆだやかいどう》を改造《かいぞう》したるものにして、其他少《そのたすく》なからざる會堂《かいどう》は燒却又《しようきやくまた》は破壞《はかい》せられるも、ゲルシヤム大學《だいがく》は元猶太人所有《もとゆだやじんしよゆう》のベークウエル館《かん》と呼《よ》びしものなりとの事《こと》なり、のみならず、此外《このほか》ノルウイツチ、グローセスター、エキセター、ノルサンプトン、ライセスター、ヒヤーフオールド、ヨルク、プリストル、リンコーン、カンターベリー等外五十餘《などほかごじゆうよ》の大教會《だいきようかい》には猶太人《ゆだやじん》は何《いず》れも相當《そうとう》の發展《はつてん》をなり居《お》りしものにして、猶太人《ゆだやじん》の國民性《こくみんせい》として彼等《かれら》は常《つね》に文化的中心《ぶんかてきちゆうしん》に居住發展《きよじゆうはつてん》を計《はか》るものなるが故《ゆえ》に、彼等《かれら》は必《かな》らず文化機關《ぶんかきかん》の鎖鍵《さけん》を掌握《しようあく》するを常《つね》とす。

一方猶太人《いつぽうゆだやじん》の文化運動《ぶんかうんどう》に對《たい》する反動《はんどう》として英化運動起《えいかうんどうおこ》りたりしも到底猶太人《とうていゆだやじん》に對抗《たいこう》する能《あた》はざりしなり、蓋《けだ》し財政上猶太人《ざいせいじようゆだやじん》は遙《はる》かに優勢《ゆうせい》なりしが故《ゆえ》なり、於茲乎《ここにおいてや》、猶太教《ゆだやきよう》に對《たい》し反感《はんかん》を有《ゆう》する基督教《きりすときよう》の僧侶《そうりよ》、猶太人《ゆだやじん》の發展《はつてん》に對《たい》し嫉視《しつし》する商人《しようにん》、及猶太人《およびゆだやじん》に對《たい》する債務《さいむ》を抹殺《まつさつ》せんとする者等《ものら》は、十字軍《じゆうじぐん》の名稱《めいしよう》の下《もと》に猶太人撲滅《ゆだやじんぼくめつ》を計《はか》り、併《あわ》せて、猶太人《ゆだやじん》を掠奪《りやくだつ》するを目的《もくてき》とする無賴《ぶらい》の徒多《とおお》く之《これ》に參加《さんか》して英國《えいこく》の宗教史及政治史《しゆうきようしおよびせいじし》は拭《ぬぐ》ひ難《がた》き大醜態《だいしゆうたい》を暴露《ばくろ》したりしなり、此等《これら》は卽《すなわ》ち猶太人《ゆだやじん》の發展《はつてん》の反影《はんえい》にして恰《あたか》も米國加州《べいこくかしゅう》方面《ほうめん》に於《お》ける日本移民排斥《にほんいみんはいせき》と同《おな》じきものにてありしなり、而《しか》して追放前《ついほうまえ》の猶太人數《ゆだやにんずう》は約一萬六千五百《やくいちまんろくせんごひゃく》に過《す》ぎざりしも、其當時《そのとうじ》の英國《えいこく》の總人口《そうじんこう》は一百五十萬《ひゃくごじゅうまん》に過《す》ぎざりしが故《ゆえ》に、決《けっ》して少數《しょうすう》には非《あら》ざりなり、而《しか》して猶太人《ゆだやじん》は種々《しゅじゅ》なる迫害的《はくがいてき》ハンデキヤツプを附《ふ》せられ、且《か》つ職業《しょくぎょう》にすら制限《せいげん》ありしとはいへ、財政《ざいせい》、商業《しょうぎょう》、醫癒等《いゆなど》には獨得《どくとく》の才能《さいのう》を發揮《はっき》し、羅馬法王《ろーまほうおう》を始《はじ》め英國國《えいこくこく》王《おう》の侍醫《じい》は主《しゅ》として猶太人醫師之《ゆだやじんいしこれ》に任《にん》じたりしかば、此三方面《このさんほうめん》の猶太人《ゆだやじん》の實勢力《じっせいりょく》は以《もっ》て全英《ぜんえい》を支配《しはい》し得《え》たるは明《あきら》かなり但《ただ》し彼等《かれら》は政治的占領《せいじてきせんりょう》を志《こころざ》すものに非《あら》ざりしが故《ゆえ》に英國《えいこく》にダビデ王朝《おうちょう》の出現《しゅつげん》を見《み》ざりしなり。

殊《こと》に猶太人《ゆだやじん》は如何《いか》なる迫害《はくがい》の時《とき》にも、亦逆境《またぎゃっきょう》に在《あ》りても、子弟《してい》の教育《きょういく》を怠《おこた》らざるものなるが故《ゆえ》に、教育令《きょういくれい》なるものを制定《せいてい》し居《お》りしものにして、從《したが》つて一般文化事業《いっぱんぶんかじぎょう》に對《たい》しても密接《みっせつ》なる交渉《こうしょう》を有《ゆう》し居《お》りしなり、而《しか》して當時《とうじ》の英國猶太人《えいこくゆだやじん》は北歐諸國《ほくおうしょこく》の猶太人中《ゆだやじんちゅう》最《もっと》も進歩《しんぽ》し居《お》りしかば、ヨセフ・ヤコブス博士《はかせ》の如《ごと》きは『英國《えいこく》をして十二世紀當時《じゅうにせいきとうじ》羅馬文化《ろーまぶんか》の霸《は》を唱《とな》へしめたる功《こう》は猶太人《ゆだやじん》に頒《わけ》たざるべからず』と明言《めいげん》せり。

爾來約三百六十年間《じらいやくさんびゃくろくじゅうねんかん》、猶太人《ゆだやじん》は英國《えいこく》に其足跡《そのそくせき》を絶《た》ちたるにも係《かか》はらず、第十六世紀《だいじゅうろくせいき》の半《なか》ばに至《いた》るや英國《えいこく》の各方面《かくほうめん》に革命的《かくめいてき》氣分横溢《きぶんおういつ》し來《きた》り、所謂文藝復興時代《いわゆるぶんげいふっこうじだい》なるもの展開《てんかい》せられて、宗教《しゅうきょう》に對《たい》する靈性《れいせい》大《おおい》に啓發《けいはつ》せられたりしかば、聖書研究熱《せいしょけんきゅうねつ》著《いちじる》しく勃興《ぼっこう》したる結果《けっか》として、猶太人《ゆだやじん》に師事《しじ》せんとするもの多《おお》きを加《くわ》へ、従《したが》つて猶太問題《ゆだやもんだい》に對《たい》する從來《じゆうらい》の慘虐《ざんぎやく》より醒《さ》めて温健公正《おんけんこうせい》なる態度《たいど》に出《い》でたるのみならず反動《はんどう》として親猶主義《しんゆしゆぎ》現《あら》はれ、否拜猶主義《いやはいゆしゆぎ》すら現《あら》はれ來《きた》りて、文學《ぶんがく》に特《とく》に詩歌《しいか》に、或《あるい》は戯曲《ぎきよく》に又繪畫《またかいが》に猶太趣味《ゆだやしゆみ》を加味《かみ》せざるものは流行遲《りゆうこうおく》れの如《ごと》き有様《ありさま》を呈《てい》し、建築等《けんちくなど》に於《お》いて甚《はなは》だしく古典味《こてんみ》を發揮《はつき》するに至《いた》りしかば、大學《だいがく》は競《きそ》ふて猶太教授《ゆだやきようじゆ》を招聘《しようへい》して希伯來研究《へぶらいけんきゆう》に耽溺《たんでき》し、ジエーン・クレイ女史及《じよしおよび》エリザベス女王等《じよおうら》亦其熱心《またそのねつしん》なる研究者《けんきゆうしや》の一人《ひとり》にてありしなり、又之《またこれ》と同時《どうじ》に工業《こうぎよう》、商業《しようぎよう》は俄然《がぜん》として復興《ふつこう》し、會堂《かいどう》、教會《きようかい》、寺防其他《じぼうそのた》の大建築《だいけんちく》は雨後《うご》の筍《たけのこ》の如《ごと》くに其雄姿《そのゆうし》を高《たか》く聳《そび》へしむるに至《いた》りしかば、實工派《じつこうは》フリーメーソンリーの大活躍《だいかつやく》は想像以上《そうぞういじよう》のものにてありしと共《とも》に、猶太主義《ゆだやしゆぎ》は陰《いん》に陽《よう》に非常《ひじよう》たる扶殖《ふしよく》をなしたることを忘《わす》るべからず、而《しか》して特《とく》に猶太人《ゆだやじん》の得意《とくい》とする、醫療《いりよう》、法律《ほうりつ》、財政《ざいせい》、商業等《しようぎようなど》の方面《ほうめん》に於《お》いては一層其手腕《いつそうそのしゆわん》を認《みと》められ、名醫《めいい》といへば猶太人《ゆだやじん》に限《かぎ》られたるの觀《かん》ありしかば、ヤコブ、ロペス及《および》ロペス等《など》の名醫《めいい》は到《いた》る處《ところ》に歡迎《かんげい》せられたるのみならず、ロペスはエリザベス女王《じよおう》の侍醫長《じいちよう》に任命《にんめい》せられ、且《か》つ宮中府中《きゆうちゆうふちゆう》を問《と》はず、彼《かれ》の信任甚《しんにんはなは》だ厚《あつ》く、侍從長《じじゆうちよう》エセツクス侯《こう》の如《ごと》きは一猶太人《いちゆだやじん》を利用《りよう》して政權《せいけん》を横領《おうりよう》せんとの野心《やしん》を起《おこ》し、之《これ》がために西班牙問題《すぺいんもんだい》に最智識《さいちしき》あるロペスを籠絡《ろうらく》せんと試《こころ》みたりき、然《しか》るにロペス之《これ》を喜《よろこ》ばず、反《かえ》つて其陰謀《そのいんぼう》を女王《じよおう》に密告《みつこく》せり、而《しか》して女王《じよおう》を毒殺《どくさつ》せんとし事發覺《ことはつかく》するや、ロペスは亦其連累者《またそのれんるいしや》に加《くわ》へられ千五百九十四年六月七日《せんごひやくきゆうじゆうよねんろくがつなのか》絞殺《こうさつ》せられたり。

然《しか》りといへども、エリザベス女王時代《じょおうじだい》は猶太人《ゆだやじん》に取《と》りては感謝《かんしゃ》すべき時代《じだい》にてありしなり、約四世紀《やくよんせいき》に亘《わた》りて追放《ついほう》の憂目《うきめ》を見《み》たりし彼等《かれら》は、茲《ここ》に一陽來復更新《いちようらいふくこうしん》の端緒《たんしょ》を求《もと》めたるものにして、之《これ》を同時《どうじ》に彼等《かれら》の科學的發見《かがくてきはつけん》は遂《つい》に新世界《しんせかい》を發見《はつけん》せしむるに到《いた》りぬ、即《すなわ》ちヘンリー公航海學校長《こうこうかいがっこうちょう》エフダ・クレスチスの如《ごと》き、又天體表及萬年曆《またてんたいひょうおよびまんねんれき》を作成《さくせい》せる星學者《せいがくしゃ》アグラハム・ザクトの如《ごと》き何《いず》れもコロンブスの壯圖《そうと》に多大《ただい》なる利便《りべん》を與《あた》へたるものなりしなり、而《しか》して英國《えいこく》は西班牙《すぺいん》と親族關係《しんぞくかんけい》ありし事《こと》とて兩《りょう》國間《こくかん》の通商段盛《つうしょうだんもり》を極《きわ》めたりしが、何《いず》れも猶太人《ゆだやじん》の力《ちから》に由《よ》りしものにして、千六百〇五年倫敦《せんろっぴゃくごねんろんどん》の英西《えいにし》通商會社《つうしょうがいしゃ》の帳簿《ちょうぼ》の頁數《ぺーじすう》は羅馬數字《ろーますうじ》を以《もっ》てせずして希伯來文字《へぶらいもじ》（猶太《ゆだや》に數字《すうじ》なし）を以《もっ》てせしが如《ごと》き猶太人《ゆだやじん》の活動《かつどう》を語《かた》るものといふべし。

而《しか》も此時代《このじだい》に於《お》いて英國《えいこく》の文化《ぶんか》史上特筆大書《しじょうとくひつたいしょ》すべき事《こと》は、聖書《せいしょ》が英譯《えいやく》せられたること是《これ》なり、之《これ》がためには猶太人中殊《ゆだやじんちゆうこと》に希伯來語《へぶらいご》に堪能《たんのう》なるものが直接又《ちょくせつまた》は間接《かんせつ》に關係《かんけい》ありし事《こと》は言《い》ふまでもなきことにして、希伯來學者《へぶらいがくしゃ》として知《し》られたる英國人《えいこくじん》が直接之《ちょくせつこれ》に關係《かんけい》したるにもせよ、猶太學者《ゆだやがくしゃ》を顧問《こもん》となしたりしのみならず、英國《えいこく》の希伯來學者《へぶらいがくしゃ》は悉《ことごと》く猶化《ゆか》し居《お》りしは恰《あたか》も我英學者《わがえいがくしゃ》が、英米化《えいべいか》し居《お》るが如《ごと》きものなるが故《ゆえ》に、聖書英譯《せいしょえいやく》に係《かか》はる猶太人《ゆだやじん》の貢獻《こうけん》は決《けつ》して少小《しょうしょう》のものにて非《あら》ざりしなり、されば最初《さいしょ》に英譯《えいやく》を完成《かんせい》せるジョン・ワイクリッフはニコラス・ビヤーフオールドと協力《きょうりょく》したるものにして、之《これ》を改訂《かいてい》せるジョン・パーヴエーはニコラス・ド・リラに負《お》ふ所甚《ところはなは》だ多《おお》く、ニコラス・

ド・リラの功勞《こうろう》は聖書《せいしよ》を改譯《かいやく》する者《もの》の何《いづ》れも忘《わす》る能《あた》はざるものにありしなり、故《ゆゑ》にルーテルの如《ごと》きも『リラ無《なか》りせばルーテル有《あ》らざりしなり』とまで彼《かれ》を稱揚《しようよう》したるものにして異端者《いたんしや》なりとて死刑《しけい》に處《しよ》せられたるウイリヤムテンデールの如《ごと》きもジヨン・フリスを始《はじ》め其他《そのた》猶太學者《ゆだやがくしや》の指導《しどう》を得《え》て英譯《えいやく》を成就《じようじゆ》したるものなるが、尙《な》ほセバ譯《やく》といひ、ジエームス譯《やく》といひ、監督譯《かんとくやく》といひ、何《いづ》れも猶太人《ゆだやじん》に師事《しじ》したる人々《ひとびと》の手《て》にて成《な》りたるものにして、我國《わがくに》に於《お》ける聖書《せいしよ》の和譯《わやく》に外人《がいじん》の名《な》を忘《わす》るゝ能《あた》はざるが如《ごと》く、聖書英譯《せいしよえいやく》に於《お》いて猶太人《ゆだやじん》の功績《こうせき》は亦忘《またわす》るべからざるものにてありしなり、のみならず、英譯《えいやく》に當《あた》りて當時《とうじ》の英語《えいご》甚《はなは》だ不完全《ふかんぜん》なりしがため、希伯來語式《へぶらいごしき》の新英語《しんえいご》多《おお》く、一般人民《いつぱんじんみん》は之《これ》を讀《よ》むに少《すく》なからず難澁《なんじゆう》せしものなるが年《とし》と共《とも》に慣《な》れ遂《つい》に國民《こくみん》の日用語《にちようご》を支配《しはい》するに至《いた》れり、同時《どうじ》に猶太人《ゆだやじん》に對《たい》する敬意油然《けいいゆうぜん》として湧《わ》き溢《あふ》れ、希伯來語聖書《へぶらいごせいしよ》の需要急激《じゆようきゆうげき》に增加《ぞうか》し來《きた》れり、之《これ》に先立《さきだ》ち、印刷機發明《いんさつきはつめい》せらるゝや、猶太人《ゆだやじん》は卒先之《そつせんこれ》を利用《りよう》して聖書《せいしよ》を印刷《いんさつ》したりしが、希伯來語聖書《へぶらいごせいしよ》の需要益々多《じゆようますますおお》きを致《いた》し基督教徒亦之《きりすときようとまたこれ》を印刷《いんさつ》するに至《いた》れり。

英國《えいこく》の文化《ぶんか》は聖書《せいしよ》の英譯《えいやく》に由《よ》りて新紀元《しんきげん》を造《つく》りたるものにして、爾來文學《じらいぶんがく》に、繪畫《かいが》に、彫刻《ちようこく》に、建築《けんちく》に、音樂《おんがく》に、言論《げんろん》に、其他諸學藝《そのたしよがくげい》に及《およ》ぼせる希伯來思想《へぶらいしそう》は、英國《えいこく》の文化《ぶんか》に新光明《しんこうみよう》を與《あた》へたると共《とも》に所謂革命氣分大《いわゆるかくめいきぶんおおい》に充實《じゆうじつ》し來《きた》りて茲《ここ》に奇怪極《きかいきわ》まるスフインクスの如《ごと》きもの生《うま》れ出《い》でたり。

第四節　清教徒《せいきようと》

英國文明《えいこくぶんめい》の革新《かくしん》と共《とも》に飛《と》び出《だ》したる奇怪極《きかいきわ》まるスフィンクスとはピウリタン（清教徒《せいきようと》）の事《こと》なり。

英國教會《えいこくきようかい》なるものは已《すで》に清教徒《せいきようと》の精神《せいしん》に由《よ》つて起《おこ》りたるものなれども、清教徒《せいきようと》なる名稱《めいしよう》の起《おこ》りたるは千五百六十四年《せんごひやくろくじゆうよねん》（フラー說《せつ》）或《あるい》は千五百六十九年《せんごひやくろくじゆうきゆうねん》（ストライプ說《せつ》）にして、卽《すなわ》ち當時《とうじ》の英國教會《えいこつきようかい》の儀典《ぎてん》、禮式及教範等《れいしきおよびきようはんなど》に服從《ふくじゆう》するを忌嫌《きけん》せる者等《ものら》が、純神道擁護《じゆんしんとうようご》を標榜《ひようぼう》して英國教會《えいこつきようかい》に反對《はんたい》したるよりして與《あた》へられたる名稱《めいしよう》なり、而《しか》してチウドル朝《ちよう》メリーの治世《ちせい》に於《お》いて、祖國《そこく》を後《あと》にし歐羅巴大陸《よーろつぱたいりく》に信仰《しんこう》の自由《じゆう》を求《もと》め、以《もつ》て清教徒《せいきようと》の存在《そんざい》を廣《ひろ》く知《し》らしめたるものなるが、彼等《かれら》が祖國《そこく》を敵《てき》とするも尙《な》ほ辭《じ》せざる勢《いきお》ひを以《もつ》て主張《しゆちよう》せるものは、英國教會《えいこつきようかい》は天主教《てんしゆきよう》と何等異《なんらことな》る所《ところ》なきが故《ゆえ》に、凡《すべ》ての人造附帶物《じんぞうふたいぶつ》を放棄《ほうき》し、純正《じゆんせい》なる神《かみ》の道《みち》のみを樹立《じゆりつ》する教會《きようかい》に革《あらた》めざるべからずといふにありて、一見如何《いつけんいか》にも公明正大《こうめいせいだい》なる忠誠《ちゆうせい》を發揚《はつよう》せしが如《ごと》きも、彼等《かれら》の假面《かめん》を剝《は》ぎ、其裏面《そのうらめん》を探《さぐ》り見《み》るに、清教徒《せいきようと》なるものは恰《あたか》もスフィンクスの如《ごと》く、神《かみ》の造《つく》り給《たま》へる自然物《しぜんぶつ》に非《あら》ずして、人手《ひとで》に由《よ》つて造《つく》られたる變態動物《へんたいどうぶつ》にして世人《せじん》は今日《こんにち》まで純正《じゆんせい》なるクリスチヤン如《ごと》くに信《しん》じ來《きた》りしが、クリスチヤンに非《あら》ざるのみか、反《かえ》つて基督教《きりすときよう》を今日《こんにち》の如《ごと》くに崩壞又淪落《ほうかいまたりんらく》せしめたるものにてありしなり。

而《しか》して此清教徒《このせいきようと》は當初純宗教團《とうしよじゆんしゆうきようだん》にてありしものなるが、漸次政治味《ぜんじせいじみ》を加《くわ》へ來《きた》り、後《のち》には全《まつた》く政《せい》治團化《じだんか》したるものにして、ジエームス一世及《いつせいおよび》チヤールス一世《いつせい》の頃《ころ》より政治的反逆《せいじてきはんぎやく》の意《い》を示《しめ》し、英國《えいこく》議會及英國國家《ぎかいおよびえいこくこつか》に對《たい》する最後通牒《さいごつうちよう》を試《こころ》むるに至《いた》れり。

而《しか》して此清教徒《このせいきようと》の精神《せいしん》なるものは英國臣民《えいこくしんみん》の國民性《こくみんせい》より發動《はつどう》したるものに非《あら》ずして、古代神祕講《こだいしんぴこう》又《また》は清淨講《せいじようこう》などの流《なが》れを酌《く》みたるものなるが、畢竟《ひつきよう》ずるに猶太人《ゆだやじん》の見神說《けんしんせつ》に誘引《ゆういん》せられたるものに外《ほか》ならず、尤《もつと》も彼等自《かれらみずか》ら基督教《きりすときよう》の亂臣賊子《らんしんぞくし》たらんことを欲《ほつ》したるに非《あら》ざるのみか、彼等《かれら》に獻身的《けんしんてき》に基督教《きりすときよう》に忠勤《ちゆうきん》を擢《ぬき》んずる精神《せいしん》にありしかば、彼等《かれら》は基督《きりすと》の訓《くん》じたまへる『心《こころ》の清《きよ》き者《もの》は福《ふく》なり、其《その》人《ひと》は神《かみ》を見《み》ることをうべければなり』（馬太傳第五章八節《またいでんだいごしようはつせつ》）を根據《こんきよ》として清淨主義《せいじようしゆぎ》を高唱《こうしよう》せるものなるは明《あきら》かなりとはいへ、當時《とうじ》の英國《えいこく》に於《お》ける新進分子《しんしんぶんし》なるものは悉《ことごと》く之《こ》れ猶太化《ゆだやか》せるものにして、從《したが》つて清教徒《せいきようと》の如《ごと》きは其心靈滋養分《そのしんれいじようぶん》を猶太聖書《ゆだやせいしよ》に仰《あお》ぎ居《お》りしかば、言《い》ひ換《か》ゆれば、彼等《かれら》は新約聖書《しんやくせいしよ》よりも舊約聖書《きゆうやくせいしよ》を多《おお》く耽讀《たんどく》せしものにして、彼等《かれら》は宗教改革《しゆうきようかいかく》を號《さけ》びたるも實《じつ》は宗教革命《しゆうきようかくめい》にして、基督教《きりすときよう》を猶太教《ゆだやきよう》たらしめざれば止《や》まざるの一團體《いちだんたい》にてありしなり。

元來清教徒《がんらいせいきようと》なるものは、基督教徒《きりすときようと》の純信仰主義《じゆんしんこうしゆぎ》を利用《りよう》して、恰《あたか》も玉葱《たまねぎ》の皮《かわ》をむくが如《ごと》くに基督《きりすと》教《きよう》を赤裸々《せきらら》にし、遂《つい》に猶太教《ゆだやきよう》に達《たつ》せしめんと猶太人《ゆだやじん》が計《はか》りたる一《いち》の方便《ほうべん》にして、假令清教徒自身何《たといせいきようとじしんなん》等惡意《らあくい》なしとするも、其行動《そのこうどう》の極致《きよくち》は基督教《きりすときよう》を還元《かんげん》せざれば止《と》まさるものなり、されば當時清教徒《とうじせいきようと》と稱《しよう》するものは基督教會《きりすときようかい》に敵對《てきたい》するを以《もつ》て本分《ほんぶん》の如《ごと》く心得《こころえ》一方《いつぽう》には猶太人《ゆだやじん》と深厚《しんこう》なる接觸《せつしよく》を保《たも》ち居《お》りしものなり、セ子《ネ》バ譯《やく》の委員《いいん》として最《もつと》も責任《せきにん》あるホイツテングアム、ギルビー及《および》サンプソン等《ら》は何《いず》れも清教徒《せいきようと》の名將《めいしよう》なるが、又何《またいず》れも親猶派《しんゆは》の人々《ひとびと》にして、猶太歷史家《ゆだやれきしか》ヒヤムソンは『清教徒《せいきようと》は希伯來主義《へぶらいしゆぎ》より生《うま》れ出《い》でたるものなり』と斷言《だんげん》せり、而《しか》して猶太人《ゆだやじん》は一方斯《いつぽうかか》る主義《しゆぎ》を固執《こしつ》する清《せい》教徒《きようと》を後援否指導《こうえんいやしどう》しつゝ、又他方《またたほう》に於《お》いて英國教會《えいこくきようかい》の僧正等《そうじようら》をして教權主義《きようけんしゆぎ》を頑守《がんしゆ》せしめ、此兩《このりよう》者間《しやかん》に戰鬪《せんとう》を起《おこ》さしむべき確執《かくしつ》を助長《じよちよう》せしめたるものにして、決《けつ》して清教徒《せいきようと》にのみ加擔《かたん》したるものに非《あら》ず、卽《すなわ》ち猶太人《ゆだやじん》は嚴正局外中立《げんせいきよくがいちゆうりつ》なる第三者《だいさんしや》の位地《いち》に立《た》ち、又之《またこれ》を標榜《ひようぼう》しつゝ、教權派《きようけんは》には猶太主義《ゆだやしゆぎ》の政教一到的教權《せいきよういつとうてききようけん》を頑守《がんしゆ》すべきを說《と》き、又改革派《またかいかくは》には自由平等及純神道擁護《じゆうびようどうおよびじゆんしんとうようご》を教《おし》へ、兩虎《りようこ》を戰《たたか》はしめ、其間《そのあいだ》に於《お》いて所謂漁夫《いわゆるぎよふ》の利《り》を貪《むさぼ》らんとしたるものにして、猶太人《ゆだやじん》としては、數百《すうひやく》年間《ねんかん》の追放《ついほう》に對《たい》する宿恨《しゆくこん》を霽《は》らさんため、同時《どうじ》に基督教《きりすときよう》を打破《だは》せんため、尙《な》ほ其間《そのあいだ》に於《お》いて英國《えいこく》に政變《せいへん》を起《おこ》し以《もつ》て英國《えいこく》を己《おのれ》が權內《けんない》に納《おさ》めんために計《はか》りたるものにして、勝敗何《しようはいいず》れに歸《き》するも猶太人《ゆだやじん》の英國《えいこく》に於《お》ける實勢力《じつせいりよく》に數段《すうだん》の進取《しんしゆ》をなすものにてありしなり。

而《しか》も清教徒團《せいきようとだん》が政治團《せいじだん》と化《か》したる所《ところ》に注目《ちゆうもく》せば、益々猶太人《ますますゆだやじん》の陰謀《いんぼう》を洞視《どうし》しうることなれども、當時英國議會《とうじえいこくぎかい》の極左黨《きよくさとう》、卽《すなわ》ち共和黨《きようわとう》の如《ごと》きは極端《きよくたん》に猶太化《ゆだやか》し居《お》りしものにて、安息日《あんそくび》は第一日《だいいちにち》に非《あら》ず第七日《だいしちにち》なりと主張《しゆちよう》し、彼等自《かれらみずか》ら水平者《すいへいしや》（日本《にほん》の水平運動《すいへいうんどう》なるものは之《これ》を模《も》したるものなり）なりと稱《しよう》したるのみならず、甚《はなは》だしきは猶太人《ゆだやじん》なりとさへ稱《しよう》して得々《とくとく》たりしなり、之《こ》れ恰《あたか》もデモクラシイ化《か》せる我《わ》が華族《かぞく》の或者《あるもの》が自《みずか》ら平民《へいみん》と稱《しよう》するを以《もつ》て偉大《いだい》なるが如《ごと》く思惟《しい》し、皇室《こうしつ》の藩屏《はんぺい》たる本分《ほんぶん》を忘《ぼう》却《きやく》して田夫野人《でんぷやじん》を氣取《きど》り恬然《てんぜん》耻《は》ぢざると同一《どういつ》にてありしなり、而《しか》して彼等《かれら》は其政敵《そのせいてき》をアマレク（猶太國民《ゆだやこくみん》の敵《てき》）と呼《よ》び、又《また》スチユワート王朝《おうちよう》を呼《よ》ぶに「埃及《えじぷと》の羈絆《きはん》」を以《もつ》てせり、而《しか》して其翻《そのひるが》へす所《ところ》の旗印《はたじるし》を見《み》れば「猶太《ゆだや》の獅子《しし》」と大書《たいしよ》したるものにして、其合語《そのごうご》は「萬軍《ばんぐん》の主《しゆ》」にてありしなり、更《さら》に聞《き》け、彼等《かれら》の號《さけ》びを、曰《いわ》く。

『我等《われら》をして歐羅巴大陸《よーろつぱたいりく》に猶太教《ゆだやきよう》の傳道旅行《でんどうりよこう》をなさしめよ』。

ア、彼等清教徒《かれらせいきようと》の前身者《ぜんしんしや》が英國國教《えいこくこつきよう》を樹立《じゆりつ》する時《とき》に彼等《かれら》と同《おな》じく自由平等及純神道擁護《じゆうびようどうおよびじゆんしんとうようご》を高《こう》唱《しよう》したるなり、而《しか》して未《いま》だ幾何年《いくなんねん》ならずして同主義《どうしゆぎ》の後身者《こうしんしや》が其英國國教《そのえいこくこつきよう》を外道視《げどうし》し、英國國教亦《えいこくこつきようまた》清教徒《せいきようと》を異端扱《いたんあつかい》するに至《いた》れるは抑《そもそ》も何事《なにごと》ぞや、而《しか》も共《とも》に其主張《そのしゆちよう》する所《ところ》は末節《まつせつ》に拘泥《こうでい》したるものにして、畢竟《ひつきよう》するに感情《かんじよう》の衝突《しようとつ》なり、借問《しやくもん》す、若《も》し之《これ》を神意《しんい》の闘爭《とうそう》なりとせば錦旗何《きんきいず》れにありしや。

而《しか》して今日錦旗何《こんにちきんきいず》れにありや。

現行基督教殊《げんこうきりすときようこと》にプロテスタントの人々《ひとびと》は、當時《とうじ》の宗教改革《しゆうきようかいかく》を以《もつ》て基督教《きりすときよう》の一大發展《いちだいはつてん》の如《ごと》くに信《しん》じ居《い》るか、實《じつ》を云《い》へば基督教《きりすときよう》の破產《はさん》にてありしなり、傳來《でんらい》の家寶《かほう》なる聖靈《せいれい》は已《すで》に敵手《てきしゆ》の汚《けが》すところとなり基督《きりすと》の神子說《みこせつ》は絕對《ぜつたい》のものに非《あら》ずして無數《むすう》の條件《じようけん》を附《ふ》せらるゝに至《いた》り、基督教《きりすときよう》の眞隨《しんずい》なる神《しん》權《けん》はサタンの提供《ていきよう》せる人權《じんけん》と代《かわ》り、遂《つい》に今日《こんにち》の淪落《りんらく》となりたるものなるが、誰《だれ》か今日《こんにち》の基督教《きりすときよう》殊《こと》に大戰後《たいせんご》の基督教《きりすときよう》を見《み》て進歩《しんぽ》せりとなす乎《や》、彼等《かれら》清教徒《せいきようと》が口《くち》にせる純神道《じゆんしんとう》の如《ごと》きは今日《こんにち》の基督教會《きりすときようかい》内《ない》に全《まつた》く其跡《そのあと》を絶《た》ち居《お》るに非《あら》ずや、而《しか》して當時《とうじ》の宗教改革運動《しゆうきようかいかくうんどう》の如《ごと》きは、今日《こんにち》の政治革命運動《せいじかくめいうんどう》と同《おな》じく全《まつた》く破壞的《はかいてき》のものにてありしなり、支那帝國亡《しなていこくほろ》びて支那《しな》の國家今何處《こつかいまどこ》にかある、露西亞帝國亡《ろしあていこくほろ》びて露西亞《ろしあ》の國家今何處《こつかいまどこ》にかある、獨逸帝國亡《どいつていこくほろ》びて獨逸國家今何處《どいつこつかいまどこ》にかある、基督教《きりすときよう》に於《お》いて亦然《またしか》り、而《しか》も今日《こんにち》の神學者又說教者等《しんがくしやまたせつきようしやら》は教會《きようかい》として價値皆無《かちかいむ》なる今日《こんにち》の基督教《きりすときよう》を以《もつ》て大《だい》に進歩《しんぽ》したるものの如《ごと》く信《しん》じ居《お》るなり、其愚露國《そのぐろこく》の農夫以上《のうふいじよう》なりといはざるべからず、要《よう》するに今日《こんにち》の基督教《きりすときよう》は全《まつた》く破《は》産《さん》せるものなり、否《いや》、基督教《きりすときよう》と稱《しよう》すべきものに非《あら》ざるなり。

之《これ》を要《よう》するに清教徒《せいきようと》の素性斯《すじようか》くの如《ごと》くありしが故《ゆえ》に、革命《かくめい》の機運《きうん》は大《おおい》に白熱《はくねつ》し來《きた》りて、怪傑《かいけつ》オリヴアクロンウエルをしてハレー彗星《すいせい》の如《ごと》く思《おも》ふ儘《まま》に活躍《かつやく》を許《ゆる》し、遂《つい》に議會軍《ぎかいぐん》に將《しよう》として反旗《はんき》を飜《ひるが》へし、國王《こくおう》チヤールス一世《いつせい》に對《たい》して宣戰《せんせん》し、且《か》つ戰《たたか》ひ且《か》つ敗《やぶ》り、遂《つい》に之《これ》を捕《つかま》へてホワイトホール宮殿前庭《きゆうでんまえにわ》に梟首《きようしゆ》す、人《ひと》は之《これ》を以《もつ》て清教徒《せいきようと》の勝利《しようり》といふも、余《よ》は之《これ》を以《もつ》て猶太人《ゆだやじん》の勝利《しようり》なりとは言《いわ》んと欲《ほつ》す、而《しか》して電光石火《でんこうせつか》の如《ごと》く、彼《か》れクロンウエルは英吉利王國《いぎりすおうこく》を覆《おお》へ、共和政府《きようわせいふ》を樹《た》て、自《みず》ら統監《とうかん》となるや、『之《こ》れ正《まさ》に聖書《せいしよ》に約束《やくそく》せられたる千年王國《せんねんおうこく》の前兆《ぜんちよう》なる第五帝國《だいごていこく》なり』と彼等《かれら》清教徒《せいきようと》は讃美《さんび》したりき。

第五節　猶太人《ゆだやじん》の活躍《かつやく》（一《いち》）

彼《か》れクロンウエルは清教徒《せいきょうと》の首領《しゅりょう》にして亦《また》マソンの泰斗《たいと》なり、舊約《きゅうやく》の豫言《よげん》を信《しん》ずること篤《あつ》く、猶太人《ゆだやじん》をして一日《いちにち》も速《すみや》かに祖國《そこく》パレステナに歸還《きかん》せしめ、所謂千年王國《いわゆるせんねんおうこく》を英吉利《いぎりす》に建立《こんりゅう》せざるべからずとなしたりしかば、猶太人《ゆだやじん》に對《たい》する同情極《どうじょうきわ》めて深《ふか》く又切《またせつ》なりしのみならず、彼《かれ》は亦猶太人《またゆだやじん》の天《てん》稟的才能《りんてきさいのう》を利用《りよう》し、又其金力《またそのきんりょく》を利用《りよう》して以《もっ》て自己《じこ》の野心《やしん》を成就《じょうじゅ》せしめんと欲《ほっ》したりしなり、然《しか》るに恰《あたか》も宜《むべ》し、和蘭猶太人《おらんだゆだやじん》にして文豪《ぶんごう》の聞《きこ》え高《たか》きマナセ・ベン・イスラエルは、其熱烈《そのねつれつ》なる健筆《けんぴつ》と、博《はく》識《しき》なる卓論《たくろん》とを以《もっ》て「イスラエルの希望《きぼう》」てふ一書《いっしょ》を拉丁文《らてんぶん》にて出版《しゅっぱん》し、大義名分《たいぎめいぶん》を明《あきら》かにして猶太人《ゆだやじん》の使命《しめい》を忌憚《きたん》なく公表《こうひょう》せしが、更《さら》にイスラエル民族《みんぞく》と英國《えいこく》との關係《かんけい》に論及《ろんきゅう》して、以《もっ》て聖書《せいしょ》の豫言《よげん》に對《たい》する英國《えいこく》の英斷《えいだん》を促《うな》がし、之《これ》に由《よ》りて英國議會及樞密院《えいこくぎかいおよびすうみついん》に陳情《ちんじょう》する所《ところ》ありしが、果然《かぜん》クロンウエルと意氣投合《いきとうごう》したりしため、クロンウエルは直《ただ》ちに彼《かれ》に旅券《りょけん》を交付《こうふ》し、速《すみや》かに渡英《とえい》すべきを以《もっ》てせしに、事未《こといま》だ行《おこな》はれざるに先立《さきだ》ち英蘭戰爭突發《えいらんせんそうとっぱつ》せしがためにマナセは其志《そのこころざし》を達《たっ》する能《あた》はざりき。

而《しか》して一方《いっぽう》クロンウエルは議會《ぎかい》を解散《かいさん》して自己《じこ》の命脈《めいみゃく》を保《たも》ち、更《さら》に新議會《しんぎかい》を召集《しょうしゅう》せしが、即《すなわ》ち仙《せん》骨議會是《こつぎかいこれ》なり、蓋《けだ》し議員《ぎいん》は何《いず》れも抹香《まっこう》くさき僧侶又《そうりょまた》は寺院關係者《じいんかんけいしゃ》のみなりしが故《ゆえ》なり。

千六百五十四年四月《せんろつぴやくごじゆうよんねんしがつ》、和蘭《おらんだ》との和成《わな》るや、マナセは此機逸《このきいつ》すべからずとして再《ふたた》びクロンウエルに陳情《ちんじよう》する所《ところ》あり、英國《えいこく》の提督某々《ていとくぼうぼう》の三名亦《さんめいまた》クロンウエルを勸誘《かんゆう》せしかば、千六百五十五年秋《せんろつぴやくごじゆうごねんあき》に至《いた》り、マナセは遂《つい》に渡英《とえい》し直《ただ》ちにクロンウエルを說《と》きて曰《いわ》く。

我《わ》が同胞《どうほう》は今《いま》や全世界《ぜんせかい》に散在《さんざい》し、而《しか》も我同胞《わがどうほう》の住《す》む所必《ところかなら》ず其國《そのくに》の國威隆《こくいさか》んなり、唯恨《ただうら》むらくは貴國《きこく》のみ獨《ひと》り我等《われら》の入國《にゆうこく》を許《ゆる》さず、メシヤの降臨蓋《こうりんけだ》し遠《とお》からず、我等亦近《われらまたちか》く祖國《そこく》に歸還《きかん》するあるべし閣下《かつか》希《こいねがわ》くは先《ま》づ我民族《わがみんぞく》をして貴國《きこく》に自由《じゆう》に居住《きよじゆう》しうる光榮《こうえい》を與《あた》へられんことを。

クロンウエル卽《すなわ》ち祕書《ひしよ》に命《めい》じ、猶太人入國《ゆだやじんにゆうこく》に關《かん》する調査《ちようさ》をなさしめ、同年十二月《どうねんじゆうにがつ》ホワイトホールに於《お》いて委員會《いいんかい》を開《ひら》き、猶太人《ゆだやじん》を再《ふたた》び英國《えいこく》に入國《にゆうこく》せしむる事《こと》の可否及其條件等《かひおよびそのじようけんなど》につきて諮問《しもん》する所《ところ》ありたりしに、議論二派《ぎろんには》に別《わか》れて容易《ようい》に決《けつ》せず、神《かみ》の子《こ》イエス、キリストを屠《ほうむ》りたる大逆無道《たいぎやくむどう》は斷《だん》じて入國《にゆうこく》せしむべからずと怒號《どごう》する反對派《はんたいは》と、神《かみ》の選民《せんみん》なる事《こと》は聖書已《せいしよすで》に之《これ》を證明《しようめい》し居《お》る以上《いじよう》大《おおい》に之《これ》を歡迎《かんげい》せざるべからずと疾呼《しつこ》する贊成派《さんせいは》との論爭遂《ろんそうつい》に一致《いつち》するに到《いた》らずして議會《ぎかい》に上程《じようてい》せられぬ。而《しか》して議會《ぎかい》に於《お》いても兩派《りようは》の議論沸騰《ぎろんふつとう》せしが。

我英國《われえいこく》は未《いま》だ曾《か》つて猶太人追放令《ゆだやじんついほうれい》を發布《はつぷ》せし事《こと》あらず、千二百九十年《せんにひやくきゆうじゆうねん》の追放《ついほう》は時《とき》の國王《こくおう》の專《せん》斷《だん》に由《よ》るものにして議會《ぎかい》の承認《しようにん》を經《へ》ざりしものなり。

との意見多數《いけんたすう》なりしとはいへ、頑迷《がんめい》なる僧侶側《そうりよがわ》は極力《きよくりよく》之《これ》に反對《はんたい》して止《とど》まざりしかば、クロンウエルは腹心《ふくしん》の委員《いいん》を更《さら》に三名增員《さんめいぞういん》して可決《かけつ》せしめんと力《つと》めたりしも、反《かえ》つて混亂《こんらん》を招《まね》き形勢甚《けいせいはなは》だしく不《ふ》穩《おん》の状《じよう》を呈《てい》し來《きた》りしが故《ゆえ》に、クロンウエルは直《ただ》ちに解散《かいさん》を命《めい》じ、獨斷《どくだん》を以《もつ》て之《これ》を解決《かいけつ》せんと決意《けつい》せりき。

而《しか》して一方樞密院《いつぽうすうみついん》に於《お》いては、大多數《だいたすう》を以《もつ》て嚴重《げんじゆう》なる條件附《じようけんつき》にて入國《にゆうこく》を許《ゆる》すべしとの決議《けつぎ》をなしたりしが、クロンウエルは之《これ》に滿足《まんぞく》する能《あた》はず、獨斷《どくだん》を以《もつ》て倫敦殘留猶太人《ろんどんざんりゆうゆだやじん》に向《むか》ひて信教《しんきよう》の自由《じゆう》を口約《こうやく》せり、而《しか》して此口約《このこうやく》は種々《しゆじゆ》なる爭論《そうろん》を惹起《じやつき》したりしも、クロンウエル在世中《ざいせいちゆう》は猶太人《ゆだやじん》に對《たい》する迫害《はくがい》は何《いず》れも失敗《しつぱい》に歸《き》し、猶太人《ゆだやじん》は安《やす》んじて着々其歩武《ちやくちやくそのほぶ》を進《すす》め且《か》つ強《つよ》めつゝありしなり。

然《しか》るに千六百五十年《せんろつぴやくごじゆうねん》クロンウエル死《し》するや、勤王黨《きんのうとう》の復辟運動《ふくへきうんどう》は眞空《しんくう》に向《むか》へる突風《とつぷう》の如《ごと》くに現《あら》はれ同時《どうじ》に僧侶派《そうりよは》の排猶運動亦之《はいゆうんどうまたこれ》に伴《ともな》ひて起《おこ》り、僅《わず》かに殘《のこ》れるロンドンの猶太人《ゆだやじん》の運命《うんめい》は今《いま》や風前《ふうぜん》の燈火《ともしび》にも優《ゆう》して危險極《きけんきわま》りなきものにてありしかば、猶太人《ゆだやじん》の英國《えいこく》に於《お》ける運動《うんどう》は之《これ》にて全《まつた》く殲滅《せんめつ》せらるゝ事《こと》と思《おも》はれたりしに、事實《じじつ》は反《かえ》つて彼等《かれら》に新《あた》らしき發展《はつてん》を許《ゆる》したるは何人《なんびと》も意外《いがい》とする所《ところ》なりき。

超《こ》えて千六百六十年《せんろつぴやくろくじゆうねん》に至《いた》り、復辟運動功《ふくじうんどうこう》を奏《そう》し、チヤールス二世王位《にせいおうい》に卽《つ》き、十一年間癈《じゆういちねんかんはい》せられたる王政《おうせい》は復古《ふつこ》せしが固《もと》より之《こ》れクロンウエル及清教徒等《およびせいきようとら》の過激運動《かげきうんどう》に對《たい》する反動《はんどう》と見《み》るべきものにして、之《これ》を以《もつ》て猶太人《ゆだやじん》の失敗《しつぱい》なりと早計《そうけい》すべからず、何《なん》となれば猶太人《ゆだやじん》は呉《ご》をも利用《りよう》し、越《えつ》をも利用《りよう》し漢《かん》をも味方《みかた》とし魏《ぎ》をも味方《みかた》となし居《い》るものなればなり、されば勤王黨《きんのうとう》の運動必《うんどうかなら》ず成功《せいこう》すべしと觀《かん》ずるや、彼等《かれら》は電光《でんこう》の如《ごと》く勤王黨《きんのうとう》の先驅者《せんくしや》となり、又後援者《またこうえんしや》となりて、十一年前猶太人《じゆういちねんまえゆだやじん》の一人《ひとり》がチヤールス一世《いつせい》を斷頭臺《だんとうだい》に斬《き》りたる事《こと》を全然忘却《ぜんぜんぼうきやく》せるものの如《ごと》く振舞《ふるま》ひ居《お》るものにして、王政復《おうせいふつ》古《こ》のために最《もつと》も貢献《こうけん》せしはダコスタ及《および》チヤソンの兩家《りようけ》なりとす、而《しか》してチヤソンは之《これ》がために勳爵《くんしやく》士《し》に叙《じよ》せられ、チヤールス二世《にせい》の覺《おぼ》え目出度《めでた》く、猶太民團《ゆだやみんだん》の幹部《かんぶ》は正當《せいとう》なる英國市民權《えいこくしみんけん》を附與《ふよ》せられしのみならず、從來《じゆうらい》の猶太人《ゆだやじん》は殆《ほと》んど外來移民《がいらいいみん》のみなりしに、此頃《このころ》に至《いた》り、英國《えいこく》にて出生《しゆつせい》せるもの漸《ようや》く其數《そのかず》を加《くわ》へ來《きた》り、彼等《かれら》は當然英國市民權《とうぜんえいこくしみんけん》を有《ゆう》し居《お》りしかば、猶太人《ゆだやじん》の勢力《せいりよく》は益々《ますます》固定的《こていてき》となり來《きた》りしなり。

而《しか》して其一例《そのいちれい》としては、當時排猶主義《とうじはいゆしゆぎ》の巨魁《きよかい》なりしヴアイオレツトは、國王《こくおう》に向《むか》つて猶太人追放《ゆだやじんついほう》を迫《せま》りたりしが、ロンドン猶太人《ゆだやじん》は之《これ》に對《たい》して逆襲的《ぎやくしゆうてき》に國王《こくおう》に請願《せいがん》する所《ところ》あり、王《おう》は之《これ》を議會《ぎかい》に計《はか》りたりしが、議會《ぎかい》の決議不明《けつぎふめい》なりしも、大體《だいたい》に於《お》いて猶太側《ゆだやがわ》の勝利《しようり》に歸《き》したるものの如《ごと》く、猶太人《ゆだやじん》はクロンウエルより受《う》けたる特典《とくてん》を依然《いぜん》として支持《しじ》し居《お》りしなり。

此時《このとき》に當《あた》り、國王《こくおう》チヤールス二世《にせい》は葡萄牙《ぽるとがる》ブラガンツアのキヤザリンとの婚約成《こんやくな》りたるが、此婚約《このこんやく》を提唱《ていしよう》し且成立《かつせいりつ》せしめたるは英國《えいこく》にては曩《さ》きに勲爵士《くんしやくし》に叙《じよ》せられたるチヤソンにして、葡萄牙《ぽるとがる》にては同《おな》じく猶太人《ゆだやじん》アウグステン・コロネルなり、而《しか》して新后《しんこう》キヤザリンに扈從《こじゆう》し、且《か》つ禮物其他《れいぶつそのた》の宰《さい》領役《りようやく》を承《うけたまわ》りたるは葡萄牙猶太人《ぽるとがるゆだやじん》にして、アムステルダムの銀行家《ぎんこうか》なるデツアルト及《および》フランシスコ・ダ・シルバの兄弟《きようだい》にてありしかば、爾來英國王室《じらいえいこくおうしつ》と猶太人《ゆだやじん》との關係《かんけい》は甚《はなは》だ濃厚《のうこう》となり、ロンドンに移住《いじゆう》する猶太人急激《ゆだやじんきゆうげき》に増加《ぞうか》したりしが、恰《あたか》も西班牙及葡萄牙兩國《すぺいんおよびぽるとがるりようこく》に於《お》いては殘留《ざんりゆう》の改宗《かいしゆう》猶太人《ゆだやじん》に對《たい》する迫害甚《はくがいはなは》だしかりし事《こと》とて、英國《えいこく》に避難《ひなん》するもの從《したが》つて多《おお》かりしなり、彼《かれ》の有名《ゆうめい》なる猶太富豪《ゆだやふごう》メンデス及《および》ダコスタ兩家《りようけ》の如《ごと》きも此時《このとき》に移住《いじゆう》せしものなりき。名醫《めいい》フエルデナンド・メンデスの如《ごと》き又其一人《またそのひとり》なりとす。

一方《いつぽう》に於《お》いて右《みぎ》の如《ごと》く順境《じゆんきよう》に發展《はつてん》せば、必《かなら》ずや他方《たほう》に之《これ》に伴《ともな》ふ逆境《ぎやつきよう》なかるべからず、蓋《けだ》し猶太人《ゆだやじん》の横行《おうこう》を悪《にく》むものと、又其榮達《またそのえいたつ》を羨《うらや》むもの等《など》が排猶運動《はいゆうんどう》を燃焼《ねんしよう》せしむるものにして、且《か》つ之《これ》に加《くわ》へて、猶太人《ゆだやじん》を脅迫《きようはく》して賄賂《わいろ》を貪《むさぼ》らんとする者《もの》あるが故《ゆえ》に、猶太人《ゆだやじん》の境遇《きようぐう》は眞《しん》に同情《どうじよう》に堪《た》えざるものあり、パークシヤイヤ侯及《こうおよび》リカウトの一味《いちみ》の如《ごと》きは國王《こくおう》の命《めい》なりとて白晝公然猶太公同體《はくちゆうこうぜんゆだやこうどうたい》に出入《でいり》し熾《さか》んに脅迫《きようはく》を試《こころ》み金銀《きんぎん》を貪《むさぼ》りたりしが、硬骨漢《こうこつかん》マヌエル・エム・ドルミド等《ら》は頑強《がんきよう》に之《これ》を撃退《げきたい》し、且《か》つ彼《かれ》等《ら》の違法《いほう》を國王《こくおう》に訴《うった》ふべしと逆襲《ぎゃくしゅう》し、之《これ》がためにチャールス二世《にせい》は『朕《ちん》は猶太人《ゆだやじん》の生命及財産《せいめいおよびざいさん》を強要《きょうよう》するが如《ごと》き命令《めいれい》を發《はっ》せし事《こと》なきのみならず、猶太人《ゆだやじん》に對《たい》する恩惠《おんけい》は從前《じゅうぜん》と異《こと》なる事《こと》なきを以《もっ》て安《やす》んじて國法《こくほう》を守《まも》り又政府《またせいふ》に對《たい》し非議《ひぎ》あるべからず』云々《うんぬん》の詔書《しょうしょ》を發《はっ》するに到《いた》れり。

而《しか》して千六百五十七年《せんろっぴゃくごじゅうななねん》マナセの甥《おい》なるソロモン・ドルミド先《ま》づ許《ゆる》されて市仲買人《しなかがいにん》となり、次《つ》いて猶太人仲買街《ゆだやじんなかがいがい》と稱《しょう》する一廓《いっかく》を造《つく》りたり、而《しか》して千六百六十四年《せんろっぴゃくろくじゅうよねん》にはコンヴエンテクル法令《ほうれい》(非國《ひこっ》教派集會條令《きょうはしゅうかいじょうれい》)出《い》でて清教徒《せいきょうと》は著《いちじる》しき壓迫《あっぱく》を受《う》け、違反者《いはんしゃ》は重刑《じゅうけい》に處《しょ》せられしに係《かか》はらず、猶太教徒《ゆだやきょうと》は何等《なんら》の制裁《せいさい》を受《う》けざりしは不思議《ふしぎ》といふべし、而《しか》して千六百七十三年《せんろっぴゃくななじゅうさんねん》に至《いた》りて突如《とつじょ》猶太人《ゆだやじん》の一團《いちだん》がコンヴエンテクル法令《ほうれい》に違反《いはん》したるを檢擧《けんきょ》せられしかば猶太人《ゆだやじん》は直《ただ》ちにチャールス二《に》世《せい》に請願《せいがん》せしが、國王《こくおう》は檢事總長《けんじそうちょう》に命《めい》じて之《これ》を釋放《しゃくほう》せしめ且《か》つ以後猶太人《いごゆだやじん》の違反者檢擧《いはんしゃけんきょ》を爲《な》さざらしめたり。

而《しか》して千六百八十五年《せんろっぴゃくはちじゅうごねん》、ジエームス二世《にせい》登位後幾何《とういごきか》もなくして猶太人《ゆだやじん》のコンヴエンテクル法違反《ほういはん》者三十五名拘引《しゃさんじゅうごめいこういん》せられたりしに、公同體領袖《こうどうたいりょうしゅう》は千六百七十三年《せんろっぴゃくななじゅうさんねん》の例《れい》に倣《なら》ひて國王《こくおう》に請願《せいがん》せしが、ジエームス二世《にせい》は亦檢事總長《またけんじそうちょう》をして被告《ひこく》を放免《ほうめん》せしめ、且《か》つ『國王陛下《こくおうへいか》は猶太人《ゆだやじん》が克《よ》く臣民《しんみん》の分《ぶん》を盡《つく》し政府《せいふ》に服從《ふくじゅう》し居《お》る限《かぎ》り其信教《そのしんきょう》は自由《じゆう》なるを以《もっ》て猶太人《ゆだやじん》にはコンヴエンテクル法《ほう》を適用《てきよう》せざるべし』との言明《げんめい》を爲《な》さしめたり。

　爾來猶太人《じらいゆだやじん》は殆《ほと》んど何等《なんら》の迫害《はくがい》もなく、自由《じゆう》に各方面《かくほうめん》に發展《はつてん》せしが、千七百十八年《せんななひやくじゆうはちねん》に至《いた》り、檢事總長《けんじそうちよう》サー・ロバート・レーモンドの英斷《えいだん》に由《よ》りて土地所有權《とちしよゆうけん》を得《え》、益々根底《ますますこんてい》ある勢力《せいりよく》の扶殖《ふしよく》をなすに至《いた》れり、而《しか》してアン女王時代《じよおうじだい》に財政顧問《ざいせいこもん》として有力《ゆうりよく》なりしモーゼス・ハートは頓《と》みに其家產《そのかさん》を加《くわ》へ、且《か》つ猶太人一般富有《ゆだやじんいつぱんふゆう》なりしかば、ロンドン市內《しない》に猶太大會堂續々建造《ゆだやだいかいどうぞくぞくけんぞう》せられたり、之《これ》に伴《ともな》ひ千七百《せんななひやく》三十二年《さんじゆうにねん》希伯來法典學院設立《へぶらいほうてんがくいんせつりつ》せられたるが、之《こ》れ後《のち》に猶太自由學校《ゆだやじゆうがつこう》となりたるものなり。

降《くだ》つて千七百七十三年《せんななひやくななじゆうさんねん》、ベルハム猶太人歸化法案議會《ゆだやじんきかほうあんぎかい》の問題《もんだい》となるや、下院《かいん》トーリー黨《とう》は『之《こ》れ基督敎《きりすときよう》の破產《はさん》なり』と絕叫《ぜつきよう》して極力反對《きよくりよくはんたい》せしに係《かか》はらず、遂《つい》に大多數《だいたすう》を以《もつ》て上下兩院《じようかりよういん》を通過《つうか》するまで猶太人《ゆだやじん》の勢力《せいりよく》は擴大《かくだい》せられたり、而《しか》して當時《とうじ》、英國國庫歲入《えいこくこつこさいにゆう》の十二分《じゆうにぶん》の一《いち》は猶太人《ゆだやじん》の負擔《ふたん》なりしが故《ゆえ》に英國《えいこく》の財政上猶太人《ざいせいじようゆだやじん》を排斥《はいせき》する能《あた》はざる事情《じじよう》に陷《おちい》り居《お》りしなり。猶太人《ゆだやじん》の喰込策亦至《くいこみさくまたいた》れり盡《つく》せりといふべし。

　同年《どうねん》ダ、コスタ擧《あ》げられて英國銀行總裁《えいこくぎんこうそうさい》に任《にん》ぜらるゝや、アルパロ・スアソ及《および》フランシス・サルヴアドル等《ら》の大富豪《だいふごう》ありて金權《きんけん》を掌握《しようあく》し居《お》りしかば、十八世紀《じゆうはつせいき》の末葉《まつよう》に於《お》いて殊《こと》に猶太人《ゆだやじん》が英國《えいこく》の財界《ざいかい》を支配《しはい》し居《お》りしものにして、サルヴアドルは東印度會社《ひがしいんどがいしや》の理事《りじ》なりしのみならず、極《きわ》めて慈善事業《じぜんじぎよう》に熱誠《ねつせい》なりしかは、猶太人以外《ゆだやじんいがい》にも、亦英國以外《またえいこくいがい》にも令名《れいめい》ありき、而《しか》して彼《かれ》は米國企業《べいこくきぎよう》に多大《ただい》の努力《どりよく》を注《そそ》ぎ、南《みなみ》キヤロライナ州《しゆう》に於《お》ける大地主《おおじぬし》として知《し》られたりしが、リスボン大地震《だいじしん》と東印度會《ひがしいんどがい》社《しゃ》の失敗《しっぱい》とよりして、フランシス・サルヴアドルはロンドンを去《さ》つて南《みなみ》キヤロライナに移住《いじゅう》せり、當《とう》時米國植民地《じべいこくしょくみんち》は革命氣分《かくめいきぶん》に漲《みなぎ》り居《お》りし事《こと》とて、彼《かれ》は同州《どうしゅう》の第一《だいいち》、及第二州會議員《およびだいにしゅうかいぎいん》に擧《あ》げられ、卒《そつ》先母國《せんぼこく》に向《むか》つて反旗《はんき》を飜《ひるが》へすべき決議《けつぎ》を爲《な》したりしかば、三年《さんねん》の後彼《のちかれ》は英國政府《えいこくせいふ》の内命《ないめい》を受《う》けて植《しょく》民地《みんち》を攻撃《こうげき》せるアメリカ土人軍《どじんぐん》のために殺害《さつがい》せられたり。

米國獨立戰爭《べいこくどくりつせんそう》と猶太人《ゆだやじん》の關係《かんけい》につきては、後章米國《こうしょうべいこく》の部《ぶ》に於《お》いて詳述《しょうじゅつ》すべきも、要《よう》するに米國獨《べいこくどく》立戰爭《りつせんそう》なるものは猶太人《ゆだやじん》の牽制運動《けんせいうんどう》にして、其勝敗何《そのしょうはいいず》れに歸《き》するも猶太人《ゆだやじん》は英國及米國《えいこくおよびべいこく》に於《お》いて著《いちじる》しき發展《はってん》を爲《な》しうる機會《きかい》を造《つく》るものにてありしなり、蓋《けだ》し英國《えいこく》といひ、又米國《またべいこく》といひ、猶太人《ゆだやじん》の力《ちから》に據《よ》らざれば此國難《このこくなん》を脱却《だつきやく》する能《あた》はざりしがために、力《つと》めて猶太人《ゆだやじん》の機嫌《きげん》を取《と》る事《こと》に苦心《くしん》しつゝありしなりされば[ロンドン]市長《しちょう》は、猶太人《ゆだやじん》にして歸還《きかん》を欲《ほっ》する者《もの》あらば旅費《りょひ》を給與《きゅうよ》すべしとまで好意《こうい》を表《あらわ》したるほどにてありき、されば十九世紀《じゅうきゅうせいき》の初頭《しょとう》に於《お》いてはロンドン市在住猶太人數《しざいじゅうゆだやじんすう》は已《すで》に二《に》萬《まん》を超《こ》え、千八百三十五年《せんはっぴゃくさんじゅうごねん》にはダビデ・サロモンズ始《はじ》めて選《えら》ばれてロンドン及《および》ミドルセツクス區《く》長《ちょう》となり、次《つ》いでロンドン市參事會員《しさんじかいいん》となりしが、參事會《さんじかい》は之《これ》を否拒《ひきょ》せしため議會《ぎかい》の問題《もんだい》となり、四年《よねん》の後《のち》ピール内閣《ないかく》に至《いた》りて可決《かけつ》せられ、サロモンズは參事會《さんじかい》に列《れつ》するを得《え》たり、而《しか》して斯《かか》る反對者《はんたいしゃ》常《つね》に猶太人《ゆだやじん》の發展《はってん》を妨碍怠《ぼうがいおこた》らざるに係《かか》はらず、彼《かれ》は千八百五十五年《せんはっぴゃくごじゅうごねん》遂《つい》にロンドン市長《しちょう》となれり、以《もつ》て猶太人《ゆだやじん》の實勢力《じっせいりょく》如何《いか》に強大《きょうだい》なりしかを想像《そうぞう》しうべし、ロンドン市長《しちょう》といへば英國《えいこく》に於《お》ける最高公《さいこうこう》職《しょく》なり、従《したが》つて猶太人《ゆだやじん》の公職《こうしょく》に就《つ》くもの多《おお》きを加《くわ》へたりしも、未《いま》だ參政權《さんせいけん》を有《ゆう》せざりしが、英國《えいこく》に對《たい》して大《おおい》なる野心《やしん》を有《ゆう》する猶太人《ゆだやじん》如何《いか》で此權利《このけんり》を放棄《ほうき》すべけんや、千八百三十年《せんはっぴゃくさんじゅうねん》ロバート・グラント提出《ていしゅつ》の平等法案《びょうどうほうあん》を手始《てはじ》めとして、毎議會《まいぎかい》に於《お》いて論戰《ろんせん》に火花《ひばな》を散《ち》らさしめつ、ありしが、千八百四十七年《せんはっぴゃくよんじゅうななねん》ロスチヤイルド男爵《だんしゃく》猶太人《ゆだやじん》最初《さいしょ》の代議士《だいぎし》として選《えら》ばれ下院《かいん》に入《い》りたる以來《いらい》、彼等《かれら》の運動《うんどう》益々猛烈《ますますもうれつ》となり、千八百五十八年《せんはっぴゃくごじゅうはちねん》デルビー内閣《ないかく》の時遂《ときつい》に平等法案《びょうどうほうあん》を可決《かけつ》せしめたり。

而《しか》して千八百六十九年《せんはっぴゃくろくじゅうきゅうねん》ヌマ・ハルドクと稱《しょう》する一猶太學生《いちゆだやがくせい》キヤンブリツヂ大學《だいがく》に於《お》いて未曾有《みぞう》の成績《せいせき》を示《しめ》したる結果《けっか》、猶太學生《ゆだやがくせい》に對《たい》する態度一變《たいどいっぺん》し、爲《た》めに大學查問令《だいがくさもんれい》の廢止《はいし》となり、猶太人亦《ゆだやじんまた》自由《じゆう》に教授《きょうじゅ》たることをうるに到《いた》れり、されば當時《とうじ》猶太人《ゆだやじん》にして大學教授《だいがくきょうじゅ》たりし人《ひと》未《ま》だ甚《はなは》だ少《すく》なかりしとはいへども、而《しか》も廣《ひろ》く其名《そのな》を知《し》られたるは、オクスフオールド大學《だいがく》のシルヴエスター、ヴイクトリヤ大學《だいがく》のアレキサンダー及《および》シユスター、ケンブリツヂ大學《だいがく》のワルドシタイン、クンスバレイ大學《だいがく》のメルドク、ロンドン工科學院《こうかがくいん》のマグヌス等《ら》にして、其他《そのほか》ハート、ソロモン、ベネデクト、カウエン等《ら》は美術《びじゅつ》の大家《たいか》として世已《よすで》に定評《ていひょう》あり。

而《しか》して英國《えいこく》をして世界《せかい》の重鎭《じゅうちん》たらしめたるは、主《しゅ》として其植民政策《そのしょくみんせいさく》に由《よ》るものなるが、英國《えいこく》の植民政策《しょくみんせいさく》なるものは實《じつ》は猶太人《ゆだやじん》の世界發展策《せかいはってんさく》に外《ほか》ならざりしなり、蓋《けだ》し植民生活《しょくみんせいかつ》は世界廣《せかいひろ》く國多《くにおお》しといへども猶太人《ゆだやじん》ほど經驗多《けいけんおお》きものは非《あら》ざるのみならず、亡國民《ぼうこくみん》の事《こと》とて天涯萬里《てんがいばんり》に雄飛《ゆうひ》しうるの自由《じゆう》を有《ゆう》し、又世界政策《またせかいせいさく》の關係《かんけい》よりして世界的植民《せかいてきしょくみん》の必要《ひつよう》を感《かん》じ居《お》りしが故《ゆえ》に、植民事業《しょくみんじぎょう》といはば猶太《ゆだや》人《じん》の獨占《どくせん》ともいひうるまで彼等《かれら》は此方面《このほうめん》に活動《かつどう》を怠《おこた》らざりしものなり、故《ゆえ》に英國《えいこく》が太陽《たいよう》の沒《ぼつ》することなきまで其領土《そのりょうど》を擴張《かくちょう》したるは、其大半《そのたいはん》は猶太人《ゆだやじん》の功《こう》に歸《き》すべきものなり。

千六百〇五年《せんろっぴゃくごねん》英國《えいこく》が北米《ほくべい》バルバドース島《とう》を發見《はっけん》するや、眞先《まっさ》きに植民《しょくみん》したるは猶太人《ゆだやじん》にして、同《どう》島《とう》を開拓《かいたく》したるも亦猶太人《またゆだやじん》の力《ちから》に歸《き》せざるべからず、次《つ》ぎに千六百五十五年《せんろっぴゃくごじゅうごねん》クロンウエルがジャマイカを征服《せいふく》するや、同島《どうとう》には已《すで》に猶太人《ゆだやじん》の植民地《しょくみんち》は實現《じつげん》せられ居《お》りしなり。即《すなわ》ち同島《どうとう》は猶太人《ゆだやじん》なるコロンブスの家族《かぞく》に贈與《ぞうよ》せられありしものなりしが、結婚《けっこん》の結果《けっか》ブラガンザ家《け》の所有《しょゆう》となりしものなり、（ブラガンザ家《け》は後《のち》に葡萄牙《ぽるとがる》の王位《おうい》に上《のぼ》れり）、故《ゆえ》にジャマイカは西班牙領《すぺいんりょう》なりしとはいへ、ソハ單《たん》に名義上《めいぎじょう》にして、實際《じっさい》に於《お》いてはコロンブス等《など》の猶太人《ゆだやじん》が形造《かたちづく》れる一猶太王國《いちゆだやおうこく》にてありしなり、故《ゆえ》に英領《えいりょう》となるや、島内《とうない》の西班牙人《すぺいんじん》は悉《ことごと》く追放《ついほう》せられたりしも、猶太人及葡萄牙人《ゆだやじんおよびぽるとがるじん》は從前《じゅうぜん》の如《ごと》く生活《せいかつ》の安定《あんてい》を持續《じぞく》し猶太人《ゆだやじん》は新主權者《しんしゅけんしゃ》の下《もと》に益々發展《ますますはってん》するを得《え》たりき、何《なに》となれば、クロンウエルは同島《どうとう》に猶太人《ゆだやじん》を發展《はってん》せしむる事《こと》は彼《かれ》の植民政策上《しょくみんせいさくじょう》の樞要《すうよう》なりと信《しん》じ居《お》りしが故《ゆえ》なり、而《しか》して彼《かれ》は其《その》植民政策《しょくみんせいさく》に於《お》いては猶太人《ゆだやじん》シモン・デ・カセルスを顧問《こもん》となし居《お》りしなり、而《しか》してバルバドース島《とう》に於《お》ける猶太人《ゆだやじん》の勢力異常《せいりょくいじょう》に擴大《かくだい》せられたりしが、非猶太人等《ひゆだやじんら》は之《これ》を嫉視《しっし》し猶太人排斥《ゆだやじんはいせき》の請願《せいがん》を植《しょく》民會議《みんかいぎ》に提出《ていしゅつ》せしが、島知事《とうちじ》リンチは之《これ》を本國政府《ほんごくせいふ》に移牒《いちょう》し、且《か》つ猶太人排斥《ゆだやじんはいせき》の非《ひ》を附言《ふげん》せしに、國王《こくおう》チャールス二世《にせい》は此請願《このせいがん》を却下《きやつか》したるのみならず、更《さら》に猶太人《ゆだやじん》を優遇《ゆうぐう》すべきを以《もつ》てせり、さればブラジル植民地《しよくみんち》に於《お》いてもスリナム植民地《しよくみんち》に於《お》いても同様《どうよう》の發展《はつてん》をなしたるものにして、千六百四《せんろつぴやくよん》十四年《じゆうよんねん》ウイロウビー卿《きよう》がスリナムに英國植民地設立《えいこくしよくみんちせつりつ》の許可《きよか》をチャールス二世《にせい》より受領《じゆりよう》せしが、之《これ》に先立《さきだ》つこと十八年前《じゆうはちねんまえ》に、猶太人《ゆだやじん》は已《すで》に同地《どうち》に植民《しよくみん》し居《お》りしなり。

然《しか》るにスリナムは千六百七十五年《せんろつぴやくななじゆうごねん》和蘭領《おらんだりよう》となり、和蘭政府《おらんだせいふ》は英國政府《えいこくせいふ》と同方針《どうほうしん》の下《もと》に同植民地《どうしよくみんち》を經營《けいえい》せるも、英國《えいこく》の政治《せいじ》を謳歌《おうか》せる猶太人等《ゆだやじんら》は、英國旗《えいこつき》と共《とも》にスリナムを去《さ》らんとせしに、猶太人《ゆだやじん》を重要視《じゆうようし》せる和蘭官憲《おらんだかんけん》は其退去《そのたいきよ》を拒否《きよひ》したりしかば、英國官憲《えいこくかんけん》は已《や》むを得《え》ず此等《これら》の猶太人《ゆだやじん》を以《もつ》て英《えい》國臣民《こくしんみん》なりと言明《げんめい》せり、之《こ》れ英國《えいこく》としては行懸《ゆきがか》り上已《じようや》むを得《え》ざりし事《こと》にして、外交關係上《がいこうかんけいじよう》猶太人《ゆだやじん》を臣民《しんみん》なりと言明《げんめい》せるは之《これ》を以《もつ》て嚆矢《こうし》とす、而《しか》して外交上《がいこうじよう》の懸引《けんいん》に於《お》いては世界無類《せかいむるい》の技能《ぎのう》を有《ゆう》する猶太人《ゆだやじん》が英國政府《えいこくせいふ》を見事《みごと》に思《おも》ふまゝに弄《もてあそ》びたる此一事《このいちじ》を以《もつ》てしても、如何《いか》に彼等《かれら》の運動《うんどう》が恐《おそ》るべきものなるかを知《し》るべきなり。

而《しか》して此外《このほか》ニウ・アムステルダム（今《いま》のニウヨルク）を始《はじ》め西半球《にしはんきゆう》に於《お》ける殆《ほと》んど凡《すべ》ての植民地《しよくみんち》は其何領《そのなにりよう》を問《と》はず必《かなら》ず猶太人《ゆだやじん》の植民《しよくみん》を見《み》ざること無《な》きのみならず、其植民事業《そのしよくみんじぎよう》は猶太人《ゆだやじん》を中軸《ちゆうじく》とし居《お》るを見《み》るべし。而《しか》して加奈陀《かなだ》に於《お》いては千七百六十年《せんななひやくろくじゆうねん》英國征服《えいこくせいふく》と同時《どうじ》に猶太植民地《ゆだやしよくみんち》は開《ひら》かれ、有名《ゆうめい》なる猶太人《ゆだやじん》アロン・ハート及《および》ラザルス・ダビデ等與《らあずか》つて力《ちから》ありしが、ハートは加奈陀遠征軍一方《かなだえんせいぐんいつぽう》の将《しょう》たりし人《ひと》なり、而《しか》して千七百六十八年《せんななひゃくろくじゅうはちねん》には早《はや》くも公同體《こうどうたい》を設立《せつりつ》し、千七百七十五年《せんななひゃくななじゅうごねん》墓地《ぼち》の設《せつ》備亦成《びまたな》れり。

更《さら》に濠太利亞《おーすとらりあ》の開拓者《かいたくしゃ》としてはモントフォーアあり、ヴィクトリヤに於《お》ける石炭業《せきたんぎょう》及《および》工業《こうぎょう》一般《いっぱん》の企業者《きぎょうしゃ》としてはフォーゲルあり、ニウサウスウエールス植民地《しょくみんち》に於《お》けるサムソン及《および》サロソンズ等《など》、何《いず》れも英國《えいこく》に取《と》りては忘《わす》るべからざる人々《ひとびと》なるが、又《また》ケー及《および》ナタル兩植民地經營者《りょうしょくみんちけいえいしゃ》なるモーゼンタール兄弟《きょうだい》あり、而《しか》してトランスバールのダイヤモンド工場《こうじょう》の如《ごと》きは悉《ことごと》く猶太人《ゆだやじん》の經營《けいえい》に係《かか》るものとす。

第六節　猶太人《ゆだやじん》の活躍《かつやく》（二《に》）

英國《えいこく》は猶太人《ゆだやじん》に取《と》りては最《もっと》も迫害少《はくがいすく》なかりし所《ところ》にて、比較的優遇《ひかくてきゆうぐう》を受《う》けたる所《ところ》なりしが、而《しか》も決《けっ》して樂天地《らくてんち》には非《あら》ざりしなり、而《しか》して其迫害《そのはくがい》の如《ごと》きも、米國《べいこく》のリンシ（一般《いっぱん》にリンチと呼《よ》ぶも正《ただ》しからず）程度《ていど》のものに非《あら》ざりしなり、蓋《けだ》し猶太人《ゆだやじん》に對《たい》する敵意《てきい》のみに非《あら》ずして、自由主義《じゆうしゅぎ》に對《たい》する保守黨《ほしゅとう》の反感亦之《はんかんまたこれ》に加《くわ》はり居《お》りたればなり、されば千八百四十七年《せんはっぴゃくよんじゅうななねん》、大多數《だいたすう》を以《もっ》てロンドンより選擧《せんきょ》せられたるリオネル・ロスチヤイルド男爵《だんしゃく》の如《ごと》きは、猶太人《ゆだやじん》なるの故《ゆえ》を以《もっ》て、又自由主義者《またじゆうしゅぎしゃ》なるの故《ゆえ》を以《もっ》て、二重《にじゅう》の反對《はんたい》を受《う》け正式《せいしき》に其議席《そのぎせき》に着《つ》く能《あた》はずして空《むな》しく十一年《じゅういちねん》を過《す》ごしたりしなり、而《しか》して千八百五十八年《せんはつぴやくごじゆうはちねん》デルビー内閣《ないかく》の時《とき》に至《いた》りて漸《ようや》く政治的解放《せいじてきかいほう》に接《せつ》したりしかば、拘束《こうそく》の中《なか》にありてすら如上《じよじよう》の活動《かつどう》をなしたる彼等《かれら》は、此政治的解放《このせいじてきかいほう》に由《よ》りて恰《あたか》も放《はな》たれたる矢《や》の如《ごと》く空《くう》を切《き》つて風鳴《かぜな》るの勢《せい》を示《しめ》しつゝ、其勢力《そのせいりよく》を伸張《しんちよう》したるは言《い》ふまでもなき事《こと》なりとす、而《しか》して千八百八十六年《せんはつぴやくはちじゆうろくねん》ロスチヤイルド男爵《だんしやく》の息《そく》ロスチヤイルド卿《きよう》始《はじ》めて上院《じよういん》に入《はい》り、茲《ここ》に猶太人《ゆだやじん》は遂《つい》に多年《たねん》の宿望《しゆくぼう》を達《たつ》して英國《えいこく》の政權《せいけん》に其指《そのゆび》を觸《さわ》るべき自由《じゆう》を得《え》たるなり。

之《これ》に先《さき》んじてダマスコ事件《じけん》なるもの起《おこ》り、全世界《ぜんせかい》の猶太人《ゆだやじん》をして甚《はなは》だしき憤怒《ふんぬ》を惹《ひ》き起《おこ》したる結果《けつか》民族同盟《みんぞくどうめい》の機《き》漸《ようや》く熟《じゆく》し來《きた》りて、千八百六十年《せんはつぴやくろくじゆうねん》イスラエル世界同盟《せかいどうめい》なるもの巴里《ぱり》を中心《ちゆうしん》として實現《じつげん》せられたりしが、次《つ》いで英國《えいこく》に英猶協會《えいゆきようかい》設立《せつりつ》せられ、爾來英國上下兩院《じらいえいこくじようかりよういん》を始《はじ》め其他官公職《そのたかんこうしよく》に在《あ》りて猶太人《ゆだやじん》が重要《じゆうよう》なる地位《ちい》を保《たも》ちたること珍《めず》らしからず、サー・ヂヨルヂ・ジエツセルの辯護士會長《べんごしかいちよう》の如《ごと》き、パープライト卿《きよう》の植民次官《しよくみんじかん》の如《ごと》き、サー・ジユリヤン・ゴールドスミツドの下院議長《かいんぎちよう》の如《ごと》き、又《また》ハーバートサムエルの内務次官《ないむじかん》の如《ごと》き其一例《そのいちれい》にして、サムエルは後《あと》に内務大臣《ないむだいじん》となり現《げん》にパレステナ太守《たいしゆ》たり、又其當時《またそのとうじ》に於《お》いて上院《じよういん》には四名《よんめい》、樞密院《すうみついん》には數名《すうめい》の議席《ぎせき》を有《ゆう》し、男爵《だんしやく》に敘《じよ》せられたるもの亦少《またすく》なしとせず、又《また》ニウジーランド首相《しゆしよう》フオーゲルの如《ごと》き、南濠首相《なんごうしゆしよう》ソロモンの如《ごと》き、又《また》ナタン知事《ちじ》の如《ごと》き何《いず》れも猶太人《ゆだやじん》にして、印度事務局《いんどじむきよく》の如《ごと》きは猶太人殊《ゆだやじんこと》に多《おお》く、ヴイクトリヤ女王時代《じよおうじだい》の英《えい》國《こく》は、宛然猶太人《えんぜんゆだやじん》の英國《えいこく》なるが如《ごと》き觀《かん》を呈《てい》したりしなり。而《しか》して最後《さいご》に猶太魂《ゆだやだましい》の權化《ごんげ》ともいふべき偉丈夫《いじようふ》ベンジヤミン・ヂスレリー現《あらわ》はれ出《い》でて大英帝國《だいえいていこく》の大宰相《だいさいしよう》となり、思《おも》ふ存分《ぞんぶん》に英國《えいこく》を切廻《きりまわ》し、英國《えいこく》に根《ね》を深《ふか》ふして世界政策《せかいせいさく》なるものを定《さだ》め、遂《つい》に余《よ》をして英國《えいこく》は英吉利人《いぎりすじん》の英國《えいこく》に非《あら》ずして希伯來人《へぶらいじん》の英國《えいこく》なりと斷《だん》ぜしむるまでの變調《へんちよう》を來《き》たしたるものなり、而《しか》してヂスレリー逝《い》きて未《いま》だ僅《わず》かに四十年《よんじゆうねん》ならざるに、而《しか》も其計畫《そのけいかく》は已《すで》に成《な》りて世界《せかい》は全《まつた》く猶太人《ゆだやじん》の前《まえ》に屈伏《くつぷく》せざるを得《え》ざるに至《いた》れり、何《な》んぞ獨《ひと》り英國《えいこく》のみといはんや。

彼《か》れヂスレリー、一名《いちめい》ビーコンスフイルド卿《きよう》は、其容貌《そのようぼう》米國《べいこく》のリンカーンに酷似《こくじ》し、又其性格《またそのせいかく》は我《わが》井伊直弼《いいなおすけ》に髣髴《ほうふつ》たり、彼《かれ》は辨慶七《べんけいなな》ツ道具《どうぐ》の達人《たつじん》にして、又暗中飛躍《またあんちゆうひやく》てふ忍術《にんじゆつ》の名人《めいじん》なりしかば、政敵《せいてき》グラッドストーンをして一目《いちもく》を置《お》かしめ、文豪《ぶんごう》カーライルをして。

ヂスレリーは無類《むるい》の猶太魔術師《ゆだやまじゆつし》にして、金縛《かなしばり》の術《じゆつ》に長《ちよう》じ、巧《たく》みに英國《えいこく》の凡《あら》ゆる有力《ゆうりよく》なる貴族《きぞく》、政黨及國是《せいとうおよびこくぜ》を束縛《そくばく》す。

と酷評《こくひよう》せしめたるほどの辣腕家《らつわんか》なりしとはいへ、決《けつ》して不法不義不徳《ふほうふぎふとく》を行《おこな》ひたるには非《あら》ず、其直言《そのちよくげん》又直行《またちよつこう》は眞《しん》にイスラエル精神《せいしん》、猶太魂《ゆだやだましい》の權化《ごんげ》ともいふべく、希伯來國士《へぶらいこくし》の面影《おもかげ》を遺憾《いかん》なく發揮《はつき》したるものにてありしなり、而《しか》も其文才潑剌《そのぶんさいはつらつ》として創作多《そうさくおお》く、「コニングスビイ」及《および》「シビル」等《など》の名《めい》著《ちょ》あり、若《も》し夫《そ》れ之《これ》を一讀《いちどく》し來《きた》れば、其敬虔《そのけいけん》なる信仰《しんこう》より燃《も》えたる炎《ほのお》の如《ごと》き愛國《あいこく》の赤情《せきじょう》に對《たい》し誰《だれ》か貰《もら》ひ泣《な》きを禁《きん》じえんや、彼《かれ》は當時天下《とうじてんか》の學界《がっかい》を風靡《ふうび》しつゝありしダルヴィンの進化論《しんかろん》を一笑《いっしょう》に附《ふ》し去《さ》り、『余《よ》は天《てん》の使《つかい》に與《く》みせん』と壯語《そうご》せしが、又《また》『世界《せかい》の一半《いっぱん》は猶太男子《ゆだやだんし》に、他《ほか》の一半《いっぱん》は猶太婦人《ゆだやふじん》に其膝《そのひざ》を屈《くっ》すべし』と大言《たいげん》せるが如《ごと》き、決《けっ》して一時《いちじ》の放言《ほうげん》に非《あら》ずして深《ふか》き自信《じしん》あり且《か》つ理由《りゆう》ある事實《じじつ》の豫報《よほう》に過《す》ぎざるなり、實《じつ》に彼《かれ》は能《よ》く其選民的使命《そのせんみんてきしめい》を辱《はずかし》めざるものといふべく、而《しか》も之《こ》れ彼《か》れ一人《ひとり》の抱負《ほうふ》に非《あら》ずして神《かみ》の選民《せんみん》なる猶太民族全體《ゆだやみんぞくぜんたい》の理想《りそう》なり、又使命《またしめい》なり、而《しか》して今日《こんにち》に於《お》いては其大半《そのたいはん》は已《すで》に實現《じつげん》せられたるなり。

千八百四十八年《せんはっぴゃくよんじゅうはちねん》、ベンテング卿《きょう》逝《い》くや、ヂスレリー擧《あ》げられて保守黨總理《ほしゅとうそうり》となり、直《ただ》ちに之《これ》を改《かい》造《ぞう》して奇捷《きしょう》を收《おさ》め、千八百五十二年《せんはっぴゃくごじゅうにねん》デルビー内閣《ないかく》の大藏大臣《おおくらだいじん》として大《おおい》に手腕《しゅわん》を揮《ふる》はんとせしが、豫《よ》算否決《さんひけつ》のために掛冠《けいかん》し、後《のち》デルビー内閣再《ないかくふたた》び組織《そしき》せらるゝに當《あた》り、デルビーが四圍《しい》の狀況《じょうきょう》に鑑《かんが》み、政敵《せいてき》グラッドストーン及《およ》びパーマーストーン等《ら》と協調《きょうちょう》する所《ところ》ありしに快《こころよ》からず、斷然孤立《だんぜんこりつ》の境遇《きょうぐう》に自《みずか》ら投身《とうしん》し、永《なが》らく不遇《ふぐう》に見《み》へたりしが、之《こ》れ却《かえ》つて彼《かれ》をして其眞劍味《そのしんけんみ》を十分《じゅうぶん》に世《よ》に知《し》らしむべき名譽《めいよ》の孤立《こりつ》にてありしなり。

然《しか》るに千八百五十八年《せんはっぴゃくごじゅうはちねん》に至《いた》り、デルビーと再《ふたた》び握手《あくしゅ》し、共《とも》に内閣《ないかく》を組織《そしき》せしが、其提出《そのていしゅつ》せる新改《しんかい》革法案《かくほうあん》のため又々失脚《またまたしっきゃく》せり、降《くだ》つて千八百六十五年《せんはっぴゃくろくじゅうごねん》、首相《しゅしょう》パーマーストーン卿逝《きょうい》き、後任首相《こうにんしゅしょう》ラツセル卿亦失脚《きようまたしつきやく》するや、デルビーは三度《みたび》政権《せいけん》を掌握《しようあく》する事《こと》となり、ヂスレリー又々彼《またまたかれ》と協同《きようどう》せしが、前二回《ぜんにかい》の失敗《しつぱい》に鑑《かんが》みて政策《せいさく》を改《あらた》め、熾《さか》んに暗中飛躍《あんちゆうひやく》を試《こころ》み、敵黨《てきとう》よりは悪評《あくひよう》、非難《ひなん》、攻撃湧《こうげきわ》くが如《ごと》くありしも、巧《たく》みに難關《なんかん》を切《き》りぬけて其新改革法案《そのしんかいかくほうあん》を通過《つうか》せしめたり、之《これ》と同時《どうじ》にデルビー勇退《ゆうたい》せしかば、ヂスレリー卽《すなわ》ち内閣總理大臣《ないかくそうりだいじん》となる、間《ま》もなく彼《かれ》の内閣《ないかく》はグラッドストーンの内閣《ないかく》と交代《こうたい》せしが、千八百七十四年《せんはつぴやくななじゆうよんねん》、完全《かんぜん》なるヂスレリー内閣《ないかく》を組織《そしき》したるのみならず、約三十年間逆境《やくさんじゆうねんかんぎやつきよう》にありたるトーリー黨《とう》は大多數黨《だいたすうとう》となりしがために、彼《かれ》は其欲《そのほつ》する所《ところ》を自由《じゆう》に遂行《すいこう》するをうるに到《いた》れり。

此時《このとき》に當《あた》り、卽《すなわ》ち千八百七十七年《せんはつぴやくななじゆうななねん》露土戰爭起《ろとせんそうおこ》り、歐州《おうしゆう》の輿論《よろん》は基督教國《きりすときようこく》なる露西亞《ろしあ》に同情《どうじよう》を表《あらわ》し、回教國《かいきようこく》なる土耳其《とるこ》に對《たい》して含《ふく》む所《ところ》ありしが、慧眼炬《けいがんともしび》の如《ごと》き彼《かれ》は群盲《ぐんもう》を排《はい》して一直線《いつちよくせん》に土耳其《とるこ》に同情《どうじよう》し之《これ》がために干渉《かんしよう》を試《こころ》み、耳《みみ》を裂《さ》くばかりの誹謗内外《ひぼうないがい》に沸《わ》き上《あが》れるを蛙鳴蟬噪《あめいせんそう》と聞流《ききなが》して、或《あるい》は艦隊《かんたい》をダーダネルスに派遣《はけん》し、又或《またあるい》は印度軍隊《いんどぐんたい》をマルタに出動《しゆつどう》せしめ、徹底的《てつていてき》に英國《えいこく》の立場及《たちばおよび》意志《いし》を表明《ひようめい》せり、而《しか》して之《これ》がために彼《かれ》の有名《ゆうめい》なる伯林會議《べるりんかいぎ》は千八百七十八年《せんはつぴやくななじゆうはちねん》の初夏開催《しよかかいさい》せられしが、彼《かれ》は自《みずか》ら出馬《しゆつば》し、傍若無人《ぼうじやくぶじん》の態度《たいど》にて忌憚《きたん》なく其主張《そのしゆちよう》を貫徹《かんてつ》せしめたる其雄々《そのたけだけ》しき武者振《むしやぶ》りには、内外《ないがい》を問《と》はず感嘆措《かんたんお》く所《ところ》を知《し》らざるものの如《ごと》く、政敵《せいてき》すら唯賞讃《ただしようさん》するのみなりしといふ、而《しか》して彼《かれ》は此伯林會議《このべるりんかいぎ》に由《よ》りて土耳其《とるこ》の致命傷《ちめいしよう》を救治《きゆうじ》せるは、他日土耳其《たじつとるこ》に據《よ》りて祖國《そこく》パレステナ復興問題《ふつこうもんだい》を解決《かいけつ》せしめんとの下心《したごころ》なりしは言《い》ふまでもなきことにして、之《これ》と共《とも》に歐羅巴《よーろつぱ》に於《お》ける猶太人《ゆだやじん》の政《せい》治的及宗教的解放《じてきおよびしゆうきようてきかいほう》に向《むか》つて一新生面《いつしんせいめん》を開《ひら》きたるものにして、即《すなわ》ち伯林會議議定書中《べるりんかいぎぎていしよちゆう》に、伯林會議《べるりんかいぎ》に由《よ》りて解放《かいほう》せられ、獨立《どくりつ》したる國《くに》は、信教自由《しんきようじゆう》を其憲法《そのけんぽう》にて保障《ほしよう》すべき明文《めいぶん》あり、ブルガリヤ、モンテネグロ、及《および》セルビヤ等《とう》は直《ただ》ちに之《これ》に同《どう》じたりしも、ルーマニヤのみ言《げん》を左右《さゆう》に托《たく》して之《これ》を拒《こば》みたりしが、漸《ようや》く之《これ》を承認《しようにん》するに到《いた》りて、ビーコンスフィルド卿《きよう》の英名《えいめい》は雷《かみなり》の如《ごと》く全歐《ぜんおう》に轟《とどろ》き渡《わた》れり。

彼《かれ》は又《また》ヴィクトリヤ女王《じよおう》に印度女帝《いんどじよてい》の稱號《しようごう》を奉《たてまつ》りたる人《ひと》なるが、次《つ》いで土耳其《とるこ》をしてクプロ島《とう》（地中海東北隅《ちちゆうかいとうほくすみ》に在《あ》る島《しま》にして猶太人《ゆだやじん》と關係多《かんけいおお》き所《ところ》）を割讓《かつじよう》せしめ、其代償《そのだいしよう》として地中海沿岸《ちちゆうかいえんがん》の海《かい》防《ぼう》を引受《ひきう》け、又《また》スエズ運河乘取《うんがのつとり》の捷徑《しようけい》として、同運河株《どううんがかぶ》を多數買收《たすうばいしゆう》したるが如《ごと》きは、決《けつ》して英國一《えいこくいつ》國《こく》の政策《せいさく》よりせしものにあらずして、猶太人《ゆだやじん》のパレステナ復興運動《ふつこううんどう》の前提《ぜんてい》と見《み》るべきものなりとす。

而《しか》して千八百八十年《せんはつぴやくはちじゆうねん》、グラッドストーンに内閣《ないかく》を明渡《あけわた》し、翌年永眠《よくねんえいみん》せしが、六年間《ろくねんかん》の彼《かれ》の施政《しせい》は如何《いか》に英國《えいこく》に福《ふく》せしかは別問題《べつもんだい》とし、猶太人《ゆだやじん》に取《と》りてはクロンウエル當時《とうじ》と甲乙《こうおつ》なき幸運《こううん》の時代《じだい》にして剃刀宰相《かみそりさいしよう》と呼《よ》ばれしほど彼《かれ》は辣腕《らつわん》、敏腕《びんわん》、怪腕《かいわん》、靈腕《れいわん》の限《かぎ》りを振《ふる》ひたるものにてありき、而《しか》して彼《かれ》の永眠《えいみん》は猶太人《ゆだやじん》に取《と》りては大打撃《だいだげき》なりしが、英國人《えいこくじん》に取《と》りても忘《わす》るべからざる不幸《ふこう》にして、彼等《かれら》は此日《このひ》をプリムローズ日《び》と稱《しよう》し、國際的紀念日《こくさいてききねんび》となし居《お》るを見《み》ても、其遺動《そのいくん》の非凡《ひぼん》なりしを知《し》るべし。

而《しか》して彼《かれ》に由《よ》りて英國《えいこく》のみならず、全世界《ぜんせかい》の猶太人《ゆだやじん》は著《いちじる》しき擡頭《たいとう》を爲《な》し、猶太民族《ゆだやみんぞく》即《すなわ》ちシオン運《うん》動《どう》の精神《せいしん》は白熱《はくねつ》し來《きた》りたる反動《はんどう》として、露國《ろこく》にてはポグロムを喚發《かんぱつ》し、佛蘭西《ふらんす》にてはドレーフス事件《じけん》を惹起《じやつき》したるなり、而《しか》して之《これ》がためにヘルツルの憤起《ふんき》となり、千八百九十七年《せんはつぴやくきゆうじゆうななねん》のバーゼルに於《お》ける全世界猶太人大會《ぜんせかいゆだやじんたいかい》となり、茲《ここ》にシオン運動《うんどう》は二千數百年間《にせんすうひやくねんかん》に理想《りそう》より現實《げんじつ》に向《むか》つて猪進《いしん》したるなり。

元來《がんらい》ヴイリトリヤ女王《じよおう》は前述《ぜんじゆつ》の如《ごと》く猶太系《ゆだやけい》を承《う》け、猶太人《ゆだやじん》の祖國復興運動《そこくふつこううんどう》に對《たい》しては滿腔《まんこう》の同情《どうじよう》と援助《えんじよ》とを與《あた》へ、ダマスコ事件起《じけんおこ》るや憂慮措《ゆうりよお》く能《あた》はず、モントフオーア等之《などこれ》がため實情見分《じつじようけんぶん》として出發《しゆつぱつ》せんとするや、特《とく》に彼《かれ》に謁見《えつけん》を賜《たま》ひて其成功《そのせいこう》を祈《いの》り、一行《いつこう》のために官船《かんせん》を艤装《ぎそう》せしめ其《その》他百般《たひやつぱん》の援助《えんじよ》を以《もつ》てせしが、首尾《しゆび》克《よ》く任務《にんむ》を果《はた》して歸朝《きちよう》するや、再《ふたた》びモントフオーアを召《め》し、其成功《そのせいこう》を示《しめ》し、報《むく》ゆるに貴族《きぞく》の禮《れい》を以《もつ》てし、エルサレム勳草《くんそう》を賜《たま》はりしといふ、而《しか》して女王《じよおう》はパレステナ復興《ふつこう》に關《かん》しては熱烈《ねつれつ》なるシオン主義者《しゆぎしや》にして、出來《でき》うべくんば自己《じこ》の治世中《ちせいちゆう》に之《これ》を實現《じつげん》せしめんとの希望《きぼう》よりして、六十四年《ろくじゆうよんねん》の長期間王位《ちようきかんおうい》を保《たも》ちたるなりとさへ言《い》ひ傳《つた》へられしも、機未《きいま》だ熟《じゆく》さざりしか、志成《こころざしな》らずして之《これ》を後繼者《こうけいしや》エドワード七世《ななせい》に遺詔《いしよう》せしに、恰《あたか》も善《よ》し初彦王《はつひこおう》（現皇太子《げんこうたいし》）の誕生《たんじよう》ありしかば、女王《じよおう》は此遺詔《このいしよう》を記憶《きおく》せしむべく初彦王《はつひこおう》をダビデと命名《めいめい》せり、蓋《けだ》しダビデは猶太王國《ゆだやおうこく》の開祖《かいそ》なる事何人《ことなんぴと》も知《し》る所《ところ》なるを以《もつ》て、之《これ》に因《ちな》みて猶太王國《ゆだやおうこく》を復興《ふつこう》せしめんとの意《い》を遺《のこ》されたるものなり。

英國《えいこく》に於《お》ける猶太人《ゆだやじん》の讃美時代《さんびじだい》として特《とく》に記《しる》すべきは前後三回《ぜんごさんかい》あり、卽《すなわ》ちエリザベス女王時代《じよおうじだい》、クロンウエル執權時代《しつけんじだい》及《および》ヴィクトリヤ女王時代《じよおうじだい》是《これ》なり、而《しか》して此時代《このじだい》は何《いず》れも猶太人《ゆだやじん》の讃美時代《さんびじだい》なりしのみならず、亦實《またじつ》に英國《えいこく》の世界的全盛時代《せかいてきぜんせいじだい》にてありしなり、之《こ》れ大《おおい》に注意《ちゆうい》すべき事實《じじつ》にして、猶太人《ゆだやじん》常《つね》に謂《い》へらく、『われを呪《のろ》ふものは必《かなら》ず呪《のろ》はれ、われを祝《しゆく》する者《もの》は必《かなら》ず祝《しゆく》せらるべし』と、而《しか》して不思議《ふしぎ》にも時《とき》を問《と》はず、所《ところ》を問《と》はず、之《こ》れ事實《じじつ》に由《よ》りて證明《しようめい》せらるゝなり、然《さ》らば猶太人《ゆだやじん》を歡迎《かんげい》して其國《そのくに》は永久《えいきゆう》に祝福《しゆくふく》せらるるかと問《と》はゞ、曰《いわ》く否《いな》、其祝福《そのしゆくふく》せらるゝは一時的《いちじてき》にして、最後《さいご》には同《おな》じく呪《のろ》はれて亡《ほろ》ぼさるゝ事亦歴史上《ことまたれきしじよう》の事實《じじつ》なり、目下《もつか》猶太人《ゆだやじん》に由《よ》りて祝福《しゆくふく》せられつゝあるは英米兩國《えいべいりようこく》なるが、英國《えいこく》の運命《うんめい》は余《よ》を以《もつ》て見《み》るも遠《とお》からざる時《とき》の問題《もんだい》にして、近《ちか》く大崩壊《だいほうかい》あるべきは明《あきら》かに豫知《よち》しうべく、匈牙利人《はんがりーじん》にして昨年日本《さくねんにほん》の震災及米國大統領《しんさいおよびべいこくだいとうりよう》ハーデングの死《し》を豫告《よこく》して神祕教授《しんぴきようじゆ》の名高《なだか》き巴里《ぱり》のレーモンド教授《きようじゆ》は『英國《えいこく》は四分五裂《しぶんごれつ》せられて、遠《とお》からず其本土《そのほんど》のみに國境《こつきよう》を縮少《しゆくしよう》するに到《いた》るべし』と豫言《よげん》し居《お》るなり、次《つ》ぎに米國《べいこく》に關《かん》しては彼《かれ》は『千九百四十二年乃至千九百四十六年《せんきゆうひやくよんじゆうにねんないしせんきゆうひやくよんじゆうろくねん》に日米戰争起《にちべいせんそうおこ》り日本《にほん》の勝利《しようり》に歸《き》すべし』と豫言《よげん》せるが、米國亦必《べいこくまたかなら》ず胃擴症《いかくしよう》の結果四分五裂《けつかしぶんごれつ》せらるべきは世界學上當然《せかいがくじようとうぜん》の結果《けつか》にして信《しん》じうべき事《こと》なるが、要《よう》するに猶太人《ゆだやじん》に由《よ》りて國威《こくい》を發揚《はつよう》せしむるは歐米《おうべい》に多《おお》く見受《みう》くる事實《じじつ》なるも之《こ》れ猶太人《ゆだやじん》の術中《じゆつちゆう》に陷《おちい》りたるものにして、恰《あたか》も相場《そうば》に手《て》を出《だ》したるものが其最初《そのさいしよ》に必《かなら》ず相當《そうとう》の利《り》を見《み》せらるると同様《どうよう》にして、此利益《このりえき》こそ軈《やが》て大《おおい》なる失敗《しつぱい》に身《み》を投《とう》ぜしむる惡魔《あくま》の誘引《ゆういん》なるが如《ごと》く、大《おおい》に警戒《けいかい》すべき事《こと》なりとす、されば猶太人《ゆだやじん》を歡待《かんたい》して其國威一時伸張《そのこくいいちじしんちよう》するが如《ごと》きは、取《と》りも直《なお》さず彼等《かれら》猶太人《ゆだやじん》が更《さら》に奥深《おくぶか》く其歩《そのほ》を進《すす》めんために計《はか》りたる方便《ほうべん》にして、彼等《かれら》をして其望《そののぞ》みを達《たつ》せしめんか、如何《いか》なる恩人《おんじん》も恩國《おんこく》も弊履《へいり》の如《ごと》くに投《な》げ棄《す》てらるゝなり、豈《あ》に深《ふか》く思《おも》はざるべけんや。

爾來英國政府《じらいえいこくせいふ》は幾變遷《いくへんせん》をなしたりしも、英國《えいこく》の對猶方針《たいゆほうしん》は固定《こてい》して易《かわ》る事《こと》なく、常《つね》に猶太人《ゆだやじん》のために多大《ただい》の利便《りべん》を與《あた》へつゝありしなり、されば千九百〇三年《せんきゅうひゃくさんねん》エドワード七世《ななせい》は、首相《しゅしょう》バルフォーアをして猶太人《ゆだやじん》のために一自由國《いちじゆうこく》を得《え》さしめんとし、祖國《そこく》パレステナ奪還《だつかん》の機會《きかい》來るまで、英領東《えいりょうひがし》アフリカなるウガンダ地方《ちほう》を提供《ていきょう》せしめたり、ウガンダは猶太人《ゆだやじん》に取《と》りては忘《わす》れ難《がた》きヴイクトリヤ女王《じょおう》の英名《えいめい》を冠《かん》せる。ヴイクトリヤ湖《こ》の北畔《ほくはん》に在《あ》りて、若《も》し樂天地《らくてんち》を求《もと》むるに於《お》いては無比《むひ》の良土《りょうど》なりしかば、猶太人《ゆだやじん》は無論二《むろんふた》つ返事《へんじ》にて之《これ》を受領《じゅりょう》し、ユニオン・ジヤツクの旗影《きえい》にウガンダ自由國《じゆうこく》なるものを、創設《そうせつ》すべしと思《おも》はれたりしに、第七回世界《だいななかいせかい》シオン大會議《だいかいぎ》は此提供《このていきょう》に對《たい》して左《ひだり》の如《ごと》き聲明《せいめい》を附《ふ》し素氣《すげ》なくも之《これ》を謝絶《しゃぜつ》したりき。

我等神《われらかみ》の選民《せんみん》なる猶太人《ゆだやじん》は自由《じゆう》の領土《りょうど》を求《もと》むるものに非《あら》ずして、唯祖國《ただそこく》パレステナを復興《ふっこう》せんと欲《ほっ》するのみ。

勿論《もちろん》此聲明《このせいめい》をなすまでにはシオン運動《うんどう》は將《まさ》に分裂解散《ぶんれつかいさん》するばかりの激論《げきろん》もありし事《こと》なるが、西歐《せいおう》猶太人《ゆだやじん》の軟論《なんろん》は遂《つい》に東歐猶太人《とうおうゆだやじん》の硬說《こうせつ》に屈服《くつぷく》して、選民《せんみん》てふ使命《しめい》を辱《はずかし》めざる右《みぎ》の如《ごと》き男《おとこ》らしき決議《けつぎ》を爲《な》し得《え》たるなり。

折角《せつかく》の厚意《こうい》を無《む》にせられたる英國《えいこく》は、之《これ》がために何等《なんら》の反感《はんかん》をも起《おこ》さぬのみか、却《かえ》つて猶太人《ゆだやじん》の希《き》望《ぼう》を是《ぜ》なりとして徹底的《てつていてき》にパレステナ恢復《かいふく》のために努力《どりよく》する事《こと》となりしが、バルフオーア首相《しゆしよう》は其《その》後間《ごま》もなく選擧《せんきよ》のためマンチエスターに出馬《しゆつば》せし時《とき》、同地《どうち》の大學教授《だいがくきようじゆ》ワイツマン博士《はかせ》（今日《こんにち》の世界《せかい》シオン團總裁《だんそうさい》）と會見《かいけん》し、左《ひだり》の如《ごと》き會話《かいわ》ありたりといふ。

『猶太人《ゆだやじん》は何故《なにゆえ》に英國《えいこく》の好意《こうい》を無視《むし》してウガンダ提供《ていきよう》を謝絶《しやぜつ》せるか。』

『反問《はんもん》す、人若《ひとも》し英國人《えいこくじん》に向《むか》つてロンドンの代《かわ》りにパリーを與《あた》へんといはゞ英國人《えいこくじん》は之《これ》を感謝《かんしや》すべきか。』

『答《こた》ふるまでもなし、我等英國人《われらえいこくじん》は千年以上《せんねんいじよう》もロンドンに在住《ざいじゆう》し居《お》るに非《あら》ずや。』

『英國人《えいこくじん》がロンドンに移住《いじゆう》せるよりも二千年以前《にせんねんいぜん》に猶太人《ゆだやじん》はパレステナに居住《きよじゆう》せしに非《あら》ずや。』

『諾《だく》、必《かなら》ず英國《えいこく》は猶太人《ゆだやじん》にパレステナを與《あた》ふべし。』

英國《えいこく》の政策《せいさく》か、猶太人《ゆだやじん》の政策《せいさく》か時局《じきょく》は彼等《かれら》の思《おも》ふが如《ごと》く展開《てんかい》し來《きた》り、千九百十六年《せんきゅうひゃくじゅうろくねん》、時《とき》の外務《がいむ》大臣《だいじん》バルフォーアは、世界《せかい》シオン團總裁《だんそうさい》ワイツマン博士《はくし》と再會《さいかい》したりし時《とき》、外相《がいしょう》は開口一番《かいこういちばん》『此砲《このほう》聲《せい》が鳴《な》りを鎭《しず》むる頃《ころ》に猶太人《ゆだやじん》はエルサレムを手《て》に入《いれ》るべし』といひたりしが、即《すなわ》ち之《こ》れ大戰《たいせん》の結果《けっか》を豫報《よほう》したるものにして、英國《えいこく》が如何《いか》に信念《しんねん》と誠實《せいじつ》とを以《もっ》てパレステナ復興《ふっこう》のために腐心《ふしん》し居《お》りしかを知《し》るべし、而《しか》して外相《がいしょう》の言《げん》の如《ごと》く、其翌年十一月二日《そのよくねんじゅういちがつふつか》、英國政府《えいこくせいふ》は大膽《だいたん》にも一《いち》の宣言書《せんげんしょ》を猶太人總《ゆだやじんそう》代《だい》ロスチャイルド卿《きょう》に交付《こうふ》し、英國政府《えいこくせいふ》は英國皇帝《えいこくこうてい》の旨《むね》を奉《ほう》じてパレステナに猶太人《ゆだやじん》の國家《こっか》を樹立《じゅりつ》するために最善《さいぜん》の努力《どりょく》を怠《おこた》らざるべきを言明《げんめい》せり、而《しか》して之《こ》れ有名《ゆうめい》なるバルフォーア宣言《せんげん》なりとす。

此《この》バルフォーア宣言《せんげん》こそ、寧《むし》ろ奇蹟《きせき》とも稱《しょう》すべきものにして、之《これ》に由《よ》りて二千年來《にせんねんらい》の世界《せかい》の難問題《なんもんだい》なりし猶太人復興《ゆだやじんふっこう》に一條《いちじょう》の光明《こうみょう》を與《あた》へたるものにてありしなり、固《もと》より猶太人《ゆだやじん》は豫《かね》てより斯《か》くあれかしと熱望《ねつぼう》しつ、又《また》斯《か》くあるべしと期待《きたい》し居《お》りしとはいへ、斯《か》くまで迅速《じんそく》に實現《じつげん》せらるべしと思《おも》はざりしなり、されば此宣言發布《このせんげんはっぷ》の急報《きゅうほう》全世界《ぜんせかい》に傳《つた》はるや、欣喜措《きんきお》く能《あた》はず、千六百萬《せんろっぴゃくまん》の同族《どうぞく》何《いず》れも泣《な》き崩《くず》れ、中《なか》には狂喜《きょうき》の餘《あま》り頓死《とんし》したるものすらありしほどにて、當時《とうじ》の光景今尚《こうけいいまな》ほ目前《もくぜん》に髣髴《ほうふつ》たり。

而《しか》して千九百十六年十二月十日《せんきゅうひゃくじゅうろくねんじゅうにがつとおか》、英國埃及軍司令官《えいこくえじぷとぐんしれいかん》アレンビー將軍《しょうぐん》はエルサレム入城式《にゅうじょうしき》を執《しっ》行《こう》し、二千餘年來《にせんよねんらい》の惡夢《あくむ》今《いま》漸《ようや》く醒《さ》めて、パターソン大佐《たいさ》の率《ひき》ゐる猶太聯隊《ゆだやれんたい》の將卒《しょうそつ》唯《ただ》感涙《かんるい》に咽《むせ》ぶ、而《しか》して同月《どうげつ》二十三日《にじゅうさんにち》、紐育《にゅーよーく》に於《お》いてエルサレム開城祝賀會擧行《かいじょうしゅくがかいきょこう》の折《おり》、ワイズ博士《はくし》は左《ひだり》の如《ごと》き演説《えんぜつ》を試《こころ》みて熾《さか》んに英國《えいこく》を稱揚《しようよう》せり。

元來宣言書《がんらいせんげんしよ》なるものは一《いち》の紙片《しへん》に過《す》ぎざるものなるに、英文《えいぶん》にて認《みと》められ、英國政府《えいこくせいふ》の調印《ちよういん》あるものは斯《か》くの如《ごと》く有效《ゆうこう》なり。

さらば斯《か》くまで猶太人《ゆだやじん》に信任《しんにん》せらるる英國《えいこく》の正體《しようたい》抑《そもそ》も何《なん》ぞ、讀者《どくしや》己《おのれ》に之《これ》を會得《えとく》せられしなるべし。

第七節　猶太人《ゆだやじん》の活躍《かつやく》（三《さん》）

想《おも》ふに、古今東西《ここんとうざい》、最《もつと》も多大《ただい》の侵略《しんりやく》を敢《あ》へてし、又最《またもつと》も有效《ゆうこう》に世界政策《せかいせいさく》を行《おこな》ひたるは英國《えいこく》にして、固《もと》より未《いま》だ完成《かんせい》せざりしとはいへ、兎《と》に角《かく》にも世界《せかい》の四分《よんぶん》の一大《いちだい》を侵略《しんりやく》し、『我領土《わがりようど》には太陽《たいよう》の没《ぼつ》することなし』と豪語《ごうご》し得《え》たる事實《じじつ》は、其性質《そのせいしつ》の善惡曲直《ぜんあくきよくちよく》は別《べつ》として驚嘆《きようたん》に値《あたい》ひするものと謂《い》ふべし。

而《しか》して世界政策上其國語《せかいせいさくじようそのこくご》を普及《ふきゆう》せしめ、英語《えいご》を以《もつ》て實際的世界語《じつさいてきせかいご》とならしめたるは蓋《けだ》し策《さく》の上々《じようじよう》なるものにして、之《こ》れ亦賞嘆《またしようたん》の外《ほか》なきなり、されど英國《えいこく》が斯《かか》る大《おおい》なる發展《はつてん》をなしたるはブリトンの偉《い》大《だい》を語《かた》るよりも、寧《むし》ろジウの偉大《いだい》なるを示《しめ》すものなる事《こと》を忘《わす》るべからず、蓋《けだ》し猶太人《ゆだやじん》なかりせば英國《えいこく》の今日《こんにち》は決《けつ》して有《あ》り得《え》ざりしなり、現《げん》に英國植民關係《えいこくしよくみんかんけい》の高官《こうかん》が殆《ほと》んど猶太人《ゆだやじん》を以《もつ》てせらるゝが如《ごと》きは明《あきら》かに之《これ》を證《しよう》するものにして、パレステナの委任統治《いにんとうち》が英國《えいこく》が爲《な》しうる最後《さいご》の侵略《しんりやく》にてあるが如《ごと》きを知《し》らば從來《じゆうらい》の英國《えいこく》の發展《はつてん》は猶太人《ゆだやじん》に由《よ》りて成《な》りたるものなるを知《し》るに難《かた》からざるべし。

されば英國《えいこく》の發展《はつてん》は實《じつ》は猶太人《ゆだやじん》の發展《はつてん》にして、英國《えいこく》の擴張《かくちよう》は卽《すなわ》ち猶太人《ゆだやじん》の擴張《かくちよう》にてありしなり、今日《こんにち》シオン運動《うんどう》の饒將《じようしよう》マクドナルドに統師《とうすい》ぜらる勞働黨《ろうどうとう》が英國《えいこく》の政界《せいかい》を支配《しはい》し居《お》るが如《ごと》きは明《あきら》かに此邊《このへん》の消息《しようそく》を語《かた》るものにして、第十九世紀《だいじゆうきゆうせいき》の初期《しよき》に於《お》いて在英猶太人《ざいえいゆだやじん》の數僅《かずわず》かに八千人《はつせんにん》に過《す》ぎざりしに、千八百八十年《せんはつぴやくはちじゆうねん》に至《いた》るや十六萬人《じゆうろくまんにん》を以《もつ》て算《さん》するまでの激增《げきぞう》を示《しめ》し、千九百十一年《せんきゆうひやくじゆういちねん》に至《いた》りては二十四萬人《にじゆうよんまんにん》となり、千九百二十二年末《せんきゆうひやくにじゆうにねんまつ》には二十六萬八千人《にじゆうろくまんはつせんにん》の多《おお》きに達《たつ》せり、而《しか》して之《こ》れ唯英《ただえい》國本土《こくほんど》のみの計算《けいさん》にして、若《も》し夫《そ》れ之《これ》に植民地《しよくみんち》を加《くわ》へんか其數優《そのかずゆう》に六十萬人《ろくじゆうまんにん》を突破《とつぱ》するなるべし、勿論之《もちろんこれ》を英國《えいこく》の總人口約四億萬《そうじんこうやくよんおくまん》に比《ひ》し來《きた》れば決《けつ》して多《おお》しといふ能《あた》はざるも英國々旗《えいこくこつき》の翻《ひるが》へる所《ところ》、卽《すなわ》ち之《こ》れ猶太人《ゆだやじん》の發展地《はつてんち》なるを思《おも》ひ來《きた》れば、而《しか》して猶太人《ゆだやじん》の發展《はつてん》は主《しゆ》として大都會及植民地《だいとかいおよびしよくみんち》なるを思《おも》ひ廻《めぐ》らせば、彼等《かれら》の實勢力《じつせいりよく》が如何《いか》に英國《えいこく》を支配《しはい》し居《お》るかを測《はか》り知《し》るべきなり。

而《しか》してビーコンスフイルド卿《きよう》が伯林條約《べるりんじようやく》の手土産《てみやげ》としてクプロ島《とう》を併合《へいごう》し、併《あわ》せて埃及《えじぷと》をも其治《そのち》下《か》に收《おさ》めたるが如《ごと》きは、固《もと》よりスエズ運河乘取策《うんがのつとりさく》より出《い》でたることにはあれど、猶太人《ゆだやじん》のパレステナ奪還《だつかん》を主眼《しゆがん》としたるものなる事《こと》は一目瞭然《いちもくりようぜん》なり、而《しか》して英國《えいこく》をしてカナダを佛國《ふつこく》より强奪《ごうだつ》せしめたるが如《ごと》き、又濠州其他各植民地《またごうしゆうそのたかくしよくみんち》に於《お》ける新經營《しんけいえい》の如《ごと》き、而《しか》してパレスチナを中心《ちゆうしん》として三《さん》ＡＢＣ政策《せいさく》なるものを案出《あんしゆつ》し、之《これ》を英獨米《えいどくべい》の三國《さんこく》に計畫《けいかく》せしめたるが如《ごと》き、又之《またこれ》がために英獨《えいどく》を戰《たたか》はしめ延《ひ》いて世界大戰《せかいたいせん》を演《えん》ぜしめたるが如《ごと》き、凡《すべ》て之《こ》れ猶太人《ゆだやじん》の世界政策《せかいせいさく》より割出《わりだ》したる運動《うんどう》にして、其途《そのと》中《ちゆう》の經緯《けいい》は兎《と》に角《かく》、其結果《そのけつか》として猶太人《ゆだやじん》は其《その》二《に》千年來《せんねんらい》の宿望《しゆくぼう》を達《たつ》して、一方《いつぽう》には世界統一《せかいとういつ》の基《もと》を奠《さだ》め、他方《たほう》には祖國復興《そこくふつこう》の幕《まく》を開《ひら》かしめたるを見《み》れば、英國《えいこく》の政策《せいさく》なるものは卽《すなわ》ち之《こ》れ猶太人《ゆだやじん》の頭腦《ずのう》より絞《しぼ》り出《だ》されたるものならずとせんや、ヨシ左程《さほど》までに猶太人《ゆだやじん》の力《ちから》を信《しん》じ居《お》らざる人《ひと》といへども、英《えい》國《こく》が甚《はなは》だしく猶太化《ゆだやか》し居《お》る事實《じじつ》を是認《ぜにん》するなるべし、聞《き》け、前英國國際聯盟大臣《ぜんえいこくこくさいれんめいだいじん》ロバート・セシル卿《きよう》、一昨年米國《いつさくねんべいこく》に赴《おもむ》き米國猶太人《べいこくゆだやじん》の集會《しゆうかい》に臨《のぞ》みて、『我政府《わがせいふ》は如何《いか》に更迭《こうてつ》するも、上院《じよういん》は如何《いか》に變動《へんどう》するも、猶太人《ゆだやじん》に對《たい》する英國《えいこく》の方針《ほうしん》は斷《だん》じて變易《へんい》あることなし』と聲明《せいめい》せるを、さればロイドヂヨルヂ倒《たお》るゝも、バルフオーア倒《たお》るゝも、チヤーチル起《た》つも、ボナロー起《た》つも、英國《えいこく》は己《おのれ》に英國人《えいこくじん》の英國《えいこく》に非《あら》ずして猶太人《ゆだやじん》の英國《えいこく》となりたる以上《いじよう》、彼等《かれら》の計畫《けいかく》は其欲《そのほつ》する所《ところ》に從《したが》つて進歩《しんぽ》するあるのみなり。

若《も》し夫《そ》れ千九百二十年《せんきゆうひやくにじゆうねん》の交《こう》、非《ひ》猶太民族《ゆだやみんぞく》世界同盟英國支部《せかいどうめいえいこくしぶ》が滿天下《まんてんか》に向《むか》つて飛《と》ばしたる左《ひだり》の警告《けいこく》文《ぶん》を見《み》んか、何人《なにびと》か思《おも》ひ半《なか》ばに過《す》ぎざるあらんや。

英國《えいこく》に於《お》ける最高裁判權《さいこうさいばんけん》は猶太人《ゆだやじん》の掌中《しようちゆう》に在《あ》り。

英國勞働者《えいこくろうどうしゃ》の最高支配官《さいこうしはいかん》は猶太人《ゆだやじん》なり。
印度事務大臣《いんどじむだいじん》は猶太人《ゆだやじん》なり。
首相《しゅしょう》ロイド・ヂョルヂの祕書官《ひしょかん》は猶太人《ゆだやじん》なり。
諸君《しょくん》が獨逸戰線《どいつせんせん》に在《あ》りて奮戰《ふんせん》の不在《ふざい》に乗《じょう》じ利己的事業《りこてきじぎょう》を完成《かんせい》せるは猶太人《ゆだやじん》なり。
諸君《しょくん》が出征中《しゅっせいちゅう》諸君《しょくん》の地位《ちい》を奪《うば》ひたるは猶太人《ゆだやじん》なり。
獨逸《どいつ》に戰費《せんぴ》を供給《きょうきゅう》したるは猶太人《ゆだやじん》なり。
獨軍《どくぐん》に情報《じょうほう》を供給《きょうきゅう》したるは猶太人《ゆだやじん》なり。
英國新聞《えいこくしんぶん》の九割《きゅうわり》は猶太人《ゆだやじん》の所有《しょゆう》するものなり。
演劇及活動寫眞《えんげきおよびかつどうしゃしん》の管理者《かんりしゃ》は悉《ことごと》く猶太人《ゆだやじん》なり。
料理店《りょうりてん》は悉《ことごと》く猶太人《ゆだやじん》の經營《けいえい》なり。
勞働者《ろうどうしゃ》を煽動《せんどう》するものは猶太人《ゆだやじん》なり。
英國政府《えいこくせいふ》に政策《せいさく》を授《さず》くるものは猶太人《ゆだやじん》なり。
故《ゆえ》に猶太人《ゆだやじん》はパレステナに驅逐《くちく》すべし、決《けっ》して英國《えいこく》に歸還《きかん》せしむべからず。

右《みぎ》の警告文《けいこくぶん》は以《もっ》て猶太人排斥《ゆだやじんはいせき》の有力《ゆうりょく》なる資料《しりょう》たるは言《い》ふまでもなきことながら、又一面《またいちめん》に猶太人《ゆだやじん》のために示威的宣傳《じいてきせんでん》をなすものにして、其結尾《そのけつび》として『猶太人《ゆだやじん》をパレステナに驅逐《くちく》すべし』と叫《さけ》びたるが如《ごと》きは、取《と》りも直《なお》さず猶太人《ゆだやじん》のためにパレステナ解放運動《かいほううんどう》を爲《な》すものにして、之《これ》に由《よ》りて反《かえ》つてバルフオーア宣言《せんげん》に對《たい》する反對《はんたい》を鎭壓《ちんあつ》するものとなるなり、如何《いか》に逆境《ぎやつきよう》に慣《な》れたる者《もの》とはいへ何《な》んぞ其手段《そのしゆだん》の巧妙《こうみよう》なる哉《や》、彼等《かれら》は恰《あたか》も我柔道《わがじゆうどう》の術《じゆつ》を以《もつ》て處世法《しよせいほう》となし居《お》るが如《ごと》く、常《つね》に巧《たく》みに敵《てき》の力《ちから》を利用《りよう》し居《い》るなり、而《しか》して猶太人《ゆだやじん》を排斥《はいせき》せんとせる此警告文《このけいこくぶん》は、反《かえ》つてバルフオーア宣言《せんげん》の實行《じつこう》に多《た》大《だい》の便宜《べんぎ》を與《あた》へたるものにして、二千餘年來《にせんよねんらい》の逆境《ぎやつきよう》の子《こ》、其逆流《そのぎやくりゆう》に掉《とう》し、逆風《ぎやくふう》に三角帆《さんかくほ》を張《は》りて得々然《とくとくぜん》として進《すす》まんと欲《ほつ》する方向《ほうこう》に進《すす》み行《い》く其老練《そのろうれん》さ加減《かげん》寧《むし》ろ驚異《きようい》せざるを得《え》ず。

而《しか》して猶太人《ゆだやじん》は決《けつ》して單調《たんちよう》の言論《げんろん》に出《い》でず、又一方《またいつぽう》の運動《うんどう》に出《い》でず、保守黨《ほしゆとう》にも猶太人《ゆだやじん》あり自由《じゆう》黨《とう》にも猶太人《ゆだやじん》あり、社會黨《しやかいとう》にも猶太人《ゆだやじん》あり、國權黨《こつけんとう》にも猶太人《ゆだやじん》あり、勞働黨《ろうどうとう》にも猶太人《ゆだやじん》あり、革命黨《かくめいとう》にも猶太人《ゆだやじん》あり、勤王黨《きんのうとう》にも猶太人《ゆだやじん》ある事英國《ことえいこく》の史實之《しじつこれ》を示《しめ》し居《い》るが故《ゆえ》に、敵黨《てきとう》の天下《てんか》とならば手《て》も足《あし》も出《で》ぬが如《ごと》き無能《むのう》を暴露《ばくろ》するものに非《あら》ず、而《しか》も英國《えいこく》は帝國《ていこく》とはいへ、早晩勞働黨《そうばんろうどうとう》の天下《てんか》となるべきは世界大戰《せかいたいせん》の當初《とうしよ》よりして已《すで》に明《あきら》かに認《みと》め得《え》たる事《こと》なるが、彼等《かれら》は大英帝國《だいえいていこく》を千代《ちよ》に八千代《やちよ》に榮《さかえ》えあれよとは祈《いの》る心毛頭《こころもうとう》なきのみか、漸《ようや》く之《これ》を崩壞《ほうかい》せしめんとの氣配《けはい》を示《しめ》し來《きた》りて、曩《さ》きにはシンフエン黨《とう》を利用《りよう》しては愛蘭《あいるらんど》に反旗《はんき》を樹《た》てしめ、非協同《ひきようどう》派《は》を教唆《きようさ》しては印度《いんど》に獨立運動《どくりつうんどう》を起《おこ》さしめ、濠《ごう》州及《しゆうおよび》カナダ等《とう》の英化《えいか》せざるが如《ごと》き、其他《そのた》エヂプトといひ、アフガンといひ、南阿《なんあ》といひ、東阿《とうあ》といひ、メソポタミヤといひ、苟《いやしく》も英國々旗《えいこくこつき》の翻《ひるが》へる所《ところ》にして反抗氣分《はんこうきぶん》に漲《みなぎ》り居《お》らざる所《ところ》なき有様《ありさま》なるに非《あら》ずや、而《しか》して此等《これら》の反英運動《はんえいうんどう》には、直接《ちよくせつ》には多《おお》く米國《べいこく》の魔手《ましゆ》の伸《の》び居《お》るを見《み》るも、間接《かんせつ》には悉《ことごと》く猶太人《ゆだやじん》の影《かげ》を認《みと》むるなるべし、最近《さいきん》に至《いた》り日清戰爭《につしんせんそう》は○國《くに》の計畫《けいかく》せしものなる事發覺《ことはつかく》せるが、余《よ》は數年前《すうねんまえ》より日清戰爭《につしんせんそう》は英國猶太人《えいこくゆだやじん》、日露戰爭《にちろせんそう》は米國猶太人《べいこくゆだやじん》の企圖《きと》せるものなるを公言《こうげん》し居《お》りしなり、見《み》よ、日清戰爭《につしんせんそう》の結果《けつか》として猶太人《ゆだやじん》の極東政策《きよくとうせいさく》は著《いちじる》しく進歩《しんぽ》し、先《ま》づ英國《えいこく》をして日英同盟《にちえいどうめい》を締結《ていけつ》せしめたるも、若《も》し支那《しな》の勝利《しようり》に歸《き》せば、英清同盟《えいしんどうめい》は代《かわ》つて締結《ていけつ》せらるべかりしなり、何《いず》れにもせよ猶太人《ゆだやじん》の利益《りえき》にして彼等《かれら》の望《のぞ》み達《たつ》せんか、卽《すなわ》ち日英同盟《にちえいどうめい》は弊履《へいり》の如《ごと》くに破棄《はき》せられて、四國協約《よんこくきようやく》なるもの代《かわ》つて現《あら》はれたるが之《こ》れ表面米國《ひようめんべいこく》を利《り》するものなるも、裏面《うらめん》に於《お》いては猶太人《ゆだやじん》の成功《せいこう》として見《み》るべきものなり、されば猶太人《ゆだやじん》の立場《たちば》に立《た》ちて、世界《せかい》の强國《きようこく》と稱《しよう》する國々《くにぐに》が唯々諾々《いいだくだく》として彼《かれ》の命《めい》ずるまゝに進退《しんたい》するを見抑《みそもそ》も如何《いか》に感《かん》ずるや、成程國內《なるほどこくない》に於《お》いては一流《いちりゆう》の政治家《せいじか》あらんも、超國家的大政治家《ちようこつかてきだいせいじか》なる猶太人《ゆだやじん》の前《まえ》には殆《ほと》んど中學生程度《ちゆうがくせいていど》のものにして、世界眼《せかいがん》なく、大勢明《たいせいめい》なく、事每《ことごと》に猶太人《ゆだやじん》に愚弄《ぐろう》せられて國家《こつか》の大計《たいけい》を誤《あやま》り居《い》るなり。

夫《そ》れ猶太人《ゆだやじん》は從來天下《じゆうらいてんか》の無籍者《むせきしや》、世界《せかい》の日蔭者《ひかげもの》なりし關係上《かんけいじよう》、其行動《そのこうどう》は凡《すべ》て暗中飛躍的《あんちゆうひやくてき》のものにして、又間々接《またかんかんせつ》に計畫《けいかく》せられ、所謂《いわゆる》『名《な》を棄《す》てゝ實《じつ》を取《と》れ』的《てき》に行動《こうどう》し、且《か》つ其手段《そのしゆだん》も亦《また》『穢《きたな》く働《はたら》き聖《きよ》く暮《くら》せ』主義《しゆぎ》に出《い》で居《い》る事《こと》とて、地平線《ちへいせん》の史上《しじよう》には殆《ほと》んど露出《ろしゆつ》する事《こと》なきが故《ゆえ》に、其行動《そのこうどう》の系統《けいとう》及組織等《およびそしきとう》を明示《めいじ》する事《こと》は決《けつ》して容易《ようい》に非《あら》ず、否寧《いやむし》ろ不可能《ふかのう》なり、何《なん》となれば彼等《かれら》は其係累《そのけいるい》を暗《くら》まし居《い》るが故《ゆえ》なり、されどコハ逆境《ぎやつきよう》に在《あ》りては已《や》むを得《え》ざる手段《しゆだん》にして、所謂動植物《いわゆるどうしよくぶつ》の保護色《ほごしよく》と同様《どうよう》のものなるが、一度《ひとた》び順境《じゆんきよう》に立《た》たば其必要《そのひつよう》なきが故《ゆえ》に其行動《そのこうどう》は直接《ちよくせつ》となり又公然《またこうぜん》となるものにして、現《げん》に大戦以後《たいせんいご》の事實《じじつ》に徵《しる》して明《あきら》かなりとす。

而《しか》して世界大戰後《せかいたいせんご》、歐米諸國《おうべいしよこく》の反猶太人等《はんゆだやじんら》は其猶太禍《そのゆだやか》の意外《いがい》に多大《ただい》なるに驚《おどろ》き、言《い》ひ合《あい》したるが如《ごと》く排猶運動《ひゆうんどう》に熱中《ねつちゆう》せしが、此排猶運動《このひゆうんどう》に對《たい》し、不思議《ふしぎ》なるかな、佛國及獨逸等《ふつこくおよびどいつとう》の猶太人《ゆだやじん》は何等《なんら》の對《たい》抗運動《こううんどう》を試《こころ》みざるに、又何等《またなんら》の對抗機關《たいこうきかん》をも有《ゆう》せざるに、英米兩國《えいべいりようこく》の猶太人《ゆだやじん》は完備《かんび》せる對抗《たいこう》否逆《ひぎやく》襲機關《しゆうきかん》を有《ゆう》し、又堂々乎《またどうどうかな》として逆襲運動《ぎやくしゆううんどう》を爲《な》し居《い》るは、英米兩國《えいべいりようこく》が如何《いか》に猶太人《ゆだやじん》に甘《あま》く見縊《みくび》られ居《い》るかを立證《りつしよう》するものといふべし。

先《さ》きにも述《の》べたりしが如《ごと》く、歐羅巴《よーろつぱ》に在《あ》りては彼等《かれら》は西《せい》するに從《したが》ひ其希伯來精神《そのへぶらいせいしん》を麻痺《まひ》せしめ居《い》るものにして、米國《べいこく》に行《い》きては殆《ほと》んど之《これ》を喪失《そうしつ》して米國化《べいこくか》し居《お》るを見《み》るべし、而《しか》して此現象《このげんしよう》は迫害《はくがい》と比例《ひれい》するものにして、迫害多《はくがいおお》きほど猶太魂《ゆだやだましい》は健全《けんぜん》となり、迫害少《はくがいすくな》きほど衰弱《すいじやく》するなり、故《ゆえ》に全世《ぜんせ》界《かい》の猶太人《ゆだやじん》をして最後《さいご》まで克《よ》く其使命《そのしめい》を保《たも》たしむるに最《もつと》も力《ちから》ありたるは露國猶太人《ろこくゆだやじん》なりとす、併《しか》し之《こ》れ猶太人間《ゆだやじんかん》の比較《ひかく》に過《す》ぎずして、若《も》し夫《そ》れ他國民又《たこくみんまた》は他民族《たみんぞく》と比較《ひかく》せば、猶太人《ゆだやじん》は殆《ほと》んど同化《どうか》する事《こと》なしともいひうべきまで彼等《かれら》は不同化性《ふどうかせい》を發揮《はつき》し居《お》るなり、故《ゆえ》に英國猶太人如何《えいこくゆだやじんいか》に同化《どうか》したりとするも、畢竟《ひつきよう》ずるに其外観《そのがいかん》のみにして、英國化《えいこくか》したるが如《ごと》く粧《よそお》ひつゝ、實《じつ》は英國《えいこく》を猶太化《ゆだやか》しつつあるなり、即《すなわ》ち内科的勢力《ないかてきせいりよく》を扶植《ふしよく》し居《お》るものにして、英國《えいこく》に取《と》りては最《もつと》も憂慮《ゆうりよ》すべき侵略《しんりやく》なりとす、余《よ》は此見地《このけんち》よりして、英國《えいこく》は已《すで》に全《まつた》く猶太人《ゆだやじん》の掌中《しようちゆう》に収《おさ》められたることを何人《なんぴと》の前《まえ》にも斷言《だんげん》するの自由《じゆう》を有《ゆう》するなり。

然《しか》りといへども、四億萬《よんおくまん》のブリトン悉《ことごと》くジウ化《か》したるに非《あら》ず、亦猶太人國内《またゆだやじんこくない》に多數《たすう》を占《し》めたるにも非《あら》ず、故《ゆえ》に英國《えいこく》は猶太國《ゆだやこく》なりとはいはず、又猶太人《またゆだやじん》は英國《えいこく》を猶太國《ゆだやこく》たらしむる野心《やしん》を有《ゆう》し居《お》らざるなり、彼等《かれら》は唯祖先傳統《ただそせんでんとう》の大使命《だいしめい》、即《すなわ》ち世界政策遂行上《せかいせいさくすいこうじよう》、英國《えいこく》を世界《せかい》の最大强國《さいだいきようこく》となし、以《もつ》て之《これ》を利用《りよう》せんと計《はか》りたるものにして、此政策《このせいさく》はアメリカ發見後《はつけんご》多少變更《たしようへんこう》せられたりしも、大體《だいたい》に於《お》いて今日《こんにち》まで持續《じぞく》せられたるなり。

陛下《へいか》の政府《せいふ》を代表《だいひよう》し余《よ》は猶太《ゆだや》シオン團《だん》が曩《さ》きに陳情《ちんじよう》せる熱望《ねつぼう》が内閣《ないかく》に於《お》いて同意《どうい》する所《ところ》となりたることを貴下《きか》に傳達《でんたつ》するを欣幸《きんこう》とす。

陛下《へいか》の政府《せいふ》は猶太人民《ゆだやじんみん》のためにパレステナに一國家《いちこつか》の設立《せつりつ》を賛《さん》し此目的《このもくてき》を完成《かんせい》せしむるために最《さい》善《ぜん》の努力《どりよく》を盡《つく》すべきもパレステナに現住《げんじゆう》する非猶太人公同體《ひゆだやじんこうどうたい》の民事及宗教上《みんじおよびしゆうきようじよう》の權利《けんり》或《あるい》は諸外國《しよがいこく》居住猶太人《きよじゆうゆだやじん》の權利及政治的分限《けんりおよびせいじてきぶげん》に對《たい》し何等偏頗《なんらへんぱ》なる處置《しよち》に出《い》でざるものとす。

余《よ》は貴下《きか》が此宣言《このせんげん》をシオン團《だん》に通告《つうこく》あらんことを切望《せつぼう》す。

右《みぎ》は「バルフォーア宣言《せんげん》」として名《な》を知《し》られたるものの全文《ぜんぶん》なるが、千九百十七年十一月二日《せんきゅうひやくじゅうななねんじゅういちがつふつか》、英國外務大臣《えいこくがいむだいじん》サー・ジエー・バルフォーアより、全世界猶太人總代《ぜんせかいゆだやじんそうだい》ロスチヤイルド卿《きよう》に手交《しゅこう》せられたるものにて、英國政府《えいこくせいふ》としては極《きわ》めて放膽的《ほうたんてき》なるも、又極《またきわ》めて小心的《しようしんてき》の宣言《せんげん》なり、其放膽的《そのほうたんてき》といふは何國《なんこく》にも氣兼《きが》ねせず獨斷《どくだん》にて此世界的聲明《このせかいてきせいめい》を爲《な》したる事《こと》にして、其小心的《そのしようしんてき》といふは其用辭《そのようじ》の用意《ようい》周到《しゅうとう》なる所《ところ》にあり、若《も》し斯《かか》る宣言《せんげん》を爲《な》さんとせば、正式《せいしき》なる方法《ほうほう》としては、諸基督教國政府《しょきりすときようこくせいふ》の連署《れんしょ》を要《よう》するものなるに、大戰未《たいせんいま》だ終《おわ》らず、米國未《べいこくいま》だ墺地利《おーすとりあ》に宣戰《せんせん》せざるに先立《さきだ》ち、世界的大難題《せかいてきだいなんだい》に向《むか》つて專斷決行《せんだんけつこう》を試《こころ》みたるは大膽寧《だいたんむし》ろ傍若無人《ぼうじやくぶじん》の振舞《ふるまい》にして、而《しか》も其用辭《そのようじ》小心《しようしん》の跡歴然《あとれきぜん》たるものあるは國際關係《こくさいかんけい》を顧慮《こりよ》したるものにして、何國《なんこく》も異議《いぎ》なしと見込《みこ》みたる十二分《じゆうにぶん》の內偵《ないてい》ありしは言《い》ふまでも無《な》き事《こと》なるが、而《しか》も其內偵《そのないてい》は交渉《こうしよう》に非《あら》ずして猶太人《ゆだやじん》の偵察《ていさつ》に由《よ》るものなりとす。

勿論此宣言《もちろんこのせんげん》のみにては何等國際的效力《なんらこくさいてきこうりよく》あるものに非《あら》ざれども、英國政府《えいこくせいふ》が之《これ》を公表《こうひよう》する以上《いじよう》、十分《じゆうぶん》の勝算《しようさん》ありしは明《あきら》かなり、而《しか》して此宣言《このせんげん》は兎《と》に角《かく》に米國《べいこく》の諒解《りようかい》を要《よう》するが故《ゆえ》に、此宣言《このせんげん》を發布《はつぷ》するや、英國《えいこく》はサー・ルフアス・アイザツク（卽《すなわ》ちリーデング卿《きよう》にして後《のち》に印度太守《いんどたいしゆ》となりたる猶太人《ゆだやじん》なり）を特命全權大使《とくめいぜんけんたいし》となし、米國《べいこく》に遣《つか》はし時《とき》の大統領《だいとうりよう》ウイルソンと肝膽相照《かんたんあいて》らさしむる所《ところ》ありき、因《ちな》みにいふウイルソンはシオン主義《しゆぎ》の巨頭《きよとう》なり、此兩者果《このりようしやはた》して何《なに》を密議《みつぎ》せるか、ソハ平和會議《へいわかいぎ》に於《お》いて凡《すべ》て具體《ぐたい》せられたるなり。

其後萬難《そのごばんなん》は排《はい》せられてバルフオーア宣言《せんげん》は批准《ひじゆん》せられ、パレステナの英國委任統治《えいこくいにんとうち》は確定實行《かくていじつこう》せられて茲《ここ》に三年《さんねん》（但《ただ》し公式《こうしき》に確定《かくてい》せるは千四百二十三年《せんよんひやくにじゆうさんねん》九月《くがつ》二十九日《にじゆうくにち》なり）、今尚《いまな》ほ其英國内《そのえいこくない》にすら之《これ》を廢棄《はいき》せんとするものなきに非《あら》ずといへども、今日《こんにち》の如《ごと》く勞働黨《ろうどうとう》の時代《じだい》となりたる以上《いじよう》、反猶太黨《はんゆだやとう》の末路《まつろ》は之《こ》れ日《ひ》の問題《もんだい》となりたるなり、而《しか》して英國勞働黨《えいこくろうどうとう》の主將《しゆしよう》はマクドナルドにして、副將《ふくしよう》はウエツヂウツドなるが、此兩人《このりようにん》ともシオン運動《うんどう》の巨頭《きよとう》にして、ウエツヂウツドの如《ごと》きは『われに外務次官《がいむじかん》オルムスビーゴールある以上《いじよう》、内閣《ないかく》如何《いか》に更迭《こうてつ》するもパレステナの事亦憂《ことまたうれ》ふるの要《よう》なし』と聲明《せいめい》しつゝあるなり。

要《よう》するに英吉利帝國《いぎりすていこく》なるものは已《すで》に全《まつた》く其實《そのじつ》を失《うしな》ひたるものにして、何政黨擡頭《なにせいとうたいとう》するも、英國《えいこく》はマソン團《だん》の本家《ほんけ》にして猶太人《ゆだやじん》の牙城《がじよう》なり。

英國《えいこく》の議會《ぎかい》は模範的《もはんてき》なりと我政治家《わがせいじか》といふも、英國《えいこく》の新聞《しんぶん》は模範的《もはんてき》なりと我操觚者《わがそうこしや》はいふも、何《いず》れも猶太人《ゆだやじん》に由《よ》りて支配《しはい》せられ居《お》るものなるを知《し》るや否《いな》や、ロンドン・タイムスは獨《ひと》り猶太人《ゆだやじん》の買收《ばいしゆう》を許《ゆる》さざるものなりと今日《こんにち》まで言《い》ひ傳《つた》へらるるも、何《な》んぞ知《し》らんや其入口《そのいりぐち》にはマソン團《だん》の標章《ひようしよう》を掲《かか》げ居《い》るに非《あら》ずや。

而《しか》して英國《えいこく》を基點《きてん》として世界的《せかいてき》に發展《はつてん》したる事業《じぎよう》を見《み》るに、赤十字《せきじゆうじ》はマソン主義《しゆぎ》より案出《あんしゆつ》せられたるものにして、ロイテル通信《つうしん》のロイテルは千八百五十一年《せんはつぴやくごじゆういちねん》獨逸《どいつ》より英國《えいこく》に歸化《きか》したる猶太人《ゆだやじん》なり、又救世軍《またきゆうせいぐん》の如《ごと》きもブース大將《たいしよう》が其猶太氣質《そのゆだやきしつ》を基督教《きりすときよう》の名《な》にて社會的《しやかいてき》に示《しめ》したるものに外《ほか》ならず。

斯《か》く觀《かん》じ來《く》ればロンドン塔上《とうじよう》ヨシ青色二條《あおいろにじよう》の猶太國旗《ゆだやこつき》翻《ひるが》へらずとも、亦水晶宮門《またすいしようきゆうもん》ヨシ籠目《かごめ》のダビデ王章《おうしよう》掲《かか》げられずとも、英國《えいこく》なるものは、已《おのれ》に怪猫《かいびよう》のために嚙《か》み殺《ころ》されたるものにして、今日《こんにち》の英國《えいこく》は猶太猫《ゆだやねこ》の化《ば》けたるものに過《す》ぎざるなり、由來我國《ゆらいわがくに》には猫騒動《ねこそうどう》の傳說少《でんせつすく》なからず、故《ゆえ》に此邊《このへん》の祕《ひ》密《みつ》は我國人《わがこくじん》には甚《はなは》だ解《げ》し易《やす》き事《こと》なり。

第八節　英國《えいこく》の現狀《げんじよう》

最後《さいご》に英國《えいこく》の現狀《げんじよう》を說《と》かむ、但《ただ》し之《こ》れ何人《なんびと》も日々《ひび》紙上《しじよう》にて見聞《けんぶん》し居《い》る事《こと》にして、强《し》ゐて改《あらた》めて述《の》ぶべき必要《ひつよう》なき事《こと》なれども、英國《えいこく》に於《お》ける猶太人《ゆだやじん》の活動《かつどう》の結末《けつまつ》として見遁《みのが》すべからざる一事《いちじ》のみを記《しる》さん、卽《すなわ》ち勞働黨《ろうどうとう》の擡頭是《たいとうこれ》なり、之《これ》は猶太人《ゆだやじん》を知《し》れる人々《ひとびと》には豫期《よき》せる事《こと》にして少《すこ》しも怪《あやし》むに足《た》らざることなるが、グラッドストーン時代《じだい》は已《すで》に遠《とお》く過《す》ぎ去《さ》りて殆《ほと》んど形跡《けいせき》を認《みと》め難《がた》く、唯有《ただあ》り猶太人《ゆだやじん》の指紋《しもん》は行政廳《ぎようせいちよう》に、立法府《りつぽうふ》に、司法省《しほうしよう》に、又王室《またおうしつ》に前述《ぜんじゆつ》の如《ごと》く鮮《あざや》かに印《しる》せられ、今《いま》や已《すで》に勞働黨《ろうどうとう》の天《てん》下《か》となれり、而《しか》して労働者《ろうどうしや》をして今日《こんにち》の如《ごと》くに擡頭《たいとう》せしめたるは階級打破《かいきゆうだは》を叫《さけ》ばしめて國家組織《こつかそしき》を根底《こんてい》より覆《くつが》へさんとせる猶太人《ゆだやじん》の計畫《けいかく》に由《よ》るものにして、從《したが》つて労働黨《ろうどうとう》なるものの正體《しようたい》推《お》して知《し》るべきなり。

聞《き》くが如《ごと》くんば張作霖《ちようさくりん》は、北京内閣《ぺきんないかく》の更迭《こうてつ》より日本内閣《にほんないかく》の更迭《こうてつ》に對《たい》して注意怠《ちゆういおこた》らずといふ、彼《かれ》の立場《たちば》として爾《なんじ》かありうべき事《こと》ならんも、自國《じこく》の天候《てんこう》よりも他國《たこく》の天候《てんこう》を掛念《けねん》するが如《ごと》きは、如何《いか》に我《わが》國《くに》の外國心醉者《がいこくしんすいしや》といへども爲《な》さざる事《こと》なるべし、蓋《けだ》し斯《かか》る異象《いしよう》は亡國《ぼうこく》の兆《きざし》として何國《なんこく》にも見受《みう》くる事《こと》なるが、英國労働黨《えいこくろうどうとう》の首領《しゆりよう》ジエー・ラムセイ・マクドナルドは、米國《べいこく》の紐育《にゆーよーく》ヘラルド誌《し》に「政權若《せいけんも》し我黨《わがとう》に歸《き》せば」と顯《あらわ》する一論文《いちろんぶん》を寄送《きそう》して無遠慮《ぶえんりよ》なる抱負《ほうふ》を公《おおやけ》にせるが、若《も》し我國《わがくに》の一政黨《いちせいとう》の首領《しゆりよう》が、斯《かか》る論文《ろんぶん》を支那新聞又《しなしんぶんまた》は米國新聞《べいこくしんぶん》に寄送《きそう》したりとせば、如何《いか》に國民性麻痺《こくみんせいまひ》し居《い》るとも恐《おそ》らくは國民《こくみん》は彼《かれ》を政界《せいかい》より葬《ほうむ》り去《さ》るなるべし、否進《いやすす》んで國籍《こくせき》を剝脱《はくだつ》するなるべし、然《しか》るに英國《えいこく》に於《お》いては民衆《みんしゆう》は彼《かれ》を渇仰《かつごう》して隨喜措《ずいきお》かざるなり、而《しか》して彼《かれ》といひ、副將《ふくしよう》ヨシア・ウエッヂウッド大佐《たいさ》といひ、共《とも》に猶太人《ゆだやじん》にして而《しか》もシオン主義《しゆぎ》の巨頭《きよとう》なるが、右論文《みぎろんぶん》は幸《さいわ》ひに東京朝日新聞《とうきようあさひしんぶん》に譯載《やくさい》せられたるを以《もつ》て、其全文《そのぜんぶん》を左《ひだり》に借用《しやくよう》すべし。（但《ただ》し括弧内《かつこない》は著者《ちよしや》の評論《ひようろん》なり）

若《も》し政權吾黨《せいけんわがとう》に歸《き》せば

英國勞働黨《えいこくろうどうとう》　ラムゼイ・マクドナルド

○私《わたし》は三《みつ》つの質問《しつもん》を受《う》けたが、その第一質問《だいいちしつもん》は、私《わたし》の意見《いけん》に由《よ》ると勞働黨《ろうどうとう》の政府《せいふ》が出來《でき》れば英米兩《えいべいりよう》國間《こくかん》の諸關係《しよかんけい》はドンナものになるだらうといふのである。

○英米兩國間《えいべいりようこくかん》の關係《かんけい》は特別《とくべつ》デリケートな論議《ろんぎ》の題目《だいもく》であるが、不幸《ふこう》にも我國民《わがこくみん》の多《おお》くが此事《このこと》を十分《じゆうぶん》に諒解《りようかい》してゐない。

（特別《とくべつ》デリケートそも何《なに》を意味《いみ》するか、而《しか》も英國民《えいこくみん》の大部《たいぶ》之《これ》を十分《じゆうぶん》に知《し》らずといふに到《いた》りては從《じゆう》來《らい》の國史上《こくしじよう》に現《あら》はれ居《お》らざりし關係《かんけい》なるべく、英國民之《えいこくみんこれ》を十分《じゆうぶん》に知《し》らずとせば、米國民《べいこくみん》の多《おお》くも亦《また》十分《じゆうぶん》に之《これ》を知《し》らざるべし、果《はた》して然《しか》らば英米關係《えいべいかんけい》は英米兩國民《えいべいりようこくみん》以外《いがい》の何者《なにもの》にか支配《しはい》せられ居《お》るに非《あら》ずや。）

○米國民《べいこくみん》は英語《えいご》を話《はな》す國民《こくみん》ではないが、米國《べいこく》はアングロサクソン人《じん》の社會《しやかい》に屬《ぞく》して居《い》ないか、これといひ、あれといふも勿論米國《もちろんべいこく》は我等《われら》の世界計畫《せかいけいかく》に於《お》いてはわれ等《ら》の同盟國《どうめいこく》であるに相違《そうい》ないとか、米《べい》國《こく》と我等《われら》は人類《じんるい》の歴史《れきし》に於《お》いて實行《じつこう》すべき共同《きようどう》の仕事《しごと》を有《も》つて居《い》るとか云《い》ふことではないか。實際《じつさい》善《よ》い事《こと》もするのにソウした仲間《なかま》があるに越《こ》したことはなからうが、それは『事物《じぶつ》の單《たん》なる第一義的《だいいちぎてき》な性質《せいしつ》』から得《え》られるものではなくて、相互《そうご》に諒解《りようかい》し合《あ》つたり、非常《ひじよう》に重大《じゆうだい》な困難《こんなん》や障碍《しようがい》を除去《じよきよ》したり、未《いま》だ存在《そんざい》して居《い》ない相互《そうご》の信頼《しんらい》を打《う》ち建《た》てたりするマダルツコイ過程《かてい》に由《よ》つて得《え》られるものであつて私《わたし》は之《これ》に對《たい》して果《はた》して米《べい》、米兩國《べいりようこく》が悲慘《ひさん》な世界《せかい》の事件《じけん》や兩國《りようこく》の共通《きようつう》に有《も》つて居《い》るあらゆる目的《もくてき》などで一緒《いつしよ》に結《むす》ばれる運命《うんめい》になつて居《い》るか何《ど》うかは毫《ごう》も知《し》るところがないのである。

（全然《ぜんぜん》英國民《えいこくみん》又《また》は米國民《べいこくみん》の言論《げんろん》に非《あら》ずして猶太人《ゆだやじん》の口《くち》にすべき言論《げんろん》なり、「我等《われら》の世界計畫《せかいけいかく》に於《お》いては米國《べいこく》は我等《われら》の同盟國《どうめいこく》」云々《うんぬん》は彼《かれ》の口《くち》より出《い》でしものにあらずとするも、恐《おそ》らくは第三者《だいさんしや》の言《げん》の如《ごと》く粧《よそ》ふて彼《かれ》の本心《ほんしん》を言《い》ひしものならんが、何《いず》れにせよ、一國《いつこく》の世界計畫《せかいけいかく》なるものは必《かなら》ず世界支配《せかいしはい》を目的《もくてき》とするものなるが故《ゆえ》に斷《だん》じて同盟國《どうめいこく》は有《あ》りうべからず、若《も》しありとするも相互一時《そうごいちじ》の方便《ほうべん》のみ、彼《かれ》が此語《このご》を引用《いんよう》せるは英米兩國《えいべいりようこく》の謂《いい》に非《あら》ずして英米兩系《えいべいりようけい》の猶太人《ゆだやじん》の謂《いい》なり、否《しか》らずんば彼《かれ》の言論《げんろん》は不徹底《ふてつてい》なり、見《み》よ彼《かれ》は前半《ぜんはん》に於《お》いて英米《えいべい》を一國《いつこく》の如《ごと》く思《おも》はしめ、後半《こうはん》に於《お》いて兩國《りようこく》の同盟《どうめい》は不可能《ふかのう》なるが如《ごと》き口吻《こうふん》を洩《も》らせり。）

○勞働黨政府《ろうどうとうせいふ》は、若《も》し米國《べいこく》の方《ほう》で我等《われら》と離《はな》れるやうな態度《たいど》を取《と》れば、それを災難《さいなん》と見《み》なさうが、勞働《ろうどう》黨政府《とうせいふ》はソンナ事位《ことくらい》で納《おさ》まつては居《い》ないで、其以上《それいじよう》にグン〳〵進《すす》んで行《い》くだらう。といふのは勞働《ろうどう》黨政府《とうせいふ》は我等《われら》の世界政策《せかいせいさく》である平和《へいわ》、改造《かいぞう》、民主主義的發展《みんしゆしゆぎてきはつてん》、自由等《じゆうなど》の問題《もんだい》を米國《べいこく》の精神《せいしん》や諸目的《しよもくてき》に本質的《ほんしつてき》に同種《どうしゆ》のものと考《かんが》へて居《い》るのである、從《したが》つて米國《べいこく》は我等《われら》の仕事《しごと》に於《お》いて我等《われら》に與《あた》へうる援助《えんじよ》を差控《さしひか》へやうとする事《こと》はトテモ出來《でき》なくないわけである。

（後章《こうしょう》「米國《べいこく》の正體《しょうたい》」を一讀《いちどく》あれば彼《かれ》の腹底《ふくてい》明《あきら》かに見《み》ゆべし）

○米國《べいこく》の困《こま》つて居《い》る諸問題《しょもんだい》は我等《われら》は心得《こころえ》て居《い》る、米國《べいこく》の猜疑《さいぎ》の數《かず》を我等《われら》は尊敬《そんけい》して居《い》る。わが英國《えいこく》を訪《おとず》れた米人諸君《べいじんしょくん》は心中《しんちゅう》に多《おお》くの頗《すこぶ》る不快《ふかい》な記憶《きおく》を抱《いだ》いて大西洋《たいせいよう》の彼方《かなた》へ歸《かえ》つて行《い》つたのである。彼《かれ》等《ら》の歐羅巴《よーろつぱ》と我等《われら》とに對《たい》する考《かんがえ》は友誼的《ゆうぎてき》どころぢやなかつた、そして彼等《かれら》は彼等《かれら》が建設《けんせつ》にありつたけの力《ちから》を盡《つく》したアノ强國《きょうこく》をして歐羅巴《よーろつぱ》の何《いず》れの强國《きょうこく》の從屬國《じゅうぞくこく》となることも、歐羅巴政策《よーろつぱせいさく》の外交上《がいこうじょう》の紛糾《ふんきゅう》や國家主義者《こつかしゅぎしゃ》の野心《やしん》に紛《まぎ》れ込《こ》むことも默《だま》つて見《み》て居《い》るやうな意志《いし》は毛頭《もうとう》も有つて居《い》ないのである、何人《なんびと》が彼等《かれら》を責《せ》めることが出來《でき》るか。彼等《かれら》の孤立《こりつ》に對《たい》して優《すぐ》れたる審判官《しんぱんかん》たり、檢閱者《けんえつしや》たりうるやうに我等《われら》を資格《しかく》つけてくれるものが果《はた》して我等《われら》の記錄《きろく》の中《なか》にあるか。

（彼若《かれも》し英國人《えいこくじん》ならば斯《かか》る放言《ほうげん》は爲《な》し得《え》ざる筈《はず》なり、ヨシ米國《べいこく》に對《たい》する巧言《こうげん》なりとするも餘《あま》りに國《こく》史《し》は辱《はずかし》めたる放言《ほうげん》なり）

○英國《えいこく》の勞働黨《ろうどうとう》は新《あらた》に自由《じゆう》に乘《の》り出《だ》して來《き》たのである。英國勞働黨《えいこくろうどうとう》が其運命《そのうんめい》を開拓《かいたく》する上《うえ》に於《お》いて如《い》何《か》なる誤《あやま》りをしてるにもせよ、過去《かこ》に對《たい》しては責任《せきにん》が無《な》いのである。就中英國勞働黨《なかんずくえいこくろうどうとう》は將來《しょうらい》に對《たい》して我等《われら》が新規蒔《しんきま》き直《なお》しの外交手段《がいこうしゅだん》、平和《へいわ》と正義《せいぎ》に對《たい》する新《あらた》なる勇氣《ゆうき》、國家的個人的自由《こつかてきこじんてきじゆう》の新《あた》らしき信《しん》念《ねん》、民主主義《みんしゅしゅぎ》に於《お》ける新《あらた》なる活動力《かつどうりよく》を要《よう》することを全《まつた》く明《あきらか》かに知《し》つて居《い》るのである。勞働黨《ろうどうとう》が政權《せいけん》を握《にぎ》れば勞働黨《ろうどうとう》は或過去《あるかこ》を承《う》け繼《つ》ぐことにならう。然《しか》し勞働黨《ろうどうとう》は凡《すべ》ての事《こと》を更《さら》に始《はじ》めからやり直《なお》す事《こと》が出來《でき》ると思《おも》ふ子供《こども》のやな虚榮心《きよえいしん》を有《も》つて政治《せいじ》を始《はじ》めるやうなことをしない。全然豫想《ぜんぜんよそう》に反《はん》した印《いん》象《しよう》の凡《すべ》てと云《い》つたら恐怖《きようふ》に由《よ》つて選擧者《せんきよしや》をドット逃《に》げだすやうに政敵諸君《せいてきしよくん》に由《よ》つて案出《あんしゆつ》された黨派《とうは》的手段方法《てきしゆだんほうほう》に外《ほか》ならない。

(「勞働黨《ろうどうとう》が政權《せいけん》を握《にぎ》れば或過去《あるかこ》を承《う》け繼《つ》ぐことにならう」とは抑《そもそ》も何《なに》を意味《いみ》するや、或過去《あるかこ》とはクロンエウル時代《じだい》なる事《こと》明《あきら》かならずや、換言《かんげん》すれば帝國《ていこく》を覆《くつが》へして共和國《きようわこく》となす事《こと》なり、而《しか》して之《こ》れ勞働黨《ろうどうとう》の眞目的《しんもくてき》なるなり)

○我等《われら》は我等《われら》が考《かんが》へて世界《せかい》の將來《しようらい》は斯《こ》うでなくてはならないといふことに就《つい》ては、我等《われら》の政策《せいさく》を考《こう》案《あん》するであらう。米國《べいこく》が遠隔《えんかく》の地《ち》にあると云《い》ふことが米國《べいこく》を傍觀者《ぼうかんしや》にしたのであつて、我《わ》が勞働黨《ろうどうとう》が營々《えいえい》として保持《ほじ》して來《き》た民主主義支配《みんしゆしゆぎしはい》と民主主義的目的《みんしゆしゆぎてきもくてき》との思想《しそう》(わが黨《とう》は其等《それら》の思想《しそう》に基《もと》いて今次《こんじ》の總選擧《そうせんきよ》に大勝《たいしよう》を博《はく》したのであつた)は我黨《わがとう》をして他何《ほかいず》れの政黨《せいとう》よりも明白《めいはく》に米國《べいこく》の見地《けんち》を見《み》ることを得《え》せしめるのであつて、我黨《わがとう》が紛糾混亂《ふんきゆうこんらん》の中《なか》にありながら他黨《たとう》と離《はな》れて米國式客觀的立場《べいこくしききやつかんてきたちば》から米國《べいこく》の孤立《こりつ》を眺《なが》めることが出來《でき》たのも亦其等《またそれら》の思想《しそう》の爲《た》めに他《ほか》ならないのである。

(國家本位《こつかほんい》なるべき政黨《せいとう》が、他國《たこく》の政黨《せいとう》と提携《ていけい》しつゝ、自國内《じこくない》の政黨《せいとう》を敵視《てきし》するが如《ごと》きは噫《ああ》之《こ》れ何《なん》の兆《きざし》ぞ)

○英國《えいこく》が米國《べいこく》と同盟《どうめい》をするなんど云《い》ふことは愚《おろ》かしい危險《きけん》なことで米國《べいこく》の好意《こうい》と助力《じよりよく》とを夢想《むそう》する

ことは、米國《べいこく》の東部西部《とうぶせいぶ》に於《お》ける最良《さいりよう》の分子《ぶんし》が好意《こうい》を以《もつ》て迎《むか》へねばならぬ、或政策《あるせいさく》を正直《しようじき》に公平《こうへい》に遂行《すいこう》する如何《いか》なる政府《せいふ》に取《と》つても當然《とうぜん》である。そして之《これ》が抑《そもそ》も我英國勞働黨《わがえいこくろうどうとう》の確信《かくしん》である。

○勞働黨政府《ろうどうとうせいふ》の樞要《すうよう》なる目的《もくてき》は軍國主義《ぐんこくしゆぎ》を唯一個《ただいつこ》の組織《そしき》としてのみでなく一個《いつこ》のトラストとしても全然成立《ぜんせいりつ》させないで、軍國主義《ぐんこくしゆぎ》の代《かわ》りに法乃至和解及衡平《ほうないしわかいおよびこうへい》の一《ひと》つのオルガニゼイションを設《もう》けることである。

（到底實現《とうていじつげん》しうべからざる斯《かか》る空想《くうそう》を標榜《ひようぼう》して多數《たすう》を惑《まど》はし、以《もつ》て國家破壞《こつかはかい》に利用《りよう》せんとするに注意《ちゆうい》せよ、尚《な》ほ此邊《このへん》の消息《しようそく》は拙著《せつちよ》「猶太民族《ゆだやみんぞく》の大陰謀《だいいんぼう》」中《ちゆう》の附録《ふろく》を參照《さんしよう》あれ）

○又勞働黨政府《またろうどうとうせいふ》は從來《じゆうらい》の舊式《きゆうしき》卽《すなわ》ち國民《こくみん》の多數《たすう》に情報《じようほう》を與《あた》へることを控《ひか》へ、國民《こくみん》の多數《たすう》に何等相談《なんらそうだん》することなしに彼等《かれら》に依《よ》つて行動《こうどう》するが如《ごと》き所謂祕密外交《いわゆるひみつがいこう》をも打破《だは》するであらう。

（主義《しゆぎ》としては可《か》なるも實行不可能《じつこうふかのう》なり、借問《しやもん》す米國《べいこく》の外交如何《がいこういかん》）

○これまで米國《べいこく》は常《つね》に快《こころよ》く歐羅巴《よーろつぱ》を助《たす》け一般人類《いつぱんじんるい》の進歩《しんぽ》に參與《さんよ》して來《き》たのであつた。そして米國《べいこく》は其助力《そのじよりよく》が有效《ゆうこう》であり、たゞに歐羅巴諸國民《よーろつぱしよこくみん》をして一《ひと》つの混亂《こんらん》から救《すく》ひ出《だ》すばかりでなく、紛糾混亂《ふんきゆうこんらん》から他國民《たこくみん》を救助《きゆうじよ》するよりも寧《むし》ろ米國自身《べいこくじしん》を混《こ》み合《あわ》せない、といふことに對《たい》して保證《ほしよう》を求《もと》めたのであつた勞働黨政府《ろうどうとうせいふ》の政策《せいさく》は、米國《べいこく》の協同《きようどう》に對《たい》する凡《すべ》ての障碍《しようがい》を排除《はいじよ》することにある、從《したが》つて米國《べいこく》が盡《つく》し得《え》る範圍《はんい》に於《お》いて、世界《せかい》の廣汎《こうはん》なる道德的政治的諸問題《どうとくてきせいじてきしよもんだい》の解決《かいけつ》に米國《べいこく》が參加《さんか》することが容易《ようい》にされるわけである。

（「一般人類《いっぱんじんるい》」を「猶太民族《ゆだやみんぞく》」と改《あらた》めて讀《よ》むべし、モンロー主義《しゅぎ》其他《そのた》につきては「米國《べいこく》の正體《しょうたい》」に詳述《しょうじゅつ》せり）

○勞働黨政府《ろうどうとうせいふ》の貿易財政政策《ぼうえきざいせいせいさく》は米國《べいこく》との協同《きょうどう》を不可能《ふかのう》ならしむるであらうといふものがある、又近頃《またちかごろ》この英國《えいこく》にもチョイ〳〵現《あら》はれる一種《いっしゅ》のファスシスチ仲間諸君《なかましょくん》が、勞働黨政府《ろうどうとうせいふ》が出來《でき》ると彼等《かれら》が惡夢《あくむ》に見《み》る過激派《かげきは》の行動《こうどう》が伴《ともな》ふといふ理由《りゆう》で、米國《べいこく》は我等《われら》に對《たい》して食料封鎖《しょくりょうふうさ》を課《か》することになるとさへ云《い》ふものを屢々耳《しばしばみみ》にするのである。

（勞働黨《ろうどうとう》といふも勞働者本位《ろうどうしゃほんい》に非《あら》ずして猶太主義本位《ゆだやしゅぎほんい》なり、過激派《かげきは》の行動《こうどう》が之《これ》に附隨《ふずい》するは當然《とうぜん》の事《こと》にして疑《うたが》ふべき餘地《よち》なきものなり、我國《わがくに》に於《お》いても勞働黨《ろうどうとう》なるもの少《すこ》しく擡頭《たいとう》し來《きた》れるが切《せつ》に爲《い》政者《せいしゃ》の愼慮《しんりょ》を望《のぞ》む）

○如何《いか》なる政黨《せいとう》と雖《いえど》も、我勞働黨以上《わがろうどうとういじょう》の用心深《ようじんぶか》い注意《ちゅうい》を以《もっ》て國際的信義《こくさいてきしんぎ》を履行《りこう》するものはない、我勞働黨産業及政治《わがろうどうとうさんぎょうおよびせいじ》の兩方面《りょうほうめん》に立《た》つ責任《せきにん》ある領袖諸君《りょうしゅうしょくん》は、是迄度々《これまでたびたび》「協約《きょうやく》は何《なん》といつても協約《きょうやく》である」といふことを示《しめ》して來《き》て居《い》る。

（如何《いか》なる政黨《せいとう》も國家本位《こっかほんい》にあるべきものなるが故《ゆえ》に、國際的信義《こくさいてきしんぎ》を云々《うんぬん》する必要《ひつよう》なきも、國家本位《こっかほんい》ならざる團體《だんたい》は國際的信義《こくさいてきしんぎ》を云々《うんぬん》するものなり、故《ゆえ》に勞働黨《ろうどうとう》は彼《かれ》の自白《じはく》の如《ごと》く國際的信義《こくさいてきしんぎ》に如何《いか》に濃厚《のうこう》なるも、國家的信義《こつかてきしんぎ》を無視《むし》し居《お》るものといふべし)。

○我等《われら》の勞働運動《ろうどううんどう》は未《いま》だミレニヤム卽《すなわ》ち黃金時代《おうごんじだい》に到達《とうたつ》する近道《ちかみち》を取《と》らうとした試《ため》しがない、若《も》しソンナ事《こと》があつたとすれば彼《かれ》のロシヤに於《お》ける實例《じつれい》は其病《そのやまい》を癒《いや》しくれた筈《はず》だ。現政府《げんせいふ》の薄弱《はくじやく》なる政策《せいさく》は我英國民全體《わがえいこくみんぜんたい》のために政治《せいじ》を行《おこな》はんとする勞働政府《ろうどうせいふ》の內政《ないせい》よりも慥《たし》かに遙《はる》かに脅威《きようい》の多《おお》いものである。

(殆《ほと》んど革命《かくめい》に類《るい》する石炭及鐵道大罷業《せきたんおよびてつどうだいひぎよう》を試《こころ》みて失敗《しつぱい》せる事《こと》を忘《わす》れたるか、彼《かれ》の所謂近道《いわゆるちかみち》とは革命《かくめい》ならんが、勞働黨《ろうどうとう》の赤色《あかいろ》は革命《かくめい》なる事何人《ことなんびと》も知《し》る所《ところ》、但《ただ》し時機到來《じきとうらい》するまでは其色必《そのいろかなら》ずしも眞紅《しんく》にあらざるは言《い》ふまでもなき事《こと》なり、元來勞働黨《がんらいろうどうとう》は勞働者《ろうどうしや》の自覺《じかく》に由《よ》りて成《な》りたるものに非《あら》ずして、勞働仲買《ろうどうなかがい》を利用《りよう》して勞働者《ろうどうしや》を煽動《せんどう》せしめたる猶太人《ゆだやじん》の計略《けいりやく》なる事《こと》を忘《わす》るべからず、而《しか》して勞働運動《ろうどううんどう》なるものはドコまで延長《えんちよう》せらるべきものかを徹底的《てつていてき》に探究《たんきゆう》するを要《よう》す)

○勞働黨政府《ろうどうとうせいふ》の到來《とうらい》は遠《とお》からず世界《せかい》の政治的事件《せいじてきじけん》に於《お》いて平和《へいわ》と自由《じゆう》と正義《せいぎ》の量《りよう》を增《ま》すべく米國《べいこく》と我等《われら》との協同《きようどう》する機會《きかい》を大《おお》いに增進《ぞうしん》せずには置《お》かぬものであつて、萬一《まんいち》この期待《きたい》が實行《じつこう》されないと云《い》ふことになれば、其《それ》は勞働黨《ろうどうとう》が最《もつと》も永《なが》く抱《いだ》いて居《い》た夢想宿願《むそうしゆくがん》の一《ひと》つの失敗《しつぱい》と云《い》ふべきであらう。

(讀者《どくしや》よ、制目《せいもく》せよ、英國勞働黨《えいこくろうどうとう》は常《つね》に米國《べいこく》と協同《きようどう》せんことを求《もと》めて止《や》まざるは抑《そもそ》も何《なに》を語《かた》るものぞ、米國《べいこく》は英國《えいこく》に取《と》りて世界中最《せかいじゆうもつと》も惡《にく》むべき筈《はず》の國《くに》なり、苟《いやしく》も英國觀念《えいこくかんねん》の有《あ》らん限《かぎ》り其國民《そのこくみん》は米國《べいこく》を敵視《てきし》すべき筈《はず》なり、然《しか》るに英國若《えいこくも》し勞働黨《ろうどうとう》の天下《てんか》とならば世界政策《せかいせいさく》に於《お》いて協同《きようどう》すべしといふ之《こ》れ猶太人《ゆだやじん》の常《つね》に夢想《むそう》し居《い》る事《こと》にして、換言《かんげん》すれば英國《えいこく》は米國《べいこく》に從屬《じゆうぞく》するか、或《あるい》は英米兩《えいべいりよう》國一《こくいち》となりて猶太人《ゆだやじん》に支配《しはい》さるゝかの一《いち》たらざるを得《え》ざるなり、ア、英國《えいこく》は已《すで》に英國人《えいこくじん》の英國《えいこく》に非《あら》ざること誰《だれ》か又疑《またうたが》はんや）。

○「英國《えいこく》では歐羅巴大陸《よーろつぱたいりく》を見放《みはな》すべきか」といふのが第二《だいに》の質問《しつもん》であるが、私《わたし》は英國《えいこく》の孤立《こりつ》について云《い》ふべきことがウンとある、そして私《わたし》は一般的《いつぱんてき》な抽象的《ちゆうしようてき》な意味《いみ》で、我等《われら》が大陸政策《たいりくせいさく》に掛《かか》り合《あ》ひすることが尠《すく》なければ尠《すくな》いだけ善《よ》い、といふ説《せつ》に心《こころ》から賛成《さんせい》するものである。抽象的《ちゆうしようてき》な答《こたえ》は然《しか》しながら、完全《かんぜん》な答《こたえ》ではない。それは精一杯《せいいつぱい》なところで孤立《こりつ》といふ狀態《じようたい》の色《いろ》んな必要《ひつよう》が如何《いか》なる程度《ていど》まで我等《われら》をして其《それ》を政變《せいへん》し、整理《せいり》し或《あるい》は展開《てんかい》する過渡政策《かとせいさく》を餘儀《よぎ》なくさせるかといふ考究《こうきゆう》を開始《かいし》する或立場《あるたちば》を設定《せつてい》することに過《す》ぎないのである。

（敵國亡《てきこくほろ》びて謀臣斬《ぼうしんき》らるとは實《じつ》に今日《こんにち》の英國《えいこく》を形容《けいよう》するものにして、パレステナ奪還成《だつかんな》るや猶太人《ゆだやじん》は英國《えいこく》をして米國《べいこく》の屬國《ぞつこく》たらしめんとす、否《いな》、エングランドに其國土《そのこくど》を縮少《しゆくしよう》せしめんとす、而《しか》して斯《かか》る陰謀《いんぼう》を藏《ぞう》する勞働黨《ろうどうとう》は今日英國《こんにちえいこく》の多數黨《たすうとう》となりたるなり、英國《えいこく》の前途《ぜんと》亦危《またあやう》い哉《かな》）

○各國民《かくこくみん》が馬鹿《ばか》〳〵しくも國防《こくぼう》のために軍備《ぐんび》の必要《ひつよう》なることを信《しん》じて居《い》る間《あいだ》は、彼等《かれら》は恆《つね》に危險《きけん》なる狀態《じようたい》に殘《のこ》らねばならない、何故《なにゆえ》かといふに、攻擊《こうげき》と防禦《ぼうぎよ》の武器《ぶき》の間《あいだ》に何等《なんら》の差異《さい》が無《な》いからである、従《したが》つてソンナ風《ふう》では平和《へいわ》は決《けつ》して得《え》られないで、假《か》りに我等《われら》が大陸政策《たいりくせいさく》の凡《すべ》てに對《たい》して盲目《もうもく》で居《い》ようと腹《はら》を決《き》めても、我等《われら》は大陸《たいりく》の軍備問題《ぐんびもんだい》に對《たい》して無關心《むかんしん》では居《い》ることが出來《でき》ないのである、それで我等《われら》は希望《きぼう》すると否《いな》とに關《かか》はらず大同盟《だいどうめい》へと追《お》つ立《た》てられることになる。

（國防《こくぼう》は一家《いつか》の戸締《とじまり》と同《おな》じきものなり、國境《こつきよう》なくば國防《こくぼう》なく又軍備《またぐんび》の必要《ひつよう》なきものなれど、國境《こつきよう》あらん限《かぎ》り國防《こくぼう》なかるべからず、但《ただ》し猶太人《ゆだやじん》の如《ごと》く亡國民《ぼうこくみん》は勝手《かつて》に軍備無用《ぐんびむよう》を唱《とな》へうるのみならず、軍備《ぐんび》を撤癈《てつぱい》する事《こと》は彼等《かれら》に取《と》りて非常《ひじよう》に好都合《こうつごう》なるものなり、故《ゆえ》に彼等《かれら》は人道平和自由《じんどうへいわじゆう》などの標榜《ひようぼう》の下《もと》に軍備廢止《ぐんびはいし》を唱《とな》へしめたるものにして、軍備廢止《ぐんびはいし》せらるれば直《ただ》ちに戰爭《せんそう》は其跡《そのあと》を絶《た》ちて平和《へいわ》成《な》るべしと思《おも》ふが如《ごと》きは餘《あま》りに稚見《ちけん》なり、干戈《かんか》に訴《うつた》へざる戰爭《せんそう》は寧《むし》ろ惡性《あくせい》の戰禍《せんか》を釀《かも》するものにして、戰爭廢止《せんそうはいし》を唱《とな》ふるが如《ごと》きは癡人《ちじん》の夢《ゆめ》か、否《しか》らざれば世界《せかい》を一層險惡《いつそうけんあく》に陷《おとしい》れんとする猶太人《ゆだやじん》の計略《けいりやく》に外《ほか》ならざるなり、而《しか》して彼等《かれら》が主張《しゆちよう》する非戰論《ひせんろん》も、亦時《またとき》に由《よ》りて主戰論《しゆせんろん》も其落《そのおちい》行く所《ところ》は大同盟是《だいどうめいこれ》なり、國際聯盟《こくさいれんめい》の如《ごと》き然《しか》り而《しか》して此大同盟《このだいどうめい》なるものは即《すなわ》ち超國家《ちようこつか》、超政府《ちようせいふ》にして猶太人《ゆだやじん》に由《よ》りて支配《しはい》せらるゝものに外《ほか》ならざるなり、ア、愚《おろ》かなる國《くに》と民《たみ》とは斯《か》くの如《ごと》く誘《さそ》はれて遂《つい》に敵《てき》の術中《じゆつちゆう》に陷《おちい》り其國《そのくに》を亡《ほろ》ぼすなり）

○世界《せかい》が武裝《ぶそう》して居《い》る限《かぎ》りは、英國軍事政策《えいこくぐんじせいさく》の彼《かれ》の單純《たんじゆん》で傳統的《でんとうてき》な決定的諸目的《けつていてきしよもくてき》はいつまでも活々《いきいき》として殘《のこ》るであらう。何《いず》れか一《ひと》つの或強國《あるきようこく》が大陸《たいりく》に勢力《せいりよく》を振《ふる》ふことが出來《でき》るとなると我等《われら》は安心《あんしん》して居《い》ることが出來《でき》ないわけで、從《したが》つて我等《われら》は均勢政策《きんせいせいさく》に興味《きょうみ》を持《も》ち續《つづ》けることになるのである。

（斯《かく》の如《ごと》きは英國人《えいこくじん》の口《くち》より常識《じょうしき》と公德《こうとく》とを持《も》つては言《い》ひうべきものに非《あら》ず、世界《せかい》を武裝《ぶそう》せしたるは抑《そもそ》も何國《なんこく》ぞ、大陸否世界《たいりくひせかい》に勢力《せいりょく》を振《ふる》ふ國《くに》は英國《えいこく》に非《あら》ざりしか、何《な》んぞ其言《そのげん》の矛盾《むじゅん》極《きわ》まるかな、均勢政策《きんせいせいさく》の如《ごと》きは英國政治家《えいこくせいじか》の言《い》ふべきものに非《あら》ず）

○歐羅巴《よーろつぱ》の現狀《げんじょう》に對《たい》して、我等《われら》も亦仲間《またなかま》の一員《いちいん》として責任《せきにん》があるのである。何《なに》は兎《と》もあれ、勝《か》つてさへ仕舞《しま》へば後《あと》は野《の》となれ、山《やま》となれ主義《しゅぎ》で行《い》くと云《い》つた期待《きたい》は品《ひん》のいゝ考《かんがえ》への行《ゆ》き屆《とど》いた、そして如才《じょさい》のない英國國民《えいこくこくみん》の偉大《いだい》なる集團《しゅうだん》に取《と》つては慥《たし》かにトテモ出來《でき》ない事《こと》であらねばならぬ、我等《われら》は我等《われら》の政策《せいさく》を變《か》へるのが當然《とうぜん》の義務《ぎむ》であるが、我等《われら》の義理恩義《ぎりおんぎ》もかなぐり捨《す》てて懸《かか》る義務《ぎむ》は無《な》いのである。

○かるが故《ゆえ》に我等《われら》は歐州大陸《おうしゅうたいりく》を打《う》ち棄《す》て丶獨《ひと》りでは始末《しまつ》させて置《お》くことが出來《でき》ないのである。歐州《おうしゅう》大陸《たいりく》は啻《た》だ其自身《そのじしん》の面胴《めんどう》を見《み》るばかりでなく、我等《われら》の面胴《めんどう》まで見《み》てくれるのである。我等《われら》は歐州大《おうしゅうたい》陸《りく》をして再《ふたた》び起《お》き上《あが》ることが出來《でき》るやうに手助《てだすけ》をしてやる義務《ぎむ》がある、とりわけ諸國民間《しょこくみんかん》の關係《かんけい》の發《はっ》展《てん》――卽《すなわ》ち人類的《じんるいてき》な經濟的《けいざいてき》な政治的《せいじてき》な――は日々隣人《ひびりんじん》らしき感情《かんじょう》と協力《きょうりょく》の感情《かんじょう》とを強《つよ》めて來《き》て居《い》るのである。我等國際聯盟《われらこくさいれんめい》の中《なか》に我等《われら》の歐羅巴《よーろつぱ》との接觸《せつしょく》の焦點《しょうてん》を見出《みいだ》さなくてはならない。

○我等《われら》は又部分的《またぶぶんてき》な同盟《どうめい》を決《けつ》してはならない。我等《われら》は又或特別《またあるとくべつ》な種類《しゅるい》の保證《ほしょう》といふものを與《あた》へてはならない、要《よう》するに我等《われら》は最早國際聯盟《もはやこくさいれんめい》なるものを袖手傍觀《しゅうしゅぼうかん》し、併《しか》も勝者達《しょうしゃたち》の決議《けつぎ》に權威《けんい》を與《あた》へんがために招《まね》いた他《ほか》の諸國民《しょこくみん》と共《とも》に、勝者《しょうしゃ》の或執行委員《あるしっこういいん》と見《み》なしてならないのである。けれ共國際聯盟《どもこくさいれんめい》が凡《すべ》ての主《おも》なる諸國民《しょこくみん》の信任《しんにん》を得《え》て仕舞《しま》ふまでは我等《われら》は國際聯盟信者《こくさいれんめいしんじゃ》どもの單《たん》なるお先《さ》きに使《つか》はるゝ者《もの》になつてならない、國際聯盟《こくさいれんめい》を通《つう》じての外何事《ほかなにごと》をも爲《な》してはならぬ。

（「嘘《うそ》つけぬものは政治家《せいじか》になるな」といふ訓諺《くんげん》ありとはいへ、斯《か》くまで二枚三枚舌《にまいさんまいじた》を使《つか》ふものが多數黨《たすうとう》の首領《しゅりょう》なりといふに至《いた》つては余《よ》は政黨《せいとう》なるものを如何《いか》にしても信《しん》ずる能《あた》はざるなり、以上《いじょう》の言論何處《げんろんどこ》に誠意《せいい》ありや、單《たん》に之《こ》れ言論《げんろん》の曲藝《きょくげい》なり、彼《かれ》は少《すこ》しも英國民《えいこくみん》の立場《たちば》に立《た》ち居《お》らずして米國人《べいこくじん》の立場《たちば》に立《た》ち居《い》るなり、否猶太人《いなゆだやじん》の立場《たちば》に立《た》ち居《い》るなり、米國大統領《べいこくだいとうりょう》ウイルソンを陣頭《じんとう》に立《た》たしめ、英國政府《えいこくせいふ》と相策應《あいさくおう》せしめて國際聯盟《こくさいれんめい》なるものを構成《こうせい》せしめたるは誰《だれ》ぞ、猶太人《ゆだやじん》に非《あら》ずや、英國勞働黨《えいこくろうどうとう》に非《あら》ずや、而《しか》して當時《とうじ》マクドナルドの名未《ないま》だ今日《こんにち》の如《ごと》くならざりしとはいへ、彼《かれ》はシオン運動《うんどう》の饒將《ぎょうしょう》として勞働黨《ろうどうとう》の饒將《ぎょうしょう》として二重《にじゅう》に國際聯盟構成《こくさいれんめいこうせい》に責任《せきにん》あるものなり、然《しか》るに國際聯盟《こくさいれんめい》成《な》りパレステナ奪還成《だつかんな》るや、自己等《じこなど》を國際聯盟《こくさいれんめい》の圏外第三者《けんがいだいさんしゃ》の地位《ちい》に置《お》きて、而《しか》も義務《ぎむ》を去《さ》り權利《けんり》を主張《しゅちょう》すること米國《べいこく》と同一《どういつ》なり、而《しか》して國際聯盟《こくさいれんめい》が凡《すべ》ての主《おも》なる諸國民《しょこくみん》の信任《しんにん》を得《え》るまでは云々《うんぬん》といへるが主唱者《しゅしょうしゃ》の米國第一《べいこくだいいち》に之《これ》を信任《しんにん》し居《お》らざるなり、要《よう》するに彼《かれ》の意志《いし》は米國《べいこく》が國際聯盟主《こくさいれんめいしゅ》たる時《とき》を理想《りそう》し居《い》るものにして彼《かれ》の眼中米國《がんちゅうべいこく》ありて英國《えいこく》なし、而《しか》も國際聯盟《こくさいれんめい》と我等《われら》の接觸《せっしょく》の焦點《しょうてん》を見出《みいだ》さゞるべからずと言《い》ひ、又《また》國際聯盟《こくさいれんめい》を通《つう》じての外《ほか》何事《なにごと》をも爲《な》すべからずといふが如《ごと》き一々《いちいち》猶太人《ゆだやじん》の言草《いいぐさ》なり、斷《だん》じて英國政治家《えいこくせいじか》の言論《げんろん》に非《あら》ず）

○英國《えいこく》の利害關係《りがいかんけい》が歐州大陸《おうしゅうたいりく》の諸狀態《しょじょうたい》と分離《ぶんり》し得《え》ないことは、尚《な》ほ歐州大陸《おうしゅうたいりく》の利害關係《りがいかんけい》が世界《せかい》の諸狀態《しょじょうたい》と分離《ぶんり》し得《え》ないと全《まつた》く同《おな》じである。我等《われら》は獨逸《どいつ》に對《たい》する責任《せきにん》に屁垂《へた》れてはならぬ。我等《われら》は獨《ど》逸國民《いっこくみん》が全《まつた》く挫《くじ》かれないで、奴隷《どれい》にされないで、然《しか》も非人扱《ひにんあつか》ひにされないやうに見守《みまも》らなければならぬ、如何《いかん》となれば斯《かか》る事《こと》は歐羅巴《よーろつぱ》に取《と》つて間違《まちが》つて居《い》ると共《とも》に一《ひと》つの危難《きなん》となるからである。併《しか》も此事《このこと》たるや政治上《せいじじょう》と經濟上《けいざいじょう》との兩政策《りょうせいさく》を込《こ》み入《い》らせて居《い》るのである。

○加《くわ》ふるに我等《われら》は大戰《たいせん》に依《よ》つて新《あら》たに造《つく》られたる小國《しょうこく》を見守《みまも》らなければならぬ。それらの小國《しょうこく》も亦《また》、我等《われら》が看過《かんか》し得《え》ない政治上《せいじじょう》（或《あるい》は人種上《じんしゅじょう》）經濟上《けいざいじょう》の諸問題《しょもんだい》を惹《ひ》き起《おこ》すのである。

（殺《ころ》さず生《い》かさず、卽《すなわ》ち半殺《はんごろ》しは猶太人《ゆだやじん》の常套手殺《じょうとうしゅさつ》にして對獨政策《たいどくせいさく》亦然《またしか》り、彼《かれ》は戰亂《せんらん》の絶《た》えざらんことを欲《ほつ》し常《つね》に萬事《ばんじ》に此手段《このしゅだん》を執《と》り居《い》るなり、新《あら》たに造《つく》られたる小國《しょうこく》は數少《かずすこ》しとせざるも彼《かれ》の謂《い》へるはパレステナなりと知《し》るべし）

○萬事《ばんじ》は我等《われら》が正統《せいとう》なる興味《きょうみ》を如何《いか》に示《しめ》すかに由《よ》るのである。若《も》し舊式《きゅうしき》に同盟《どうめい》に依《よ》るか、祕密外交《ひみつがいこう》で取《と》り極《き》められた協約《きょうやく》に依《よ》るか、或《あるい》は又敵同志《またてきどうし》の組成《そせい》に依《よ》るとすると、其時《そのとき》こそ戰爭《せんそう》は相次《あいつ》いで起《おこ》つて來《き》て、結局我等《けつきょくわれら》は孤立《こりつ》の主義《しゅぎ》を採《と》つて其《それ》も出來《でき》るだけ利用《りよう》する方《ほう》が善《よ》いことになる。

（何《なん》のための國際聯盟《こくさいれんめい》ぞ、最後《さいご》の一句《いっく》猶太人《ゆだやじん》の政策丸出《せいさくまるだ》しなり）

○私《わたし》が聞《き》かれた第三《だいさん》の質問《しつもん》は國際交易《こくさいこうえき》と財政《ざいせい》に關係《かんけい》して居《い》る、ところで此國際交易《このこくさいこうえき》と財政《ざいせい》の問題《もんだい》は勞働黨政府《ろうどうとうせいふ》が乘《の》り上《あ》げて難破《なんぱ》するべく運命《うんめい》づけられて居《い》る岩礁《がんしょう》となるのが頗《すこぶ》る自然《しぜん》であるかの如《ごと》く批評家諸君《ひひょうかしょくん》の演說《えんぜつ》に見《み》へるのである。

○外國貿易《がいこくぼうえき》と國際信用《こくさいしんよう》の組織《そしき》は現在《げんざい》の手段《しゅだん》と餘《あま》り異《こと》なる所《ところ》のない手段方法《しゅだんほうほう》に依《よ》つてのみ續行《ぞっこう》されうるものである、といふ臆說《おくせつ》は、此問題《このもんだい》に拘束《こうそく》されず批判的《ひはんてき》に研究《けんきゅう》する人《ひと》に取《と》つては全然馬鹿《ぜんぜんばか》〳〵しく思《おも》はれるに違《ちが》ひない。現在《げんざい》の手段方法《しゅだんほうほう》の成功《せいこう》の程度《ていど》は何《ど》うであらうと、生產《せいさん》に對《たい》して不經濟《ふけいざい》であり、結果《けっか》に於《お》て不確定《ふかくてい》であり、常《つね》に買《か》ひ占《し》めをやる者《もの》どもや、恐慌《きょうこう》や其他《そのた》のものに依《よ》つてヒツクリ返《かへ》され易《やす》く、念入《ねんい》りに企《たく》らんだゴマ化《か》して頻繁《ひんぱん》に亂《みだ》されるのである、諸取引《しょとりひき》は譯《わけ》なく狂《くる》はされる微妙《びみょう》極《きわ》まる機制體《きせいたい》で行《おこな》はれるのだから少數《しょうすう》の有力《ゆうりょく》な人間《にんげん》で支配《しはい》されるのである。

（猶太人《ゆだやじん》の經濟的威力《けいざいてきいりょく》を告白《こくはく》せるもの、少數《しょうすう》な有力《ゆうりょく》な人間《にんげん》とは猶太人《ゆだやじん》の事《こと》なり）

○然《しか》し勞働黨政府《ろうどうとうせいふ》は、例《たと》へ紙上《しじょう》の辯明《べんめい》が立派《りっぱ》でも不必要《ふひつよう》な紛議紛擾《ふんぎふんじょう》を惹《ひ》き起《おこ》すやうな單《たん》なる氣《き》まぐれ放肆《ほうし》な干涉《かんしょう》なんか決《けっ》して考《かんが》へつかないだらう。全然反對《ぜんぜんはんたい》の說《せつ》があるにも係《かか》はらず現在《げんざい》の不規則《ふきそく》で、而《しか》も社會全體《しゃかいぜんたい》の見地《けんち》から見《み》て組織立《そしきだ》つて居《い》ない企業組織《きぎょうそしき》よりも遙《はる》かに大《おお》きい利益《りえき》を生產者《せいさんしゃ》と消費者《しょうひしゃ》の全世界《ぜんせかい》に生《しょう》ずる諸狀態《しょじょうたい》のもとに外國貿易《がいこくぼうえき》をやつて行《い》く上《うえ》に於《お》いて何等特別《なんらとくべつ》の困難《こんなん》が存在《そんざい》するわけがないのである。信用債権《しんようさいけん》は交易《こうえき》――正直《しょうじき》なる交易《こうえき》に依《よ》つて出来《でき》る、そして我等《われら》は以前《いぜん》に劣《おと》らず今日《こんにち》も世界《せかい》の金融《きんゆう》組織《そしき》が産業《さんぎょう》の従僕《じゅうぼく》である代《かわ》りに主人《しゅじん》たらざるべからずといふ意見《いけん》に堪《た》え得《え》ないのである。

（約千年《やくせんねん》に亘《わた》りて歐羅巴《よーろつぱ》の經濟界《けいざいかい》を支配《しはい》し又全權《またぜんけん》を掌握《しょうあく》し來《きた》れる猶太人《ゆだやじん》の政策《せいさく》を益々《ますます》貫徹《かんてつ》せしめんとするものに外《ほか》ならず、兎《と》に角《かく》世界的《せかいてき》企業《きぎょう》は猶太人《ゆだやじん》の獨占《どくせん》となるべきは明《あきら》かなり、何《なん》となれば眞《しん》意義《いぎ》の世界的《せかいてき》聯絡《れんらく》あり又世界的《またせかいてき》信用《しんよう》を有《ゆう》するは猶太人《ゆだやじん》の外《ほか》なければなり、）

○交易《こうえき》が經濟的勢力《けいざいてきせいりょく》を主《しゅ》として其自身《そのじしん》の利害關係《りがいかんけい》に使用《しよう》する純粋《じゅんすい》な個人的《こじんてき》な私《わたくし》の企業《きぎょう》である場合《ばあい》でも乃至《ないし》は世界《せかい》の交易《こうえき》も不斷《ふだん》に動《うご》かすことになつて居《い》る組織立《そしきだ》つた産業的《さんぎょうてき》グループスである場合《ばあい》でも、交易《こうえき》の單純《たんじゅん》な目的《もくてき》は一地方乃至一工場《いちちほうないしいちこうじょう》の生産物《せいさんぶつ》を他《た》の地方《ちほう》、他《た》の工場《こうじょう》の其等《それら》と出來《でき》うるだけ迅速《じんそく》に規則正《きそくただ》しく安價《あんか》に交換《こうかん》することであつて信用組織《しんようそしき》と税關《ぜいかん》が目的《もくてき》の單純《たんじゅん》さに於《お》いて其目的《そのもくてき》の役目《やくめ》を勤《つと》めなければならぬといふことを忘《わす》れてはならぬ。

○故《ゆえ》にいつの世《よ》の政府《せいふ》も、通貨債務《つうかさいむ》と云《い》つたやうなものの何《いず》れに就《つい》ても、交易《こうえき》の機制體《きせいたい》に對《たい》して悪戯《いたずら》をする事《こと》を嚴格《げんかく》に避《さ》けなければならぬ。權利《けんり》を喪失《そうしつ》し、又支拂《またしはらい》を引受《ひきう》け支拂《しはら》ふ方《ほう》が結局《けつきょく》ヨリ簡單《かんたん》でヨリ經濟的《けいざいてき》である、そして此組織《このそしき》に變化《へんか》が起《おこ》つた場合《ばあい》には、變化《へんか》は此組織《このそしき》を倒《たお》れて行《い》く會社《かいしゃ》の如《ごと》く壊《こわ》さないで却《かえ》つて其倒《そのたお》れ行《い》く其等《それら》の部分《ぶぶん》を強《つよ》め擴充《かくじゅう》する、即《すなわ》ちコーオペレーションである――そして之《これ》が社會進化《しやかいしんか》の唯一《ただひと》つの確《たしか》な方法《ほうほう》である。

（微妙《びみよう》極《きわ》まる機制體《きせいたい》とは言《い》ふまでもなく猶太人《ゆだやじん》の結社《けつしや》にして、コーオペレーションは猶太人同志《ゆだやじんどうし》間《かん》にのみ完全《かんぜん》に行《おこな》はるべきもの、他《た》の人種《じんしゆ》言語《げんご》習慣《しゆうかん》事情《じじよう》及《および》利害《りがい》を異《こと》にするものが如何《いか》に之《これ》を理想《りそう》とするも到底《とうてい》實現《じつげん》しうべきものにあらず、ヨシ實現《じつげん》したりとするも決《けつ》して永續《えいぞく》すべきものに非《あら》ず、又《また》成功《せいこう》すべきものにあらず、斯《かか》る政策《せいさく》及《および》政見《せいけん》に誘《さそ》はれて、凡《すべ》ての利益《りえき》を猶太人《ゆだやじん》に提供《ていきよう》せんとするは餘《あま》りに不明《ふめい》なり、勞働者《ろうどうしや》なればこそ〳〵）

○第四《だいよん》で最後《さいご》の質問《しつもん》は「勞働黨政府《ろうどうとうせいふ》は勞農露國《ろうのうろこく》に對《たい》して如何《いか》なる態度《たいど》を執《と》るか」といふのであるが、此質問《このしつもん》を私《わたし》に向《む》けられた理由《りゆう》は、思《おも》ふに過激主義者《かげきしゆぎしや》の政策《せいさく》が我勞働黨《わがろうどうとう》の政策《せいさく》でないと云《い》ふことと、我《われ》等《ら》は過激主義《かげきしゆぎ》のメソッヅに根本的《こんぽんてき》に不贊成《ふさんせい》ではあるが、モスクワの外交承認《がいこうしようにん》には贊成《さんせい》であるといふ事《こと》が十分《じゆうぶん》に諒解《りようかい》されて居《い》るからである。さて、此勞農露國《このろうのうろこく》に對《たい》して勞働黨政府《ろうどうとうせいふ》は如何《いか》なる態度《たいど》を取《と》るかといふ問題《もんだい》は、二《ふた》つの問題《もんだい》――外交關係《がいこうかんけい》の政治的問題《せいじてきもんだい》と、交易《こうえき》の經濟的問題《けいざいてきもんだい》――に關聯《かんれん》して居《い》る

外交關係《がいこうかんけい》の政治的問題《せいじてきもんだい》に就《つい》ては勞働黨政府《ろうどうとうせいふ》は猶豫《ゆうよ》なしに露國政府《ろこくせいふ》を承認《しようにん》するであらう。

（勞農露國《ろうのうろこく》を承認云々《しようにんうんぬん》は猶太人同志間《ゆだやじんどうしかん》に當然《とうぜん》あるべき歸着《きちやく》なり、而《しか》も勞農露國《ろうのうろこく》を承認《しようにん》するは猶太《ゆだや》人《じん》の侵略《しんりやく》を公認《こうにん》する事《こと》なるを忘《わす》るべからず、露國《ろこく》とはいへ、勞農露國《ろうのうろこく》なるものは露西亞人《ろしあじん》の露國《ろこく》に非《あら》ずして、露國《ろこく》を亡《ほろ》ぼし、露帝《ろてい》を弑《しい》し、露民《ろみん》を苦《くるし》めたる露國《ろこく》の敵《てき》卽《すなわ》ち猶太人《ゆだやじん》の露國《ろこく》なり、彼等《かれら》

は露帝國《ろていこく》を地圖《ちず》及《および》歴史《れきし》より抹殺《まつさつ》しつゝ、尙《な》ほ露帝國《ろていこく》の凡《すべ》ての權利《けんり》を踏襲《とうしゆう》せんとす、今日《こんにち》の勞農政府《ろうのうせいふ》なるものは露西亞人《ろしあじん》とは何等《なんら》の關係《かんけい》なき侵略者《しんりやくしや》の私設政治體《しせつせいじたい》なり、若《も》し其承認《そのしようにん》を求《もと》めんとせば着實《ちやくじつ》に國家的資格《こつかてきしかく》を示《しめ》したる後《のち》に請願《せいがん》すべき筈《はず》なり、然《しか》るに彼等《かれら》は舊帝國《きゆうていこく》の威《い》を籍《か》りて同對等《どうたいとう》條約《じようやく》を締結《ていけつ》せんとす否反《いなかえ》つて他國《たこく》を威嚇《いかく》して自己《じこ》の欲《ほつ》する所《ところ》を行《おこな》はしめんとす、傲岸度《ごうがんど》し難《がた》く無《ぶ》禮許《れいゆる》すべからず、然《しか》るに英國勞働黨《えいこくろうどうとう》は當然《とうぜん》なるが如《ごと》く之《これ》を承認《しようにん》せんとす、同穴《どうけつ》の狸《たぬき》に非《あら》ずんば如《い》何《か》で斯《か》くあり得《え》んや、若《も》し彼《かれ》をして英國人《えいこくじん》ならしめば、如何《いか》に健忘症《けんぼうしよう》なりとも聯合軍《れんごうぐん》の一部《いちぶ》が西伯利《しべりあ》に露國《ろこく》の赤軍卽《せきぐんすなわ》ち過激派《かげきは》を討伐《とうばつ》せし事《こと》を忘《わす》れざるべし、昨《きのう》は露國《ろこく》の賊《ぞく》なり聯合國《れんごうこく》の敵《てき》なり、世界《せかい》の敵《てき》なりとして之《これ》を討伐《とうばつ》したる者《もの》を、今《いま》に於《お》いて其國家《そのこつか》を承認《しようにん》するが如《ごと》きは基督教國《きりすときようこく》として餘《あま》りに不法《ふほう》に非《あら》ずや、故《ゆえ》に彼《かれ》の聲明《せいめい》の如《ごと》きは英國人《えいこくじん》としては爲《な》し得《え》ざることなるも、猶太人《ゆだやじん》としては當然《とうぜん》の事《こと》なりとすべし

○此問題《このもんだい》は激《はげ》しい政治的及社會的偏見《せいじてきおよびしやかいてきへんけん》と一緒《いつしよ》くたにされて居《い》る。

（猶太人《ゆだやじん》より見《み》れば然《しか》り）

○なるほど露國革命《ろこくかくめい》は殘忍《ざんにん》な專制《せんせい》に依《よ》つて、殘酷《ざんこく》な壓迫《あつぱく》に依《よ》つて、流血事件《りゆうけつじけん》に由《よ》つて著名《ちよめい》になつた。デモ私《わたし》は其《それ》を他《た》の諸政府《しよせいふ》の敵對行爲《てきたいこうい》に對《たい》する實際《じつさい》の理由《りゆう》だと斷《だん》ずる事《こと》は出來《でき》ないのである。露國《ろこく》に白《はく》色帝國主義者連《しよくていこくしゆぎしやれん》の革命《かくめい》が起《おこ》つて居《い》たら、同《おな》じく暴虐非道流血《ぼうぎやくひどうりゆうけつ》を極《きわ》めたことであらうが、其場合《そのばあい》に

は宥恕《ゆうじよ》は容易《ようい》であつたらう、そして承認《しようにん》は差控《さしひか》へられなかつたであらう。

(歐米《おうべい》の政治家《せいじか》は時々右《ときどきみぎ》の如《ごと》き馬鹿《ばか》々々しき稚辯《ちべん》を弄《ろう》するなり、白色連《はくしよくれん》の革命《かくめい》とは餘《あま》りに人《ひと》を愚《ぐ》弄《ろう》せし放言《ほうげん》なり、白色革命《はくしよくかくめい》は有《あ》りうべからざる事《こと》なり、ヨシ萬々一《まんまんいち》有《あ》りたりとするもソハ内亂《ないらん》なり、愛國的内亂《あいこくてきないらん》なり、然《しか》るに露國《ろこく》の革命《かくめい》は内亂《ないらん》の觀《かん》あるも内亂《ないらん》に非《あら》ずして外冠《がいかん》が内部《ないぶ》より突發《とつぱつ》せるものなり、即《すなわ》ち革命《かくめい》は愛國者《あいこくしや》に由《よ》りて爲《な》されしものに非《あら》ずして、露國《ろこく》を亡《ほろ》ぼさんとする者《もの》に由《よ》りて爲《な》されたるなり、徳川《とくがわ》の連枝《れんし》が幕府《ばくふ》を倒《たお》したりとて新《あた》らしき徳川幕府《とくがわばくふ》は又建《またた》てらるべし、されど天《てん》一坊《いちぼう》が征夷大將軍《せいいたいしようぐん》の職《しよく》を奪《うば》ひたりとて徳川幕府《とくがわばくふ》は成《な》らざるなり、)

○國家社會《こつかしやかい》は如何《いか》なる重要《じゆうよう》なる國家《こつか》といへども非常《ひじよう》なる危險《きけん》と多額《たがく》の費用《ひよう》とをかけて法《ほう》の保護外《ほごがい》のもの即《すなわ》ち穢多《えた》たるべしと命令《めいれい》する事《こと》が出來《でき》ぬ。ある國民《こくみん》を外交的《がいこうてき》に承認《しようにん》することを拒《こば》むことは其國《そのこく》民《みん》と交易《こうえき》することを拒《こば》むことになるから、其愚行爲《そのぐこうい》は一層高《いつそうたか》い費用《ひよう》が嵩《かさ》むことになり、終《つい》には懲罰《ちようばつ》された國民《こくみん》以上《いじよう》に懲罰《ちようばつ》を加《くわ》へる者《もの》どもを懲罰《ちようばつ》することになるのである。

(彼《かれ》の理論《りろん》を尊重《そんちよう》せば何故《なにゆえ》に舊露帝國《きゆうろていこく》の承認《しようにん》を拒《こば》み之《これ》を亡《ほろ》ぼしたるかが疑問《ぎもん》たるべし、實際彼等《じつさいかれら》の言論《げんろん》は横車式《よこぐるましき》なり、ヨツフエ流《りゆう》なり、否猶太人《いなゆだやじん》の裏手《うらて》は凡《すべ》て此調子《このちようし》なり。)

○勞働黨政府成立《ろうどうとうせいふせいりつ》せば我等《われら》は直《ただ》ちにモスクワとの直接談判《ちよくせつだんぱん》に依《よ》つて又正當《またせいとう》なる援助《えんじよ》を許《ゆる》し、輸出奬勵《ゆしゆつしようれい》の財政政策《ざいせいせいさく》のもとに保證《ほしよう》を含《ふく》めて、露國《ろこく》と交易《こうえき》を開始《かいし》するために緊急方策《きんきゆうほうさく》を取《と》るであらう。

（彼《か》れ遂《つい》に馬脚《ばきやく》を表《あら》はせり、之《こ》れ英國本位《えいこくほんい》の政策《せいさく》に非《あら》ずして露國本位《ろこくほんい》の政策《せいさく》なり、ア、外國本位《がいこくほんい》の爲政家《いせいか》を有《ゆう》する國《くに》は禍《わざわい》なる哉《かな》）

○勞働黨政府《ろうどうとうせいふ》が露國政府《ろこくせいふ》を承認《しようにん》するといふことは決《けつ》して我勞働黨政府《わがろうどうとうせいふ》が露國政府《ろこくせいふ》に同意《どうい》したといふ事《こと》にはならない、外交上《がいこうじよう》の關係《かんけい》は決《けつ》して或一《あるひと》つのパートナアシツプではない、外交上《がいこうじよう》の關係《かんけい》なるものは公報《こうほう》のチヤンネルに外《ほか》ならない、極東《きよくとう》、近東乃至露國《きんとうないしろこく》が地球《ちきゆう》の軌道《きどう》を横切《よこぎ》つて居《い》る他《ほか》の多《おお》くの地點《ちてん》、さては我等《われら》の間《あいだ》に論爭《ろんそう》になつて居《い》る事件《じけん》を我等《われら》が考慮《こうりよ》するとせぬとに論《ろん》なく、出來《でき》うるだけ早《はや》く建《た》てられた外交關係《がいこうかんけい》は慥《たし》かに過去《かこ》に於《お》いては必要《ひつよう》であつたのである。

（英國人《えいこくじん》が露國政府《ろこくせいふ》に同意《どうい》せずとも、英國《えいこく》を支配《しはい》する猶太人《ゆだやじん》とはパートナアシツプに非《あら》ずや猶太人《ゆだやじん》の世界征略《せかいせいりやく》は表面《ひようめん》は外交又《がいこうまた》は國際關係《こくさいかんけい》たらしめ、内面《ないめん》はパートナアシツプ關係《かんけい》たらしむるなり、）

○カラハン氏《し》の曖昧《あいまい》なる地位《ちい》は本當《ほんとう》のペテンであつた、あれがペテンで無《な》かつたら、正直《しようじき》と常識《じようしき》とは遠《とお》くの昔《むかし》に成佛《じようぶつ》を遂《と》げ居《い》たであらう、這般《しやはん》の大戰《たいせん》に於《お》いて勝利者《しようりしや》は悉《ことごと》く天狗《てんぐ》に成《な》り過《す》ぎた、自己《じこ》中心《ちゆうしん》になり過《す》ぎた、勝利《しようり》に熱中《ねつちゆう》し過《す》ぎた、だから本當《ほんとう》の平和《へいわ》を作《つく》ることが出來《でき》なかつたのである、併《しか》も露國《ろこく》は今《いま》に吾人《ごじん》を引《ひつ》くり返《かえ》くすことが出來《でき》る强國《きようこく》である、狂人《きようじん》を除《のぞ》いて何人《なんぴと》といへども復讐心《ふくしゆうしん》に滿《み》ちた獨逸《どいつ》の經濟力《けいざいりよく》と敵對的露國《てきたいてきろこく》の歐羅巴《よーろつぱ》の他《ほか》の諸國《しよこく》にする物質並《ぶつしつなら》びに人間《にんげん》の富源《ふげん》との結合《けつごう》を恐怖《きようふ》なしに考《かんが》へる事《こと》が出來《でき》ない。

○勞働黨政府《ろうどうとうせいふ》は現實《げんじつ》の感覺《かんかく》を以《もつ》て事實《じじつ》に面《めん》しモスクワ政府《せいふ》の存在《そんざい》を他政府《たせいふ》の存在《そんざい》を認《みと》めると同《おな》じく認《みと》めるであらうが、露國外交使節《ろこくがいこうしせつ》等《とう》のペテンや不眞面《ふまじめ》は一切御免《いつさいごめん》を蒙《こうむ》る。露國外交代表者《ろこくがいこうだいひようしや》は外交官《がいこうかん》のすべての特權《とつけん》と凡《すべ》ての責任義務者《せきにんぎむしや》になつて此英國《このえいこく》に來《こ》なければならないのであらう。ラコウスキー氏《し》の遭難《そうなん》のやうな事件《じけん》が起《おこ》らないやうに我等《われら》は十分《じゆうぶん》なる保護《ほご》を與《あた》へやう、然《しか》し彼等外交代表者《かれらがいこうだいひようしや》なるものは最《もつと》も愼重《しんちよう》に正《ただ》しき行爲《こうい》をするやうにせなければならない。（終《おわり》）

（勿論勞働黨政府《もちろんろうどうとうせいふ》成《な》らば勞農露國《ろうのうろこく》の對英方針《たいえいほうしん》は全然一變《ぜんぜんいつぺん》すべく、英露《えいろ》の關係《かんけい》は必《かなら》ずパートナアシツプとなり全歐《ぜんおう》は猶太人《ゆだやじん》の支配《しはい》する所《ところ》となるべし、而《しか》して之《これ》に米國《べいこく》を加《くわ》ふれば世界《せかい》の運命亦《うんめいまた》知《し》るべきのみ）

ア、貴族《きぞく》の英國《えいこく》は今《いま》や雲助《くもすけ》の英國《えいこく》となれり、往時《おうじ》は英國《えいこく》の紳士淑女《しんししゆくじよ》は八百屋《やおや》と話《はなし》を交《まじ》へざるを以《もつ》て一《いち》の品格《ひんかく》と心得《こころえ》たりしが、今《いま》や民衆《みんしゆう》は皇族《こうぞく》をすら電車《でんしや》に同乘《どうじよう》せしめんとす、故《ゆえ》に危險《きけん》に脅《おびや》かされ居《い》る英國皇族《えいこくこうぞく》は已《や》むを得《え》ず平民化《へいみんか》の言行《げんこう》に出《い》で、民衆《みんしゆう》の意《い》を迎《むか》へ居《い》るなり、如何《いか》なる拜英家《はいえいか》といへども尙《な》ほ之《これ》を以《もつ》て英國《えいこく》を範《はん》たらしめんとするか。

茲《ここ》に看過《かんか》すべからざる一大事實《いちだいじじつ》あり、ソハ豫《かね》てより斯《か》くあるべきことと期待《きたい》されし事《こと》なるが、卽《すなわ》ち昨年《さくねん》（千九百二十三年《せんきゆうひやくにじゆうさんねん》）六月下旬《ろくがつげじゆん》、ロンドンに於《お》いて勞働黨大會《ろうどうとうたいかい》を開催《かいさい》せし砌《みぎ》り、端《はし》なくも皇室無《こうしつむ》用說《ようせつ》を建《た》てたるものあり、尤《もつと》も其當時《そのとうじ》は多數《たすう》にて否決《ひけつ》せられたりしが、若《も》し今日《こんにち》ならしめば恐《おそ》らくは否決《ひけつ》せざるなるべし、否《いな》労働黨政府《ろうどうとうせいふ》成《な》れば勿論皇室無用《もちろんこうしつむよう》は附帯《ふたい》し来《きた》る事《こと》なり、クロンウエル時代《じだい》は即《すなわ》ち再現《さいげん》せらるゝ譯《わけ》なり。

余《よ》は斯《かか》る運命《うんめい》の下《もと》に弄《もてあそ》ばれ居《い》る英國《えいこく》の皇室《こうしつ》と、「いはほとなりて苔《こけ》のむすまで」栄《さか》えますべき我君《わがきみ》が代《よ》ざは全然其選《ぜんぜんそのせん》を異《こと》にし居《お》るを信《しん》ずるも、一《いち》にも英國《えいこく》、二《に》にも英國《えいこく》と、妄《みだ》りに英國《えいこく》に師事《しじ》するもの跡《あと》を絶《た》たざる限《かぎ》り、労働黨《ろうどうとう》なるもの必《かなら》ず我議會《わがぎかい》にも多数《たすう》を占《し》むるが如《ごと》き時断《ときだん》じて無《な》しと保障《ほしょう》する能《あた》はず現《げん》に労働運動《ろうどううんどう》漸《しばら》く跋扈《ばっこ》し来《きた》れるに於《お》いておや、露國《ろこく》に見《み》よ、英國《えいこく》に見《み》よ、而《しか》も尚《な》ほ此種《このしゅ》の賊的運《ぞくてきうん》動《どう》に耽《ふけ》らんとする乎《や》。

労働運動《ろうどううんどう》とはいふも労働者本位《ろうどうしゃほんい》のものに非《あら》ざる事已《ことすで》に述《の》べたり、余《よ》が労働運動《ろうどううんどう》を賊視《ぞくし》するは労働者《ろうどうしゃ》の向上《こうじょう》を呪《のろ》ふに非《あら》ずして労働者《ろうどうしゃ》を欺《あざむ》きてを不軋謀《ふあつはか》るものなるが故《ゆえ》なり。

大戦以来英國《たいせんいらいえいこく》に於《お》ける猶太人《ゆだやじん》の破壊運動《はかいうんどう》は甚《はなは》だ露骨《ろこつ》となり来《きた》れり、如何《いか》に平和《へいわ》を粧《よそお》ふも時々衣《ときどきころも》の下《した》より鎧袖《がいしゅう》の見《み》ゆるあり、而《しか》して同大會席上《どうたいかいせきじょう》、ヂヨルヂ・ランスベリーは左《ひだり》の如《ごと》く疾呼《しっこ》せり。

余《よ》は今日《こんにち》まで我英國民《わがえいこくみん》を疲弊困憊《ひへいこんぱい》せしめたるものは我皇室及貴族《わがこうしつおよびきぞく》なりとのみ信《しん》じ居《お》りしに實《じつ》は然《しか》らずして資本主義《しほんしゅぎ》こそ當《とう》の敵《てき》にてありしなるを知《し》れり、而《しか》して我等《われら》は今日何《こんにちなに》が故《ゆえ》に斯《かか》る無用問題《むようもんだい》を議《ぎ》せんとするか、乞《こ》ふ我等《われら》をして先《ま》づ社會問題《しゃかいもんだい》を解決《かいけつ》せしめよ、されば他《ほか》の問題《もんだい》は自《おの》づから解決《かいけつ》せらるべし。

即《すなわ》ち之《こ》れ猶太禍《ゆだやか》なるものを赤裸々《せきらら》に告白《こくはく》したるものならずや、而《しか》も猶太人《ゆだやじん》は目的《もくてき》のためには手段《しゆだん》を問《と》はざるものなるが故《ゆえ》に、前述《ぜんじゆつ》の如《ごと》く一主義《いちしゆぎ》一黨派《いつとうは》に偏《へん》し居《お》るものに非《あら》ずして、資本主義《しほんしゆぎ》を唱《とな》へ、共産主義《きようさんしゆぎ》を唱《とな》へ、社會主義《しやかいしゆぎ》を唱《とな》へ、勞働主義《ろうどうしゆぎ》を唱《とな》へ、時《とき》には無政府主義《むせいふしゆぎ》となり又時《またとき》には帝國主義《ていこくしゆぎ》となり平和《へいわ》を號《さけ》びつゝ又軍備《またぐんび》を奬勵《しようれい》し居《お》るものなるが故《ゆえ》に、馬鹿正直《ばかしようじき》に其一方《そのいつぽう》のみを見《み》て安心《あんしん》し居《い》るが如《ごと》きは大《だい》なる誤謬《ごびゆう》なり、假令《たとえ》ば我國《わがくに》にあつても甲政黨《こうせいとう》は乙政黨《おつせいとう》を以《もつ》て資本主義《しほんしゆぎ》の猶太化《ゆだやか》なりと罵《ののし》れば、乙政黨《おつせいとう》は甲政黨《こうせいとう》を以《もつ》て普選主義《ふせんしゆぎ》の猶太化《ゆだやか》なりといふ、何《いず》れも應分《おうぶん》に猶太禍《ゆだやか》を受《う》け居《い》るなり、乙黨《おつとう》の拜米主義《はいべいしゆぎ》も、甲黨《こうとう》の拜米主義《はいべいしゆぎ》も何《いず》れも猶太化《ゆだやか》を自證《じしよう》するものなり、ア、其禍《そのわざわい》や恐《おそ》るべし、何故《なにゆえ》に日本《にほん》は日本《にほん》の力《ちから》に由《よ》りて躍《おど》らざるか、何故《なにゆえ》に日本《にほん》の政黨《せいとう》は日本《にほん》の國體《こくたい》を本位《ほんい》として生死《せいし》せざるか。

キエレン教授《きようじゆ》が英國《えいこく》を論《ろん》じたる其要點《そのようてん》を見《み》よ。

（一《いち》）斯《か》くて英吉利《いぎりす》の資本《しほん》は全世界《ぜんせかい》に行《い》き渡《わた》り、英吉利《いぎりす》は自餘《じよ》の國々《くにぐに》の債權者《さいけんしや》となつた、そして英吉利《いぎりす》には全歐州《ぜんおうしゆう》を賈客《かかく》とする豪商《ごうしよう》のみならず、歐州《おうしゆう》を債務者《さいむしや》とする銀行業者金融關係者《ぎんこうぎようしやきんゆうかんけいしや》を生《しよう》ずるに至《いた》つた。

(二《に》)英帝國《えいていこく》の鮮《あざや》かなる特色《とくしよく》は其歴史的關係《そのれきしてきかんけい》と地理的關係《ちりてきかんけい》に非《あら》ずして、實《じつ》に統一融合《とういつゆうごう》せる國民精神《こくみんせいしん》に存《そん》し、此國民精神《このこくみんせいしん》は第十七世紀《だいじゆうななせいき》の前半清教的洗禮《ぜんはんせいきようてきせんれい》の間《あいだ》に內熟《ないじゆく》したのである。

(三《さん》)英國人《えいこくじん》の生活理想《せいかつりそう》の鞏固《きようこ》なるは、英人精神《えいじんせいしん》の最內部《さいないぶ》に舊約聖書的豫言《きゆうやくせいしよてきよげん》ありて、地球上《ちきゆうじよう》に現出《げんしゆつ》すべく選《えら》ばれたる國民《こくみん》てふ自信《じしん》あるに由《よ》る。(「現代人《げんだいじん》の八大强國《はちだいきようこく》」英吉利《いぎりす》の部《ぶ》)

卽《すなわ》ち第一《だいいち》、第二《だいに》及第三《およびだいさん》何《いず》れも猶太人《ゆだやじん》の實勢力《じつせいりよく》が如何《いか》に英國《えいこく》を支配《しはい》し居《い》るかを語《かた》るものにして、シユルツエ・ゲフエルニツも『アングロ・サクソン型《がた》の長所《ちようしよ》は其資本家的陶冶《そのしほんかてきとうや》、性的陶冶《せいてきとうや》、國民的陶冶《こくみんてきとうや》並《なら》びに社會的陶冶《しやかいてきとうや》の最深根底《さいしんこんてい》が宗教《しゆうきよう》に基《もと》づく所《ところ》にあり』(「英國《えいこく》の帝國主義《ていこくしゆぎ》と自由貿易《じゆうぼうえき》」)と述《の》べたるが、英國人《えいこくじん》に基督教《きりすときよう》を傳《つた》へ又彼等《またかれら》の宗教心《しゆうきようしん》を涵養《かんよう》せるは猶太人《ゆだやじん》なるを忘《わす》るべからず、故《ゆえ》に英國人《えいこくじん》の國家観《こつかかん》及世界観《およびせかいかん》は全然猶太教的《ぜんぜんゆだやきようてき》にして、他《ほか》の歐羅巴人《よーろつぱじん》の其《それ》と大《おお》なる相違《そうい》あるを見《み》るべし。

終《おわ》りに余《よ》は紳士否貴族《しんしいなきぞく》の英國《えいこく》が、何《なに》が故《ゆえ》に今日《こんにち》の如《ごと》く平民否土方《へいみんいなどかた》の英國《えいこく》となりたるや、キエレン教授《きようじゆ》の筆《ふで》を籍《か》りて之《これ》を明示《めいじ》すべし、而《しか》して猶太人《ゆだやじん》の計畫亦如何《けいかくまたいか》に徹底的《てつていてき》なるかを知《し》るに足《た》らむ。

最後《さいご》に吾人《ごじん》は英國舊時《えいこくきゆうじ》の代議政體《だいぎせいたい》の著《いちじる》しく貴族的性質《きぞくてきせいしつ》を帯《お》び居《い》たるを見《み》る。貴族的性質《きぞくてきせいしつ》を帯《お》び居《い》たる點《てん》に於《お》いては下院《かいん》といへども上院《じよういん》に讓《ゆず》らぬ、往時英國《おうじえいこく》の下院《かいん》は其中心點《そのちゆうしんてん》を自治的公共事業《じちてきこうきようじぎよう》に依《よ》つて發達《はつたつ》せる紳士社會《しんししやかい》に有《ゆう》せしが、自治《じち》は天稟優秀《てんりんゆうしゆう》にして而《し》かも政治的《せいじてき》に圓熟《えんじゆく》せる英國民《えいこくみん》の教化的《きようかてき》陶治《とうや》の賜物《たまもの》である。

然《しか》るに斯《か》くも貴族的性質《きぞくてきせいしつ》の濃厚《のうこう》なりし英國政治生活《えいこくせいじせいかつ》は其後根本的變革《そのごこんぽんてきへんかく》をなし、遂《つい》にステフエンをして彼《かれ》が千八百九十七年《せんはつぴやくきゆうじゆうななねん》に見《み》たる英國《えいこく》を、千九百〇八年《せんきゆうひやくはちねん》に至《いた》りては復見《またみ》るを得《え》ざらしめた、自治《じち》と鞏固《きようこ》なる二元的政黨《にげんてきせいとう》とを以《もつ》て名聲嘖々《めいせいさくさく》たりし英國議會制度《えいこくぎかいせいど》は爲《た》めに甚《はなは》しく弛廢《しはい》し、自治制《じちせい》の如《ごと》きは千八百八十八年《せんはつぴやくはちじゆうはちねん》の地方法令並《ちほうほうれいならび》に千八百九十四年《せんはつぴやくきゆうじゆうよねん》の結合法《けつごうほう》に依《よ》つて致命傷《ちめいしよう》を與《あた》へられた。

議會制度《ぎかいせいど》は又千八百九十九年《またせんはつぴやくきゆうじゆうきゆうねん》アイルランド國民黨《こくみんとう》の入來《にゆうらい》によつて從來《じゆうらい》の二元的政黨制《にげんてきせいとうせい》を阻害《そがい》せられ終《つい》に千九百〇六年勞働黨《せんきゆうひやくろくねんろうどうとう》の出現《しゆつげん》に逢《あ》ひて根本的擾亂《こんぽんてきじようらん》の悲境《ひきよう》に陥《おちい》り、かくて今日《こんにち》の英國《えいこく》は純《じゆん》政黨内閣《せいとうないかく》に代《か》ふるに極《きわ》めて雜駁《ざつぱく》なる政府機關《せいふきかん》を有《ゆう》するに到《いた》つた。

政黨界《せいとうかい》の斯《か》く變遷《へんせん》するに從《したが》ひ、政黨《せいとう》の本質《ほんしつ》は深《ふか》く社會化《しやかいか》するに至《いた》り、特《とく》に千八百八十四年《せんはつぴやくはちじゆうよねん》の選擧《せんきよ》法改正以後米國《ほうかいせいいごべいこく》の政黨機關《せいとうきかん》なる議員豫選法《ぎいんよせんほう》の採用《さいよう》に依《よ》つて政黨《せいとう》の本質《ほんしつ》は愈々深《いよいよふか》く社會《しやかい》に根底《こんてい》を据《す》ゑた、而《しか》して斯《かか》る變遷《へんせん》に由《よ》りて選擧人《せんきよにん》は多大《ただい》の勢力《せいりよく》を議會《ぎかい》に扶植《ふしよく》し、所謂市井《いわゆるしせい》の浮浪人《ふろうにん》が或《あるい》は間接《かんせつ》に有力《ゆうりよく》なる政黨《せいとう》の首領《しゆりよう》を立《た》て、或《あるい》は直接《ちよくせつ》に一定《いつてい》の命令的委任《めいれいてきいにん》によつて議會《ぎかい》に壓迫《あつぱく》を加《くわ》へた、かくて選擧人《せんきよにん》と内閣《ないかく》との中間《ちゆうかん》に存《そん》する議會《ぎかい》の漸《ようや》く委微頽廢《いびたいはい》し始《はじ》めたるは、宛《さなが》ら往時君權《おうじくんけん》の衰退《すいたい》せると異《こと》ならぬ、シドニー・ローの口吻《こうふん》を學《まな》べば下院《かいん》は墮落《だらく》して一種《いつしゆ》の遊戯場《ゆうぎじよう》と化《か》し、幾多《いくた》の政治家《せいじか》は政黨間《せいとうかん》の政治的《せいじてき》競技《きようぎ》を練習《れんしゆう》するに過《す》ぎぬ。然《しか》るに英國《えいこく》の眞《しん》の主權《しゆけん》にして又純然《またじゆんぜん》たる指揮官《しきかん》たる内閣總理大臣《ないかくそうりだいじん》は、ダラニング街《がいじゆうばん》十番の邸宅《ていたく》に住《す》み、間接《かんせつ》の普通選擧《ふつうせんきよ》によりて不時《ふじ》に就任《しゆうにん》するなり、而《しか》して下院《かいん》の大多数《だいたすう》は假令總理大臣《たといそうりだいじん》に取《と》りて必要缺《ひつようか》くべからざる背景《はいけい》なりとするも、實力《じつりよく》と本質《ほんしつ》とを缺《か》ぐ空位《くうい》に外《ほか》ならないのである。(「現代《げんだい》の八大强國《はちだいきようこく》」英吉利《いぎりす》の部《ぶ》)

代議政體《だいぎせいたい》の典型《てんけい》と謳《うた》はれたる英國《えいこく》の議會《ぎかい》は斯《か》くの如《ごと》くして下落《げらく》し、遂《つい》に現下《げんか》の醜態《しゆうたい》を演出《えんしゆつ》するに到《いた》りしなり、而《しか》して之《こ》れ英國《えいこく》のみにあらずして凡《すべ》ての代議政體《だいぎせいたい》の當然《とうぜん》の歸着《きちやく》なりとす。

而《しか》して我國《わがくに》の議會《ぎかい》は英國議會《えいこくぎかい》の光明時代《こうみようじだい》を實演《じつえん》するに到《いた》らずして早《はや》くも其暗黒時代《そのあんこくじだい》を髣髴《ほうふつ》せしめんとす、而《しか》して英國《えいこく》をして斯《かか》る末路《まつろ》を呈《てい》せしめたるは英米兩系《えいべいりようけい》の猶太人《ゆだやじん》なる事以上《こといじよう》の事實《じじつ》にて正《まさ》に推量《すいりよう》しうべきなり。

思《おも》へば英國《えいこく》は猶太人《ゆだやじん》に由《よ》りて發展《はつてん》しにるが如《ごと》く、又猶太人《またゆだやじん》に由《よ》りて廢壞《はいかい》しつゝあるものにして、畢竟《ひつきよう》ずるに英國《えいこく》なるものは猶太人《ゆだやじん》の世界政策《せかいせいさく》のために利用《りよう》せられたる國《くに》にてありしを發見《はつけん》すべし。

假令英國《たといえいこく》に百人《ひやくにん》のアルノルド・ホワイト現《あら》はれ出《い》でて、『鰊《にしん》と黒《くろ》パンで生《い》きてる動物《どうぶつ》を英國《えいこく》に在《あ》らしむるは國家的罪惡《こつかてきざいあく》なり』と號《さけ》びたればとて、時已《ときすで》に遲《おそ》し、英國《えいこく》は已《すで》に猶太人《ゆだやじん》の掌中《しようちゆう》に有《あ》り、又《また》『木履《ぼくり》と猶太人入《ゆだやじんはい》るべからず』との高札《こうさつ》を國旗《こつき》と共《とも》に到《いた》る處《ところ》に掲《かか》げたればとて時已《ときすで》に遲《おそ》し、彼《かれ》は白蟻《しろあり》の如《ごと》し人目《ひとめ》を避《さ》けて地中《ちちゆう》より侵入《しんにゆう》し、内部《ないぶ》より其禍害《そのかがい》を及《およ》ぼして遂《つい》に大厦高樓《たいかこうろう》を崩倒《ほうとう》せしむ、而《しか》して大英帝國《だいえいていこく》は之《これ》がために將《まさ》に倒《たお》れんとす。否已《いやすで》に崩倒《ほうとう》しつゝあるなり。

第三章　米國《べいこく》の正體《しょうたい》

我等《われら》は今日《こんにち》に至《いた》るまで、米國《べいこく》といへば國家《こっか》の典型《てんけい》、文化《ぶんか》の規範《きはん》、理想《りそう》の基督教國《きりすときょうこく》否《いな》地上《ちじょう》のパラダイスとのみ謳歌《おうか》し來《きた》りしが、最近《さいきん》に於《お》ける米國《べいこく》の行動《こうどう》は甚《はなは》だしく世評《せひょう》と相反《あいはん》するものありて、其口《そのくち》に標榜《ひょうぼう》する所《ところ》の平和《へいわ》、人道《じんどう》、博愛《はくあい》、正義《せいぎ》、平等《びょうどう》、自由等《じゆうとう》は畢竟《ひっきょう》ずるに店頭《てんとう》に掲《かか》げたる羊頭《ようとう》にして、其《その》實《じつ》、煽動《せんどう》、暴虐《ぼうぎゃく》、非道《ひどう》、侵略《しんりゃく》、壓制《あっせい》、脅迫等《きょうはくとう》の狗肉《くにく》を廉賣《れんばい》し居《い》るものに非《あら》ざるなきやを疑《うたが》はしめ、爲《た》めに日本親善《にほんしんぜん》を欲《ほっ》するものをしてさへ其去就《そのきょしゅう》に迷《まよ》はしむるものあるのみならず、然《しか》らざるものの眼《め》には米國《べいこく》の假面《かめん》は已《すで》に剝《は》がれて、何方《どなた》の奥様《おくさま》かと思《おも》ひしに片肌《かたはだ》ぬぎたる其脊《そのせ》には火《ひ》を噴《ふ》く大蛇《だいじゃ》の物《もの》凄《すご》き刺靑《いれずみ》あるを認《みと》め、百年《ひゃくねん》の戀《こい》は冷《ひや》されつゝあるなり、而《しか》して米國人自身《べいこくじんじしん》『米國《べいこく》は基督教國《きりすときょうこく》に非《あら》ず』とさへ放言《ほうげん》するものあるを耳《みみ》にするに到《いた》れり、ア、此變態《このへんたい》は一時《いちじ》の淪落《りんらく》か、或《あるい》は政治家《せいじか》の政略《せいりゃく》か、將《は》た又米國《またべいこく》の眞相《しんそう》か。

何《いず》れにもせよ、近來米國《きんらいべいこく》の變態《へんたい》せるは事實《じじつ》なり、而《しか》して此變態《このへんたい》は自然《しぜん》の推移《すいい》に非《あら》ずして暴露《ばくろ》なることを看過《かんか》すべからず、由來米國《ゆらいべいこく》には建國以來一定《けんこくいらいいってい》の方針《ほうしん》ありて、民主黨《みんしゅとう》の天下《てんか》たると、共和黨《きょうわとう》の天下《てんか》たるとを問《と》はず、此方針《このほうしん》は不文律《ふぶんりつ》の如《ごと》くに米國人《べいこくじん》の國民性《こくみんせい》を支配《しはい》し來《きた》りたるものにして、昨今《さっこん》の變態《へんたい》は此方針《このほうしん》が端《はし》なく地上《ちじょう》に露出《ろしゅつ》せしに過《す》ぎざるものなるを記憶《きおく》すべし、さらば米國《べいこく》の正體如何《しょうたいいかん》。

建國以來二千五百年間《けんこくいらいにせんごひゃくねんかん》、恰《あたか》も箱入娘《はこいりむすめ》の如《ごと》く深窓《しんそう》に育《そだ》てられ、世界的常識《せかいてきじょうしき》に殆《ほと》んど何等《なんら》の教養《きょうよう》なかりし我日本《わがにほん》が「黒船來《くろふねらい》」の聲《こえ》に脅《おびや》かされて心《こころ》ならずも國《くに》の門戸《もんこ》を開《ひら》きたりしが、圖《はか》らざりき王政復《おうせいふっ》古《こ》の端茲《たんこ》に生《しょう》じて、第十九世紀後半《だいじゅうきゅうせいきこうはん》に於《お》ける我日本《わがにほん》の不可思議《ふかしぎ》なる發展《はってん》は實《じつ》に海《うみ》の內外《ないがい》の驚異《きょうい》となりしのみならず、亦萬古《またばんこ》に傳《つた》ふべき世界史上《せかいしじょう》の一大奇蹟《いちだいきせき》と稱《しょう》すべきものなりしが故《ゆえ》に、而《しか》して又開港《またかいこう》即《すなわ》ち外寇《がいこう》なりとのみ信《しん》じつゝありしに、實際《じっさい》に於《お》いて侵略《しんりゃく》と正反對《せいはんたい》なる啓發《けいはつ》の實行《じつおこな》はれたりしかば、昨日《さくじつ》まで相殺誅《あいさつちゅう》せる勤王及佐幕《きんのうおよびさばく》の兩黨唯呆然《りょうとうただぼうぜん》として異口同音《いくどうおん》に米國《べいこく》に對《たい》し「開國《かいこく》の恩師《おんし》」と稱《しょう》するに到《いた》り、爾來我國人《じらいわがこくじん》は親米否拜米《しんべいいなはいべい》の氣分增進《きぶんぞうしん》を相競《あいきそ》ふを以《もっ》て新國民《しんこくみん》の誇《ほこ》りとなし來《きた》りしなり。

而《しか》して米國《べいこく》と前後《ぜんご》して我《われ》に開國《かいこく》を求《もと》めたる葡萄牙《ぽるとがる》、西班牙和蘭及露西亞等《すぺいんおらんだおよびろしあとう》は、香港《ほんこん》を强奪《ごうだつ》せる英吉利《いぎりす》と同樣侵略《どうようしんりゃく》に志《こころざ》すものゝ如《ごと》く我國人《わがこくじん》の胸裡《きょうり》に深《ふか》く印象《いんしょう》せられしに係《かか》はらず、米國《べいこく》のみ獨《ひと》り我《わが》國人《こくじん》の信用否崇敬《しんよういなすうけい》を專《もっぱ》らにせしは果《はた》して何故《なにゆえ》ぞや。殊《こと》に帝國或《ていこくあるい》は王國《おうこく》なる前記諸國《ぜんきしょこく》に對《たい》しては疑《うたがい》を挿《はさ》み、共和國《きょうわこく》なる米國《べいこく》に對《たい》して何等疑《なんらうたがい》を殘《のこ》さゞりしは、建國以來《けんこくいらい》の帝國《ていこく》なる我日本《わがにほん》の國民《こくみん》としては餘《あま》りに奇怪《きかい》なる行動《こうどう》にあらずや。

翻《ひるがえ》つて米國百科全書《べいこくひやつかぜんしょ》を繙《ひもと》き見《み》れば、「我米國《わがべいこく》は葡萄牙《ぽるとがる》、西班牙《すぺいん》、和蘭及露國《おらんだおよびろこく》が失敗《しっぱい》せる後《あと》を承《う》けて日本《にほん》を開國《かいこく》したりしかば、日本《にほん》は歐羅巴諸國《よーろつぱしょこく》が一百年間《いつぴやくねんかん》に進歩《しんぽ》せるよりも速《すみや》かに一代《いちだい》に於《お》いて克《よ》く之《これ》を成《な》せり」云々《うんぬん》と明記《めいき》し、自《みずか》ら亦日本開國《またにほんかいこく》の恩師《おんし》を以《もつ》て任《にん》じ居《い》るなり、而《しか》して其結果《そのけつか》として、我《わが》國民《こくみん》は米國心醉者《べいこくしんすいしや》となり、日米戰爭實現《にちべいせんそうじつげん》せらるれば其何《そのいず》れに從《したが》ふべきかに苦《くる》しむまで國民性《こくみんせい》を麻痺《まひ》せしめたるもの決《けつ》して尠《すく》なからざるを見聞《けんぶん》するに至《いた》れり、甚《はなはだ》しきに至《いた》りては英語《えいご》を以《もつ》て國語《こくご》たらしめよと妄語《もうご》するものさへ現《あら》はるゝに至《いた》りしが、世界大戰以來我國人《せかいたいせんいらいわがこくじん》の米國及米國人《べいこくおよびべいこくじん》に對《たい》する信用《しんよう》著《いちじる》しく滅失《めつしつ》し、自然《しぜん》の成行《なりゆき》として日米戰爭《にちべいせんそう》を云々《うんぬん》する聲《こえ》漸《ようや》く熾烈《しれつ》となり來《きた》れるは十目《じゆうもく》の承認《しようにん》する所《ところ》、ヨシ一部《いちぶ》の人士間《じんしかん》に日米親善《にちべいしんぜん》を唱《とな》ふるあるも、反米氣分《はんべいきぶん》が怒濤《どとう》の如《ごと》くに逆捲《さかま》きつゝあるは蔽《おお》ひ難《がた》き事實《じじつ》なりとす。

然《しか》りといへども余《よ》は米國《べいこく》に對《たい》して何等私憤私恨《なんらしふんしこん》を有《ゆう》する者《もの》に非《あら》ず、否《いな》、實《じつ》を言《い》へば、余《よ》は日露戰爭《にちろせんそう》當時《とうじ》までは同《おな》じく米國心醉《べいこくしんすい》の一人《ひとり》にして、而《しか》も米國《べいこく》を以《もつ》て純正基督教國《じゆんせいきりすときようこく》なり、理想《りそう》の文化國《ぶんかこく》なりと過信《かしん》し居《お》りしが故《ゆえ》に、我國亦米國《わがくにまたべいこく》に則《のつと》り共和政體《きようわせいたい》に革《あらた》められざるべからずと爲《な》し、公然革命《こうぜんかくめい》を號《さけ》び、デモクラシイを唱《とな》へ、戰爭罪惡《せんそうざいあく》を論《ろん》じ階級打破《かいきゆうだは》を說《と》き、軍閥《ぐんばつ》を呪《のろ》ふこと蛇蝎《だかつ》の如《ごと》くなりしかば、幸《こう》德秋水《とくしゆうすい》は密使《みつし》を遣《つか》はして余《よ》に接近協同《せつきんきようどう》を求《もと》め來《きた》りし程《ほど》、余《よ》は凡《すべ》てに於《お》いて米國化《べいこくか》し居《お》りたりしなり、而《しか》して余《よ》は米國人《べいこくじん》に對《たい》して尠《すく》なからざる恩義《おんぎ》を有《ゆう》する者《もの》、何《なに》を好《この》んで彼《かれ》に私刑《しけい》を加《くわ》ふるが如《ごと》き非情《ひじよう》を敢《あ》へてし得《え》んや、而《しか》も余《よ》が今茲《いまここ》に米國《べいこく》の假面《かめん》を忌憚《きたん》なく剝奪《はくだつ》し、其正體《そのしようたい》を有《あ》りのまゝ公開《こうかい》する所以《ゆえん》のものは、事我皇國《ことわがこうこく》の運命《うんめい》に係《かか》はる重大問題《じゆうだいもんだい》にして、所謂大義親《いわゆるたいぎおや》を滅《めつ》するの途《と》に出《い》でたるのみ。

行《ゆ》きて基督教會堂《きりすときようかいどう》の門《もん》を過《す》ぐれば、
わがやまとの國《くに》の友《とも》
自由《じゆう》の郷《さと》アメリカ
星《ほし》をゑがきし其旗《そのはた》
神《かみ》の御子《みこ》へのしるべ。

無邪氣《むじやき》なる日曜學校《にちようがつこう》の生徒等《せいとら》が調《しら》べ鮮《あざや》かに歌《うた》ひ居《お》るを聞《き》くべし、作者《さくしや》は米國人《べいこくじん》なり、歌《うた》ふ者《もの》は日本《にほん》の少年少女《しようねんしようじよ》なり、借問《しやもん》す、米國《べいこく》果《はた》して我友邦《わがゆうほう》なりや、米國《べいこく》果《はた》して自由郷《じゆうきよう》なりや、而《しか》して其星條旗《そのせいじようき》は果《はた》して基督《きりすと》の聖旨《せいし》を奉體《ほうたい》するものなりや。

愚弄《ぐろう》と威嚇《いかく》の文辭《ぶんじ》にて綴《つづ》られたる國書《こくしよ》を齎《もた》らし、併《あわ》せて白旗《しろはた》を方物中《ほうぶつちゆう》に交《まじ》へ來《きた》れるペルリ提督《ていとく》は果《はた》して親日主義《しんにちしゆぎ》の人《ひと》なりしや、香港占領《ほんこんせんりよう》に味《あじ》を占《し》めたる英國《えいこく》必《かなら》ずや次《つ》ぎに日本《にほん》に迫《せま》るべしとの威文《おどしもん》句《く》を並《なら》べて我當局《わがとうきよく》を惱《なや》ましたるハルリス總領事《そうりようじ》は果《はた》して親日主義《しんにちしゆぎ》の人《ひと》なりしや、而《しか》して米國《べいこく》は何等《なんら》侵略《しんりやく》の意《い》なくして浦賀《うらが》に軍艦《ぐんかん》を進《すす》めたるや否《いな》や、余《よ》は今此等《いまこれら》の祕密《ひみつ》を發《あば》くの必要《ひつよう》を認《みと》めず、唯米國《ただべいこく》の正體《しようたい》を明《あきら》かにするを得《あたわ》ば米國《べいこく》の對日精神《たいにちせいしん》は自《おの》づから諒解《りようかい》せらるべきなり。

第一節　米國《べいこく》は如何《いか》にして發見《はっけん》せられしや

余《よ》は帽子《ぼうし》を脱《ぬ》がしめて其禿頭《そのとくとう》を發《あば》き、又靴《またくつ》を脱《ぬ》がしめて其義足《そのぎそく》なるを發《あば》くが如《ごと》き局部的細工《きょくぶてきさいく》を弄《ろう》して米國《べいこく》の非點《ひてん》を數《かぞ》へんとするものに非《あら》ず、卽《すなわ》ち茲《ここ》に讀者《どくしゃ》の前《まえ》に米國《べいこく》を全然裸體《ぜんぜんらたい》となし、其正體如何《そのしょうたいいかん》を世上《せじょう》に曝露《ばくろ》し、其言《そのい》ふ所《ところ》果《はた》して其心《そのこころ》なりや、其說《そのと》く所《ところ》果《はた》して其足跡《そのそくせき》なりや、素性《すじょう》果《はた》して如何《いかが》、教養《きょうよう》果《はた》して如何等《いかんとう》を忌憚《きたん》なく明示《めいじ》せんと欲《ほっ》し、先《ま》づ其國土《そのこくど》の發見《はっけん》より述《の》ぶべし。

米大陸《べいたいりく》の發見《はっけん》は僅《わず》かに四百年前《よんひゃくねんまえ》のことにして、其發見者《そのはっけんしゃ》がコロンブスなることも何人《なんびと》も異議《いぎ》なき事《こと》なりとはいへ余《よ》は從來史上《じゅうらいしじょう》に見《あら》はれざる事實《じじつ》を述《の》べて其素性《そのすじょう》を明《あきら》かにすべし、近次米國發見者《きんじべいこくはっけんしゃ》はコロンブスに非《あら》ずして、實《じつ》は探險司令船《たんけんしれいせん》サンタ・マリヤ號《ごう》の水先案內《みずさきあんない》を勤《つと》めたる西班牙黒奴《すぺいんこくど》ピイトロ・アレンソなりとて、彼《かれ》の功績《こうせき》を表彰《ひょうしょう》すべく、華府《わしんとん》に二十五萬弗《にじゅうごまんどる》の銅像《どうぞう》を建立《こんりゅう》すべしとの建議《けんぎ》を議會《ぎかい》に提出《ていしゅつ》せるものあり、卽《すなわ》ちイリノイ州選出議員《しゅうせんしゅつぎいん》マデンにして、千九百二十二年六月十日發行《せんきゅうひゃくにじゅうにねんろくがつとおかはっこう》のワシントン・ポストは、「コロンブスの水先案內者記念碑二十五萬弗《みずさきあんないしゃきねんひにじゅうごまんどる》」と題《だい》して大《おおい》に之《これ》を論《ろん》じたりしが、之《これ》に對《たい》し同年七月發行米國《どうねんしちがつはっこうべいこく》フリーメーソンリー機關雜誌《きかんざっし》ニウエーヂに於《お》いてベールド（第三十三級《だいさんじゅうさんきゅう》）なる最高《さいこう》メーソンは酷評《こくひょう》を試《こころ》みたる上《うえ》、「今日何《こんにちなに》を苦《くる》しんでバヘーマスの發見者《はっけんしゃ》は猶太人《ゆだやじん》コロンブスに非《あら》ずして天主教《てんしゆきよう》の一黑奴《いちこくど》なりと云《い》はんとするか」と結論《けつろん》せるは頗《すこぶ》る興味《きようみ》あることなりとす。

紐育市中央公園《にゆーよーくしちゆうおうこうえん》に赴《おもむ》きて若《も》しコロンブスの銅像《どうぞう》を見落《みおと》したる者《もの》あらば彼《かれ》は米國觀光《べいこくかんこう》の明《めい》なきもの、又米國視察《またべいこくしさつ》の智《ち》なきものと謂《い》ふべし、言《い》ふまでもなくコロンブスは亞米利加發見者《あめりかはつけんしや》として史上《しじよう》に知《し》られつゝあるも紀元一千年《きげんいつせんねん》の頃《ころ》グリーンランド植民地《しよくみんち》より歸國《きこく》せんとして、那威人《のるうえーじん》レーフ・エリクソンの一行《いつこう》が米大陸《べいたいりく》に漂着《ひようちやく》し、ウアインランドと命名《めいめい》したる事《こと》あるのみならず。コロンブスの發見《はつけん》に先《さき》だつこと四年即《よねんすなわ》ち一千四百八十八年《いつせんよんひやくはちじゆうはちねん》に葡萄牙《ぽるとがる》の航海者《こうかいしや》デアツは喜望峰《きぼうほう》に第二回《だいにかい》の航海《こうかい》を爲《な》したる事實《じじつ》あり、加之《しかのみならず》コロンブスは米大陸《べいたいりく》を發見《はつけん》したるも彼《かれ》は之《これ》を以《もつ》て新大陸《しんたいりく》なりと思《おも》はず、彼《かれ》の豫想《よそう》せるが如《ごと》く印度《いんど》なりと信《しん》じて永眠《えいみん》したるが故《ゆえ》に、コロンブスは何《いず》れよりするも最初《さいしよ》の發見者《はつけんしや》に非《あら》ずと斷《だん》ずるものあり、されど余《よ》は米國人《べいこくじん》に由《よ》りて承認《しようにん》せられたる史實《しじつ》に由《よ》りてコロンブスを以《もつ》て米國發見者《べいこくはつけんしや》なりとし彼《かれ》の發見當時《はつけんとうじ》の祕史《ひし》を繙《ひもと》きて讀者《どくしや》に示《しめ》さんとす。

米國發見者《べいこくはつけんしや》クリストフアー・コロンブスは實名《じつめい》をクリストバル・コロンと稱《しよう》し、西班牙種《すぺいんしゆ》なるも彼《かれ》の母《はは》フオンタナロザは純粋《じゆんすい》の猶太人《ゆだやじん》なり、父《ちち》ドミンゴ・コロンは不明《ふめい》なるもコロンなる猶太人甚《ゆだやじんはなは》だ多《おお》きを見《み》れば彼亦猶太人《かれまたゆだやじん》にてありしならんか、而《しか》して記録《きろく》の示《しめ》す所《ところ》に由《よ》れば彼《かれ》は猶太人《ゆだやじん》として西北部《せいほくぶ》西班牙《すぺいん》ガリシヤのポンテヴエドフに生《うま》れたるも當時猶太人排斥熱甚《とうじゆだやじんはいせきねつはなは》だ昂上《こうじよう》し居《お》りしが故《ゆえ》にコロンブスの素性《すじよう》は不明《ふめい》のまゝ傳《つた》へられたりしものの如《ごと》し、而《しか》してコロンブスの第一航海《だいいちこうかい》に當《あた》り、其資金《そのしきん》は教會《きょうかい》より提供《ていきょう》せられたるが如《ごと》く言《い》ひ傳《つた》へられしは無根《むこん》なりしのみならず、教會《きょうかい》は反《かえ》つて彼《かれ》の事業《じぎょう》に同情《どうじょう》を有《ゆう》し居《お》らざりし事明《ことあきら》かにして、一行中《いっこうちゅう》には一名《いちめい》の僧侶《そうりょ》をも參同《さんどう》し居《お》らざりしを見《み》ても之《これ》を知《し》るべし。然《さ》らば彼《かれ》をして其壯擧《そのそうきょ》に向《むか》つて自由《じゆう》を與《あた》へたるは何人《なんびと》なるやと云《い》へば、直接《ちょくせつ》にも亦間接《またかんせつ》にも彼《かれ》は猶太人《ゆだやじん》の後援者及《こうえんしゃおよび》指導《しどう》を受《う》けたるものにして、卽《すなわ》ち間接《かんせつ》には星學《せいがく》の泰斗《たいと》エヅラに學《まな》び、直接《ちょくせつ》には同《おな》じく猶太人《ゆだやじん》の發明《はつめい》に係《かか》る天文《てんもん》氣象及《きしょうおよび》航海《こうかい》に關《かん》する諸用具《しょようぐ》、例《たと》へばゲルソンの四分儀《しぶんぎ》、ザクトの緯度《いど》測量機及《そくりょうきおよび》萬年暦等《まんねんごよみとう》に由《よ》つて其所志《そこころざし》の大半《たいはん》を成《な》したるは彼自身《かれじしん》の日記《にっき》にて之《これ》を知《し》るべきが、之《これ》がために莫大《ばくだい》の費用《ひよう》を供給《きょうきゅう》せるは王室收稅官兼《おうしつしゅうぜいかんけん》ヴァレンチヤ商業會議所長《しょうぎょうかいぎしょちょう》たりしルイス・ド・サンタンゲルを始《はじ》めとして、大藏大臣《おおくらだいじん》ガブリエル・サンチズ及出納官《およびすいとうかん》ユアン・カブレロ等《ら》にして、彼等《かれら》は新大陸發見《しんたいりくはっけん》に由《よ》りて生《しょう》ずべき大利權《だいりけん》を說《と》き、女王《じょおう》イサベラを動《うご》かしたりしが、當時西班牙國《とうじすぺいんこく》の財政疲弊困憊《ざいせいひへいこんぱい》の絕頂《ぜっちょう》なりしかば、女王《じょおう》は已《や》むなく自己《じこ》の裝飾品《そうしょくひん》を典《てん》してコロンブスを後援《こうえん》すべしとまで痛《いた》く共鳴《きょうめい》せしが故《ゆえ》に、サンタンゲルは卽《すなわ》ち自己《じこ》の囊中《のうちゅう》より約三十萬圓《やくさんじゅうまんえん》の金額《きんがく》を提供《ていきょう》し、無利子《むりし》を以《もつ》て王室出納所《おうしつすいとうしょ》に貸與《たいよ》し、千四百九十一年《せんよんひゃくきゅうじゅういちねん》四月三十日《しがつさんじゅうにち》、コロンブスは王室代表《おうしつだいひょう》コロマ（猶太人《ゆだやじん》）と契約《けいやく》の調印《ちょういん》を了《りょう》し、同年八月三日《どうねんはちがつみっか》三隻《さんせき》より成《な》る探險艦隊《たんけんかんたい》を率《ひき》ゐて彼《かれ》は第一航海《だいいちこうかい》に向《むか》ひたるものにして、乘組員一百二十名中《のりくみいんいっぴゃくにじゅうめいちゅう》、猶太人《ゆだやじん》は僅《わず》かに六名《ろくめい》なりしも、希伯來語《へぶらいご》、カルデヤ語及《ごおよび》アラビヤ語《ご》に通《つう》ずるルイス・デ・トーレスあり、スロンツオデ・ラ・カレあり、大藏大臣《おおくらだいじん》の緣者《えんじゃ》なるロドリゴ・サンチズあり、彼《かれ》は女王《じよおう》の命《めい》にて特《とく》に乗組《のりく》みたるものにして、此外《このほか》マルコ及《および》ベルナルの兩醫師《りよういし》あり、何《いず》れも重要任務《じゆうようにんむ》に就《つ》きたるものなりしが、千四百九十三年九月二十五日《せんよんひやくきゆうじゆうさんねんくがつにじゆうごにち》、カデズを出帆《しゆつぱん》せる第二探險艦隊費《だいにたんけんかんたいひ》の如《ごと》きは、全然猶太人《ぜんぜんゆだやじん》の膏血《こうけつ》を絞《しぼ》りたるものにして、卽《すなわ》ち西班牙《すぺいん》を追《お》はれて葡萄牙《ぼるとがる》に避難《ひなん》せるものの財産《ざいさん》を始《はじ》め、改宗《かいしゆう》して居殘《いのこ》りたるものの財産《ざいさん》すら尙《な》ほ徵發《ちようはつ》せられ、十萬《じゆうまん》マラヴエデスを得《え》たるコロンブスは、最初《さいしよ》に陸地《りくち》を發見《はつけん》したるものに一萬圓《いちまんえん》を與《あた》ふべしとの懸賞《けんしよう》を附《ふ》して航海熱《こうかいねつ》を煽《あお》りたり、然《しか》るにコロンブスの不法徵發《ふほうちようはつ》は少《すく》なからず猶太人《ゆだやじん》の感情《かんじよう》を害《そこな》ひ、殊《こと》に船醫《せんい》ベルナルの反感《はんかん》は彼《かれ》に取《と》りて多大《ただい》の痛苦《つうく》なりしかば、彼《かれ》はサンタンゲル及《および》サンチズ等《ら》の仲裁《ちゆうさい》を求《もと》め、漸《ようや》く後顧《こうこ》の憂《うれい》を脫《だつ》して出帆《しゆつぱん》したるものにして、第二航海《だいにこうかい》は全《まつた》く猶太人《ゆだやじん》の獨舞臺《ひとりぶたい》にてありしなり。

米國《べいこく》の發見《はつけん》に關《かん》してはコロンブス以前《いぜん》に、第十世紀《だいじゆつせいき》の頃《ころ》にスカンデナビヤ人《じん》の神祕的發見談《しんぴてきはつけんだん》あるも先《ま》づコロンブスを以《もつ》て發見者《はつけんしや》と見《み》ざるべからず、又《また》コロンブスに次《つ》いで千四百九十七年《せんよんひやくきゆうじゆうななねん》に英國《えいこく》はニウフアウンドランドを、又千五百年《またせんごひやくねん》には葡萄牙《ぼるとがる》はラブラドールを發見《はつけん》したるも、米國發見《べいこくはつけん》の功《こう》は先《ま》づコロンブスに歸《き》せざるべからず、而《しか》してコロンブス彼《か》れ自身《じしん》は猶太人《ゆだやじん》なるのみならず、右《みぎ》に述《の》べたるが如《ごと》く米國發見《べいこくはつけん》に關《かん》する殆《ほと》んど凡《すべ》ての準備《じゆんび》は猶太人《ゆだやじん》の手《て》にて爲《な》されたるものなるを知《し》らば、米《べい》國《こく》の發見《はつけん》と米國人《べいこくじん》の祖先《そせん》とは何等關係《なんらかんけい》なき事《こと》にして、米國史《べいこくし》は天降《あまくだ》れる猶太人《ゆだやじん》に依《よ》りて所謂神代史《いわゆるじんだいし》を綴《つづ》り始《はじ》めたるものといふべし。

而《しか》して米國《べいこく》の國土所有權《こくどしよゆうけん》は新發見者各勝手《しんはつけんしやかくかつて》に之《これ》を獲取《かくしゆ》せるも、若《も》し土人《どじん》にして實力《じつりよく》ありしならんには歐羅巴《よーろつぱ》の侵略者《しんりやくしや》を撃退《げきたい》し得《え》たりしならんが、憐《あわ》れなる土人《どじん》は文化《ぶんか》の度《ど》に於《お》いて固《もと》より白人《はくじん》に敵《てき》しうべくもあらず、見《み》す〱城《しろ》を明渡《あけわた》したるものなれども、若《も》し米國《べいこく》の所有權《しよゆうけん》は土人《どじん》にありと假定《かてい》すれば茲《ここ》に又新《またあた》らしき興味生《きようみしよう》じ來《きた》るべし。

元來土人《がんらいどじん》とはいへ土着《どちやく》の人民《じんみん》に非《あら》ずして漂流者《ひようりゆうしや》の群《ぐん》なることは言《い》ふまでもなき事《こと》ながら、クロンウエル當時《とうじ》の記者《きしや》として名《な》ありし和蘭猶太人《おらんだゆだやじん》アントニオ・ド・モンテチノスが、米國土人《べいこくどじん》につき實地《じつち》調査《ちようさ》したる所《ところ》に由《よ》れば、米國土人《べいこくどじん》は何支族《なにしぞく》に屬《ぞく》するやは不明《ふめい》なるも、明《あき》らかにイスラエル民族中《みんぞくちゆう》の行《ゆく》衞不明《えふめい》なる十支族《じゆうしぞく》の中《なか》の一支族《いちしぞく》の子孫《しそん》に相違《そうい》なしとの說《せつ》を發表《はつぴよう》するや、猶太人間《ゆだやじんかん》に米國研究熱《べいこくけんきゆうねつ》大《おおい》に高《たか》まり、クロンウエルの補佐役《ほさやく》なりし大學者《だいがくしや》マナセ・ベン・イスラエルを始《はじ》めとし、ロルダン、ガルキヤ、スローグツド、アデーヤ、キングスバラ卿等《きようら》何《いず》れもアントニオの說《せつ》を是認《ぜにん》せり。

勿論右《もちろんみぎ》は未《いま》だ臆說《おくせつ》にして、今日《こんにち》の世界《せかい》の學者間《がくしやかん》に何等斷定《なんらだんてい》なしといへども、斷定《だんてい》せざるは之《これ》を疑《うたが》ふが故《ゆえ》に非《あら》ずして、今日《こんにち》まで此方面《このほうめん》に多《おお》く興味《きようみ》を惹起《じやつき》し居《お》らざりしが故《ゆえ》なり、而《しか》も近來猶太人《きんらいゆだやじん》の擡頭《たいとう》と共《とも》に必《かなら》ずや行衞不明《ゆくえふめい》の十支族《じゆうしぞく》に關《かん》する研究《けんきゆう》は熱《ねつ》し來《きた》るべきを以《もつ》て、米國土人《べいこくどじん》の素性亦明《すじようまたあき》かとなる日《ひ》餘《あま》り遠《とお》からざるべし、何《いず》れにもせよ米國史《べいこくし》の序文《じよぶん》は猶太人《ゆだやじん》の手《て》に成《な》りしものなるが、コロンブスの米《べい》國發見《こくはつけん》は當《あて》もなき絕望《ぜつぼう》の漂流《ひようりゆう》に非《あら》ずして、支那又《しなまた》は印度《いんど》に到着《とうちやく》すべしとの確乎《かつこ》たる信念《しんねん》は當時《とうじ》の猶太科學者間《ゆだやかがくしやかん》に抱《いだ》かれ居《お》りしものなる以上《いじよう》、必《かなら》ずや一定《いつてい》の目的《もくてき》ありたりしを推量《すいりよう》しうべし、さればこそ、離散《りさん》と共《とも》に多數《たすう》の一團《いちだん》が地中海《ちちゆうかい》の西咽喉《にしいんこう》を扼《やく》し、且《か》つ歐羅巴《よーろつぱ》の主要角《しゆようかく》を握《にぎ》り、西太西洋《にしたいせいよう》を隔《へだ》て、支那《しな》及《および》印度《いんど》と相對《あいたい》する地利《ちり》を有《ゆう》する西班牙《すぺいん》に向《むか》つて移住《いじゆう》したりしなり、蓋《けだ》し將來《しようらい》の大發展《だいはつてん》を豫期《よき》したればなり。

而《しか》して支那《しな》又《また》は印度《いんど》に到着《とうちやく》すべしと信《しん》じたりしは誤《あやま》りなりしも、之《これ》がために新《あら》たなる一大陸《いちたいりく》を發見《はつけん》したるものなるが、已《すで》に極東《きよくとう》に眼《め》を注《そそ》ぎたる猶太人《ゆだやじん》、如何《いか》で此新大陸《このしんたいりく》を閑却《かんきやく》せんや。

當時《とうじ》の猶太人《ゆだやじん》は、英國《えいこく》を開放《かいほう》せしむれば必《かなら》ず猶太人《ゆだやじん》の天下《てんか》となるべし、との確信《かくしん》を有《ゆう》し居《お》りしものにして、マナセの如《ごと》きは、猶太人《ゆだやじん》が英國《えいこく》に歸還《きかん》せばメシヤ必《かなら》ず降《くだ》らん、とまで豪語《ごうご》し居《お》りしなり、されば如何《いか》にもして英國《えいこく》を解放《かいほう》せしめざるべからずとは全歐《ぜんおう》に散在《さんざい》せる猶太人《ゆだやじん》の熱心《ねつしん》なる祈願《きがん》にてありしなり、於茲乎《ここにおいてや》、新大陸《しんたいりく》は猶太人《ゆだやじん》のために大《おおい》に利用《りよう》せらるべきものとなりたるも、今日《こんにち》まで此祕史《このひし》につきては未《いま》だ一人《ひとり》も公《おおやけ》にせしことなかりしなり、余《よ》は追次之《ついじこれ》を説明《せつめい》すべし。

第二節　米國《べいこく》は如何《いか》にして開拓《かいたく》せられしや

近《ちか》き將來《しようらい》に於《お》いて祖國《そこく》パレステナを復興《ふつこう》せしめ能《あた》はずば、別天地《べつてんち》に假《か》りに雌伏《しふく》の必要《ひつよう》ありとなしたる猶太人《ゆだやじん》は、新大陸發見《しんたいりくはつけん》と共《とも》に潮《しお》の如《ごと》くに之《これ》に移住《いじゅう》を試《こころ》み、暫《しば》らく自由《じゆう》の呼吸《こきゅう》に由《よ》つて他日《たじつ》の機會《きかい》を待《ま》ちつゝありしなり。

幸《こう》か不幸《ふこう》か、新大陸發見《しんたいりくはつけん》と同時《どうじ》に西班牙《すぺいん》及《および》葡萄牙《ぽるとがる》等《とう》より追放《ついほう》せられたる六《ろく》、七十萬《ななじゅうまん》の猶太人等《ゆだやじんら》は、暴戻慘忍《ぼうれいざんにん》なる他教徒《たきょうと》の治下《ちか》に犬死《いぬじに》せんよりはと競《きそ》ふて新大陸《しんたいりく》に雄飛《ゆうひ》を計《はか》りたりしかば、米國當初《べいこくとうしょ》の移《い》民《みん》、殊《こと》に南米《なんべい》及《および》中米《ちゅうべい》の移民《いみん》の如《ごと》きは殆《ほと》んど猶太人《ゆだやじん》のみにてありしなり、而《しか》してブラジル、クラカオ及《および》西印度《にしいんど》等《とう》に移住《いじゅう》せるもの等《ら》は更《さら》に北進《ほくしん》して北米《ほくべい》に移住《いじゅう》したるものなるが、猶太人《ゆだやじん》に同情《どうじょう》ある和蘭《おらんだ》が西印度會社《にしいんどがいしゃ》を創設《そうせつ》するや、兩者間《りょうしゃかん》に多大《ただい》の相互援助《そうごえんじょ》ありき、千六百二十四年《せんろっぴゃくにじゅうよねん》和蘭《おらんだ》がブラジル征略《せいりゃく》に成功《せいこう》せるは主《しゅ》として猶太人《ゆだやじん》の援助《えんじょ》ありしがためなり、而《しか》して二十年間《にじゅうねんかん》、和蘭猶太人《おらんだゆだやじん》の移住者《いじゅうしゃ》亦《また》甚《はなは》だ多《おお》かりしが、千六百五十四年《せんろっぴゃくごじゅうよねん》ブラジル復興《ふっこう》のため、同國《どうこく》の猶太人等《ゆだやじんら》は何《いず》れも西印度《にしいんど》及《および》北米方面《ほくべいほうめん》に轉住《てんじゅう》せり。

而《しか》して千六百五十四年七月八日《せんろっぴゃくごじゅうよねんしちがつようか》ヤコブ・バルシモンは和蘭《おらんだ》よりベヤートリー號《ごう》にてニウアムステルダムに着《ちゃく》し、次《つ》いで同年《どうねん》セントキヤタリナ號《ごう》にて他《た》の一行《いっこう》二十三名《にじゅうさんめい》は南米《なんべい》より來着《らいちゃく》し、猶太植民《ゆだやしょくみん》地《ち》を開《ひら》かんとせしに、時《とき》の和蘭知事《おらんだちじ》はブラジルの失敗《しっぱい》を以《もっ》て猶太人《ゆだやじん》の罪《つみ》なりとし、猶太人《ゆだやじん》の移住《いじゅう》を歡《かん》迎《げい》せざりしが、會堂《かいどう》を建設《けんせつ》せずとの條件附《じょうけんつき》にて許可《きょか》せられたり、而《しか》して居住《きょじゅう》を許可《きょか》せらるゝや否《いな》や、彼等《かれら》は逸早《いちはや》くも西印度方面《にしいんどほうめん》、殊《こと》にクラカオ、セントトマス及《および》ジヤマイカ等《とう》を始《はじ》め、ホドソン及《および》デラウエヤ兩河沿岸《りようかえんがん》、ロードアイランド等《とう》より、延《ひ》いて英國《えいこく》、和蘭《おらんだ》、マデイラ、葡萄牙《ぽるとがる》等《とう》と交易《こうえき》を開始《かいし》し、十八世紀《じゆうはつせいき》の初頭《しよとう》に於《お》いてはシモンの奴隷船《どれいせん》はゲニヤより定期入港《ていきにゆうこう》し、又《また》ルイス・ゴメツの小麥船《こむぎせん》は甚《はなは》だ大規模《だいきぼ》のものにして、ゴメツ家《け》は爾來《じらい》ニウヨルク商權《しようけん》に霸《は》を稱《たた》へ居《お》りしが、ヨセフ・ブエノ亦《また》十七世紀末《じゆうななせいきまつ》には已《すで》に仲買業《なかがいぎよう》の牛耳《ぎゆうじ》を執《と》り、千七百年時《せんななひやくねんじ》の知事《ちじ》ペロモン卿《きよう》をして、猶太商人《ゆだやしようにん》の資金《しきん》調達《ちようたつ》なかりせば余《よ》は失敗《しつぱい》に終《おわ》りしならん、と報告《ほうこく》せしめたりき。

千七百〇五年《せんななひやくごねん》、ヨセフ・ブエノ、アブラハム・ド・ルセナ及《および》サムエル・レヴイ等《とう》の猶太人率先《ゆだやじんそつせん》し、當時《とうじ》の有力《ゆうりよく》なる商業家六十六名連署《しようぎようかろくじゆうろくめいれんしよ》し、外國爲替換算率《がいこくかわせかんさんりつ》を定《さだ》められたしとの請願書《せいがんしよ》を提出《ていしゆつ》し、千《せん》七百七十年紐育商業會議所認可《ななひやくななじゆうねんにゆーよーくしようぎようかいぎしよにんか》せられしが、副知事《ふくちじ》コルドンより之《これ》を受領《じゆりよう》せる委員中《いいんちゆう》にサンプソン・シムソンあり、其後千七百九十二年《そのごせんななひやくきゆうじゆうにねん》に至《いた》るやベンジヤミン・ゼーキサス及《および》エフラム・ハート等《ら》の猶太人主唱《ゆだやじんしゆしよう》し紐育取引所《にゆーよーくとりひきじよ》を設立《せつりつ》せり。

而《しか》して英佛兩軍米國《えいふつりようぐんべいこく》に戰《たたか》ふや、紐育《にゆーよーく》のヤコブ・フランクスはコールブルツク、ネスビツト及《および》フラングス等《ら》の猶太富豪《ゆだやふごう》より成《な》る英國《えいこく》シンヂゲートと提携《ていけい》して、英國軍《えいこくぐん》のために百五十萬圓《ひやくごじゆうまんえん》を調達《ちようたつ》したるほど、フランクス家《け》は紐育《にゆーよーく》に於《お》ける大富豪《だいふごう》にして、實《じつ》に十八世紀間紐育《じゆうはつせいきかんにゆーよーく》の金權《きんけん》を掌握《しようあく》し居《お》りしが、尚《な》ほレヴイ、アスター、シムソン等《ら》何《いず》れも商業界《しようぎようかい》の主要人物《しゆようじんぶつ》にてありしなり。

紐育《にゆーよーく》がニウアムステルダムと呼《よ》ばれし頃《ころ》、卽《すなわ》ち十七世紀《じゆうななせいき》の半《なか》ばに於《お》いて、和蘭官憲《おらんだかんけん》は猶太人《ゆだやじん》に土《と》地所有權《ちしょゆうけん》を與《あた》へざりしが、快漢《かいかん》アセル・レヴィなるもの現《あら》はれ、六年間官權《ろくねんかんかんけん》と相爭《あいあらそ》ひ遂《つい》に土地所有權《とちしょゆうけん》を獲得《かくとく》するに到《いた》りしかば、彼《かれ》は猶太人《ゆだやじん》として眞先《まつさき》に大地主《おおじぬし》となりたるものなるが、彼《かれ》が所有《しょゆう》せし所《ところ》は今《いま》のアルバニーなりと云《い》ふ、之《これ》と同時《どうじ》にアブラハム・ド・ルセナは墓地所有權《ぼちしょゆうけん》を強請《きょうせい》して千六百五十六年七月十四日《せんろっぴゃくごじゅうろくねんしちがつじゅうよっか》遂《つい》に其望《そののぞみ》を達《たつ》したるが、千六百六十四年《せんろっぴゃくろくじゅうよねん》に至《いた》り、ニウアムステルダムは英國《えいこく》のために侵略《しんりゃく》せられてニウヨルクと改稱《かいしょう》せし以來《いらい》、從來會堂《じゅうらいかいどう》を有《ゆう》せず私《ひそ》かに集會《しゅうかい》を保《たも》ちつゝありし彼等《かれら》は、半公會式《はんこうかいしき》に會合《かいごう》せることとなり、千六百八十二年《せんろっぴゃくはちじゅうにねん》にミル街《がい》に假會堂《かりかいどう》を設《もう》け、千七百二十九年《せんななひゃくにじゅうきゅうねん》本會堂《ほんかいどう》を新築《しんちく》せり。

之《これ》に先立《さきだ》つこと二年《にねん》、卽《すなわ》ち千七百二十七年十一月十五日《せんななひゃくにじゅうななねんじゅういちがつじゅうごにち》、ニウヨルク會議《かいぎ》は、猶太人《ゆだやじん》にして英國臣民《えいこくしんみん》の宣誓《せんせい》をなすに當《あた》り、「キリスト教徒《きょうと》の眞正《しんせい》なる信仰《しんこう》」云々《うんぬん》の一句《いっく》を除《のぞ》くも不可《ふか》なしとの決議《けつぎ》を見《み》るに至《いた》れり、これ猶太人《ゆだやじん》に取《と》りては重大問題《じゅうだいもんだい》にして之《これ》に由《よ》りて如何《いか》に彼等《かれら》が活動《かつどう》せるかを知《し》るべし。

而《しか》して彼等《かれら》は衣食住《いしょくじゅう》よりも先《ま》づ會堂及學校《かいどうおよびがっこう》の設立《せつりつ》に腐心《ふしん》するものなるが故《ゆえ》に、彼等《かれら》がニウヨルクに創立《そうりつ》せる普通學校《ふつうがっこう》は、米國《べいこく》に於《お》ける最古學校《さいこがっこう》の一《いち》に數《かぞ》へられ居《い》るなり、而《しか》して千八百三十八年《せんはっぴゃくさんじゅうはちねん》費府《ふいらでるふぃあ》に日曜學校《にちようがっこう》を起《おこ》し、後《のち》に之《これ》を全國《ぜんこく》に及《およ》ぼしたりしが、之《こ》れ教會附屬《きょうかいふぞく》の日曜學校《にちようがっこう》と全《まった》く系統《けいとう》を異《こと》にしたるものにして、千八百四十年《せんはっぴゃくよんじゅうねん》モルデカイ・ノアは希伯來大學《へぶらいだいがく》の創立《そうりつ》を力說《りきせつ》し、千八百六《せんはっぴゃくろく》十四年《じゆうよねん》ニウヨルクに希伯來學校協會《へぶらいがつこうきようかい》なるものの設立《せつりつ》せられ、各州各地《かくしゆうかくち》に自由學校《じゆうがつこう》を起《おこ》し大《おおい》に教育《きよういく》に力《つと》めたりしも、猶太人《ゆだやじん》の總數甚《そうすうはなは》だ少《すく》なかりしが故《ゆえ》に統計上見《とうけいじようみ》るべき成績《せいせき》なかりしとはいへ、彼等《かれら》の進取的事業《しんしゆてきじぎよう》は少《すく》なからず非猶太人《ひゆだやじん》を激勵《げきれい》したるは事實《じじつ》なり。

而《しか》も彼等《かれら》は唯生活《ただせいかつ》の安逸《あんいつ》を求《もと》めんとするが如《ごと》き柔弱《にゆうじやく》なるものにあらずして、何物《なにもの》をか得《あたわ》ざれば止《とど》まざるの氣慨《きがい》ありたりしが故《ゆえ》に、移民《いみん》とはいへ恰《あたか》も屯田兵《とんでんへい》の如《ごと》きものにして、半《なか》ば農業《のうぎよう》に半《なか》ば軍事《ぐんじ》に意《い》を用《もち》ひたりしものの如《ごと》く、千六百二十四年《せんろつぴやくにじゆうよねん》ブラジル征服《せいふく》の如《ごと》き、千六百四十六年《せんろつぴやくよんじゆうろくねん》より千六百五十四年《せんろつぴやくごじゆうよねん》に至《いた》る葡軍邀撃《ぼぐんようげき》の如《ごと》き、又千六百八十九年及千七百十二年《またせんろつぴやくはちじゆうきゆうねんおよびせんななひやくじゆうにねん》の二回《にかい》に亘《わた》りてスリナムを襲撃《しゆうげき》せる佛國海軍《ふつこくかいぐん》に對《たい》し頑强《がんきよう》に防戰《ぼうせん》せるが如《ごと》き、又千六百九十年及千七百七十一年《またせんろつぴやくきゆうじゆうねんおよびせんななひやくななじゆういちねん》の黑奴反亂鎭壓《こくどはんらんちんあつ》の如《ごと》き、何《いず》れも猶太軍隊《ゆだやぐんたい》の勇武《ゆうぶ》を示《しめ》したるものにして、カナダに於《お》ける最初《さいしよ》の猶太植民亦屯田兵式《ゆだやしよくみんまたとんでんへいしき》のものにてありき。

米國《べいこく》の開拓《かいたく》と共《とも》に英政府《えいせいふ》の對猶方針亦大《たいゆほうしんまたおおい》に革《あらた》まり來《きた》り、千六百六十三年《せんろつぴやくろくじゆうさんねん》にはルンブロゾ博士《はくし》はメリーランドに歸化《きか》を許《ゆる》されて先例《せんれい》を開《ひら》き、千六百七十年《せんろつぴやくななじゆうねん》にはジヤマイカ知事《ちじ》サー・トマス・リンチは各宗派《かくしゆうは》に對《たい》する一視同仁令《いつしどうじんれい》を發布《はつぷ》し、次《つ》いで千六百八十三年《せんろつぴやくはちじゆうさんねん》歸化自由令《きかじゆうれい》を發布《はつぷ》し、バルバドスに於《お》いても猶太教式《ゆだやきようしき》にて誓約自由《せいやくじゆう》となり、更《さら》に前述《ぜんじゆつ》の如《ごと》く千七百二十七年《せんななひやくにじゆうななねん》ニウヨルク總會議《そうかいぎ》に於《お》いて宣誓文中《せんせいぶんちゆう》より『基督教徒《きりすときようと》の眞正《しんせい》なる信仰《しんこう》に於《お》いて』云々《うんぬん》の一句《いつく》を猶太人《ゆだやじん》に限《かぎ》り削除《さくじよ》しうる事《こと》を決議《けつぎ》したるが、千七百四十年《せんななひやくよんじゆうねん》英國議會《えいこくぎかい》に歸化法《きかほう》を可決《かけつ》し猶太人《ゆだやじん》の歸化權《きかけん》を承認《しようにん》せしかば、之《これ》がために、ジヤマイカに於《お》いては百五十一名《ひやくごじゆういちめい》、ニウヨルク二十四名《にじゆうよんめい》、ペンシルバニヤ九名《きゆうめい》、メリーランド四名《よんめい》、南《みなみ》キヤロライナ一名《いちめい》、計百八十九名《けいひやくはちじゆうきゆうめい》の猶太人《ゆだやじん》は直《ただ》ちに歸化《きか》する事《こと》となれり。

斯《か》くの如《ごと》く猶太人《ゆだやじん》は漸次解放《ぜんじかいほう》せられたりしも、到底彼等《とうていかれら》の期待《きたい》を滿《み》たすに足《た》らず、從《したが》つて十分《じゆうぶん》の活動《かつどう》をなし得《え》ざりしかば、如何《いか》にかして米國《べいこく》を獨立《どくりつ》せしめ、以《もつ》て自由《じゆう》の手腕《しゆわん》を揮《ふる》はんとの心願《しんがん》は獨《ひと》り在米猶太人《ざいべいゆだやじん》のみに限《かぎ》らず、歐羅巴《よーろつぱ》の猶太人亦之《ゆだやじんまたこれ》に相應《あいおう》じ居《お》りたるは言《い》ふまでもなきことなりとす。

以上《いじよう》の如《ごと》き逆境《ぎやつきよう》にありて尚《な》ほ且《か》つ奮闘《ふんとう》し一歩《いつぽ》も他民族《たみんぞく》に讓《ゆず》るところなきのみか、寧《むし》ろ先《さき》んじ居《お》りたる猶太人《ゆだやじん》は、十八世紀《じゆうはつせいき》の米國《べいこく》の商業殊《しようぎようこと》に外國貿易《がいこくぼうえき》の中軸《ちゆうじく》となり、アロン・ロペズの如《ごと》きは獨立《どくりつ》戰爭以前《せんそういぜん》に已《すで》に三十隻《さんじゆつせき》の商船《しようせん》を有《ゆう》し居《お》りしといふ、而《しか》して土人《どじん》との交易《こうえき》は殆《ほと》んど猶太人《ゆだやじん》の獨占《どくせん》にして、從《したが》つてニウヨルクは彼等《かれら》の活動中心地《かつどうちゆうしんち》となりたるなり、之《これ》に加《くわ》へて株式取引所開設《かぶしきとりひきじよかいせつ》せられ、又《また》金融機關隨所《きんゆうきかんずいしよ》に設置《せつち》せらるゝに至《いた》りて猶太人《ゆだやじん》の活動《かつどう》は益々目覺《ますますめざ》ましきものとなり來《きた》れり、蓋《けだ》し猶太人《ゆだやじん》は他國民又《たこくみんまた》は他民族《たみんぞく》と異《こと》なり、到《いた》る處《ところ》に同族散在《どうぞくさんざい》し、且《か》つ同族間《どうぞくかん》の聯絡《れんらく》と信用極《しんようきわ》めて多大《ただい》なるが故《ゆえ》に、局面《きよくめん》の擴大《かくだい》するに從《したが》つて猶太人《ゆだやじん》の有利《ゆうり》となり、到底他民族《とうていたみんぞく》の競爭《きようそう》を許《ゆる》さゞるものあるがためなり、されば棉花《めんか》、煙草《たばこ》、寶石等《ほうせきとう》の如《ごと》きは全然猶太人《ぜんぜんゆだやじん》の專業《せんぎよう》となりたるなり。

又農業方面《またのうぎようほうめん》に於《お》いても甘蔗及葡萄等《かんしよおよびぶどうとう》の栽培《さいばい》は猶太人《ゆだやじん》に由《よ》りて開《ひら》かれたるものにして、種々《しゆじゆ》なる束縛《そくばく》の下《もと》にあつてすら其活動《そのかつどう》は注目《ちゆうもく》に値《あた》ひせりき。

殊《こと》に社交方面《しやこうほうめん》の如《ごと》き猶太人《ゆだやじん》は概《がい》して富有《ふゆう》なりしが故《ゆえ》に、倶樂部其他《くらぶそのた》の社交機關《しやこうきかん》の設備及利用《せつびおよびりよう》に於《お》いて基督教徒《きりすときようと》に優《まさ》り居《お》りしかば、基督教徒《きりすときようと》との間《あいだ》に常《つね》に意志疎通《いしそつう》の便《べん》ありし結果《けつか》、米國《べいこく》の猶太人《ゆだやじん》は基《きり》督教徒《すときようと》に對《たい》しては諸外國《しよがいこく》に於《お》けるが如《ごと》き反感又《はんかんまた》は敵愾心《てきがいしん》を有《ゆう》せず、ラビ・ヘイム・アイザツク・カリーゲルの如《ごと》きはエール大學總長《だいがくそうちよう》エズラ・スタイルスの親友《しんゆう》となり、ニウヨルクの猶太人教師《ゆだやじんきようし》ゲルシヨム・メンデス・ゼーキサスは監督教會經營《かんとくきようかいけいえい》コロンビヤ大學《だいがく》の理事《りじ》を勤《つと》むる事三十年《ことさんじゆうねん》に及《およ》び、又《また》監督教會《かんとくきようかい》の牧師《ぼくし》が猶太會堂《ゆだやかいどう》にて説教《せつきよう》する事《こと》すら珍《めず》らしからず、殊《こと》に注意《ちゆうい》すべきは猶太人《ゆだやじん》は當初《とうしよ》より一《いち》の祕密結社《ひみつけつしや》を組織《そしき》し居《お》りし事《こと》にして、彼《かれ》は之《これ》をオルダ！（Order 講社《こうしや》）と呼《よ》び、教育及社交《きよういくおよびしやこう》を目《もく》的《てき》とすと標榜《ひようぼう》せしが後年會堂建立許可《こうねんかいどうこんりゆうきよか》せらるゝや、此講社《このこうしや》は猶太青年會《ゆだやせいねんかい》と改稱《かいしよう》せられたり、而《しか》して此祕密結社《このひみつけつしや》は果《はた》して如何《いか》なるものにてありしや後《のち》に之《これ》を述《の》ぶべし。

以上《いじよう》は米國植民時代《べいこくしよくみんじだい》に於《お》ける猶太人《ゆだやじん》の活動一般《かつどういつぱん》を述《の》べたるものなるが固《もと》より之《これ》に由《よ》りて米國《べいこく》は開《かい》拓《たく》せられたりと放言《ほうげん》するに非《あら》ず、猶太人以外《ゆだやじんいがい》に多《おお》くの開拓者《かいたくしや》ありしは言《い》ふまでもなき事《こと》にして、卽《すなわ》ち千六百二十年《せんろつぴやくにじゆうねん》メイフラワー號《ごう》にてプリモスに上陸《じようりく》せる清教徒《せいきようと》の一團是《いちだんこれ》なるが、之《これ》は米國正史《べいこくせいし》已《すで》に明《あきら》かに大書《たいしよ》せられ居《い》る事《こと》なるが故《ゆえ》に多《おお》く語《かた》る必要《ひつよう》なきも、史上《しじよう》に顯《あら》はれざる方面《ほうめん》につき大要《たいよう》を述《の》ふべし。

日本國民《にほんこくみん》は必《かなら》ずしも悉《ことごと》くは天孫民族《てんそんみんぞく》には非《あら》ざれども、今日《こんにち》の日本國民《にほんこくみん》を大成《たいせい》せしめたるは天孫民族《てんそんみんぞく》なるが如《ごと》く、米國民《べいこくみん》は必《かなら》ずしも悉《ことごと》くは英國系《えいこくけい》に非《あら》ずといへども、今日《こんにち》の米國民《べいこくみん》を大成《たいせい》せしめたるは清教徒《せいきょうと》なることは何人《なんびと》にも異存《いぞん》なきことなるべし、即《すなわ》ち米國《べいこく》は今日四十八州《こんにちよんじゅうはっしゅう》を併合《へいごう》するも、建國《けんこく》當時《とうじ》の十三州《じゅうさんしゅう》こそ米國《べいこく》の本土《ほんど》ともいふべきものなるが、更《さら》に十三州《じゅうさんしゅう》の内新英蘭土《うちにゅーいんぐらんど》の六州《ろくしゅう》こそ米國《べいこく》の骨髄《こつずい》にして、此六州《このろくしゅう》の内《うち》マサチユセツツは凡《すべ》ての點《てん》に於《お》いて米國《べいこく》の國礎《こくそ》ともいふべきものなるが故《ゆえ》に、プリモス港頭鮮《こうとうあざや》かに一六二〇《いちろくにぜろ》と刻《きざ》まれたるプリモス岩《いわ》は恰《あたか》も之《こ》れ我高千穂山上《わがたかちほさんじょう》の天逆鉾《あまのさかほこ》と共《とも》に國民思潮《こくみんしちょう》の本源《ほんげん》ともいふべきなり。

然《さ》らば何《なに》が故《ゆえ》にプリモス岩《いわ》を斯《か》く尊重《そんちょう》するやといはゞ、之《こ》れ言《い》ふまでもなく千六百二十年英國清《せんろつぴやくにじゅうねんえいこくせい》教徒《きょうと》の一隊《いったい》が自由《じゆう》の新天地《しんてんち》を建設《けんせつ》せんとの目的《もくてき》を以《もっ》て渡來《とらい》したるがためにして、此一團《このいちだん》の植民地《しょくみんち》が軈《やが》て十三州《じゅうさんしゅう》の基《もと》を奠《さだ》めたりといふも過言《かごん》に非《あら》ざればなり、されば今日米國人中《こんにちべいこくじんちゅう》の米國魂《べいこくだましい》を有《ゆう》するものが、『我等《われら》は清教徒《せいきょうと》の子孫《しそん》なり』と誇《ほこ》り居《い》るは之《これ》がためなり。

而《しか》して此誇《このほこ》るべきプリモス移民《いみん》が如何《いか》に發展《はってん》し、又如何《またいか》に活動《かつどう》をなしたるやは今更贅言《いまさらぜいげん》するの必要《ひつよう》なき事《こと》なるを以《もっ》て之《これ》を省略《しょうりゃく》するも、此《この》プリモス移民《いみん》の素性《すじょう》と其眞目的《そのしんもくてき》につきては世人未《せじんいま》だ多《おお》く之《これ》を知《し》らざるなり。

米國人《べいこくじん》はプリモス移民百〇二名《いみんひやくにめい》の一團《いちだん》をピルグリム・ファザースと呼《よ》び自由《じゆう》の國祖《こくそ》とし讃美《さんび》し居《い》る

も、而《しか》してクリスチヤンの典型《てんけい》の如《ごと》くに讃美《さんび》し居《い》るも、彼等《かれら》は元來猶太人《がんらいゆだやじん》の別働隊《べつどうたい》にてありしなり、而《しか》して彼等《かれら》をして米國《べいこく》に移住《いじゆう》せしめたるは、クロンウエルが牛耳《ぎゆうじ》を執《と》り居《お》りたる英國清教團《えいこくせいきようだん》にして、清教團《せいきようだん》につきては英國《えいこく》の部《ぶ》に於《お》いて已《すで》に述《の》べたるが如《ごと》く純基督教《じゆんきりすときよう》の樹立《じゆりつ》を標榜《ひようぼう》し居《お》れども、實《じつ》は基督教《きりすときよう》を打破《だは》して猶太教《ゆだやきよう》に逆戻《ぎやくもど》しせしめんとするものにてありしなり、而《しか》して彼《か》れクロンウエルは元來《がんらい》スチユワート家《け》の連枝《れんし》なるが、青年時代《せいねんじだい》より清教徒《せいきようと》の群《ぐん》に入《い》りて頭角《とうかく》を露《あら》はし、清教團《せいきようだん》の後援《こうえん》に由《よ》りて遂《つい》に英帝國《えいていこく》を覆《くつが》へし、共和政府《きようわせいふ》を樹立《じゆりつ》せしものにして、彼自身《かれじしん》の野心《やしん》は別問題《べつもんだい》とするも、彼《かれ》は慥《たし》かに猶太人《ゆだやじん》に利用《りよう》せられたるものにして、猶太人《ゆだやじん》をして英國《えいこく》に捲土重來《けんどちようらい》するの自由《じゆう》を與《あた》へたるは彼《かれ》の力《ちから》與《あずか》つて大《だい》なりとすべし、而《しか》して彼《かれ》に引率《いんそつ》せられたる當時《とうじ》の清教團《せいきようだん》は米國移住《べいこくいじゆう》の計畫《けいかく》を立《た》て、徹底的《てつていてき》に英國政府及英國教會《えいこくせいふおよびえいこつきようかい》に對《たい》して反旗《はんき》を翻《ひるが》へさんと企《くわだ》てたるものにてありしが故《ゆえ》に、清教徒《せいきようと》なるものは已《すで》に其當時純基督教《そのとうじじゆんきりすときよう》に非《あら》ざりしなり、何《なん》となればクロンウエルはクリスチヤンに非《あら》ざりしが故《ゆえ》なり、然《さ》らば清教徒《せいきようと》（ピウリタン）とは抑《そもそ》も何者《なにもの》ぞといはゞ、前章《ぜんしよう》に於《お》いて已《すで》に述《の》べたるが如《ごと》くフリーメーソンリー即《すなわ》ちマソン宗《しゆう》にてありしなり。

而《しか》して米國《べいこく》に移住《いじゆう》せる百〇二名《ひやくにめい》の新教徒《しんきようと》は何《いず》れも一粒選《ひとつぶえり》の代表的教徒《だいひようてききようと》にあらず、亦自主的移民《またじしゆてきいみん》にも非《あら》ずして、清教團《せいきようだん》より試《こころ》みに送《おく》られたる老若男女《ろうにやくなんによ》の雜群《ざつぐん》に過《す》ぎざりしなり、換言《かんげん》すれば宗教《しゆうきよう》上《じよう》の避難民《ひなんみん》なり、而《しか》して此一團《このいちだん》は千六百二十八年《せんろつぴやくにじゆうはちねん》ジヨン・エンデコツトを長《ちよう》としてサレムに上陸《じようりく》せる移民《いみん》と相應《あいおう》じて着々《ちやくちやく》發展《はつてん》を試《こころ》み、千六百九十二年《せんろつぴやくきゆうじゆうにねん》に至《いた》りて合同《ごうどう》するに到《いた》りしが、彼等《かれら》はクエーカー（フレンド派《は》）を敵視《てきし》し、エンデコット後年《こうねん》ボストン知事《ちじ》となるや大《おおい》にクエーカー迫害《はくがい》を試《こころ》み、其四名《そのよんめい》を惨殺《ざんさつ》せしが、此一事《このいちじ》抑《そもそ》も何《なに》を語《かた》らんとする乎《や》。

而《しか》して彼等清教徒《かれらせいきようと》をして假《か》りに其名《そのな》の如《ごと》く純正神道《じゆんせいしんとう》を發揚《はつよう》するものとせば、彼等《かれら》は米國《べいこく》に於《お》いて之《これ》に適應《てきおう》すべき教會《きようかい》を作《つく》りたる筈《はず》なるに、彼等《かれら》が自由《じゆう》の米國《べいこく》に於《お》いて作《つく》りたる教會《きようかい》は純正神道教會《じゆんせいしんとうきようかい》に非《あら》ざるのみか、今日基督教派中《こんにちきりすときようはちゆう》の最《もつと》も世俗的《せぞくてき》なる人民教會《じんみんきようかい》と呼《よ》ばれ、又《また》ラオデキヤ教會《きようかい》と呼《よ》ばれ、三位一體《さんみいつたい》の純正基督教《じゆんせいきりすときよう》と最《もつと》も縁遠《えんどお》き組合教會《くみあいきようかい》なるものを作《つく》りたるは如何《いかが》、借問《しやもん》す、米國組合教會《べいこくくみあいきようかい》は基督教《きりすときよう》か將《は》た猶太教《ゆだやきよう》か、米國組合教會《べいこくくみあいきようかい》の何處《どこ》に神《かみ》の子《こ》イエス・キリストありや、又聖靈《またせいれい》ありや、米國組合教會《べいこくくみあいきようかい》の眞相《しんそう》につきては後《のち》に述《の》ぶべきも、彼等清教徒《かれらせいきようと》は英國教會《えいこつきようかい》を悪魔視《あくまし》しつ、英國教會《えいこつきようかい》よりは基督教信仰《きりすときようしんこう》に於《お》いて甚《はなは》だしく淪落《りんらく》せる組合教會《くみあいきようかい》を建《た》てたるは何故《なにゆえ》ぞや、之《こ》れ卽《すなわ》ち清《せい》教徒《きようと》なるものは猶太人《ゆだやじん》が基督教會《きりすときようかい》を打破《だは》せしむべく組織《そしき》せしものなりとの余《よ》の見解《けんかい》が決《けつ》して誤《あやま》り居《お》らざるを證明《しようめい》するものといはざるべからず。

斯《か》く觀《かん》じ來《きた》れば、米國《べいこく》を開拓《かいたく》せるものは何人《なんぴと》なるやは略《ほ》ぼ明《あきら》かなるべし、卽《すなわ》ち其正開拓使《そのせいかいたくし》は清教《せいきよう》徒《と》にして、副開拓使《ふくかいたくし》は猶太人《ゆだやじん》なりし事《こと》は否定《ひてい》すべからざるべし、而《しか》して清教徒《せいきようと》なるものは今日《こんにち》まで風評《ふうひよう》せられしが如《ごと》きクリスチヤンに非《あら》ずして、猶太人《ゆだやじん》の別働隊《べつどうたい》にてありし事《こと》をも否定《ひてい》すべからざるべし、果《はた》して然《さ》らば此両者《このりょうしゃ》に由《よ》りて開拓《かいたく》せられたる新國土《しんこくど》の正體《しょうたい》亦容易《またようい》に推察《すいさつ》しうべけんも、此方《このほう》面《めん》に研究《けんきゅう》多《おお》からざる人《ひと》に取《と》りては未《いま》だ容易《ようい》に點頭《てんとう》し難《がた》き節《ふし》あるべきを慮《おもんぱか》り、余《よ》は次節《じせつ》に於《お》いて更《さら》に深《ふか》く其内幕《そのうちまく》を摘發《てきはつ》すべし。

第三節　米國《べいこく》は如何《いか》にして建設《けんせつ》せられしや

夫《そ》れ米國《べいこく》は自然《しぜん》に成長《せいちょう》したる國《くに》に非《あら》ず、亦蜜蜂《またみつばち》の分蜂《ぶんぽう》の如《ごと》くに圓滿《えんまん》に分立《ぶんりつ》したる國《くに》にもあらずして一種《いっしゅ》の反動作用《はんどうさよう》に由《よ》りて無理《むり》に構成《こうせい》せる建築《けんちく》なり、故《ゆえ》に其建國《そのけんこく》の精神《せいしん》は反亂《はんらん》より生《しょう》じたるものにして米國《べいこく》の在《あ》らん限《かぎ》りは此反亂《このはんらん》は國民性《こくみんせい》を支配《しはい》するものといはざるべからず、何《なん》となれば彼等米國民《かれらべいこくみん》の口癖《くちぐせ》に唱《とな》ふる自由《じゆう》なるものは絶對性《ぜったいせい》のものに非《あら》ずして、壓制《あっせい》あつて始《はじ》めて存在《そんざい》する相對性《そうたいせい》のものなればなり、而《しか》して此反亂性《このはんらんせい》は實《じつ》に清教徒《せいきょうと》の生命《せいめい》にして、彼等《かれら》は反亂《はんらん》を能事《のうじ》とするものなりしが、此反亂性《このはんらんせい》は自《おの》づから後世子孫《こうせいしそん》に傳統《でんとう》せられたるが故《ゆえ》に、此國民《このこくみん》は到底帝國《とうていていこく》の臣民《しんみん》たる能《あた》はざるは言《い》ふまでもなき事《こと》にして、自由《じゆう》てふ名義《めいぎ》の下《もと》に造《つく》り上《あ》げたるは即《すなわ》ち合衆國《がっしゅうこく》なり共和政體《きょうわせいたい》なり、而《しか》して此米國《このべいこく》は何人《なんびと》の手《て》にて如何《いか》にして建設《けんせつ》せられたりしか、乞《こ》ふ余《よ》をして忌憚《きたん》なく其消息《そのしょうそく》を述《の》べしめよ。

千六百四十三年《せんろっぴゃくよんじゅうさんねん》、マサチユセツ、ニウハンプシヤイヤ、ロードアイランド、及《および》コネクテカツトに散在《さんざい》する諸植民地《しょしょくみんち》は、佛蘭西《ふらんす》、和蘭及土人《おらんだおよびどじん》等《とう》の襲撃《しゅうげき》に對《たい》する防禦上《ぼうぎょじょう》、攻守同盟《こうしゅどうめい》の必要《ひつよう》を感《かん》じ、新《しん》英國合衆植民地《えいこくがっしゅうしょくみんち》の名稱《めいしょう》の下《もと》に合同《ごうどう》せしが、卽《すなわ》ち是《こ》れ米國《べいこく》の中核《ちゅうかく》ともいふべき主要體《しゅようたい》なるが、此等《これら》の植民地《しょくみんち》は何《いず》れも淸敎徒《せいきょうと》の集合體《しゅうごうたい》にして、元來英國《がんらいえいこく》に反抗《はんこう》するを目的《もくてき》としたるものにてありしかば、英國亦彼等《えいこくまたかれら》に對《たい》して苛酷《かこく》なりしは事實《じじつ》なり、而《しか》して千七百六十一年《せんななひゃくろくじゅういちねん》に至《いた》り航海法强制《こうかいほうきょうせい》に次《つ》ぎ、千《せん》七百六十五年植民税《ななひゃくろくじゅうごねんしょくみんぜい》を發布《はっぷ》するに到《いた》りて、パトリック・ヘンリーはヴアヂニヤ會議《かいぎ》に於《お》いて『代《だい》表《ひょう》なくば租税《そぜい》なし』と疾呼《しっこ》し、茲《ここ》に反亂《はんらん》の氣分《きぶん》は凝《こ》つて團《だん》を成《な》し、四植民地《よんしょくみんち》の合同《ごうどう》は九植民地《きゅうしょくみんち》の合同《ごうどう》となり、形勢大《けいせいおおい》に不穩《ふおん》の狀《じょう》を示《しめ》したりしかば、翌年植民税《よくとししょくみんぜい》を廢《はい》し、千七百七十二年《せんななひゃくななじゅうにねん》に至《いた》りて茶税《ちゃぜい》（一封度《いっぷうど》に付三片《つきさんぺん》）を除《のぞ》き諸課税《しょかぜい》を撤《てつ》したるに、植民側《しょくみんがわ》は此茶税《このちゃぜい》をも拒《こば》み、之《こ》れ主義《しゅぎ》の争《あらそい》なりとし、故意《こい》に濕氣多《しつけおお》き倉庫《そうこ》に放棄《ほうき》し或《あるい》は還送《かんそう》し、ボストンにては植民《しょくみん》は土人《どじん》に粉裝《ふんそう》して貨物《かもつ》を海中《かいちゅう》に投棄《とうき》したるなどありしがため、英國政府《えいこくせいふ》は卽《すなわ》ち一萬《いちまん》の兵《へい》と艦隊《かんたい》とを出動《しゅつどう》せしめ、茲《ここ》にレキシトンの兵亂《へいらん》となり、次《つ》いで千七百七十五年四月十九日《せんななひゃくななじゅうごねんしがつじゅうくにち》革命戰爭《かくめいせんそう》の序幕《じょまく》は演《えん》ぜられたるなり、卽《すなわ》ち植民《しょくみん》議會《ぎかい》は費府《ふいらでるふいあ》に召集《しょうしゅう》せられ、ワシントンを司令長官《しれいちょうかん》に任《にん》じ、兵二萬《へいにまん》を附《ふ》して英軍《えいぐん》に當《あた》らしむ、而《しか》して同年六月十七日《どうねんろくがつじゅうななにち》、チヤールスタウンに於《お》いて英軍二千米軍千五百《えいぐんにせんべいぐんせんごひゃく》、小規模《しょうきぼ》ながらも激戰《げきせん》ありしが、之《こ》れ「バンカーヒルの戰《たたかい》」と世《よ》に歌《うた》はれたるものにてありき。

此一戰米軍《このいっせんべいぐん》の快勝《かいしょう》に終《おわ》るや、英軍《えいぐん》は又冬營《またとうえい》に惱《なや》まされボストンを撤《てつ》してハリフアツクスに退《しりぞ》きたりしかば、英國《えいこく》は更《さら》にサー・ウイリヤム・ハウをして英兵三萬八千《えいへいさんまんはつせん》、獨逸傭兵一萬七千《どいつようへいいちまんななせん》より成《な》る大軍《たいぐん》を率《ひき》ゐて反徒討伐《はんととうばつ》に向《むか》はしめたり、於茲乎《ここにおいてや》、千七百七十六年六月七日《せんななひやくななじゆうろくねんろくがつなのか》の植民議會《しよくみんぎかい》は、リチヤード・ヘンリー・リーの提議《ていぎ》を容《い》れ、左《ひだり》の決議《けつぎ》を宣《せん》せり。

合衆植民地《がつしゆうしよくみんち》は自由獨立國《じゆうどくりつこく》たるべきものなり、故《ゆえ》に英皇室《えいこうしつ》に對《たい》する凡《すべ》ての臣節《しんせつ》より放免《ほうめん》せられたるものにして又大英國《まただいえいこく》との間《あいだ》に何等政治的關係《なんらせいじてきかんけい》なきものなる事《こと》を決議《けつぎ》す。

右決議《みぎけつぎ》は十三州《じゆうさんしゆう》の全權十三名《ぜんけんじゆうさんめい》の内九名《うちきゆうめい》の同意《どうい》を以《もつ》て可決《かけつ》せられたりしが、同年七月四日十三《どうねんしちがつよつかじゆうさん》州一致《しゆういつち》を以《もつ》て獨立宣言書《どくりつせんげんしよ》を中外《ちゆうがい》に宣明《せんめい》し、名《な》づけて亞米利加合衆國《あめりかがつしゆうこく》といふ、人口三百五十萬《じんこうさんびやくごじゆうまん》。千七百八十三年九月三日《せんななひやくはちじゆうさんねんくがつみつか》、兩國間《りようこくかん》の平和條約成《へいわじようやくな》り、米國《べいこく》の獨立《どくりつ》は列強《れつきよう》の承認《しようにん》する所《ところ》となり、千《せん》七百八十七年憲法《ななひやくはちじゆうななねんけんぽう》を制定《せいてい》し、ヂヨルヂ・ワシントンを大統領《だいとうりよう》に、ジヨン・アダムスを副大統領《ふくだいとうりよう》に擧《あ》げ、米國《べいこく》の國體《こくたい》斯《か》くて全《まつた》く成《な》れり。

右《みぎ》は米國《べいこく》の建國正史《けんこくせいし》なるが、今之《いまこれ》を裏面《うらめん》より觀察《かんさつ》すれば、先《さ》きにも述《の》べたるが如《ごと》く、米國《べいこく》は單《たん》に理《り》想實現《そうじつげん》のために建《た》てられたるに非《あら》ずして、一方《いつぽう》に母國《ぼこく》に叛旗《はんき》を翻《ひるが》へすべく建《た》てられたるものにして、即《すなわ》ち二重國策《にじゆうこくさく》を有《ゆう》し居《お》るものなるを先《ま》づ認《みと》めざるべからず、而《しか》して此建國《このけんこく》の精神《せいしん》を支配《しはい》せるものは清教徒《せいきようと》の一團《いちだん》なる事《こと》を次《つ》ぎに認《みと》めざるべからず、而《しか》して又《また》「代表《だいひよう》なくば租税《そぜい》なし」と叫《さけ》びて九植《きゆうしよく》民地《みんち》を合同《ごうどう》せしめたるパトリック・ヘンリーの名《な》を記憶《きおく》すると共《とも》に、獨立宣言書《どくりつせんげんしよ》を發布《はつぷ》せる五十六《ごじゆうろく》名《めい》の全權委員《ぜんけんいいん》と、ペートン・ランドルフを議長《ぎちよう》とせる第一植民議會《だいいちしよくみんぎかい》と、及《および》ワシントンを司令長官《しれいちようかん》として戰《たたか》ひたる革命戰爭《かくめいせんそう》の十五将軍《じゆうごしようぐん》の名《な》を記憶《きおく》せざるべからず。

米國史上特《べいこくしじようとく》に大筆《だいひつ》すべき此等《これら》の事實《じじつ》を捉《とら》へ來《きた》りて、忌憚《きたん》なき解剖《かいぼう》を試《こころ》むれば、先《ま》づ二重國策《にじゆうこくさく》を樹立《じゆりつ》せしめたるものは何者《なにもの》なるやを探《さぐ》り見《み》るに、斯《か》くの如《ごと》きは基督教主義《きりすときようしゆぎ》と衝突《しようとつ》し相反《あいはん》する政策《せいさく》にして、若《も》し眞正《しんせい》なるクリスチヤンの態度《たいど》に出《い》でんには、彼等清教徒《かれらせいきようと》なるものは母國政府《ぼこくせいふ》が振《ふ》り翳《かざ》す白刃《はくじん》の下《もと》に、卽《すなわ》ち如何《いか》なる迫害《はくがい》の下《もと》にも安《やす》んじて神《かみ》を讃美《さんび》すべき筈《はず》なり、彼等《かれら》は母國《ぼこく》を信仰《しんこう》の敵《てき》と呼《よ》べるも、實《じつ》は清教徒《せいきようと》の敵《てき》と呼《よ》ぶべかりしものにて、信仰《しんこう》の敵《てき》には非《あら》ざりしなり、故《ゆえ》に之《これ》を標榜《ひようぼう》して母國《ぼこく》に叛旗《はんき》を翻《ひるが》へしたるは斷《だん》じて神意《しんい》を奉戴《ほうたい》せるものに非《あら》ず。

愛《あい》すべき私敵《してき》に向《むか》つて之《これ》を公敵《こうてき》の如《ごと》く唱《とな》ひたるは已《すで》に卑劣《ひれつ》なるが、更《さら》に信仰《しんこう》の名《な》を籍《か》りて自由《じゆう》を樹《た》つるべく國外《こくがい》に去《さ》りたるが如《ごと》きは餘《あま》りに放恣《ほうし》なり、而《しか》して自由《じゆう》を名《な》として神《かみ》の許《ゆる》さざる不法《ふほう》の國體《こくたい》を造《つく》り、民主共和國《みんしゆきようわこく》を建《た》てたるが如《ごと》きは全《まつた》くクリスチヤンの精神《せいしん》に違反《いはん》したる行爲《こうい》なりとす、知《し》らずやクリスチヤンの精神卽《せいしんすなわ》ち基督《きりすと》の精神《せいしん》は十字架上《じゆうじかじよう》に『われ世《よ》に勝《か》てり』と神《かみ》を讃美《さんび》し、『聖靈在《せいれいいま》す所自由《ところじゆう》あり」と信仰《しんこう》を高唱《こうしよう》するにあらずや、然《しか》るに彼等米國《かれらべいこく》の建設者《けんせつしや》は凡《すべ》て此精神《このせいしん》に反《そむ》き、基督《きりすと》の大精神《だいせいしん》と全《まつた》く相反《あいはん》する方面《ほうめん》に向《むか》つて突進《とつしん》したるものにして、聖書《せいしょ》の何處《どこ》にも彼等《かれら》が行《おこな》ひたる「反逆《はんぎやく》」と「自由《じゆう》」とは是認《ぜにん》せられたることなきのみならず、明《あきら》かに非認《ひにん》せられあるなり。（尚《な》ほ委《くわ》しくは米《べい》國魂《こくだましい》の項《こう》に述《の》ぶべし。）

然《さ》らば斯《かか》る精神《せいしん》は何處《どこ》より來《きた》りし乎《や》、曰《いわ》く、フリーメーソンリーより來《きた》れるものなり、卽《すなわ》ちマソン主義《しゆぎ》なり、反逆《はんぎやく》はマソン主義《しゆぎ》の先天的性癖《せんてんてきせいへき》にして、自由《じゆう》はマソン主義《しゆぎ》の後天的性慾《こうてんてきせいよく》なり、此性癖《このせいへき》と此性慾《このせいよく》に教養《きようよう》せられたる清教徒《せいきようと》の子孫《しそん》が、母國《ぼこく》に反旗《はんき》を翻《ひるが》へし、剰《あまつ》さへ自由《じゆう》を叫《さけ》びて土人《どじん》を撃攘《げきじよう》し又《また》フレンド派《は》を迫害《はくがい》したるなり、故《ゆえ》に建國《けんこく》の精神《せいしん》は基督教《きりすときよう》とは何等《なんら》交渉《こうしよう》なきものにして悉《ことごと》くマソン主義《しゆぎ》を實現《じつげん》せしめたるものに外《ほか》ならざるなり。

次《つ》ぎに獨立決議《どくりつけつぎ》を提唱《ていしよう》せるリチヤード・ヘンリー・リー及《およ》び九植民地《きゆうしよくみんち》を合同《ごうどう》せしめたるパトリツク・ヘンリーは共《とも》にマソン團員《だんいん》なるが、第一植民議會議長《だいいちしよくみんぎかいぎちよう》ペートン・ランドルフ及《および》ランドルフの後《のち》を襲《おそ》へるジヨン・ハノツク等亦何《らまたいず》れもマソン團員《だんいん》なるのみならず、獨立宣言者《どくりつせんげんしや》の署名者《しよめいしや》五十六名中《ごじゆうろくめいちゆう》、五十二名《ごじゆうにめい》はマソン團員《だんいん》にして、殘《のこり》四名《よんめい》は猶太人《ゆだやじん》なり、尚《な》ほ之《これ》に加《くわ》へて、ワシントンはマソンの大團《だいだん》長《ちよう》なるが革命戰爭《かくめいせんそう》の司令官《しれいかん》として活動《かつどう》せるルーフアス・プトナム、サリヴアン、スターリング、グリーン、リー、ゲーツ、ストイベン、ドカーブ、イスラエル・プトナム、マリオン、カスウエル、パターソン、ランドルフ、ウースター、ワーレンの十五将軍《じゆうごしようぐん》は悉《ことごと》くマソン團《だん》の團長《だんちよう》又《また》は團員《だんいん》なるを如何《いか》に見《み》るや、此内《このうち》バンカーヒルの戰爭《せんそう》に於《お》いて戰死《せんし》せるワーレン將軍《しょうぐん》はマサチユセツ州《しゅう》マソン團《だん》の大團長《だいだんちょう》なりとす尙《な》ほ米國《べいこく》フリーメーソンリー百科全書《ひやつかぜんしょ》を見《み》るに、「米國建國當時《べいこくけんこくとうじ》に於《お》ける知名《ちめい》の士《し》は殆《ほとん》ど悉《ことごと》くマソン團員《だんいん》なり」とあり、然《さ》らば當時《とうじ》清教徒《せいきょうと》と稱《しょう》したるものは實《じつ》はクリスチヤンに非《あら》ずしてマソンにてありしを知《し》るべし、而《しか》も尙《な》ほクリスチヤンの名《な》を脫《だつ》する能《あた》はず、否脫《いなだつ》するも欲《ほっ》せずしてか、名《な》は基督教《きりすときょう》にして實《じつ》はマソン宗《しゅう》なる組合教會《くみあいきょうかい》の如《ごと》きものを製造《せいぞう》したるなり。

而《しか》して此《この》マソン宗《しゅう》につきては拙者《せつしゃ》「猶太人《ゆだやじん》の世界征略運動《せかいせいりやくうんどう》」中《ちゅう》に詳述《しょうじゅつ》せしが如《ごと》く、マソン宗《しゅう》なるものは基督教《きりすときょう》を打破《だは》して猶太教《ゆだやきょう》に逆轉《ぎやくてん》せしむるがために猶太人《ゆだやじん》の創設《そうせつ》せる祕密結社《ひみつけつしゃ》にして、基督《きりすと》教《きょう》の教義《きょうぎ》を打破《だは》すべく極《きわ》めて巧妙《こうみよう》に自由平等自尊《じゆうびようどうじそん》などの令辭《れいじ》を利用《りよう》し居《い》るものなり、人道正義《じんどうせいぎ》なるものは卽《すなわ》ちマソンの宣傳《せんでん》せるものにして基督教《きりすときょう》の神道主義《しんとうしゅぎ》とは氷炭相容《ひようたんあいい》れざるものなりとす、而《しか》してマソン主義《しゅぎ》は帝國主義《ていこくしゅぎ》を排《はい》してデモクラシイを主張《しゅちょう》するものなるが、之《こ》れ亦基督教《またきりすときょう》の帝國主義《ていこくしゅぎ》と相反《あいはん》するものなり、故《ゆえ》に眞正《しんせい》なるクリスチヤンは到底《とうてい》マソンたるを得《え》ざるものにして、又《また》マソンはクリスチヤンたるを得《え》ざるものなるに、米國建設者《べいこくけんせつしゃ》はクリスチヤンを標榜《ひようぼう》しつゝ實《じつ》はマソンにてありしなり、卽《すなわ》ち國策《こくさく》の二重《にじゅう》なるが如《ごと》く、彼等《かれら》の個性亦《こせいまた》二重《にじゅう》のものにてありしなり。

而《しか》して米國史《べいこくし》の有《あ》らん限《かぎ》り尊重《そんちよう》さるべき獨立宣言書《どくりつせんげんしょ》を見《み》るに、無慮一千五百語《むりよいつせんごひやくご》、殆《ほと》んど英國王《えいこくおう》に對《たい》する罪惡《ざいあく》を數《かぞ》へたるものにして、獨立宣言書《どくりつせんげんしょ》と言《い》はんよりも寧《むし》ろ反逆辯明書《はんぎやくべんめいしょ》といふべきものなるのみならず、基督《きりすと》又《また》は基督教《きりすときよう》なる文字《もじ》は何處《どこ》にも見當《みあた》らざるは奇怪至極《きかいしごく》といふべし、而《しか》して建國《けんこく》の趣意《しゆい》とも見《み》らるべき部分《ぶぶん》を強《し》ゐて求《もと》むれば、左《ひだり》の二句《にく》に先《ま》づ注目《ちゆうもく》せざるべからず。

"All men are created equal."

各人《かくじん》は平等《びようどう》に造《つく》られたり。

"They are endowed by their Creator with certain unalienable rights."

各人《かくじん》は造物主《ぞうぶつしゆ》より確乎不抜《かつこふばつ》の權利《けんり》を賦與《ふよ》せられたり。

費府《ふいらでるふいあ》獨立會館《どくりつかいかん》の屋上《おくじよう》に高《たか》く掲《かか》げられたる當時《とうじ》の米國旗《べいこつき》は幾度《いくど》か新《あた》らしき旗《はた》と取換《とりか》へられたるも、獨立宣言書《どくりつせんげんしよ》の明文《めいぶん》は今尚《いまな》ほ當時《とうじ》を語《かた》り居《い》るに、今日米國《こんにちべいこく》に平等《びようどう》なるものありや、而《しか》して造物主《ぞうぶつしゆ》より賦與《ふよ》せられたる確乎不拔《かつこふばつ》の權利《けんり》なるものは米國《べいこく》に上陸《じようりく》すると同時《どうじ》に凡《すべ》て剝奪《はくだつ》せらるゝは何故《なにゆえ》ぞ、之《こ》れ亦《また》二重政策《にじゆうせいさく》の致《いた》す所《ところ》に外《ほか》ならざるなり、さればこそ千七百八十三年英米平和條約《せんななひやくはちじゆうさんねんえいべいへいわじようやく》パリに於《お》いて調印《ちよういん》せらるゝや、米國獨立記念章《べいこくどくりつきねんしよう》なるもの佛國《ふつこく》に於《お》いて調製《ちようせい》せられたりしが、其裏面《そのうらめん》に猛獅《もうし》と女神《めがみ》と相鬪《あいたたか》へる直下《ちよつか》に兩手《りようて》に蛇《へび》を持《も》てる嬰兒《えいじ》あり言《い》ふまでもなく獅子《しし》は英國《えいこく》なり、女神《めがみ》は自由《じゆう》なり、嬰兒《えいじ》は米國《べいこく》なるが何故《なにゆえ》に此嬰兒《このえいじ》は兩手《りようて》に蛇《へび》を持《も》ち居《い》るにや、或《あるい》は是《こ》れ二重政策《にじゆうせいさく》を暗示《あんじ》するものに非《あら》ざるなき乎《や》。

而《しか》して清教徒《せいきようと》の血《ち》を繼承《けいしよう》せるの故《ゆえ》を以《もつ》て中外《ちゆうがい》に誇《ほこ》る其米國《そのべいこく》の政廳《せいちよう》は如何《いか》にして建築《けんちく》せられたるか、

若《も》し米國《べいこく》にして基督教主義《きりすときょうしゅぎ》の理想國《りそうこく》たらしむる精神《せいしん》なりしとせば、何《なに》が故《ゆえ》に其政廳《そのせいちょう》の定礎式《ていそしき》は基督《きりすと》教式《きょうしき》にて執行《しっこう》せられざりしや、因《ちなみ》にいふ同政廳《どうせいちょう》の定礎式《ていそしき》は千七百九十三年《せんななひゃくきゅうじゅうさんねん》、ワシントン自《みずか》らマソン式服《しきふく》を着用《ちゃくよう》し、全然《ぜんぜん》マソン式《しき》にて執行《しっこう》せられたりしなり。

又大統領官《まただいとうりようかん》邪《よこしま》なるホワイトハウスは亦《また》マソン主義《しゅぎ》を發揮《はっき》したるものにして、其白色《そのはくしょく》なるはマソンの初級《しょきゅう》と最高邸《さいこうてい》とを特《とく》に示《しめ》し、又清教徒《またせいきょうと》の精神《せいしん》を表《あら》はしたるものなり。

以上《いじょう》を綜合《そうごう》するに米國《べいこく》は基督教《きりすときょう》の信仰《しんこう》に由《よ》りて建《た》てられたる國《くに》に非《あら》ずして、徹頭徹尾《てっとうてつび》マソン宗《しゅう》の信仰《しんこう》に由《よ》りて建《た》てられたるものなるを知《し》るべし、讀者《どくしゃ》尚《な》ほ疑《うたが》はゞ來《きた》りて米國《べいこく》の國旗《こっき》を見《み》よ。

第四節　米國《べいこく》の國旗《こっき》

米國《べいこく》の國旗《こっき》卽《すなわ》ち星條旗《せいじょうき》を見《み》よ、其意匠《そのいしょう》の巧拙《こうせつ》は今問《いまと》ふを要《よう》せず、唯其由來《ただそのゆらい》につきて探求《たんきゅう》せば更《さら》に奇怪《きかい》なる事實《じじつ》を發見《はっけん》すべし。

千七百七十四年《せんななひゃくななじゅうよねん》の頃《ころ》、費府《ふいらでるふいあ》輕騎兵大尉《けいきへいたいい》マルコーなるもの、十三州《じゅうさんしゅう》に因《ちな》みて紅白十三條《こうはくじゅうさんじょう》の旗《はた》を作《つく》りしことありしが、翌年《よくとし》マソンの泰斗《たいと》ベンジヤミン・フランクリンを始《はじ》め、同《おな》じくマソンなるリンチ及《および》ハリソンの三氏《さんし》擧《あ》げられて國旗制定委員《こっきせいていいいん》となりたりしが、委員會《いいんかい》の席上《せきじょう》、フランクリンの發《はつ》案《あん》にて十三條《じゅうさんじょう》の上隅《うえすみ》に英國東印度會社社章《えいこくひがしいんどがいしゃしゃしょう》を附《ふ》したるものに定《さだ》められたり、當時英國《とうじえいこく》には未《いま》だ國《こつ》旗《き》あらざりしも、同社《どうしゃ》の社旗《しゃき》（後《のち》に英國々旗《えいこくこっき》となる）を英國《えいこく》と假想《かそう》し、之《これ》に反逆《はんぎゃく》の意《い》を含《ふく》み又十三《またじゅうさん》州《しゅう》にも通《つう》ずる十三條《じゅうさんじょう》を配《はい》したるものにして、卽《すなわ》ち英國《えいこく》に反抗《はんこう》して分立《ぶんりつ》せるを表示《ひょうじ》せるものにてあり き、而《しか》して當時反英氣分白熱《とうじはんえいきぶんはくねつ》し居《お》りし事《こと》とて、何人《なんびと》も之《これ》に異議《いぎ》なく、千七百七十六年一月二日《せんななひゃくななじゅうろくねんいちがつふつか》、キャンブリッヂ兵營《へいえい》に始揚式《しようしき》を擧行《きょこう》せり。

然《しか》るに同七月四日《どうしちがつよっか》獨立《どくりつ》を宣言《せんげん》するに當《あた》り、最早反英時代《もはやはんえいじだい》より獨立時代《どくりつじだい》に入《い》りたればとて、國旗中《こっきちゅう》の英國章《えいこくしょう》を排《はい》し、之《これ》に代《か》ふるに別圖《べつず》の如《ごと》く六光星《ろっこうせい》（猶太國章《ゆだやこくしょう》）を以《もっ》てしたるに、ワシントンは何《なに》をも

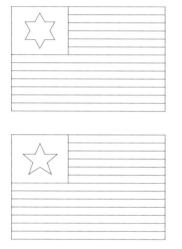

言《い》はず鉛筆《えんぴつ》にて之《これ》を五光星《ごこうせい》（下圖《したず》）に改《あらた》め、直《ただ》ちにロス夫人《ふじん》をして之《これ》を縫付《ぬいつ》けしめ、費府獨立會《ふいらでるふいあどくりつかい》館《かん》の屋上《おくじょう》に掲《かか》げたり。

之《これ》を以《もつ》て見《み》るに、米國旗《べいこつき》は當初《とうしょ》より基督教《きりすときょう》とは何《なん》の交渉《こうしょう》なきのみか、十三條《じゅうさんじょう》の十三《じゅうさん》なる數《かず》は歐《おう》米基督教徒《べいきりすときょうと》が忌嫌《きけん》するものなるが故《ゆえ》に、十三州《じゅうさんしゅう》を以《もつ》て建國《けんこく》するが如《ごと》きはクリスチヤンとしては爲《な》し得《え》ぬ事《こと》なるに、彼等《かれら》は之《これ》に何等掛念《なんらけねん》なかりしを見《み》れば、彼等《かれら》はクリスチヤンに非《あら》ずしてマソン宗《しゅう》なりしを知《し》るべし、而《しか》して十三《じゅうさん》なる數《かず》はマソン宗《しゅう》にても、猶太教《ゆだやきょう》にても無意義《むいぎ》なるものなり、又十三《またじゅうさん》條《じょう》は十三州《じゅうさんしゅう》を表示《ひょうじ》したるは事實《じじつ》なれども、ソハ偶然《ぐうぜん》の暗合《あんごう》にして、決《けつ》して當初發案者《とうしょはつあんしゃ》の本意《ほんい》に非《あら》ざりしなり、而《しか》して當初發案者《とうしょはつあんしゃ》が意匠《いしょう》せるは白色六條《はくしょくろくじょう》と紅色七條《こうしょくななじょう》とを明《あきら》かに別《わか》ち居《お》りしものにして、白色六條《はくしょくろくじょう》は清教徒《せいきょうと》の新英國六州《しんえいこくろくしゅう》を示《しめ》し、紅色七條《こうしょくななじょう》は猶太教《ゆだやきょう》にても、マソン宗《しゅう》にても、完全《かんぜん》なる尊嚴及榮光《そんげんおよびえいこう》を象徴《しょうちょう》するものなるが故《ゆえ》に、之《これ》に由《よ》りて完全《かんぜん》なる國威及國光《こくいおよびこっこう》を示《しめ》したるものにてありしなり、即《すなわ》ち新英國六州《しんえいこくろくしゅう》を骨子《こつし》とする米國《べいこく》の抱負《ほうふ》を言《い》ひ現《あら》はしたるものにして、十三州《じゅうさんしゅう》の意《い》にはあらざりしなり、若《も》し專《もつぱ》ら十三州《じゅうさんしゅう》を示《しめ》したるものとせば同色《どうしょく》となし、細《ほそ》き線《せん》にて之《これ》を別《わか》つべき筈《はず》なり、現《げん》に上隅一廊内《うえすみいちろうない》の六光星《ろつこうせい》を見《み》よ、之《こ》れ猶太《ゆだや》の國章《こくしょう》にあらずや、然《しか》るをワシントンはマソン宗《しゅう》なるが故《ゆえ》に、國旗《こつき》に猶太章《ゆだやしょう》を明《あきら》かに掲《かか》ぐるを避《さ》け之《これ》を五光星《ごこうせい》となしたるなり、さらば猶太《ゆだや》と全《まつた》く縁《えん》を斷《た》ちたるかといはゞ、五光星《ごこうせい》は亦猶太《またゆだや》の副章《ふくしょう》なり、六光星《ろつこうせい》はダビデ章《しょう》と呼《よ》び、五光星《ごこうせい》はソロモン章《しょう》と呼《よ》ぶ、而《しか》して何《いず》れも猶太《ゆだや》の國章《こくしょう》なるのみならず、亦《また》マソン宗《しゅう》に無《な》かるべからざる標章《ひょうしょう》なり、而《しか》して基督教《きりすときょう》とは何等《なんら》の關係《かんけい》なきものなり、クリスマスに星《ほし》を用《もち》ゆるがために米國旗《べいこつき》の星《ほし》はキリストを意味《いみ》するものと考《かんが》ふるが如《ごと》きは餘《あま》りに稚見《ちけん》なり、試《こころ》みに基督教會堂《きりすときょうかいどう》に行《い》くも、十字架《じゅうじか》こそ見受《みう》くれ五光星《ごこうせい》の如《ごと》きは全《まつた》く無《な》しといひうる有様《ありさま》なるに猶太會堂《ゆだやかいどう》又《また》はマソン團舍《だんしゃ》に行《ゆ》かば、到《いた》る處《ところ》に此六光星及五光星《このろつこうせいおよびごこうせい》を見受《みう》くるなり、さらば、基督教《きりすときょう》の象徴《しょうちょう》なる十字架《じゅうじか》は影《かげ》も形《かたち》もなくして、猶太教及《ゆだやきょうおよび》マソン宗《しゅう》の象《しょう》徴《ちょう》なる星《ほし》を主要章《しゅようしょう》となし居《い》るのみならず、基督教《きりすときょう》にて嫌惡《けんお》する十三《じゅうさん》の數《かず》を用《もち》ひつゝ同時《どうじ》に猶太教《ゆだやきょう》にもマソン宗《しゅう》にも共通《きょうつう》なる紅七白六《こうしちはくろく》の數《かず》を用《もち》ひたるが如《ごと》き、如何《いか》に考《かんが》ふるも米國旗《べいこつき》は基督教《きりすときょう》と交渉《こうしょう》なく、猶太教及《ゆだやきょうおよび》マソン宗《しゅう》に捉《とら》はれ居《お》るものなるを知《し》るべし。

更《さら》に余《よ》の見解《けんかい》に裏書《うらがき》する事《こと》あり、即《すなわ》ち千七百七十七年《せんななひやくななじゆうななねん》の米國議會《べいこくぎかい》に於《おい》て、五光星一個《ごこうせいいっこ》を改《あらた》め之《これ》を十三個《じゅうさんこ》とし圓形《えんけい》に配置《はいち》する事《こと》を決議《けつぎ》せり、若《も》し十三條《じゅうさんじょう》にして完全《かんぜん》に十三州《じゅうさんしゅう》を象徴《しょうちょう》するものとせば、何《なに》を苦《くるし》んでワシントンが制定《せいてい》せる一個《いっこ》の星《ほし》を十三個《じゅうさんこ》に加《くわ》へたるか、蓋《けだ》し紅白十三條《こうはくじゅうさんじょう》は完全《かんぜん》に十三《じゅうさん》州《しゅう》を象徴《しょうちょう》せざるが故《ゆえ》なり、尤《もつと》も千七百九十四年《せんななひやくきゆうじゆうよねん》十五州《じゆうごしゆう》となりて、議會《ぎかい》は十五條十五星《じゆうごじょうじゆうごせい》に改《あらた》むる事《こと》を決議《けつぎ》せしとはいへ、千八百十五年二十州《せんはつぴやくじゆうごねんにじゆつしゆう》となるや、何故《なにゆえ》に星《ほし》を二十《にじゅう》に加《くわ》へつゝ、二十條《にじゅうじょう》とせずして反《かえ》つて元《もと》の十三條《じゅうさんじょう》となしたるか、而《しか》して同議會《どうぎかい》に於《お》いては同時《どうじ》に、一州《いっしゅう》を加《くわ》ふる毎《ごと》に一星《いっせい》を加《くわ》ふるも、十三條《じゅうさんじょう》は永久《えいきゅう》に變《へん》せざるべしと決議《けつぎ》せるは紅七白六《こうしちはくろく》の眞意義《しんいぎ》を確定《かくてい》せしめたるものにして、紅白十三條《こうはくじゆうさんじよう》は、先《ま》づ第一《だいいち》に清教徒《せいきようと》の新英國六州《しんえいこくろくしゆう》と完全《かんぜん》なる國威及國光《こくいおよびこつこう》をマソン式《しき》に示《しめ》したるものにして、又英國《またえいこく》に叛《はん》し十三州《じゆうさんしゆう》を以《もつ》て建國《けんこく》せるの意《い》をも含《ふく》ましめたるものといふべし、而《しか》して五《ご》光星《こうせい》は猶太國《ゆだやこく》の副章《ふくしよう》にして又《また》マソン宗《しゆう》にて友誼《ゆうぎ》の象 徴《しようちよう》なるが、何《いず》れも平和《へいわ》を象 徴《しようちよう》するものなるに、米國旗《べいこつき》の五光星《ごこうせい》は「一州《いつしゆう》を加《くわ》ふる毎《ごと》に一星《いつせい》を加《くわ》ふ」る侵略《しんりやく》を示《しめ》すが故《ゆえ》に、此處《ここ》にも亦二重政策《またにじゆうせいさく》は暗《あん》示《じ》せられあるなり、之《こ》れ星《ほし》のみならず十三條亦二重政策《じゆうさんじようまたにじゆうせいさく》を暗示《あんじ》するものにして、米國旗《べいこつき》は現米國《げんべいこく》を赤裸《せきら》に象 徴《しようちよう》し居《い》ると共《とも》に、基督 教《きりすときよう》とは何《なん》の關係《かんけい》なきものなることをも告白《こくはく》し居《い》るものなり、而《しか》して又星《またほし》は青地《あおじ》に白《しろ》く染《そ》めぬきたるものにして一見何《いつけんなん》の奇異《きい》なきも、青色《あおいろ》は猶太《ゆだや》の國色《こくしよく》にして、又《また》マソン宗《しゆう》の宗 色《しゆうしよく》なるを知《し》らば、如何《いか》に米國《べいこく》を基督 教國《きりすときようこく》なりと辯護《べんご》せんとするも亦能《またあた》はざるを發見《はつけん》すべきなり。

斯《かか》る國旗《こつき》の下《もと》に米國人《べいこくじん》は教育《きよういく》せられ居《い》るが故《ゆえ》に、米國人《べいこくじん》の國旗《こつき》に對《たい》する觀念《かんねん》は勿論基督 教式《もちろんきりすときようしき》に非《あら》ずしてマソン式《しき》なり、彼等《かれら》は國旗《こつき》を一種《いつしゆ》の偶像《ぐうぞう》の如《ごと》く扱《あつか》ひ、甚《はなは》だしく尊重《そんちよう》するかと思《おも》へば、又甚《またはなは》だしく之《これ》を濫用《らんよう》す一方《いつぽう》に最敬禮《さいけいれい》を行《おこな》ひつヽ他方《たほう》に之《これ》を裝飾《そうしよく》の用《よう》となし居《い》るなり、之《こ》れマソン式《しき》なり、されば米國《べいこく》の國旗《こつき》は何《いず》れの國《くに》の國旗《こつき》よりも大《だい》なるを誇《ほこ》ると共《とも》に、數《かず》に於《お》いても他國民《たこくみん》に其《そ》の數倍《すうばい》せざれば承知《しようち》出來《でき》ざる風《ふう》あり、故《ゆえ》に日本人《にほんじん》なれば一校一旗《いつこうひとはた》、一團一旗《いちだんひとはた》にて事濟《ことす》むも、彼等《かれら》は出來《でき》うれば各《かく》人一旗《じんひとはた》を持《も》たざれば承知《しようち》せざるが如《ごと》し、蓋《けだ》し國體《こくたい》の然《しか》らしむる所《ところ》にして支那亦能《しなまたよ》く之《これ》に似《に》たる所《ところ》あり、而《しか》して此國旗《このこつき》の下《もと》に米國々民《べいこくこくみん》は教養《きようよう》せらるゝなり、何《な》んぞマソン化《か》せざるも得《え》んや。

第五節　米國魂《べいこくだましい》

若《も》し米國々旗《べいこくこつき》の下《もと》に成長《せいちよう》せる米國主義《べいこくしゆぎ》を以《もつ》て米國魂《べいこくだましい》と稱《しよう》しうべくば、乞《こ》ふ余《よ》をして暫《しば》らく之《これ》を語《かた》らしめよ、されど余《よ》は魂《たましい》と呼《よ》ぶ以上《いじよう》天賦《てんぷ》のものならざるべからずと信《しん》じ居《い》るが故《ゆえ》に、米國《べいこく》の如《ごと》く人《じん》爲《い》の國民性《こくみんせい》には當《あた》らざるものと思《おも》ひ居《い》るも、米國人自《べいこくじんみずか》ら米國魂《べいこくだましい》と稱《しよう》し居《お》るを以《もつ》て之《これ》を借用《しやくよう》すべし。

米國魂《べいこくだましい》の説明《せつめい》につきては他國民之《たこくみんこれ》を爲《な》すよりも米國人《べいこくじん》をして之《これ》を爲《な》さしむべきなり、故《ゆえ》に余《よ》は米《べい》國人《こくじん》として最《もつと》も尊敬《そんけい》し、且《か》つ清教徒《せいきようと》の血《ち》を承《う》け居《い》る純米國人《じゆんべいこくじん》として其名我國人《そのなわがこくじん》に知《し》られ居《い》るデフォレスト博士《はくし》の説明《せつめい》を謹聽《きんちよう》すべし、固《もと》より何人《なんぴと》をして説明《せつめい》せしむるも二様《によう》あるべからずとはいへ、余《よ》は最《もつと》も適任者《てきにんしや》なる博士《はくし》の小著《しようちよ》「米國魂《べいこくだましい》」に對《たい》し敬意《けいい》を表《ひよう》せざる能《あた》はず。

日露戰役第二年余軍《にちろせんえきだいにねんよぐん》に從《したが》ひて奉天城外保靈寺境内《ほうてんじようがいほれいじけいだい》に宿營《しゆくえい》せし時《とき》、一老外人突如來訪《いちろうがいじんとつじよらいほう》す、出《い》でて迎《むか》ふればデフォレスト博士《はくし》なり、互《たが》ひに久濶《きゆうかつ》を叙《じよ》し健康《けんこう》を祝《しゆく》し又奇遇《またきぐう》を語《かた》る事數刻《ことすうこく》、別《わか》るゝに臨《のぞ》みて一包《いつぽう》の小冊子《しようさつし》を贈《おく》らる、題《だい》して「米國魂《べいこくだましい》」といふ、博士《はくし》は米國組合教會宣教師《べいこくくみあいきようかいせんきようし》にして、米國人《べいこくじん》に大和魂《やまとだましい》を説《と》き、日本人《にほんじん》に米國魂《べいこくだましい》を説《と》きて兩國民《りようこくみん》の親和《しんわ》を計《はか》り居《い》る人《ひと》なるが、今書中米國魂《いましよちゆうべいこくだましい》に關《かん》する主要部分《しゆようぶぶん》を左《ひだり》に轉載《てんさい》すべし。

我米國《わがべいこく》は世界大國《せかいたいこく》の中《なか》で一番若《いちばんわか》い國《くに》であります、今《いま》を距《へだ》る二百八十五年《にひやくはちじゆうごねん》丁度支倉六右衛門《ちようどはせくらろくえもん》が羅馬《ろーま》より仙臺《せんだい》に歸《かえ》つた時《とき》に當《あた》り英國《えいこく》より百二人《ひやくににん》の老若男女《ろうにやくなんによ》が大西洋《たいせいよう》を航《こう》しマサチユセツト州《しゆう》の海岸《かいがん》に上陸《じようりく》したのであるが、其時米國《そのときべいこく》は未開國《みかいこく》にして廣漠《こうばく》たる山林原野《さんりんげんや》なりしが上陸《じようりく》せし時《とき》は恰《あたか》も冬《ふゆ》でありし故非常《ゆえひじよう》なる困難《こんなん》と戰《たたか》ひ未《いま》だ六《ろく》ケ月《げつ》もたゝぬ中《なか》に其半數《そのはんすう》は斃《たお》れたのであります、此人々《このひとびと》は何故《なにゆえ》に文明《ぶんめい》なる國《くに》を去《さ》つて未開地《みかいち》に赴《おもむ》いたかといふに當時歐州各國《とうじおうしゆうかつこく》壓制《あつせい》を極《きわ》むるを以《もつ》て屢々反抗《しばしばはんこう》を試《こころ》み内亂《ないらん》を企《くわだ》て竟《つい》に自國《じこく》を棄《す》てゝ新國《しんこく》を建設《けんせつ》する心起《こころおこ》りピルグリムフアザースと云《い》ふ百餘名《ひやくよめい》の人々《ひとびと》メーフラワー船《せん》に乘《じよう》じて渡航《とこう》したのであります、是《こ》れぞ米國《べいこく》の祖先《そせん》にして熱心自由《ねつしんじゆう》を重《おも》んずるの人々《ひとびと》なりし是《これ》を米國魂《べいこくだましい》即《すなわ》ち自由魂《じゆうだましい》の一大原因《いちだいげんいん》と申《もう》すのであります、此自由《このじゆう》を分《わ》けて申《もう》せば少《すく》くとも五種《ごしゆ》あります、即《すなわ》ち宗教自由《しゆうきようじゆう》政治自由《せいじじゆう》教育自由《きよういくじゆう》言論自由《げんろんじゆう》個人自由《こじんじゆう》にして此中我米國《このなかわがべいこく》魂《だましい》の最《さい》たるものは宗教自由《しゆうきようじゆう》であります抑々人間《そもそもにんげん》の品性中《ひんせいちゆう》最《もつと》も力《ちから》あるものは何《なん》ぞやと尋《たず》ぬれば宗教心《しゆうきようしん》であります、此宗教心《このしゆうきようしん》より日本《にほん》も始《はじ》まり世界各國《せかいかつこく》も起《おこ》りしもの故是《ゆえこれ》を自覺《じかく》せる我祖先等《わがそせんら》は誠《まこと》の文明國《ぶんめいこく》を建設《けんせつ》せんと欲《ほつ》し第一《だいいち》に宗教自由《しゆうきようじゆう》を本《もと》として米國《べいこく》の基礎《きそ》を据《す》へたのであります。

…………………………

然《さ》らば我米國魂《わがべいこくだましい》を一言《ひとこと》に申《もう》せば自由《じゆう》である。

右《みぎ》はデフオレスト博士一個人《はくしいちこじん》の私見《しけん》に非《あら》ずして、米國人一般《べいこくじんいっぱん》の承認《しょうにん》する所《ところ》なるが、博士《はくし》の結論《けつろん》の如《ごと》く米國魂《べいこくだましい》なるものは自由《じゆう》の一語《いちご》に帰《き》するものなりとす、而《しか》して第一《だいいち》に宗教自由《しゅうきょうじゆう》を尊重《そんちょう》するものなること之《これ》にて明《あきら》かなるが、當時《とうじ》宗教自由《しゅうきょうじゆう》を疾呼狂號《しっこきょうごう》せるは猶太人《ゆだやじん》にして、猶太人《ゆだやじん》にこそ宗教自《しゅうきょうじ》由《ゆう》を求《もと》むる必要《ひつよう》もありたるならんも、基督教會内《きりすときょうかいない》に在《あ》りては基督教徒《きりすときょうと》が宗教自由《しゅうきょうじゆう》を求《もと》むる必要《ひつよう》何《ど》處《こ》にありしや、而《しか》も清教徒等《せいきょうとら》が號《さけ》び求《もと》めたる宗教自由《しゅうきょうじゆう》なるものは信仰上《しんこうじょう》の立場《たちば》より冷静《れいせい》に思考《しこう》すれば全《まった》く無意味《むいみ》なるものにてありしなり。

曩《さ》きに清教徒等《せいきょうとら》は宗教自由《しゅうきょうじゆう》を號《さけ》びて天主教《てんしゅきょう》に反抗《はんこう》し英國教會《えいこくきょうかい》なるものを分立《ぶんりつ》せしめたるに非《あら》ずや、次《つ》ぎに彼等《かれら》は政治自由《せいじじゆう》を號《さけ》びてチヤールス一世《いっせい》を屠《ほふ》り英帝國《えいていこく》を顚覆《てんぷく》したるに非《あら》ずや、而《しか》して其後《そのご》百年再《ひゃくねんふたた》び宗教自由《しゅうきょうじゆう》を號《さけ》び又政治自由《またせいじじゆう》を號《さけ》びて祖國《そこく》を敵《てき》とせるなり、而《しか》もピルグリム・フアザースが新大陸《しんたいりく》に向《むか》ひたる時《とき》は清教徒《せいきょうと》の全盛時代《ぜんせいじだい》にして強《し》ゐて宗教自由《しゅうきょうじゆう》などを號《さけ》ぶべき必要《ひつよう》なかりしなり、假令必要《たといひつよう》ありしと假定《かてい》せるも、彼等《かれら》は僅《わず》かに六十五年前《ろくじゅうごねんまえ》に火刑《かけい》に處《しょ》せられたる殉教者《じゅんきょうしゃ》ローガース、フーパー、サンダース及《および》テーラー等《ら》の名《な》を忘《わす》れたるか、余《よ》を以《もっ》て見《み》るに彼等《かれら》が自由《じゆう》を號《さけ》びたるは放恣《ほうし》の結果《けっか》なり、贅澤《ぜいたく》なる慾望《よくぼう》なり朧《おぼろ》を得《え》て更《さら》に蜀《しょく》を望《のぞ》むの類《たぐい》なり、故《ゆえ》にクリスチヤンとしては毫《ごう》も同《どう》情《じょう》すべき理由《りゆう》を見出《みいだ》さゞるなり、然《しか》るに彼等《かれら》が宗教自由《しゅうきょうじゆう》を狂號《きょうごう》し居《い》るは英國《えいこく》の章《しょう》に於《お》いて已《すで》に述《の》べたるが如《ごと》く全《まつた》く猶太人《ゆだやじん》に宗教自由《しゅうきょうじゆう》を與《あた》ふるに外《ほか》ならざりしなり、換言《かんげん》すれば清教徒《せいきょうと》は猶太人《ゆだやじん》の走狗《そうく》となりたるものなり。

故《ゆえ》に彼等清教徒《かれらせいきょうと》は其口《そのくち》にするが如《ごと》く純神道《じゅんしんとう》を擁護《ようご》するに非《あら》ずして信教自由《しんきょうじゆう》を號《さけ》び、以《もつ》て猶太人《ゆだやじん》をして猶太教《ゆだやきょう》を自由《じゆう》に信仰《しんこう》せしめんとするものにてありしなり、さらば彼等《かれら》の主張《しゅちょう》する所《ところ》は其行《そのおこな》へる所《ところ》と正反對《せいはんたい》なるに非《あら》ずや、純神道《じゅんしんとう》といはゞ極力基督教《きょくりょくきりすときょう》の眞髓《しんずい》を擁護《ようご》し死守《ししゅ》すべき筈《はず》なるを以《もつ》て、他《た》の宗教《しゅうきょう》或《あるい》は宗派《しゅうは》を敵《てき》とすべき筈《はず》なるに、宗教自由《しゅうきょうじゆう》といはゞ何宗教《なにしゅうきょう》にても可《か》なる事《こと》となり、基督教《きりすときょう》に對《たい》する忠節《ちゅうせつ》何《いず》れにありや、デフオレスト博士《はくし》は之《これ》につきて「宗教自由《しゅうきょうじゆう》とは之《これ》を信《しん》ずるも信《しん》ぜざるも勝手《かつて》なりといふが如《ごと》きものにあらず」と說《と》けるも、更《さら》に進《すす》んで如何《いか》なるものなりとは說《と》き及《およ》ばず、故《ゆえ》に余《よ》は宗教自由《しゅうきょうじゆう》を魂《たましい》となし居《い》る米國《べいこく》につき其事實《そのじじつ》を見《み》るに、實際米國《じつさいべいこく》は宗教自由《しゅうきょうじゆう》といはんか、恰《あたか》も宗教《しゅうきょう》の展覽會《てんらんかい》の如《ごと》き觀《かん》あり、否整然《いなせいぜん》たる展覽會《てんらんかい》に非《あら》ずして宗教《しゅうきょう》の掃溜《はきだめ》なるかの觀《かん》あり、斯《か》くの如《ごと》くんばピウリタンの主張《しゅちょう》何《いず》れにありや、若《も》し尙《な》ほ清教徒《せいきょうと》の祈禱實現《きとうじつげん》せられたりといはば、清《せい》教徒《きょうと》は神《かみ》と人《ひと》とを欺《あざむ》ける宗教上《しゅうきょうじょう》の詐欺師《さぎし》なりといはざるべからず、何《なん》となれば彼等《かれら》は純神道擁護《じゅんしんとうようご》を口《くち》にしつ手《て》にてキリストを賣《う》りたればなり、之《こ》れ明《あきら》かにユダなり、然《しか》り全《まつた》くユダ的行爲《てきこうい》なり、宜《うべ》なる哉其背後《かなそのはいご》に猶太人《ゆだやじん》の操縦《そうじゅう》しあるや。

ア、猶太人《ゆだやじん》のために計《はか》られて宗教《しゆうきよう》自由《じゆう》を高唱《こうしよう》し、基督教《きりすときよう》に泥《どろ》を塗《ぬ》り、祖國《そこく》に刃《やいば》を向《む》けたる其精神《そのせいしん》を以《もつ》て米國魂《べいこくだましい》なりとせば、余《よ》は其自由《そのじゆう》の解釋《かいしやく》は如何《いか》にもあれ、米國魂《べいこくだましい》はユダ魂《だましい》（猶太魂《ゆだやだましい》に非《あら》ず）にして基督教《きりすときよう》と關係《かんけい》なきのみか寧《むし》ろ之《これ》を打破《だは》すものなるを學《まな》ばざるを得《え》ざるなり、基督教《きりすときよう》が米國《べいこく》に於《お》いて全《まつた》く其眞價《そのしんか》を失墜《しつつい》したる亦當然《またとうぜん》なりといふべし。

「是《これ》を自覺《じかく》せる我祖先等《わがそせんら》は誠《まこと》の文明國《ぶんめいこく》を建設《けんせつ》せんと欲《ほつ》し第一《だいいち》に宗教《しゆうきよう》自由《じゆう》を本《もと》として米國《べいこく》の基礎《きそ》を据《すえ》たのであります」とデフオレスト博士《はくし》は述《の》べられたるが、誠《まこと》の文明國《ぶんめいこく》には眞《しん》の自由《じゆう》あるは言《い》ふまでもなきことなれども、清教徒等《せいきようとら》が唱《とな》ひたる宗教《しゆうきよう》自由《じゆう》の上《うえ》に誠《まこと》の文明國《ぶんめいこく》が建《た》てらるべしとは如何《いか》にしても是認《ぜにん》する能《あた》はざるのみならず、余《よ》は却《かえ》つてこれと反對《はんたい》なる國家《こつか》が建《た》てらるべきを信《しん》ぜんとす、博士《はくし》は「夫《そ》れ自由《じゆう》なるものは最《もつと》も尊《とうと》き上天《じようてん》の恩賜《おんし》なるが故《ゆえ》に宗教心《しゆうきようしん》に由《よ》つて制定《せいてい》せらるゝにあらざれば甚《はなは》だ危險《きけん》にして且《か》つ亂暴《らんぼう》となる恐《おそ》れあり」と喝破《かつぱ》せるは我意《わがい》を得《え》たり、されば神授《しんじゆ》の自由《じゆう》を國體《こくたい》とする國家《こつか》を建設《けんせつ》せんとするに當《あた》りて何故《なにゆえ》に先《ま》づ國教《こつきよう》を樹立《じゆりつ》せずして反《かえ》つて宗教《しゆうきよう》自由《じゆう》を唱《とな》ひたりしや、若《も》し清教徒《せいきようと》にして基督教《きりすときよう》に對《たい》し其標榜《そのひようぼう》せる如《ごと》く忠良無二《ちゆうりようむに》のものなりしとせば、何《なに》が故《ゆえ》に何事《なにごと》を措《お》いても彼等《かれら》が信《しん》ずる純正基督教《じゆんせいきりすときよう》を以《もつ》て國教《こつきよう》となさゞりしか、見《み》よ清教徒《せいきようと》の大《おおい》なる矛盾《むじゆん》を、純神道《じゆんしんとう》擁護《ようご》を公唱《こうしよう》しつゝ、宗教《しゆうきよう》自由《じゆう》を叫《さけ》び、宗教《しゆうきよう》自由《じゆう》を公唱《こうしよう》しつゝ、英國《えいこく》にあつては英國教會《えいこつきようかい》に敵對《てきたい》し、米國《べいこく》にあつてはフレンド宗《しゆう》を迫害《はくがい》せるなり、猶太式《ゆだやしき》、マソン式《しき》の二重政策《にじゆうせいさく》又此處《またここ》にも暴露《ばくろ》せり。

夫《そ》れ自由《じゆう》は博士《はくし》の言《い》へるが如《ごと》く神《かみ》の恩賜《おんし》にして人《ひと》の求《もと》めて得《え》らるべきものに非《あら》ず、忠良《ちゆうりよう》なる信仰《しんこう》には必《かなら》ず自由《じゆう》は伴《ともな》ひ來《く》るも人造《じんぞう》の自由《じゆう》の上《うえ》に信仰《しんこう》は立《た》てらるゝべきものに非《あら》ず、何《なん》となれば信仰《しんこう》は服《ふく》從《じゆう》なり、獻身《けんしん》なり、犠牲《ぎせい》なればなり、彼《か》のパトリック・ヘンリーが「自由《じゆう》を與《あた》へよ、否《あ》らざれば我《われ》に死《し》を與《あた》へよ」と號《さけ》びて米國第一流《べいこくだいいちりゆう》の愛國者《あいこくしや》なりと稱《しよう》せられ、何等關係《なんらかんけい》なき日本《にほん》の政治家《せいじか》まで其口《そのこう》吻《ふん》を眞似《まね》て得々《とくとく》たるものあるも靜《しず》かに思《おも》へば「戀《こい》を與《あた》へよ、否《あ》らざれば我《われ》に死《し》を與《あた》へよ」と狂《くる》ふ癡《ち》情漢《じようかん》と同一律《どういつりつ》の號《さけ》びに非《あら》ずや、何《なん》となればヘンリーの求《もと》めたる自由《じゆう》は英國《えいこく》の壓制《あつせい》に對《たい》したる解放《かいほう》にして、卽《すなわ》ち人《ひと》の慾望《よくぼう》にして、天賦《てんぷ》の自由《じゆう》とは交渉《こうしよう》なかりしものなればなり、而《しか》して「代表《だいひよう》なくば租《そ》稅《ぜい》なし」と豪語《ごうご》したるも亦之《またこれ》がためなり、されば今日《こんにち》の米人《べいじん》が如何《いか》に自由《じゆう》を説明《せつめい》するも、建國當時《けんこくとうじ》の自由《じゆう》なるものは先《さ》きにも述《の》べたりしが如《ごと》く絶對天賦《ぜつたいてんぷ》の自由《じゆう》に非《あら》ずして、母國《ぼこく》の壓制《あつせい》に對《たい》する相對性《そうたいせい》の自由《じゆう》にてありしなり、而《しか》して此自由《このじゆう》は政治的《せいじてき》のものにして宗教的《しゆうきようてき》のものに非《あら》ず、故《ゆえ》に博士《はくし》が明言《めいげん》せるが如《ごと》く「宗教心《しゆうきようしん》に由《よ》りて制《せい》せらるゝに非《あら》ざれば甚《はなは》だ危險《きけん》にして且《か》つ亂暴《らんぼう》となる恐《おそ》れあり」と、實《じつ》際亂暴《さいらんぼう》なる放恣《ほうし》となりたるなり、蓋《けだ》し國教《こつきよう》の制裁《せいさい》なければなり、我等《われら》は今日《こんにち》まで米國《べいこく》を以《もつ》て理想《りそう》の基督教國《きりすときようこく》の如《ごと》くに妄信《もうしん》し來《きた》りしが、否爾《いななんじ》か米國宣教師《べいこくせんきようし》より教《おし》へられたりしが、赤裸々《せきらら》の米國《べいこく》を見《み》るに及《およ》んで啞然自失《あぜんじしつ》せざる能《あた》はず、蓋《けだ》し其相違《そのそうい》餘《あま》りに甚《はなは》しければなり。

勿論淸教徒《もちろんせいきようと》は潔癖家《けつぺきか》の集合《しゆうごう》なり、恰《あたか》も我島田沼南式《わがしまだしようなんしき》の人々《ひとびと》にてありしならん、されば彼等自身《かれらじしん》何等《ら》不信不徳《ふしんふとく》の行爲《こうい》に出《い》づる悪念《あくねん》は毛頭《もうとう》あらざりしならんも、其潔癖性《そのけつぺきしよう》を巧《たく》みに利用《りよう》したるは猶太人《ゆだやじん》なり卽《すなわ》ち清教徒《せいきようと》の潔癖《けつぺき》に油《あぶら》を注《そそ》ぎて益々其理想《ますますそのりそう》に走《はし》らしめたると共《とも》に英國國教會《えいこくこつきようかい》の罪悪《ざいあく》を愈々擴大《いよいよかくだい》視《し》せしめたるものなり、故《ゆえ》に彼等《かれら》の潔癖性昂進《けつぺきしようこうしん》するに從《したが》ひ、彼等《かれら》の天地《てんち》は愈々狹小《いよいよきようしよう》となり來《きた》りて反動《はんどう》を起《おこ》し遂《つい》に新天地《しんてんち》を求《もと》めたるものなり、故《ゆえ》に彼等《かれら》が祖國《そこく》に反旗《はんき》を翻《ひるが》へしたるは沼南《しようなん》が改進黨《かいしんとう》に愛想《あいそ》をつかしたると同一《どういつ》なり、但《ただ》し沼南《しようなん》は自己《じこ》の自由意志《じゆういし》に由《よ》りて進退《しんたい》せしが故《ゆえ》に最後《さいご》まで其言行《そのげんこう》は一貫《いつかん》したりしも、清教徒《せいきようと》は知《し》らざる間《あいだ》に猶太人《ゆだやじん》のために操縦《そうじゆう》せられ居《お》りしがために其言行《そのげんこう》は自《おの》づから二重性《にじゆうせい》のものとなりたるなり、而《しか》も余《よ》は敢《あ》へて清教徒《せいきようと》を非難《ひなん》せんとするに非《あら》ず、唯彼等《ただかれら》が猶太《ゆだや》人《じん》に謀《はか》られて其進退《そのしんたい》を誤《あやま》りたるを指摘《してき》し、且《か》つ清教徒《せいきようと》は實《じつ》はクリスチヤンにあらずしてマソンなる事《こと》を示《しめ》して世上《せじよう》の蒙《もう》を啓《ひら》かんと欲《ほつ》するなり、從《したが》つて米國魂《べいこくだましい》と稱《しよう》する自由《じゆう》は「眞理《しんり》は爾曹《じそう》に自由《じゆう》を與《あた》ふべし」てふ基督教《きりすときよう》の自主的自由《じしゆてきじゆう》に非《あら》ずして、マソン宗《しゆう》にて公唱《こうしよう》する反動的自由《はんどうてきじゆう》なることを言《い》はざるを得《え》ざるなり、故《ゆえ》に其自由《そのじゆう》の延長《えんちよう》は必《かなら》ず放恣《ほうし》となるべく、而《しか》も此放恣《このほうし》を自由《じゆう》の二字《にじ》を以《もつ》て化粧《けしよう》する必要生《ひつようしよう》じ來《きた》りて茲《ここ》に二重政策《にじゆうせいさく》は生《うま》れざるを得《え》ざるなり。

而《しか》も斯《か》くの如《ごと》きは斷《だん》じて基督教《きりすときよう》の主義《しゆぎ》に非《あら》ずしてマソン式《しき》なり、故《ゆえ》に余《よ》は米國魂《べいこくだましい》を以《もつ》てマソン宗《しゆう》の結晶《けつしよう》なりと斷《だん》じて憚《はば》からざるものなり。

而《しか》してマソン宗《しゆう》は猶太教《ゆだやきよう》の神政政治《しんせいせいじ》とデモクラシイとを混合《こんごう》したるものにして、根本的《こんぽんてき》に二重性《にじゆうせい》を有《ゆう》し、萬事《ばんじ》矛盾《むじゅん》に滿《み》てる組織《そしき》にして、猶化運動機關《ゆうかうんどうきかん》としては無上《むじょう》のものといふべし。
夫《そ》れ基督教《きりすときよう》にいふ自由《じゆう》は今日世上《こんにちせじょう》に廉賣《れんばい》せらるゝ自由《じゆう》とは全《まった》く別物《べつもの》にして、其説明《そのせつめい》は舊約聖書《きゅうやくせいしょ》イザヤ書第六十章一節《しょだいろくじゅっしょういっせつ》に左《ひだり》の如《ごと》く錄《しる》されあるものなり。

俘囚《ふしゅう》に釋放《しゃくほう》を告《つ》げ。
縛《しば》られたるものに解放《かいほう》を告《つ》ぐ。

但《ただ》し俘囚《ふしゅう》とは囚人《しゅうじん》に非《あら》ず、縛《いまし》められたる者《もの》とは罪人《つみびと》に非《あら》ず、卽《すなわ》ち神《かみ》の政治下《せいじか》に在《あ》らずして、惡魔《あくま》の政治下《せいじか》に呻吟《しんぎん》する心靈上《しんれいじょう》の奴隷《どれい》を謂《い》ひたるものなり、而《しか》して此解放《このかいほう》を爲《な》すものはキリストなり、故《ゆえ》に人間《にんげん》が勝手《かって》に我儘《わがまま》なる振舞《ふるまい》に出《い》で暴虐《ぼうぎゃく》なる一國《いっこく》の主權者《しゅけんしゃ》に反抗《はんこう》せりとて右《みぎ》の聖句《せいく》を實現《じつげん》したには非《あら》ざるなり、右《みぎ》の聖句《せいく》はキリストの使命《しめい》を示《しめ》したものにして、キリスト以外何人《いがいなんびと》も關係《かんけい》すべからざるものなり、故《ゆえ》に此解放又釋放《このかいほうまたしゃくほう》は自力又《じりきまた》は人力《じんりょく》に非《あら》ずして、他力卽《たりきすなわ》ち神力《しんりき》なり、卽《すなわ》ち惡魔《あくま》の拘束《こうそく》死の羈絆《きはん》より解脫《げだつ》せしむるに謂《い》にして、解脫《げだつ》せられたりとて直《ただ》ちに自由《じゆう》を得《え》たりと思《おも》ふは非《ひ》なり、夫《そ》れ自由《じゆう》とは束縛《そくばく》に對《たい》する解放《かいほう》のみを言《い》へるものに非《あら》ずして、更《さら》に一步進《いっぽすす》んで欲《ほっ》する所《ところ》に從《したが》ひ則《のり》を踰《こ》えざる絕對境《ぜったいきょう》に入《い》りて始《はじ》めて自由《じゆう》を歌《うた》ふべきなり、故《ゆえ》に右《みぎ》の聖句《せいく》に續《つづ》き第三節《だいさんせつ》には「彼等《かれら》は義《ぎ》の樹《き》、神《かみ》の植《う》ゑたまへるもの」と明示《めいじ》せられたるなり、卽《すなわ》ちサタンの奴隷《どれい》より脫《だっ》して神《かみ》の律法下《りっぽうか》に服從《ふくじゅう》すべきものとなりたるなり、而《しか》も此服從《このふくじゅう》には報《むく》ゆるに自由《じゆう》を以《もっ》てせらるるものにして、此服從《このふくじゅう》こそ欲《ほっ》する所《ところ》に従《したが》つて則《のり》を踰《こ》えざる自由生活《じゆうせいかつ》となるものなり、されば此天與《このてんよ》の自由《じゆう》は生活《せいかつ》の程度《ていど》又《また》は方法《ほうほう》、境《きよう》遇或《ぐうあるい》は事情《じじよう》とは全然没交渉《ぜんぜんぼつこうしよう》のものにして、貧困《ひんこん》にも此自由《このじゆう》を與《あた》へられ、富貴《ふうき》にも此自由《このじゆう》を與《あた》へられ、平和《へいわ》にも戰爭《せんそう》にも亦此自由與《またこのじゆうあた》へらるゝなり、因《いん》より順境《じゆんきよう》と逆境《ぎやつきよう》とに論《ろん》なく、水《みず》に沈《しず》めらるゝも、火《ひ》に焦《じら》さるゝも此自由《このじゆう》には何等異變《なんらいへん》なく、キリストが十字架上《じゆうじかじよう》にありて、『われ世《よ》に勝《か》てり、』と仰《おお》せられしは卽《すなわ》ち此自由《このじゆう》を示《しめ》したるものにして、スチユワード王朝《おうちよう》如何《いか》に苛酷慘虐《かこくざんぎやく》なりとはいへ、如何《いか》に此天與《このてんよ》の自由《じゆう》を妨《さまた》げ得《え》んや、然《しか》るに淸教徒等《せいきようとら》は此絶對《このぜつたい》の自由《じゆう》を與《あた》へらるべき信仰上《しんこうじよう》の臣節《しんせつ》を完《まつと》ふせずして、卑怯《ひきよう》にも己《おのれ》が安全《あんぜん》を計《はか》るべき自由《じゆう》に向《むか》つて盲進《もうしん》せるなり、余《よ》は神《かみ》の傳道者《でんどうしや》とし、又基督《またきりすと》の精《せい》神《しん》の皷吹者《こすいしや》として、彼等《かれら》ピルグリム・ファザアスを以《もつ》て健全《けんぜん》なるクリスチヤンなりと信《しん》ずる能《あた》はざるのみならず、彼等《かれら》を目《もく》してクリスチヤンの典型《てんけい》の如《ごと》く又氏神《またうじがみ》の如《ごと》く崇拜《すうはい》することに對《たい》して皷《つづみ》を打《う》つて反對《はんたい》するものなり。

　而《しか》して米國《べいこく》は此種《このしゆ》の精神《せいしん》を以《もつ》て國寶《こくほう》となし、又國民《またこくみん》の生命《せいめい》たらしめんとし、信仰《しんこう》に於《お》いても、政治《せいじ》に於《お》いても、經濟《けいざい》に於《お》いても、軍事《ぐんじ》に於《お》いても、教育《きよういく》に於《お》いても、學藝《がくげい》に於《お》いても亦社交《またしやこう》に於《お》いても凡《すべ》て此精神《このせいしん》を發揚《はつよう》せしめ、此精神《このせいしん》の所有者及《しよゆうしやおよび》實行者《じつこうしや》を以《もつ》て紳士《しんし》なり淑女《しゆくじよ》なりと稱《しよう》し居《い》るなり、勿《もち》論米國及米國民《ろんべいこくおよびべいこくみん》が如何《いか》なる氣風《きふう》を尊重《そんちよう》し、如何《いか》なる品質《ひんしつ》を賞揚《しようよう》すとも、ソハ彼等《かれら》の勝手《かつて》にして余《よ》の關《かん》する所《ところ》に非《あら》ずとはいへ、之《これ》を以《もつ》て基督教主義《きりすときようしゆぎ》なりと強辯《きようべん》するに到《いた》りては默《もく》する能《あた》はざるなり。

又《また》デフオレスト博士《はくし》は「米國魂《べいこくだましい》は大《おおい》に教育《きょういく》を重《おも》んじ世界各國《せかいかっこく》の中《なか》に普通教育《ふつうきょういく》を施行《しこう》したのは米《べい》國《こく》にして是《これ》も基督教《きりすときょう》より起《おこ》つたのであります」と明言《めいげん》せるも、米國《べいこく》の教育《きょういく》は基督教《きりすときょう》より起《おこ》りしものに非《あら》ずしてマソン宗《しゅう》より起《おこ》りたるものなり、現《げん》に今日米國《こんにちべいこく》の國民教育者《こくみんきょういくしゃ》の七割五分《ななわりごぶ》はマソン宗《しゅう》なることはマソンの機關雜誌《きかんざっし》に明言《めいげん》せられあるなり、而《しか》して彼等《かれら》は此教育《このきょういく》を米化教育《べいかきょういく》と稱《しょう》し、他國民《たこくみん》に對《たい》しては文化教育《ぶんかきょういく》と稱《しょう》するなり。

次《つ》ぎに博士《はくし》は個人自由《こじんじゆう》の項《こう》に於《お》いて、「我米國《わがべいこく》に於《お》いて四十年前個人自由《よんじゅうねんまえこじんじゆう》のために大《おおい》なる戰爭《せんそう》が起《おこ》りましたが其時《そのとき》まで自由《じゆう》を好める米國人《べいこくじん》も黒人《こくじん》を奴隷《どれい》として牛馬《ぎゅうば》の如《ごと》く使役《しえき》するといふ慘酷無慈悲《ざんこくむじひ》なる風習《ふうしゅう》がありました、併《しか》し此國家《このこっか》の耻辱《ちじょく》を掃蕩《そうとう》せんがため四年《よねん》の間繼續《あいだけいぞく》せる南北戰爭《なんぼくせんそう》によつて漸《ようや》く我國《わがくに》に於《お》いては個人自由《こじんじゆう》を重《おも》んずる主義《しゅぎ》となつたのであります」云々《うんぬん》と述《の》べられたるが、自由《じゆう》を公《こう》稱《しょう》して建設《けんせつ》せる米國《べいこく》に奴隷戰爭《どれいせんそう》を見《み》るに到《いた》つては餘《あま》りに皮肉《ひにく》を感《かん》ぜずや、米國《べいこく》の二重政策亦此處《にじゅうせいさくまたここ》にも暴露《ばくろ》せるなり、何故《なにゆえ》に奴隷制度《どれいせいど》を是認《ぜにん》する諸州《しょしゅう》を併合《へいごう》せるか、之《こ》れ第一《だいいち》の矛盾《むじゅん》なり、而《しか》して米國《べいこく》が壓制國《あっせいこく》と毒罵《どくば》せる英國《えいこく》すら平和《へいわ》の間《あいだ》に奴隷制度《どれいせいど》を撤廢《てっぱい》せるに、自由國《じゆうこく》を天下《てんか》に誇《ほこ》れる米國《べいこく》が之《これ》がために四年《よねん》の戰爭《せんそう》を爲《な》せるは抑《そもそ》も何事《なにごと》ぞ、之《こ》れ第二《だいに》の矛盾《むじゅん》なり、而《しか》して奴隷制度《どれいせいど》は撤廢《てっぱい》せられたりとはいへ、米國《べいこく》の黒人《こくじん》に個人自由《こじんじゆう》なるものありや、而《しか》して個人自由《こじんじゆう》とは米國人《べいこくじん》のみに對《たい》する主義《しゅぎ》なりとせば何故《なにゆえ》に外國《がいこく》に宣教師《せんきょうし》を放《はな》つて個人自由《こじんじゆう》を皷吹《こすい》するや、もし又其個人自由《またそのこじんじゆう》は世界的《せかいてき》のものとすれば何《なに》が故《ゆえ》に東洋《とうよう》の移民《いみん》に自由《じゆう》を與《あた》へざる乎《や》、之《こ》れ第三《だいさん》の矛盾《むじゅん》なり。

要《よう》するに米國魂《べいこくだましい》は基督教的《きりすときようてき》の一本調子《いっぽんちょうし》に非《あら》ずしてマソン主義《しゅぎ》の二重式《にじゅうしき》に造《つく》られたるものなり、其是非曲直《そのぜひきょくちょく》につきては固《もと》より論《ろん》ずる必要《ひつよう》なきが、以上《いじょう》に由《よ》りて其本質《そのほんしつ》を大要《たいよう》説《と》き得《え》たるを信《しん》じ、進《すす》んで大統領《だいとうりょう》の戸籍調《こせきしらべ》をなすべし。

第六節　米國大統領《べいこくだいとうりょう》

米國《べいこく》の大統領《だいとうりょう》は多《おお》く第二流《だいにりゅう》の人物《じんぶつ》なりとは屢々米國人《しばしばべいこくじん》の口《くち》にする所《ところ》なるが、二流《にりゅう》にても三流《さんりゅう》にても可《か》なり苟《いやしく》も大多數《だいたすう》の國民《こくみん》に推《お》されて全米《ぜんべい》の主權《しゅけん》を掌握《しょうあく》する以上《いじょう》は米大統領《べいだいとうりょう》は米國及米國民《べいこくおよびべいこくみん》の代表者《だいひょうしゃ》にして、又米國主義或《またべいこくしゅぎあるい》は、米國魂《べいこくだましい》の典型者《てんけいしゃ》なることは否《いな》むべからず、而《しか》して東西約二千八百《とうざいやくにせんはっぴゃく》哩《まいる》、南北約千五百《なんぼくやくせんごひゃく》哩《まいる》、三百六十餘萬方哩《さんびゃくろくじゅうよまんほうまいる》の面積《めんせき》と一億萬以上《いちおくまんいじょう》の人口《じんこう》を有《ゆう》する大國《たいこく》なるが故《ゆえ》に、ニウヨルクは世界《せかい》の地獄《じごく》と呼《よ》ばれ、桑港《さんふらんしすこ》は太平洋《たいへいよう》の魔窟《まくつ》と呼《よ》ばれ、東《ひがし》には黒奴私刑《こくどしけい》あり、西《にし》には移民迫害《いみんはくがい》あるも余《よ》は之《これ》を以《もっ》て直《ただ》ちに全米《ぜんべい》を悪罵《あくば》するの非《ひ》なるを知《し》るといへども、而《しか》も余《よ》は大統領《だいとうりょう》を通《つう》じて、米國及米國民《べいこくおよびべいこくみん》の意向《いこう》を窺《うかが》ひうべきを信《しん》じ、又其正當《またそのせいとう》なる方法《ほうほう》なるを信《しん》じ左《ひだり》に必要《ひつよう》なる方面《ほうめん》の調査《ちょうさ》を掲《かか》ぐべし。

米國歴代大統領調《べいこくれきだいだいとうりょうしらべ》

（英《えい》）は英國系《えいこくけい》、（蘇《す》）はスコットランド系《けい》、（ウ）はウエールス系《けい》、（獨《どく》）は獨逸系《どいつけい》、（愛《あい》）はアイルランド系《けい》、（監《かん》）は監督派《かんとくは》、（組《くみ》）は組合派《くみあいは》、（長《ちょう》）は長老派《ちょうろうは》、（美《め》）は美以派《めそじすと》、（徒《と》）は聖徒派《せいとは》、（マ）はマソン宗《しゅう》、（無《む》）は無所屬《むしょぞく》

氏《し》名《めい》	血《けつ》統《とう》	教《きょう》派《は》	備《び》考《こう》
一、ワシントン	（英《えい》）	（監《かん》）	米國《べいこく》マソン宗《しゅう》の氏神《うじがみ》
二、ワシントン	（英《えい》）	（監《かん》）	同右《どうみぎ》
三、ジヨン・アダムス	（英《えい》）	（組《くみ》）	猶太人《ゆだやじん》
四、ジエフアソン	（ウ）	（無《む》）	（マ）
五、ジエフアソン	（ウ）	（無《む》）	（マ）
六、マヂソン	（英《えい》）	（監《かん》）	
七、マヂソン	（英《えい》）	（監《かん》）	
八、モンロー	（蘇《す》）	（監《かん》）	（マ）

九、モンロー　(蘇《す》)　(監《かん》)　(マ)
一〇、クインシー・アダムス　(英《えい》)　(組《くみ》)　(マ)　猶太人《ゆだやじん》
一一、ジヤクソン　(蘇《す》、愛《あい》)　(長《ちよう》)　(マ)　テネセイ州《しゆう》大團長《だいだんちよう》
一二、ジヤクソン　(蘇《す》、愛《あい》)　(長《ちよう》)　(マ)　同右《どうみぎ》
一三、ヴアンビウレン　(獨《どく》)　(長《ちよう》)
一四、ハリソン　(英《えい》)　(監《かん》)
一五、タイラー　(英《えい》)　(監《かん》)
一六、ポーク　(英《えい》)　(長《ちよう》)　(マ)
一七、テイラー　(英《えい》)　(監《かん》)
一八、フイルモーア　(英《えい》)　(監《かん》)
一九、ビーヤス　(英《えい》)　(監《かん》)
二〇、ブカナン　(蘇《す》、愛《あい》)　(長《ちよう》)　(マ)
二一、リンカーン　(英《えい》)　(無《む》)
二二、リンカーン　(英《えい》)　(無《む》)
二三、ジヨンソン　(英《えい》)　(美《め》)　(マ)

二四、グラント　（蘇《す》）　（美《め》）
二五、グラント　（蘇《す》）　（美《め》）
二六、ヘース　（蘇《す》）　（美《め》）
二七、ガーフイルド　（英《えい》）　（徒《と》）　（マ）
二八、アーサー　（蘇《す》、愛《あい》）　（監《かん》）
二九、クリーヴランド　（英《えい》）　（長《ちよう》）
三〇、ハリソン　（英《えい》）　（長《ちよう》）
三一、クリーヴランド　（英《えい》）　（長《ちよう》）
三二、マキンレイ　（英《えい》）　（美《め》）　（マ）
三三、マキンレイ　（英《えい》）　（美《め》）　（マ）
三四、ルーズベルト　（獨《どく》）　（長《ちよう》）　（マ）
三五、ルーズベルト　（獨《どく》）　（長《ちよう》）　（マ）
三六、タフト　（英《えい》）　オハヨ州《しゆう》マソン大團長《だいだんちよう》
三七、ウイルソン　（英《えい》）　（監《かん》）　シオン運動領袖《うんどうりようしゆう》
三八、ウイルソン　（英《えい》）　（監《かん》）　同右《どうみぎ》

三九、ハーデング　（英《えい》）　（監《かん》）　（マ）シオン運動後援者《うんどうこうえんしゃ》

四〇、クーリツヂ　（英《えい》）　（組《くみ》）　（マ）シオン運動後援者《うんどうこうえんしゃ》

以上四十大統領《いじようよんじゆうだいとうりよう》の內《うち》、ジエフアソン及《および》リンカーンの二大統領《にだいとうりよう》は基督教會《きりすときようかい》に籍《せき》を有《ゆう》せず、又兩《またりよう》アダムスは組合派《くみあいは》に屬《ぞく》するも猶太人《ゆだやじん》なるを以《もつ》て之《これ》を除《のぞ》き、殘《のこ》り三十四大統領《さんじゆうよんだいとうりよう》を悉《ことごと》くクリスチヤンなりと假定《かてい》するも、（マ）印《じるし》の附《ふ》しあるはワシントンを始《はじ》めとし何《いず》れも公々然《こうこうぜん》マソン宗《しゆう》に歸依《きえ》し居《い》る人々《ひとびと》なるが故《ゆえ》に之《これ》をクリスチヤンと認《みと》むるは非《ひ》なり、故《ゆえ》に此等十六大統領《これらじゆうろくだいとうりよう》を除《のぞ》けば、殘《のこ》り十八大統領《じゆうはちだいとうりよう》はクリスチヤンにてある筈《はず》なれども、マキンレイ以後《いご》の大統領《だいとうりよう》は悉《ことごと》く猶太主義《ゆだやしゆぎ》の人《ひと》にして、殊《こと》にウイルソンの如《ごと》きはマソン宗《しゆう》に公然籍《こうぜんせき》を置《お》かざる代《かわ》りに公然《こうぜん》シオン運動一方《うんどういつぽう》の領袖役《りようしゆうやく》を勤《つと》め居《お》るを以《もつ》て之《これ》を除《のぞ》き、殘十四大統領《のこりじゆうよんだいとうりよう》の內《うち》より更《さら》に清教徒系《せいきようとけい》の人々《ひとびと》を除《のぞ》き去《さ》れば、純然《じゆんぜん》たるクリスチヤンは僅《わず》かに五人《ごにん》となるべし然《さ》らば此大統領《このだいとうりよう》は純《じゆん》クリスチヤンなりやといはゞ、米國《べいこく》にてはマソン宗《しゆう》に關係《かんけい》なき人《ひと》は大統領《だいとうりよう》たるを得《え》ずとの不文律《ふぶんりつ》ある由《よし》なり、余《よ》は昨年大連《さくねんだいれん》に於《お》いてロイテル通信員《つうしんいん》なる米國人某《べいこくじんなにがし》（天主教徒《てんしゆきようと》）より之《これ》を聞《き》きたるが、然《さ》らば米國《べいこく》はマソン國《こく》と稱《しよう》して然《しか》るべきものなるべし、宜《うべ》なる哉《かな》、大統領選擧《だいとうりようせんきよ》に於《お》いて今日《こんにち》までマソン宗《しゆう》を標榜《ひようぼう》して立《た》ちたる人一人《ひとひとり》もあらざりしが、蓋《けだ》し其必要《そのひつよう》なかりしが故《ゆえ》なるべし、然《しか》るに反《はん》マソンを標榜《ひようぼう》して立《た》ちたる人僅《ひとわず》かに一人《ひとり》あり、卽《すなわ》ち千八百《せんはつぴやく》

三十二年《さんじゅうにねん》の選擧《せんきょ》に於《お》いてマソン團《だん》の大國長《たいこくちょう》ジヤクソンと戰《たたか》ひ、ジヤクソン十五票《じゅうごひょう》を以《もっ》て當選《とうせん》せしに、彼《か》れウイリヤム・ウイルトは僅《わず》かに一票《いっぴょう》を獲《え》たるに過《す》ぎざりしを見《み》ても、マソン宗《しゅう》が如何《いか》に米國政《べいこくせい》界《かい》を支配《しはい》し居《い》るかを察《さっ》しうべきにあらずや、而《しか》してウイルトは政黨政派《せいとうせいは》に據《よ》らず、正面《しょうめん》よりマソン反對《はんたい》を標榜《ひょうぼう》したるものにして、思《おも》ふにマソンの横暴《おうぼう》に對《たい》する反感彼《はんかんかれ》をして立《た》たしめたるものなるべし、若《も》し夫《そ》れ米國《べいこく》フリーメーソンリー百科全書《ひゃっかぜんしょ》の最終頁《さいしゅうぺーじ》を見《み》んか。（千九百十七年版《せんきゅうひゃくじゅうななねんばん》）

"From that time to the Pre ent, nearly every Prominent publicman has been a member of the Craft"

爾來《じらい》（建國以來《けんこくいらい》）今日《こんにち》に至《いた》るまで著名《ちょめい》なる公人《こうじん》は殆《ほと》んど悉《ことごと》く團員《だんいん》なりき。

之《これ》にて足《た》れり、議論《ぎろん》も疑惑《ぎわく》も辯解《べんかい》も無用《むよう》なり、米國《べいこく》の著名《ちょめい》なる公人《こうじん》は建國以來殆《けんこくいらいほと》んど悉《ことごと》くマソンなりしなり、さらば米國《べいこく》はマソン國《こく》なり、斷《だん》じて基督教國《きりすときょうこく》に非《あら》ざるなり、若《も》し親米派《しんべいは》又《また》はマソン主《しゅ》義者《ぎしゃ》ありて、基督教徒《きりすときょうと》にしてマソンに加入《かにゅう》するを得《え》るは恰《あたか》も青年會又《せいねんかいまた》は共勵會《きょうれいかい》に加入《かにゅう》しうると同一《どういつ》なり、マソンに加入《かにゅう》せるの故《ゆえ》を以《もっ》てクリスチヤンに非《あら》ずとするは早計《そうけい》なりと辯《べん》ずるあらば、余《よ》をして曰《い》はしめよ、キリストの神性《しんせい》を認《みと》めず、聖靈《せいれい》を認《みと》めず、且《か》つ宗教無差別《しゅうきょうむさべつ》を公稱《こうしょう》する者《もの》を尙《な》ほクリスチヤンといはゞ、大杉《おおすぎ》の徒《と》亦《また》神州《しんしゅう》帝國《ていこく》の臣民《しんみん》と言《い》ふをうべきか。

然《しか》りといへども余《よ》はマソンをサタン視《し》するに非《あら》ず、亦《また》マソンの人格《じんかく》を疑《うたが》ふものに非《あら》ず、そは本書《ほんしょ》に於《お》いて全《まった》く問題外《もんだいがい》なり、唯《ただ》マソンはクリスチヤンに非《あら》ず、クリスチヤンはマソンたるを得《え》ず、而《しか》して米國《べいこく》はクリスチヤンの國《くに》に非《あら》ずしてマソンの國《くに》なる事《こと》を證示《しょうじ》したるのみなるが、終《おわ》りに臨《のぞ》み尚《なお》は一《ひと》つ米國主義《べいこくしゅぎ》なるものを說明《せつめい》すべし。

第七節　米國主義《べいこくしゅぎ》

米國主義《べいこくしゅぎ》とはアメリカニズムなり、一名米國宗《いちめいべいこくしゅう》といふ、卽《すなわ》ちマソン主義《しゅぎ》と米化運動《べいかうんどう》とを結《むす》び合《あ》はしたるものにして基督教《きりすときょう》とは何等關係《なんらかんけい》なきものなり。

アメリカニズムなる語《ご》は從來米國語《じゅうらいべいこくご》及《およ》び米化國語《べいかこくご》を指《さ》したる術語《じゅつご》にして、今日《こんにち》の如《ごと》く米國主義《べいこくしゅぎ》てふ意義《いぎ》は含《ふく》まざりしものなり、而《しか》して米國主義《べいこくしゅぎ》てふ意義《いぎ》を含《ふく》みて使用《しよう》し始《はじ》めたるは米西戰爭以後《べいせいせんそういご》、分《わか》り易《やす》くいへば二十世紀《にじゅっせいき》に入《い》りて以來《いらい》の事《こと》なり、然《さ》らば米國主義《べいこくしゅぎ》なるものは其以前《そのいぜん》に存在《そんざい》せざりしかと言《い》はゞ、曰《いわ》く、米國主義《べいこくしゅぎ》なるものは建國《けんこく》と共《とも》に有《あ》りしものなりしも、故《ゆえ》あつて之《これ》を公稱《こうしょう》せず、種々《しゅじゅ》なる名稱《めいしょう》の陰《かげ》に隱《かく》れて所謂暗中飛躍《いわゆるあんちゅうひやく》を爲《な》し居《お》りしものなり、されば何故《なにゆえ》に公稱《こうしょう》せざりしかと問《と》はゞ、米國《べいこく》の實力《じつりよく》が之《これ》を公稱《こうしよう》するまでに發達《はつたつ》せざりしがためと答《こた》ふる外《ほか》なし。

近來米國《きんらいべいこく》にて發行《はつこう》せらる新聞雜誌《しんぶんざつし》又《また》は圖書《としよ》を手《て》にすれば、うるさきまでにアメリカニズム（米國主義《べいこくしゆぎ》）又《また》はアメリカナイゼーション（米化《べいか》）なる用語《ようご》を見《み》るべし、而《しか》して政治《せいじ》に關係《かんけい》なかりし宗教的《しゆうきようてき》出版物《しゆつぱんぶつ》、否傳道機關紙《いなでんどうきかんし》にすら基督教《きりすときよう》と記《しる》したる所《ところ》にアメリカニズムと記《しる》し、傳道《でんどう》と記《しる》したる所《ところ》にアメリカナイゼーションと記《しる》さるゝ事《こと》甚《はなは》だ多《おお》きを加《くわ》へつゝあるを見《み》るべし、世界的《せかいてき》に高唱《こうしよう》するマソンの機關雜誌《きかんざつし》亦然《またしか》り、之《こ》れ見遁《みのが》す能《あた》はざる顯象《けんしよう》にして、又面白《またおもしろ》き研究問題《けんきゆうもんだい》なり。

米化運動《べいかうんどう》は米國主義《べいこくしゆぎ》の發現《はつげん》にして、米國主義《べいこくしゆぎ》は米國魂《べいこくだましい》の組織的構成《そしきてきこうせい》なるが、其効能書《そのこうのうしよ》は如何《いか》にもあれ、實際《じつさい》に於《お》いて清教徒《せいきようと》なるピルグリムス・ファーザースの唱《とな》へたる自由《じゆう》が止《と》め度《ど》なく延長《えんちよう》せられて放恣《ほうし》となりたるものに過《す》ぎず、卽《すなわ》ち彼等《かれら》は當初《とうしよ》は消極的《しようきよくてき》に自己《じこ》の內的自由《ないてきじゆう》を求《もと》めたりしが、遂《つい》に積極的《せつきよくてき》に外的自由《がいてきじゆう》（實《じつ》は我儘《わがまま》）を求《もと》むるに至《いた》り、侵略《しんりやく》なるもの茲《ここ》に生《う》れ出《い》でたるなり、故《ゆえ》に三百年前《さんびやくねんまえ》ピルグリムス・ファーザースの蒔《ま》きたりし種子《しゆし》が、今《いま》に於《お》いて將《まさ》に花咲《はなさ》かんとするまでに成長《せいちよう》したるものにして、二十世紀《にじゆつせいき》の米國人《べいこくじん》が發明《はつめい》せる國策《こくさく》には非《あら》ざるなり、而《しか》して米化運動《べいかうんどう》の目的《もくてき》は露骨《ろこつ》にいへば世界的侵略《せかいてきしんりやく》なり、而《しか》して米國《べいこく》の今日《こんにち》は之《これ》を打消《うちけ》す能《あた》はざるまで頗《すこぶ》る多數《たすう》の事實《じじつ》を我等《われら》の眼前《がんぜん》に提供《ていきよう》し居《い》るなり、勿論優勝劣敗《もちろんゆうしようれつぱい》の今日《こんにち》、米國《べいこく》が如何《いか》に進取《しんしゆ》を試《こころ》むるも之《これ》を是非《ぜひ》するは愚《ぐ》なり、勝《か》てば官軍《かんぐん》の時代《じだい》なり、無理《むり》が通《とお》れば道理《どうり》が引込《ひつこ》む時節《じせつ》なり、故《ゆえ》に余《よ》は米化運動又《べいかうんどうまた》は米國主義《べいこくしゆぎ》を非難《ひなん》するに非《あら》ず、唯已《ただすで》に述《の》べたる米國《べいこく》の正體《しょうたい》に更《さら》に點眼《てんがん》せんがために有《あ》りのまゝの米國主義《べいこくしゅぎ》なるものを明示《めいじ》するのみ。

米國主義《べいこくしゅぎ》、換言《かんげん》すれば自由主義《じゆうしゅぎ》なるが、此自由主義《このじゆうしゅぎ》は萬國萬民《ばんこくばんみん》の公共的《こうきょうてき》のものに非《あら》ずして「福《ふく》は内鬼《うちおに》は外《そと》」的《てき》の自由主義《じゆうしゅぎ》なり、卽《すなわ》ち利己的自由《りこてきじゆう》なり、我儘《わがまま》なり放恣《ほうし》なり、猛獸《もうじゅう》といへども其幼稚《そのようち》なる時《とき》は極《きわ》めて可愛《かわい》らしきものなり、ピルグリムス・ファザースの時代《じだい》の自由《じゆう》は一見無邪氣《いっけんむじゃき》なるものにてありしなり、されど成長《せいちょう》するに從《したが》ひ野獸性《やじゅうせい》を發揮《はっき》し、獨立戰爭《どくりつせんそう》を起《おこ》したるものなり、されど事兄《こときょう》弟喧嘩《だいげんか》親子喧嘩《おやこげんか》にてありしが故《ゆえ》に、さまで世界《せかい》の非難《ひなん》を蒙《こうむ》らず、否反《いなかえ》つて同情《どうじょう》を集《あつ》めたりしが、十《じゅう》分成長《ぶんせいちょう》して人畜《じんちく》卽《すなわ》ち外國《がいこく》に危害《きがい》を加《くわ》ふるに至《いた》りて往年《おうねん》の同情《どうじょう》は憤怒《ふんぬ》と變《かわ》らざるを得《え》ざらしめたり。

然《さ》らば米國主義《べいこくしゅぎ》なるものは如何《いか》に成長《せいちょう》せしや又今後如何《またこんごいか》に成長《せいちょう》するや、順《じゅん》を追《お》ふて之《これ》を說《と》けば極《きわ》めて冗長《じょうちょう》に亘《わた》るべきを以《もっ》て只著《ただいちじる》しき事實《じじつ》につきてのみ說明《せつめい》すべし。

其第一《そのだいいち》はモンロー主義《しゅぎ》なり、モンロー主義《しゅぎ》は米國主義《べいこくしゅぎ》の少年時代《しょうねんじだい》にして、千八百二十三年十二月《せんはっぴゃくにじゅうさんねんじゅうにがつ》二十三日《にじゅうさんにち》、時《とき》の大統領《だいとうりょう》モンローが中外《ちゅうがい》に發表《はっぴょう》せる米國《べいこく》の對外政策《たいがいせいさく》なるが、其大要左《そのたいようひだり》の如《ごと》きものなり。

合衆國民《がっしゅうこくみん》は大西洋《たいせいよう》の北部《ほくぶ》に棲居《せいきょ》する同胞《どうほう》の自由及幸福《じゆうおよびこうふく》のために最《もっと》も友誼的感情《ゆうぎてきかんじょう》を有《ゆう》する歐《おう》州列國間《しゅうれっこくかん》の戰爭《せんそう》に對《たい》し敢《あ》へて干渉《かんしょう》せざるのみならず我國固有《わがくにこゆう》の政策上亦之《せいさくじょうまたこれ》に干渉《かんしょう》するを許《ゆる》さ

ず、但《ただ》し我権利《わがけんり》が侵害《しんがい》せられ我《わ》が平和《へいわ》が脅嚇《きようかく》せられたる場合《ばあい》に限《かぎ》り其侵害及《そのしんがいおよ》び脅嚇《きようかく》に對《たい》し報《むく》ゆる所《ところ》あるべく又防備《またぼうび》するところあるべし西半球《にしはんきゆう》に於《お》ける政變《せいへん》が合衆國民《がつしゆうこくみん》と密接《みつせつ》なる關係《かんけい》あることは識者已《しきしやすで》に之《これ》を認《みと》む歐州聯合諸國《おうしゆうれんごうしよこく》の政治的組織《せいじてきそしき》は此點《このてん》に於《お》いて我國《わがくに》の其《それ》と同《おな》じからず之《こ》れ國《こく》體《たい》の不同《ふどう》より生《しよう》じ來《きた》れるものにして生命財産《せいめいざいさん》を犠牲《ぎせい》として漸《ようや》く獲得《かくとく》せる合衆國《がつしゆうこく》の防禦《ぼうぎよ》に對《たい》しては國力《こくりよく》を傾《かたむ》くるも進《すす》んで之《これ》を爲《な》さざるを得《え》ざるあり。

之《これ》を以《もつ》て余《よ》は西半球《にしはんきゆう》に向《むか》つて其勢力《そのせいりよく》を擴大《かくだい》せんとするものあらば卽《すなわ》ち是《こ》れ我國《わがくに》の平和及安全《へいわおよびあんぜん》を害《がい》せる所爲《せい》なりと斷定《だんてい》するを辭《じ》せず。

文明《ぶんめい》の厚化粧《あつげしよう》に其毒婦性《そのどくふせい》を蔽《おお》い、互《たが》ひに欺《あざむ》き合《あ》へる當時《とうじ》の歐羅巴諸國《よーろつぱしよこく》を相手《あいて》としては斯《かか》る主義《しゆぎ》を宣《せん》言《げん》せるは理由《りゆう》なき事《こと》にあらざりしならんが、幾度《いくど》讀《よ》み去《さ》り讀《よ》み來《きた》るも餘《あま》りに我儘勝手《わがままかつて》なる言分《いいぶん》に非《あら》ずや。

モンロー主義《しゆぎ》といへば公明正大《こうめいせいだい》なる基督教主義宣言《きりすときようしゆぎせんげん》とのみ信《しん》じたりしに、之《これ》を一讀《いちどく》して誰《だれ》か呆然《ぼうぜん》たらざらんや、要《よう》するにモンロー主義《しゆぎ》は世界《せかい》の平和又《へいわまた》は公義《こうぎ》のために宣《せん》せられしものに非《あら》ずして、米《べい》國《こく》が歐羅巴諸國《よーろつぱしよこく》の侵略《しんりやく》に對《たい》し十分《じゆうぶん》の抵抗力《ていこうりよく》を有《ゆう》せさる間《あいだ》の鐵條網《てつじようもう》に過《す》ぎざるなり、一言《ひとこと》すればモンロー主義《しゆぎ》は歐羅巴及米國間《よーろつぱおよびべいこくかん》の相互不侵條約《そうごふしんじようやく》なれども、米國《べいこく》が勝手《かつて》に作成《さくせい》し勝手《かつて》に有効《ゆうこう》にしたるものにして米國《べいこく》に取《と》りては極《きわ》めて重寶有効《ちょうほうゆうこう》なるものなれども、歐羅巴《よーろつぱ》に取《と》りては甚《はなは》だ迷惑至極《めいわくしごく》のものといはざるを得《え》ず、何《なん》となれば歐羅巴諸國《よーろつぱしょこく》は亞米利加大陸《あめりかたいりく》に侵略《しんりやく》を爲《な》し得《え》る實力《じつりよく》あるも米國《べいこく》は歐羅巴《よーろつぱ》に侵入《しんにゅう》する能《あた》はざるが故《ゆえ》なり、故《ゆえ》にモンロー主義《しゅぎ》は米國《べいこく》の歐羅巴侵略自制法《よーろつぱしんりやくじせいほう》に非《あら》ずして、歐羅巴諸國《よーろつぱしょこく》の米國侵入防遏策《べいこくしんにゅうぼうあつさく》に過《す》ぎざるなり、ツマリ十分《じゅうぶん》なる對外軍備及國力充實《たいがいぐんびおよびこくりょくじゅうじつ》をなすまでの間《あいだ》、敵《てき》をして己《おのれ》を侵《おか》さゞらしめんとせる極《きわ》めて卑劣《ひれつ》なる奸策《かんさく》なり。

尚《な》ほ之《これ》に加《くわ》へて十三州《じゅうさんしゅう》と何《なん》の關係《かんけい》なく、亦北米《またほくべい》とも何《なん》の交渉《こうしょう》なき南米《なんべい》にまで言及《げんきゅう》し、南米《なんべい》の一角《いっかく》にても之《これ》を侵《おか》すものは北米合衆國《ほくべいがっしゅうこく》を侵《おか》すものと認《みと》む云々《うんぬん》と放言《ほうげん》するに至《いた》つては、到底常識《とうていじょうしき》ある紳士《しんし》に非《あら》ずしてゴロツキ的《てき》なり、蓋《けだ》し此一言以《このひとこともつ》て米國《べいこく》は十三州《じゅうさんしゅう》に滿足《まんぞく》するものに非《あら》ず、南北兩亞米利加《なんぼくりょうあめりか》全土《ぜんど》をも併合《へいごう》せんと欲《ほっ》する意志《いし》を自白《じはく》したるものといふべし。

然《しか》り米國《べいこく》は一方《いっぽう》に歐羅巴諸國《よーろつぱしょこく》の米國侵略《べいこくしんりやく》を防止《ぼうし》し、他方國力《たほうこくりよく》の充實《じゅうじつ》と軍備《ぐんび》の完成《かんせい》を計《はか》りたるは何《なん》人《びと》も知《し》る所《ところ》なるが、其間《そのあいだ》に在《あ》りても、他國《たこく》の侵略《しんりやく》は之《これ》を大罪《たいざい》呼《よ》ばはりし、而《しか》も自國《じこく》の侵略《しんりやく》は世界平《せかいへい》和《わ》のためと稱《しょう》し、爾來米國《じらいべいこく》が如何《いか》に多大《ただい》なる侵略《しんりやく》を敢《あ》へてし、又恬然《またてんぜん》として歐州《おうしゅう》の內政《ないせい》にすら干渉《かんしょう》したる事實《じじつ》に徵《しる》し、モンロー主義《しゅぎ》なるものを發布《はっぷ》せる米國《べいこく》の眞意《しんい》亦解《またかい》し易《やす》かるべし、故《ゆえ》に見《み》よ流石橫《さすがおう》暴《ぼう》なる歐羅巴諸國《よーろつぱしょこく》も此《この》モンロー主義《しゅぎ》に對《たい》し多少《たしょう》の誠意《せいい》を表明《ひょうめい》し居《お》りしに、何事《なにごと》ぞ米國自身《べいこくじしん》之《これ》を破壞《はかい》したるに非《あら》ずや、而《しか》も尚之《なおこれ》を撤退《てったい》せずして歐羅巴諸國《よーろつぱしょこく》の侵略《しんりやく》に備《そな》ふ、彼《かれ》は法《ほう》を作《つく》り自《みずか》ら之《これ》を守《まも》らず人《ひと》をして之《これ》を守《まも》らしむるものなり、國際聯盟《こくさいれんめい》の如《ごと》き亦此類《またこのるい》なり、而《しか》してモンロー主義《しゆぎ》を宣言《せんげん》せるモンローはマソン國《こく》の名譽職員《めいよしよくいん》なりしのみならず、元來《がんらい》モンロー主義《しゆぎ》はモンローの發意《ほつい》にあらずして、南米《なんべい》のクロンウエルと稱《しよう》せられたる怪豪《かいごう》ボリヴアの國策《こくさく》なりしを、第四代《だいよんだい》ジエツフアソン之《これ》を踏襲《とうしゆう》し、更《さら》にモンロー内閣《ないかく》の國務卿《こくむきよう》ジヨン・クインシイ・アダムス（第三代《だいさんだい》アダムスの息《そく》、猶太人《ゆだやじん》）の手《て》に由《よ》りて公稱《こうしよう》せられたるものなり、さればモンロー主義《しゆぎ》を以《もつ》て基督教主義《きりすときようしゆぎ》の發露《はつろ》などと我等《われら》に教《おし》へたるは米國宣教師《べいこくせんきようし》は巧《たく》みに我等《われら》を欺《あざむ》き居《い》たるものに非《あら》ずして何《なん》ぞ。

而《しか》してモンロー主義《しゆぎ》を米國《べいこく》の國策《こくさく》たらしむべく第一《だいいち》に力《つと》めたるジエツフアソンは、一千八百〇七年《いつせんはつぴやくななねん》に於《お》いて、

玖馬《きゆーば》は米西戰爭《べいせいせんそう》の結果米國《けつかべいこく》の領《りよう》に歸《き》すべく加奈太《かなだ》は自《みずか》ら併合《へいごう》せらるべき運命《うんめい》を有《ゆう》す。

と宣《せん》し又《また》モンローは玖馬《きゆーば》は米國《べいこく》に取《と》りて最《もつと》も利益《りえき》ある附加物《ふかぶつ》なるべし。と放言《ほうげん》せり、さらばモンロー主義《しゆぎ》は世界《せかい》の平和《へいわ》と没交渉《ぼつこうしよう》のものにして、其眞意如何《そのしんいいかん》は何人《なんぴと》にも會得《えとく》せらるべきものなり、斯《か》く觀《かん》じ來《きた》れば、モンロー主義《しゆぎ》は基督教《きりすときよう》とは何《なん》の交渉《こうしよう》なきものにして、畢竟《ひつきよう》するに猶太人《ゆだやじん》が米國《べいこく》をして十分強大《じゆうぶんきようだい》ならしむる自由《じゆう》を得《え》さしむるために計《はか》りたる利己的方策《りこてきほうさく》に外《ほか》ならざることを發見《はつけん》すべし。

第二《だいに》にはトランセンデンタリズム運動《うんどう》なり、同運動《どううんどう》は基督教國《きりすときようこく》として醜劣《しゆうれつ》愧《は》づべきものなるに係《かか》

はらず、米國《べいこく》は左迄《さまで》愧《は》ぢたる様子《ようす》もなく、寧《むし》ろ一段《いちだん》の進歩《しんぽ》の如《ごと》くに氣取《きど》りたるなり、茲《ここ》に信教自由《しんきょうじゆう》とは全然信仰放恣《ぜんぜんしんこうほうし》の謂《いい》となり、自由《じゆう》とは我儘放埒《わがままほうらつ》なることを天下《てんか》に示《しめ》したるなり、已《すで》に幾度《いくど》も述《の》べし如《ごと》く清教徒《せいきょうと》の信仰《しんこう》は決《けつ》して賞《しょう》すべき信仰《しんこう》に非《あら》ず、其子孫《そのしそん》の信仰《しんこう》が必《かなら》ず淪落《りんらく》するは火《ひ》を見《み》るよりも明《あきら》かなる事《こと》なるが、善《よ》き樹《き》は善《よ》き果《か》を結《むす》び、惡《わる》き樹《き》は惡《わる》き果《か》を結《むす》ぶは自然《しぜん》の理《ことわり》なり、見《み》よ、兎《と》に角《かく》に基督教會《きりすときょうかい》の標札《ひょうさつ》を掲《かか》げ、又十字架《またじゅうじか》をも飾《かざ》りて、外觀《がいかん》だけにても劇場又《げきじょうまた》は倶樂部《くらぶ》と異《こと》なり居《お》るを示《しめ》し居《い》たる米國《べいこく》の教會《きょうかい》は、ユニテリアンなるもの起《おこ》りて教會《きょうかい》は講堂《こうどう》と成《な》り下《さが》りたり、無責任《むせきにん》なる學者《がくしゃ》は之《これ》を以《もつ》て智的解放《ちてきかいほう》と稱《しょう》し凱歌《がいか》を揚《あ》げしが、智的解放《ちてきかいほう》は益々延長《ますますえんちょう》せられて智的及靈的放恣《ちてきおよびれいてきほうし》となり、遂《つい》に無政府《むせいふ》の状態《じょうたい》を演《えん》じ、トランセンデタリズム運動《うんどう》となれり、而《しか》して此運動《このうんどう》は益々《ますます》止《と》め度《ど》もなく放恣《ほうし》に走《はし》り、黨中黨《とうちゅうとう》を作《つく》り、自由國《じゆうこく》と稱《しょう》する米國《べいこく》が天下《てんか》に獨立《どくりつ》を宣言《せんげん》して未《いま》だ漸《ようや》く半世紀《はんせいき》を過《す》ぎたるのみなるに、此一派《このいっぱ》は更《さら》に自由《じゆう》を求《もと》めんとして所謂《いわゆる》ブルック農園《のうえん》なるものを計畫《けいかく》し、一種《いっしゅ》の共産《きょうさん》主義《しゅぎ》を實行《じっこう》せんと企《くわだ》てたりき理論又《りろんまた》は思想《しそう》としては兎《と》に角《かく》、信仰《しんこう》としては墮落《だらく》の底《そこ》に到《いた》りたるもの、茲《ここ》に到《いた》りて清教徒《せいきょうと》なるもの、素質《そしつ》は決《けつ》して天來《てんらい》の神意《しんい》に直屬《ちょくぞく》せんとするに非《あら》ずして、自己《じこ》の自由意《じゆうい》志《し》を滿足《まんぞく》せしめんとせるものなるを知《し》るに非《あら》ずや、而《しか》して右計畫《みぎけいかく》は失敗《しっぱい》せりとはいへ、其理想《そのりそう》は益々《ますます》惡化《あっか》して米國人《べいこくじん》に共鳴《きょうめい》せられたるが、此惡思想《このあくしそう》、邪信仰《じゃしんこう》を美術化《びじゅつか》して詩《し》となしたるはエマルソンなり、寫眞《しゃしん》を撮《と》れば煉瓦建《れんがだて》の家屋《かおく》よりも殿堂《でんどう》よりも、藁葺《わらぶき》の農家《のうか》に多《おお》くの雅趣《がしゅ》あり、之《これ》と同《おな》じく詩化《しか》せられたるエマルソンの個人主義《こじんしゆぎ》は甚《はなは》だしく浮氣者《うわきもの》なる米國人《べいこくじん》の意向《いこう》に投《とう》じ、『斷乎《だんこ》として自己《じこ》の本能《ほんのう》に立《りつ》脚《きやく》せよ、さらば宇宙《うちゆう》は我前《わがまえ》に膝《ひざ》まづかん』、『我《われ》の外神《ほかかみ》なし、一切《いつさい》の妥協《だきよう》を排《はい》して自《みずか》ら神人《しんじん》たるの道《みち》を開《ひら》け』云々《うんぬん》と高唱《こうしよう》し、凡俗《ぼんぞく》の放恣《ほうし》を巧《たく》みに誘導《ゆうどう》せしが、今日米國人《こんにちべいこくじん》の所謂人道主義《いわゆるじんどうしゆぎ》なるものは卽《すなわ》ち此思想《このしそう》の產物《さんぶつ》にてありしなり。

聖書《せいしよ》に所謂解放《いわゆるかいほう》は人《ひと》をして益々絶對服從《ますますぜつたいふくじゆう》、義勇奉公《ぎゆうぼうこう》、獻身犧牲《けんしんぎせい》に導《みちび》き、決《けつ》して個人主義《こじんしゆぎ》に陷《おちい》る憂《うれ》ひ更《さら》に無《な》きものなれども、人間《にんげん》の所謂自由《いわゆるじゆう》は必《かなら》ず個人主義《こじんしゆぎ》に飛《と》び込《こ》み、利己主義《りこしゆぎ》に溺《おぼ》れ、放恣放埒《ほうしほうらつ》となりて遂《つい》に此種《このしゆ》の思想及信仰《しそうおよびしんこう》に淪落《りんらく》するものなり、而《しか》して米國《べいこく》をして斯《かか》る淪落《りんらく》をなさしめたるは猶太人《ゆだやじん》の陰謀《いんぼう》にして、彼《かれ》は基督敎《きりすときよう》なるも似《に》ても似《に》つかぬものに變體《へんたい》せしむるために、又腐敗《またふはい》せしむるために純基督敎《じゆんきりすときよう》なりとて淸敎徒《せいきようと》なるものを植《う》ゑ附《つ》け、フリーメーソンリーを注射《ちゆうしや》して遂《つい》に斯《かか》るものを栽培《さいばい》せるなり、名《な》は如何《いか》にあるとも、實《じつ》は基督敎《きりすときよう》に非《あら》ずして米國宗《べいこくしゆう》なり。

米國人《べいこくじん》の口癖《くちぐせ》なる自由《じゆう》、博愛《はくあい》、平等《びようどう》、平和《へいわ》、人道《じんどう》、正義《せいぎ》等《とう》の囈語《うわごと》は、基督《きりすと》の十字架《じゆうじか》より溢《あふ》れ出《い》でたるものにあらずして、此米國宗《このべいこくしゆう》にて製造販賣《せいぞうはんばい》する麁惡品《そあくひん》なり、故《ゆえ》にレッテルの美《うる》はしきに反《はん》して其內容《そのないよう》の醜又惡《しゆうまたあく》なるは世人《せじん》已《すで》に定評《ていひよう》あるに非《あら》ずや。

第三《だいさん》に現《あら》はれたるは奴隷解放《どれいかいほう》なり、建國《けんこく》の精神《せいしん》已《すで》に述《の》べたるが如《ごと》し、來《きた》り集《あつ》まれるものは落伍者《らくごしや》なり、冒險家《ぼうけんか》なり、我儘者《わがままもの》なり、放蕩者《ほうとうもの》なり、投機者《とうきしや》なり、何《いず》れも國家觀念《こつかかんねん》の缺乏《けつぼう》せるものなり、米國《べいこく》なるもの丶成長《せいちょう》は益々俗悪《ますますぞくあく》とならざるを得《え》ず、ア丶、自由《じゆう》を尊重《そんちょう》し、人権《じんけん》を尊重《そんちょう》する米國《べいこく》が、何《なに》が故《ゆえ》に奴隷解放《どれいかいほう》を號《さけ》ばざるべからざるか、他國《たこく》の奴隷解放《どれいかいほう》のために戦《たたか》ふは見上《みあ》げたる事《こと》なるも自國《じこく》の奴《ど》隷解放《れいかいほう》のために戦《たたか》ひたるは右《みぎ》の手罪《てつみ》を犯《おか》して之《これ》を悔《く》い之《これ》を斬《き》り棄《す》てたるが如《ごと》き類《たぐい》なり、懺悔《ざんげ》したるは殊勝《しゅしょう》なるも其《その》醜《みにく》き戰争《せんそう》は永久《えいきゅう》の耻辱《ちじょく》といふべし、建國以來未《けんこくいらいいま》だ百年《ひゃくねん》ならざるに、國内《こくない》にありて奴隷《どれい》解放《かいほう》のために戰《たたか》はざるべからざるが如《ごと》きは、如何《いか》に米國《べいこく》の素質《そしつ》の放埒《ほうらつ》なるかを窺《うかが》はしむるに非《あら》ずや、假令《たとい》南軍《なんぐん》の非人道《ひじんどう》は、北軍《ほくぐん》の人道《じんどう》に由《よ》りて帳消《ちょうけ》しうべしとするも、南北戰争《なんぼくせんそう》たるものは永久《えいきゅう》に米國《べいこく》の罪悪史《ざいあくし》なり。

自由尊重《じゆうそんちょう》を標榜《ひょうぼう》して建《た》てられたる米國内《べいこくない》に何故《なにゆえ》に奴隷制度《どれいせいど》行《おこな》はれ居《お》りしや。

「リベレートーア」（解放者《かいほうしゃ》）なる小冊子《しょうさつし》を發行《はっこう》して、狂人《きょうじん》の如《ごと》くに奴隷解放《どれいかいほう》を號《さけ》びたるは印刷職《いんさつしょっ》工《こう》ガリソンなるものなりしが、自由《じゆう》を尊重《そんちょう》する米國《べいこく》は何《なに》が故《ゆえ》に彼《かれ》をして十五《じゅうご》ケ年間《ねんかん》も空《むな》しく狂號《きょうごう》せしめたる乎《や》。

而《しか》して米國《べいこく》若《も》し基督教國《きりすときょうこく》ならば何《なに》が故《ゆえ》に基督教會《きりすときょうかい》の牧師《ぼくし》先《ま》づ之《これ》を號《さけ》ばずしてユニテリヤンの牧師《ぼくし》之《これ》を號《さけ》びたる乎《や》。

勿論彼《もちろんかれ》の有名《ゆうめい》なる說教者《せっきょうしゃ》ビーチヤーの妹《いもうと》なるストウ夫人《ふじん》はアンクル・トマス・ケビンを著《あら》はして奴隷廢止《どれいはいし》に共鳴《きょうめい》し、又上院議員《またじょういんぎいん》サムナー及《および》フイリツプス等《ら》共鳴《きょうめい》したりといへども、斯《かか》る制度《せいど》を一日《いちにち》と雖《いえど》も存續《そんぞく》せしめたるは國辱《こくじょく》なり、否斯《いなかか》る制度《せいど》を有《ゆう》する諸州《しょしゅう》を合同《ごうどう》せしめたるは已《すで》に國辱《こくじょく》にして、米國《べいこく》なるものは決《けつ》して神聖《しんせい》なる主義《しゅぎ》又《また》は尊嚴《そんげん》なる理想《りそう》に立《た》てられたるものに非《あら》ざるを知《し》るべし、而《しか》して時《とき》の大統領《だいとうりょう》アブラハム・リンカーンをして奴隷解放《どれいかいほう》を宣言《せんげん》せしめ、之《これ》がため更《さら》にクーデターを執《しつ》行《こう》して南北戰爭《なんぼくせんそう》を惹起《じやつき》したるは、恰《あたか》もクロンウエルの戰法《せんぽう》を踏襲《とうしゅう》せしものにして、基督教國《きりすときょうこく》として爲《な》すべき最善《さいぜん》の方法《ほうほう》に非《あら》ざりしなり、豚兒一匹《とんじいっぴき》の生命《せいめい》すらを憐《あわれ》み惜《おし》みたるリンカーンは、何故《なにゆえ》に十餘《じゅうよ》萬《まん》の生靈《せいれい》をして戰場《せんじょう》の露《つゆ》と消《き》えしめたるか、彼等《かれら》は戰爭《せんそう》を罪惡《ざいあく》なりと呼《よ》ばはりつゝ、何《なに》が故《ゆえ》に其非《そのひ》人道《じんどう》なる戰爭《せんそう》に訴《うった》へたるか、戰爭《せんそう》に訴《うった》へずんば奴隷解放問題《どれいかいほうもんだい》を解決《かいけつ》する能《あた》はずとせば、自由國《じゆうこく》の實何《じついず》れにありや、基督教國《きりすときょうこく》の實何《じついず》れにありや、米國人《べいこくじん》が暴壓《ぼうあつ》なりと罵倒《ばとう》せる歐羅巴諸國《よーろつぱしょこく》すら、米國《べいこく》に先《さき》立《だ》つこと五十年前《ごじゅうねんまえ》に、ウインナ會議《かいぎ》に於《お》いて已《すで》に奴隷解放《どれいかいほう》を實行《じっこう》したるに非《あら》ずや、然《しか》るに自由國《じゆうこく》と稱《しょう》し、理想《りそう》の基督教國《きりすときょうこく》と稱《しょう》し居《い》る北米合衆國《ほくべいがっしゅうこく》が、而《しか》も五十年後《ごじゅうねんご》に於《お》いて尚《な》ほ平和的手段《へいわてきしゅだん》に由《よ》りて之《これ》を爲《な》す能《あた》はずして、戰爭《せんそう》に由《よ》りて漸《ようや》く之《これ》を解決《かいけつ》せるが如《ごと》きは餘《あま》りに醜態《しゅうたい》に非《あら》ずや。

借問《しやもん》す、若《も》しグランド将軍《しょうぐん》とリー将軍《しょうぐん》と所《ところ》を異《こと》にして、北軍總敗北《ほくぐんそうはいぼく》となりたりとせば米國《べいこく》は全部《ぜんぶ》奴隷制度《どれいせいど》を強制《きょうせい》せらるゝことなきを保《ほ》しうるや、戰爭《せんそう》は必《かなら》ずしも勝《か》つべく定《さだ》まり居《い》るに非《あら》ず、而《しか》も之《これ》を敢《あ》へてしたるは恰《あたか》も決鬪《けつとう》の常癖《じょうへき》を發露《はつろ》せるものにして、決《けつ》して賢且正《けんかつせい》なる方法《ほうほう》に非《あら》ず、人《ひと》はいふ南北戰爭《なんぼくせんそう》は義戰《ぎせん》なりと、斷《だん》じて非《ひ》なり、義戰《ぎせん》に非《あら》ずして愚戰《ぐせん》なり、而《しか》も此戰爭《このせんそう》に由《よ》りて米國《べいこく》は自由《じゆう》の眞價《しんか》を發揮《はつき》したるに非《あら》ず、唯黑奴《ただこくど》の足《あし》より鐵鎖《てつさ》を解《と》きたるまでのことにして、見《み》よ其家庭《そのかてい》には夫《おつと》は妻《つま》の奴隷《どれい》なり、社會《しやかい》には黑奴《こくど》は私刑《しけい》の奴隷《どれい》なり、國家《こつか》には政府《せいふ》は百姓《ひやくしよう》の奴隷《どれい》なり、實《じつ》に無益《むえき》なる戰爭《せんそう》にてありしなり、ア、體裁《ていさい》のみに美《うる》はしきを求《もと》むる虛榮《きよえい》の國《くに》よ、爾《なんじ》の行動《こうどう》はヒステリツクなり、何《なに》が故《ゆえ》に斯《かか》る非人道《ひじんどう》（彼等《かれら》の所謂《いわゆる》）的手段《てきしゆだん》に出《い》でずして、同盟諸州《どうめいしよしゆう》を合衆國《がつしゆうこく》より除外《じよがい》せざりし乎《や》、米《べい》國建設《こくけんせつ》の大精神《だいせいしん》は全米主義《ぜんべいしゆぎ》に非《あら》ざりし筈《はず》なり、然《しか》るに米國《べいこく》は公唱《こうしよう》する理想《りそう》を裏切《うらぎ》つて清泉主義《せいせんしゆぎ》を行《おこな》はず濁流主義《だくりゆうしゆぎ》に耽《ふけ》りつゝ、ありしが故《ゆえ》に遂《つい》に自《みずか》ら斯《かか》る醜史《しゆうし》を實演《じつえん》したるなり。

而《しか》して黑奴《こくど》を以《もつ》て神《かみ》の造《つく》りたまへる平等《びようどう》の人間《にんげん》なりと高唱《こうしよう》して之《これ》が解決《かいけつ》のために南北戰爭《なんぼくせんそう》を演《えん》じたる米國《べいこく》は何《なに》が故《ゆえ》に不法不正不義《ふほうふせいふぎ》なるリン（一般《いつぱん》にリンシチといふ）を以《もつ》て黑人《こくじん》を虐殺《ぎやくさつ》することを廢止《はいし》せざる乎《や》、否《いな》、米國《べいこく》は奴隷以上《どれいいじよう》に暴壓《ぼうあつ》を加《くわ》へつゝ、ある韮島《にらとう》、布哇等《はわいとう》の自由解放《じゆうかいほう》を敢《あ》へてせざる乎《や》。

第四《だいよん》にエーピーエーの運動之《うんどうこれ》なり、エーピーエーとはAmerican Protective Association（アメリカ保護協會《ほごきようかい》）の略稱《りやくしよう》にして、千八百八十七年《せんはつぴやくはちじゆうななねん》のクリヴランド大統領《だいとうりよう》の時《とき》に設立《せつりつ》せられたるものなるが、千八百九十五《せんはつぴやくきゆうじゆうご》年《ねん》の年會《ねんかい》に於《お》いては已《すで》に二百萬《にひやくまん》の同志《どうし》を有《ゆう》し、同志《どうし》は獨《ひと》り合衆國《がつしゆうこく》のみに限《かぎ》らずカナダにも少《すく》なからず在《あ》りしを見《み》るも、其名稱《そのめいしよう》の如《ごと》くにアメリカ保護《ほご》を目的《もくてき》とするものにして合《がつ》衆國《しゆうこく》のみの保護《ほご》には非《あら》ざる事明《ことあきら》かなるが、即《すなわ》ちモンロー主義《しゆぎ》の遊擊隊《ゆうげきたい》と見《み》て然《しか》るべきものとす。而《しか》も其標榜《そのひようぼう》する所《ところ》は政黨政派《せいとうせいは》に關係《かんけい》なく、左《ひだり》の五大目的《ごだいもくてき》を樹立《じゆりつ》したるものなり。

一《いち》、非宗派《ひしゆうは》自由公立學校制《じゆうこうりつがつこうせい》を擁護《ようご》する事《こと》
二《に》、公共資金及財産《こうきようしきんおよびざいさん》を宗派《しゆうは》の用《よう》に供《きよう》せざる事《こと》
三《さん》、合衆國《がつしゆうこく》の國體《こくたい》を擁護《ようご》する事《こと》
四《よん》、移民《いみん》の入國《にゆうこく》を制限《せいげん》する事《こと》
五《ご》、歸化《きか》に要《よう》する期間《きかん》を延長《えんちよう》すること

右《みぎ》は千八百九十四年《せんはつぴやくきゆうじゆうよねん》の最高會議《さいこうかいぎ》に於《お》いて決定《けつてい》せられたるものにして、當時《とうじ》デトロイのトレーナア總裁《そうさい》たりしものなるが、第一及第二《だいいちおよびだいに》はマソン主義《しゆぎ》にして、殊《こと》に第二《だいに》の如《ごと》きは基督教《きりすときよう》の何派《なには》にも公共資金及財産《こうきようしきんおよびざいさん》を提供《ていきよう》せざるものなるも、マソン團《だん》は宗派《しゆうは》に非《あら》ず宗教《しゆうきよう》に非《あら》ずとの名目《めいもく》の下《もと》に之《これ》を利用《りよう》したるものなり、而《しか》して第三《だいさん》は當然《とうぜん》なるも、第四及第五《だいよんおよびだいご》はモンロー主義《しゆぎ》を發揮《はつき》したるものにして、今日《こんにち》に於《お》いては此運動《このうんどう》は米化運動《べいかうんどう》と成《な》り、米國《べいこく》マソン團《だん》は之《これ》がために大車輪《だいしやりん》の活動《かつどう》をなし居《い》るなり。

第五《だいご》に余《よ》は米國《べいこく》が自由《じゆう》を標榜《ひようぼう》して侵略《しんりやく》に耽《ふけ》り、平和《へいわ》を唱道《しようどう》して戰爭《せんそう》に熱《ねつ》し居《い》る事實《じじつ》を數《かぞ》へざるを得《え》ず、彼《か》れ米國《べいこく》は日本《にほん》を指《さ》して世界無二《せかいむに》の侵略國又好戰國《しんりやくこくまたこうせんこく》と稱《しよう》す乞《こ》ふ醉語《すいご》する勿《なか》れ、來《きた》りて歴史《れきし》を見《み》よ米國《べいこく》の獨立宣言《どくりつせんげん》は我神武紀元二千四百三十六年《わがじんむきげんにせんよんひやくさんじゆうろくねん》卽《すなわ》ち安永五年《あんえいごねん》に相當《そうとう》す、而《しか》して爾來《じらい》未《いま》だ百五《ひやくご》十年《じゆうねん》に及《およ》ばざるに、日本《にほん》は左記七回《さきななかい》の戰爭《せんそう》をなしたるに對《たい》し、米國《べいこく》は十一回《じゆういつかい》をなし居《お》れり。

日本《にほん》の部《ぶ》

一《いち》、戊辰戰役《ぼしんせんえき》

二《に》、明治《めいじ》七年《ななねん》戰役《せんえき》

三《さん》、明治《めいじ》十年《じゅうねん》戰役《せんえき》

四《よん》、明治《めいじ》二十七年《にじゅうななねん》戰役《せんえき》

五《ご》、明治《めいじ》三十三年《さんじゅうさんねん》北清事變《ほくしんじへん》

六《ろく》、明治《めいじ》三十七八年《さんじゅうななはちねん》戰役《せんえき》

七《なな》、大正《たいしょう》三《さん》乃至《ないし》九年《きゅうねん》戰役《せんえき》

米國《べいこく》の部《ぶ》

一《いち》、獨立戰争《どくりつせんそう》

二《に》、第一《だいいち》フロリダ戰争《せんそう》

三《さん》、ブラックホーク戰争《せんそう》

四《よん》、第二《だいに》フロリダ戰争《せんそう》

五《ご》、米墨戰争《べいぼくせんそう》

六《ろく》、南北戰争《なんぼくせんそう》

七《なな》、米西戰爭《べいせいせんそう》
八《はち》、比律賓戰爭《ふいりぴんせんそう》
九《きゆう》、北清事變《ほくしんじへん》
十《じゆう》、墨國侵入《めきしこしんにゆう》
十一《じゆういち》、歐州戰爭《おうしゆうせんそう》

而《しか》して其戰鬪時間《そのせんとうじかん》を累計《るいけい》せば、日本《にほん》は十年未滿《じゆうねんみまん》なるに、米國《べいこく》は二十三年《にじゆうさんねん》に亘《わた》り、而《しか》も米國陸軍統計部《べいこくりくぐんとうけいぶ》の公報《こうほう》に由《よ》れば建國以來百四十七年間中四十七《けんこくいらいひやくよんじゆうななねんかんちゆうよんじゆうなな》ケ年《ねん》は戰爭《せんそう》に從事《じゆうじ》したるなりといふ、日本若《にほんも》し無類《むるい》の好戰國《こうせんこく》なりとせば、彼《か》れ米國《べいこく》は絶對《ぜつたい》の好戰國《こうせんこく》と謂《い》はざるべからず、而《しか》して右戰鬪中共通《みぎせんとうちゆうきようつう》の分北清事變及世界大戰《ぶんほくしんじへんおよびせかいたいせん》を差引《さしひ》けば、日本《にほん》は二回《にかい》の內亂《ないらん》と三回《さんかい》の外征《がいせい》なるに、米國《べいこく》は四回《よんかい》の內亂《ないらん》と五回《ごかい》の外征《がいせい》をなしたるなり、而《しか》して內亂《ないらん》は之《これ》を不問《ふもん》に附《ふ》し、外征《がいせい》のみを以《もつ》てするに、日本《にほん》の外征《がいせい》は必《かなら》ず强大國《きようだいこく》に對《たい》し居《い》るに、米國《べいこく》の外征《がいせい》は英國《えいこく》を除《のぞ》けば他《た》は必《かなら》ず弱小國《じやくしようこく》に當《あた》り居《い》るなり、之《これ》を以《もつ》て見《み》るに日本《にほん》の外征《がいせい》は已《や》むを得《え》ざる外征《がいせい》にして、米國《べいこく》の外征《がいせい》は道樂的外征《どうらくてきがいせい》なるを知《し》るべし、而《しか》して此等戰爭《これらせんそう》の結果《けつか》として日本《にほん》は僅《わず》かに二倍《にばい》に其領土《そのりようど》を加《くわ》へたるに過《す》ぎざるも、米國《べいこく》は七倍《ななばい》を增加《ぞうか》し、其國土正《そのこくどまさ》に日本《にほん》の約十五倍《やくじゆうごばい》なるに尙《な》ほ足《た》れりとせず切《き》りに侵略《しんりやく》を講《こう》じ居《い》るに非《あら》ずや、而《しか》して之《こ》れ何故《なにゆえ》の侵略《しんりやく》ぞ、彼《か》れ米國《べいこく》の人口《じんこう》は日本《にほん》の一平方哩二百五十人《いちへいほうまいるにひやくごじゆうにん》に對《たい》し僅《わず》かに二十六人《にじゆうろくにん》なり、寧《むし》ろ領土《りようど》の過大《かだい》をこそ恨《うら》むべきに、更《さら》に擴大《かくだい》に腐心《ふしん》し居《い》る所以《ゆえん》のものは、即《すなわ》ち三《さん》A政策《せいさく》が證明《しょうめい》する如《ごと》く、彼《かれ》は世界併合《せかいへいごう》を目論見《もくろみ》居《お》るなり、米國人崇拝《べいこくじんすうはい》の中心《ちゅうしん》なる彼《かれ》のメーフラワー船上《せんじょう》の清教徒《せいきょうと》、ウイリヤム・ブルースター以下一百五十名《いかいっぴゃくごじゅうめい》の精神《せいしん》は、眞逆《まぎゃく》に世界横領《せかいおうりょう》の夢《ゆめ》さへ結《むす》ばざりしなるべし、而《しか》してデフオレスト博士《はくし》の米國魂《べいこくだましい》に對《たい》する定義《ていぎ》は單《たん》に机上《きじょう》の空説《くうせつ》にして、米國《べいこく》には自由《じゆう》なくして放恣《ほうし》あり、平和《へいわ》なくして戰爭《せんそう》あり、基督教《きりすときょう》なくして米國宗《べいこくしゅう》あり、畢竟《ひっきょう》するに猶太人《ゆだやじん》の世界政策執行策源地《せかいせいさくしっこうさくげんち》なり。

第六《だいろく》に注目《ちゅうもく》すべきは外國傳道《がいこくでんどう》なり、國內《こくない》の一小問題《いちしょうもんだい》すら戰爭《せんそう》に訴《うった》へざれば解決《かいけつ》する能《あた》はざる米國《べいこく》が外國傳道《がいこくでんどう》などとは僭越極《せんえつきわ》まる振舞《ふるまい》に非《あら》ずや、殊《こと》に況《いわ》んや傳《つた》ふべき基督教《きりすときょう》は世界的信仰《せかいてきしんこう》なる神《かみ》の道《みち》、基督《きりすと》の主義《しゅぎ》に非《あら》ずして、甚《はなは》だしく混濁俗化《こんだくぞっか》せる米國宗《べいこくしゅう》なるに於《お》いておや、實《じつ》をいへば米國《べいこく》には傳《つた》ふべき基督教《きりすときょう》なく、ヨシありとするも外國傳道《がいこくでんどう》よりも先《ま》づ內國傳道《ないこくでんどう》にモ少《すこ》し熱誠《ねっせい》なるべき筈《はず》なり、然《しか》るに彼《かれ》は世界的宗教《せかいてきしゅうきょう》なる基督教《きりすときょう》の名稱《めいしょう》を掲《かか》げ、宣教《せんきょう》に國境《こっきょう》なしと呼《よ》ばはりつゝ廣《ひろ》く世界《せかい》に基督《きりすと》教《きょう》宣教師《せんきょうし》と稱《しょう》するものを派遣《はけん》せり、固《もと》より政府《せいふ》の直營事業《ちょくえいじぎょう》に非《あら》ずといへども、政府《せいふ》が指導及後援《しどうおよびこうえん》し居《い》るは言《い》ふまでもなきことなり、而《しか》して『宣教《せんきょう》に國境《こっきょう》なし』と高唱《こうしょう》し、何《いず》れの國《くに》へも自由《じゆう》に侵《しん》入《にゅう》し、若《も》し之《これ》を否拒《ひきょ》するあらば直《ただ》ちに國際問題《こくさいもんだい》となすを常《つね》とす、而《しか》も彼等宣教師等《かれらせんきょうしら》の宣教《せんきょう》は基督《きりすと》教《きょう》に非《あら》ずして米國宗《べいこくしゅう》なり、彼等《かれら》は國境《こっきょう》なしと言《い》ひつゝ到《いた》る處《ところ》に國旗《こっき》を樹立《じゅりつ》し居《い》るなり、換言《かんげん》すれば教化的侵略《きょうかてきしんりゃく》なり、彼等《かれら》は之《これ》を文化《ぶんか》と稱《しょう》す、而《しか》も實《じつ》は米化《べいか》なり、ア、米國《べいこく》は外來《がいらい》の勞働者《ろうどうしゃ》の前《まえ》には國《こっ》境《きょう》を設《もう》けて容易《ようい》に入《はい》らしめず、而《しか》して宣教《せんきょう》に國境《こっきょう》なしとて米國宗宣傳者《べいこくしゅうせんでんしゃ》を盛《さか》んに輸出《ゆしゅつ》す、其横暴《そのおうぼう》言語道斷《ごんごどうだん》なり、之《こ》れ豈《あ》に神《かみ》に直屬《ちょくぞく》する聖徒《せいと》の爲《な》しうる事《こと》ならんや、之《こ》れ豈《あ》に自由《じゆう》を尊重《そんちょう》する者《もの》の敢《あ》へてしうる所《ところ》ならんや、我等《われら》は如何《いか》に考《かんが》ふるも米國《べいこく》の侵略《しんりゃく》が隨所《ずいしょ》に出沒《しゅつぼつ》し居《お》るを否定《ひてい》する能《あた》はず、而《しか》して米國《べいこく》をして斯《かか》る行動《こうどう》に出《い》でしむるは世界統一《せかいとういつ》に志《こころざ》す猶太人《ゆだやじん》の作戰《さくせん》なり、而《しか》して到《いた》る處《ところ》に彼等《かれら》は英語《えいご》を教授《きょうじゅ》す、借問《しゃもん》す、英語《えいご》と基督教《きりすときょう》と何《なん》の關係《かんけい》ありや、而《しか》して英語《えいご》を教授《きょうじゅ》するは決《けっ》して傳道《でんどう》の爲《た》めにするにあらずして米化運動《べいかうんどう》のためにするものなるは、米化運動《べいかうんどう》に熱中《ねっちゅう》し居《い》る米國《べいこく》フリーメーソンリーの機關雜誌《きかんざつし》ニウエーヂが常《つね》に奬勵《しょうれい》し居《い》る所《ところ》なりとす、ア、語學《ごがく》の力《ちから》を利用《りよう》し基督教《きりすときょう》の名《な》を濫用《らんよう》して米化運動《べいかうんどう》に努力《どりょく》する宣教師等《せんきょうしら》は禍《わざわい》なる哉《かな》。

更《さら》に日本開國《にほんかいこく》に見《み》よ、當時世界侵略《とうじせかいしんりゃく》に競爭《きょうそう》し居《お》りたる歐羅巴《よーろっぱ》の一分國《いちぶんこく》なる米國《べいこく》は亦此競爭《またこのきょうそう》に於《お》いて一着《いっちゃく》を占《し》め、遂《つい》に日本開國《にほんかいこく》に成功《せいこう》せり、開國又《かいこくまた》は布教《ふきょう》などといへば極《きわ》めて體裁宜《ていさいよ》きも、何《いず》れも文《ぶん》化式略奪《かしきりゃくだつ》にして、ペルリの來航《らいこう》の如《ごと》きは英國《えいこく》が香港《ほんこん》を奪《うば》ひたる例《れい》を襲《おそ》はんとしたるものなり、然《しか》るに事志《ことこころざし》と違《ちが》ひたりしために日本《にほん》は國土《こくど》に於《お》いて何等侵略《なんらしんりゃく》せられざりしかば、日本人《にほんじん》は誤《あやま》つて彼《かれ》を開國《かいこく》の恩人《おんじん》として久里濱《くりはま》に記念碑《きねんひ》を建《た》て、爾來米國《じらいべいこく》を信任《しんにん》すること厚《あつ》く、遂《つい》に今日《こんにち》の禍《わざわい》を招《まね》きたるものなるが、ペルリは何《なん》の必要《ひつよう》あつて干戈《かんか》に訴《うった》へて我《われ》に開國《かいこく》を迫《せま》りたる乎《や》、宣教《せんきょう》のためならんには曩《さ》きにザーヴイを平和的《へいわてき》に歡迎《かんげい》したるあり、通商《つうしょう》のためならんには同《おな》じく平和的《へいわてき》に和蘭《おらんだ》と互市《ごし》の約《やく》を結《むす》び居《い》る日本《にほん》に對《たい》して、武力《ぶりよく》を以《もつ》て互市《ごし》を求《もと》む已《すで》に暴慢《ぼうまん》無禮《ぶれい》なり、コーラン乎《や》剣《けん》乎《や》、彼《かれ》は回教徒《かいきようと》式《しき》の侵略《しんりやく》をなすものにして、而《しか》も其齎《そのもた》らせるものの中《なか》に我《われ》に贈《おく》るべき白旗《しろはた》二旒《にりゆう》ありしといふ、乞《こ》ふ彼《かれ》の復命書《ふくめいしよ》を讀《よ》め。

此大目的《このだいもくてき》の豫備《よび》として、又實行《またじつこう》し易《やす》き手段《しゆだん》として、兎《と》に角直《かくただ》ちに日本《にほん》の數港《すうこう》を占領《せんりよう》する必要《ひつよう》あり若《も》し其本土《そのほんど》に於《お》いて兵力《へいりよく》を以《もつ》て之《これ》を拒《こば》むあらば、我艦隊《わがかんたい》は日本《にほん》の南部《なんぶ》に於《お》いて良港《りようこう》を有《ゆう》する二三《にさん》の島嶼《とうしよ》に根據地《こんきよち》を設《ま》くべし、琉球《りゆうきゆう》は日本《にほん》の舊領《きゆうりよう》なりと稱《しよう》するも其管理《そのかんり》は今尚《いまな》ほ支那《しな》に存《そん》す、然《さ》らば我艦船《わがかんせん》の碇泊所《ていはくじよ》として、又諸國商船《またしよこくしようせん》の港《みなと》として之《これ》を占領《せんりよう》するは道義上至當《どうぎじようしとう》の處置《しよち》なるのみならず、土民《どみん》に及《およ》ぼす文化《ぶんか》の結果《けつか》よりするも一層有效《いつそうゆうこう》なるものとすべし、海上《かいじよう》の大敵《たいてき》たる英國《えいこく》が東方《とうほう》に有《ゆう》する占領地《せんりようち》と其防備《そのぼうび》ある港灣《こうわん》とが増加《ぞうか》しつゝある今日《こんにち》、我國亦速《わがくにまたすみや》かに之《これ》を決《けつ》行《こう》するの要《よう》あり、然《しか》るに幸《さいわい》なる哉《かな》、英國《えいこく》は支那及印度《しなおよびいんど》に重要地點《じゆうようちてん》を占《し》め居《い》るも、未《いま》だ日本及《にほんおよび》太平洋上諸島《たいへいようじようしよとう》に手《て》を觸《ふ》れ居《お》らざるなり、此島嶼中《このとうしよちゆう》には米國《べいこく》に取《と》りて極《きわ》めて重要《じゆうよう》なるものあり。

一讀誰《いちどくだれ》か呆然《ぼうぜん》たらざらんや、而《しか》も向《な》ほ彼《かれ》は開國《かいこく》の恩人《おんじん》なりや、但《ただ》しペルリは一切《いつさい》の費用《ひよう》を自辨《じべん》して來《きた》れたるものなりといふも、然《さ》らば彼《かれ》は日本國《にほんこく》を欺《あざむ》きたるなり、何《なん》となれば彼《かれ》は米國《べいこく》の全權使節《ぜんけんしせつ》と稱《しよう》したればなり、殊《こと》に怪《あや》しきは最《もつと》も平和主義《へいわしゆぎ》なりしアウリック提督《ていとく》を途中《とちゆう》に於《お》いて解任《かいにん》し、侵略主義《しんりやくしゆぎ》なるペルリ提督《ていとく》をして代《かわ》らしめたる米國《べいこく》の意向《いこう》なり、而《しか》して第一回《だいいつかい》には二隻《にせき》、第二回《だいにかい》には四隻《よんせき》、第三回《だいさんかい》には八隻《はつせき》を率《ひき》ゐて來《きた》れる彼《かれ》の眞意《しんい》抑《そもそ》も何《なに》を語《かた》らんとする乎《や》。

然《しか》るに天佑《てんゆう》なる哉《かな》、同《おな》じく侵略主義《しんりやくしゆぎ》なるフイルモーアの共和黨政府《きようわとうせいふ》倒《たお》れて、ピーアズの民主黨政府《みんしゆとうせいふ》起《おこ》りたりしがために、ペルリは甚《はなは》だしく其魔手《そのましゆ》を抑《おさ》えられたりき、尤《もつと》も日本侵略《にほんしんりやく》は全米《ぜんべい》の意向《いこう》にてありたりしも、恰《あたか》も好《よ》し南北戰争《なんぼくせんそう》将《まさ》に起《おこ》らんとする頃《ころ》にてありしかば、ピーアズは『此際海外《このさいかいがい》に領土《りようど》を有《ゆう》するは寧《むし》ろ迷惑《めいわく》なり』とてペルリの提議《ていぎ》を斥《しりぞ》けたりしがために日本《にほん》は布哇《はわい》と運命《うんめい》を共《とも》にせざりしなり、ア、開國《かいこく》の恩人《おんじん》ペルリの放言《ほうげん》を聞《き》け、曰《いわ》く、『彼《か》れ日本人《にほんじん》は敏捷怜悧《びんしようれいり》にして狡猾《こうかい》なるを以《もつ》て非常手段《ひじようしゆだん》を須《もち》ひざるべからず』、『奴隷《どれい》の如《ごと》く取扱《とりあつか》はれ居《い》る日本國民《にほんこくみん》を米國《べいこく》の自由政治《じゆうせいじ》に幸福《こうふく》ならしむるは卽《すなわ》ち人道《じんどう》なり』と、斯《かか》る暴慢無禮《ぼうまんぶれい》なるもの或《あるい》は互市《ごし》と稱《しよう》し、又宣教《またせんきよう》と稱《しよう》し、羊皮《やんぴー》を被《かぶ》れる狼《おおかみ》の如《ごと》く我國《わがくに》を襲《おそ》ひたるなり、而《しか》して更《さら》に注意《ちゆうい》すべきは米國宣教師《べいこくせんきようし》の渡東《ととう》と殆《ほと》んど同時《どうじ》に英國《えいこく》よりフリーメーソンリーなるもの我國《わがくに》に渡來《とらい》せること是《これ》なり、之《こ》れ卽《すなわ》ち猶太人《ゆだやじん》の極東政策《きよくとうせいさく》を告白《こくはく》せるものに非《あら》ずして何《なん》ぞ、布哇併合《はわいへいごう》の俑《よう》を作《つく》れるは宣教師《せんきようし》に非《あら》ずや、而《しか》も基督《きりすと》は斯《かか》る侵略《しんりやく》を命《めい》し給《たま》はざりしなり、而《しか》も恬然《てんぜん》として基督教《きりすときよう》を標榜《ひようぼう》す、厚顔何《こうがんなに》ものか之《これ》に如《し》かんや。

モンロー主義《しゆぎ》尚《な》ほ健《けん》なりや、曰《いわ》く健《けん》なり、但《ただ》し其鍍金《そのめつき》は已《すで》に剝《は》がれて醜《みにく》き正體《しようたい》は露出《ろしゆつ》せり、第三《だいさん》十六代大統領《じゅうろくだいだいとうりょう》タフト曰《いわ》く。

何《いず》れの國《くに》を問《と》はず支那《しな》に對《たい》する壓迫《あっぱく》は直《ただ》ちに米國《べいこく》の利益《りえき》に敵害《てきがい》を加《くわ》ふるものなり。

之《こ》れ今日《こんにち》の米國《べいこく》のモンロー主義《しゅぎ》なり、尚《な》ほ之《これ》を以《もっ》て平和主義《へいわしゅぎ》、人道主義《じんどうしゅぎ》、自由主義《じゆうしゅぎ》乃至《ないし》基督教主義《きりすときょうしゅぎ》となす乎《や》。

英國《えいこく》のカニングは之《これ》を瞞着主義《まんちゃくしゅぎ》と評《ひょう》し、獨逸《どいつ》のビスマルクは不遠慮主義《ぶえんりょしゅぎ》と評《ひょう》せり、然《しか》るに米國人《べいこくじん》は之《これ》を公義公道《こうぎこうどう》と心得《こころえ》、萬國公法《ばんこくこうほう》の存在《そんざい》を無視《むし》して恣《ほしい》まゝに斯《かか》る私法《しほう》を立《た》てたるなり、而《しか》も固定式《こていしき》ならんには私法亦可《しほうまたか》なるも、移動式《いどうしき》なるが故《ゆえ》に自國《じこく》に利《り》にして、他國《たこく》に害《がい》なり、而《しか》してクリヴランド大統領《だいとうりょう》の如《ごと》き君子《くんし》すら『モンロー主義《しゅぎ》は國際法《こくさいほう》の精神《せいしん》に相反《あいはん》せざるを見《み》る、何《なん》となれば國際法《こくさいほう》は各國《かっこく》の權利《けんり》の保護《ほご》と正義《せいぎ》を主張《しゅちょう》する原則《げんそく》の上《うえ》に立《た》つものなればなり』とまで曲辯《きょくべん》して平然《へいぜん》たり、モンロー主義《しゅぎ》若《も》し國內的《こくないてき》のものならば彼《かれ》の言《げん》や是《これ》なるも、已《すで》に對外的《たいがいてき》なる以上《いじょう》、萬國公法《ばんこくこうほう》と同精神《どうせいしん》ならば何《なん》の必要《ひつよう》あつて特《とく》に之《これ》を設《もう》けたりしや、而《しか》もモンロー主義《しゅぎ》は正面《しょうめん》は自國權利《じこくけんり》の保護《ほご》なるも、裏面《うらめん》は外國侵略《がいこくしんりゃく》なり、何《な》んぞ萬國公法《ばんこくこうほう》と同精神《どうせいしん》ならんや、されば米國《べいこく》にても多少國際常識《たしょうこくさいじょうしき》あり、又良心《またりょうしん》あるものはモンロー主義《しゅぎ》の非《ひ》なるを識《し》りて之《これ》を口《くち》にせず、ザツクバラン式外交《しきがいこう》Shirt sleeve diplomacy

を以《もつ》て誇《ほこ》りとする米國《べいこく》の政府《せいふ》も成《な》るべく之《これ》を口《くち》にせぬ方針《ほうしん》を執《と》りつゝありしなり、エール大學教授《だいがくきようじゆ》ビンガム博士《はくし》は之《これ》を陳腐《ちんぷ》なる熟語《じゆくご》と評《ひよう》し、且《か》つ左《ひだり》の如《ごと》く之《これ》を罵《ののし》れり。

モンロー主義《しゆぎ》は已《すで》に眞生命《しんせいめい》を沒却《ぼつきやく》せり、其必要時代《そのひつようじだい》は去《さ》れり、米大陸《べいたいりく》の自衞保護《じえいほご》なる平和政《へいわせい》策《さく》は漸次變遷《ぜんじへんせん》して利己的干渉政策《りこてきかんしようせいさく》となり、不穩《ふおん》なる國際警察主義《こくさいけいさつしゆぎ》となり、遂《つい》に帝國主義《ていこくしゆぎ》とまで成《な》り果《は》て、米國建設《べいこくけんせつ》の大精神《だいせいしん》に違反《いはん》するのみならず、或《あ》る意味《いみ》に於《お》いて米國《べいこく》の負擔《ふたん》を重《おも》からしむるのみなり、

……されば同主義《どうしゆぎ》は今《いま》に於《お》いては陳腐《ちんぷ》なる熟語《じゆくご》にして、百害《ひやくがい》あるも一利《いちり》なきものなり。

博士《はくし》は平和政策《へいわせいさく》より利己的干渉政策《りこてきかんしようせいさく》に變遷《へんせん》せりと言《い》ひたるものは單《たん》に形式《けいしき》のみにして、米國《べいこく》の精《せい》神《しん》は建國以來利己的干渉政策《けんこくいらいりこてきかんしようせいさく》を執《と》り來《きた》りしものにして、平和政策《へいわせいさく》の如《ごと》きは唯口《ただくち》に飾《かざ》られたるものに過《す》ぎざりし、而《しか》も博士《はくし》の言《げん》は卒直《そつちよく》なり、然《しか》るに米國《べいこく》の精神《せいしん》は正《ただ》すべからず、タフト大統領《だいとうりよう》をして、『其履行《そのりこう》と範圍《はんい》とは米國自身《べいこくじしん》の判斷《はんだん》に據《よ》る』と勝手極《かつてきわ》まる妄言《もうげん》をなさしめ、南米《なんべい》は愚《おろ》か亞細亞《あじあ》にまで其毒手《そのどくしゆ》を伸《の》ばし來《きた》り、マハン少將《しようしよう》の如《ごと》きは、

モンロー主義《しゆぎ》は將來《しようらい》アフリカ、中央亞細亞《ちゆうおうあじあ》にまで其範圍《そのはんい》を擴《ひろ》むることあらんも日本支那《にほんしな》及太《およびたい》平洋《へいよう》には及《およ》ばざるべし。


と放言《ほうげん》せり、果《はた》して然《さ》る乎《や》、我等《われら》は強《し》ゐて米國《べいこく》の二枚舌《にまいじた》、二重政策《にじゆうせいさく》を云々《うんぬん》せんとするに非《あら》ず、亦《また》強《し》いて米國《べいこく》を疑《うたが》はんとするものに非《あら》ずといへども、否定《ひてい》し難《がた》き目前《もくぜん》の事實《じじつ》を如何《いか》にせんか。

夫《そ》れモンロー主義《しゆぎ》は神勅《しんちよく》に非《あら》ず、天則《てんそく》に非《あら》ず亦公道《またこうどう》にも非《あら》ざるに、米國《べいこく》は之《これ》を以《もつ》て超國家《ちようこつか》の公法《こうほう》の如《ごと》くに濫用《らんよう》し居《い》るなり、此横暴《このおうぼう》あり、何《な》んぞ羊頭《ようとう》を掲《かか》げて狗肉《くにく》を賣《う》らざらんや、又焉《またいずく》んぞ基督教《きりすときよう》の金看板《きんかんばん》を掲《かか》げて米國主義《べいこくしゆぎ》の銅臭物《どうしゆうぶつ》を喰《く》はしめざらんや、而《しか》して之《こ》れ彼等《かれら》の所謂《いわゆる》「自由《じゆう》」にして卽《すなわ》ち米國主義《べいこくしゆぎ》の眞髓《しんずい》なりとす、畢竟《ひつきよう》するに自由《じゆう》とは天下《てんか》の公道《こうどう》に非《あら》ずして彼等《かれら》の私道《しどう》なり、極言《きよくげん》すれば侵略《しんりやく》に對《たい》する美《うる》はしき口辭《こうじ》なり。

然《しか》り、米國主義《べいこくしゆぎ》の眞髓《しんずい》は自由《じゆう》なり、而《しか》して其裏面《そのうらめん》は侵略《しんりやく》なり、以上列擧《いじようれつきよ》せる事實《じじつ》は能《よ》く其成長否《そのせいちよういな》延長《えんちよう》を語《かた》るに非《あら》ずや、而《しか》して彼《かれ》には全世界《ぜんせかい》を米國《べいこく》たらしめずんば止《と》まざるの成金慾《なりきんよく》あるを忘《わす》るべからずされば今後米國主義《こんごべいこくしゆぎ》は何處《どこ》まで延長《えんちよう》せらるべきは、恐《おそ》らく三尺《さんしやく》の兒童《じどう》にも明答《めいとう》しうる事《こと》なるべし、而《しか》も之《こ》れ米國《べいこく》のみの慾望《よくぼう》に非《あら》ずして、彼《かれ》の慾望《よくぼう》を利用《りよう》する傀儡師《かいらいし》ありて然《しか》るものなるを之《これ》より述《の》ぶべし。

第八節　米國《べいこく》と猶太人《ゆだやじん》

米國《べいこく》と猶太人《ゆだやじん》との關係《かんけい》は、上述《じょうじゅつ》に由《よ》りて讀者《どくしゃ》之《これ》を推量《すいりょう》せられたるならんも、更《さら》に此好機會《このこうきかい》に之《これ》を明示《めいじ》すべし。

米國《べいこく》を發見《はっけん》せる者《もの》は猶太人《ゆだやじん》にして、之《これ》を發見《はっけん》せしめたる者《もの》は亦猶太人《またゆだやじん》なりし事前述《ことぜんじゅつ》の如《ごと》し。

而《しか》して發見《はっけん》の目的《もくてき》は猶太人《ゆだやじん》の自由發展《じゆうはってん》にてありし事亦明《ことまたあきら》かなり。

新大陸移住者《しんたいりくいじゅうしゃ》の先驅《せんく》は猶太人《ゆだやじん》にして、其開拓及發展《そのかいたくおよびはってん》は猶太人《ゆだやじん》に負《お》ふ所甚《ところはなは》だ多大《ただい》なりしが、主《しゅ》として之《これ》に任《にん》じたるピルグリムス・ファーザース等《ら》は猶太人《ゆだやじん》の世界征略機關《せかいせいりゃくきかん》なるマソン團《だん》に加入《かにゅう》し、猶太人《ゆだやじん》のために忠實《ちゅうじつ》なる走狗《そうく》となり居《お》りしものなり。

猶太人《ゆだやじん》は英國《えいこく》を解放《かいほう》せしむるために新大陸《しんたいりく》より之《これ》を牽制《けんせい》せることは確實《かくじつ》にして、猶太人《ゆだやじん》にして十《じゅう》九《きゅう》世紀《せいき》の史家《しか》なるルシエン・ウヲルフは言《い》へり。

"American history really played a very considerable part about the return of the Jews to England"

米國史《べいこくし》は猶太人《ゆだやじん》の英國歸還《えいこくきかん》に關《かん》し實《じつ》に著大《ちよだい》なる貢獻《こうけん》をなしたるものなり。

米國植民地《べいこくしよくみんち》の發展《はつてん》せしは資力《しりよく》と後方連絡《こうほうれんらく》なるが、此兩者《このりようしや》とも殆《ほと》んど猶太人《ゆだやじん》の獨占《どくせん》なりしかば、倫《ろん》敦《どん》の猶太富豪《ゆだやふごう》スアソ家《け》、サルヴアドル家《け》、及《および》コスタ家等《けとう》の貢獻《こうけん》は莫大《ばくだい》なるものにてありしなり、殊《こと》に米國《べいこく》に敵對行動《てきたいこうどう》を執《と》りつゝありし清教徒《せいきようと》の植民地《しよくみんち》の如《ごと》きに於《お》いて然《しか》りとす、而《しか》してサルヴアドル家《け》は蘭領東印度會社《らんりようひがしいんどがいしや》の重役《じゆうやく》にして米國企業《べいこくきぎよう》に殊《こと》に意《い》を注《そそ》ぎ、南《みなみ》カロライナに莫大《ばくだい》なる土地《とち》を所有《しよゆう》し、彼《か》れ亦同地《またどうち》に移住《いじゆう》せしが、革命《かくめい》の氣分《きぶん》漸《ようや》く濃厚《のうこう》となれるを看取《かんしゆ》し大《おお》いに獨立運動《どくりつうんどう》に努《つと》め、南《みなみ》カロライナ州第二議會《しゆうだいにぎかい》の議員《ぎいん》として常《つね》に卒先《そつせん》し英國《えいこく》に反旗《はんき》を飜《ひるが》へすべく主戰論《しゆせんろん》を唱《とな》へて止《とど》まざりしなり、而《しか》して其後三年《そのごさんねん》、英國《えいこく》が教唆《きようさ》せる土人軍《どじんぐん》と戰《たたか》ひて二十九歳《にじゆうきゆうさい》を以《もつ》て戰死《せんし》せしが、斯《かか》る實例《じつれい》は南《みなみ》カロライナ一州《いつしゆう》に止《とど》まらず、亦《また》サルヴアドル一家《いつか》に止《とど》まらず、殆《ほと》んど凡《すべ》ての猶太人《ゆだやじん》は此意氣込《このいきごみ》を以《もつ》て活動《かつどう》し居《お》りしなり、但《ただ》し當時在米猶太人《とうじざいべいゆだやじん》の數《かず》は三千《さんぜん》に滿《み》たざりしも、多《おお》くは資産家《しさんか》なりしが故《ゆえ》に其勢力亦《そのせいりよくまた》決《けつ》して少小《しようしよう》にあらざりしなり、而《しか》して猶太人直接《ゆだやじんちよくせつ》に活動《かつどう》せざるとも準猶太人《じゆんゆだやじん》なる清教徒及《せいきようとおよび》マソン團《だん》の活動《かつどう》ありしがため、植民議會《しよくみんぎかい》成《な》るやマソンのランドルフ議長《ぎちよう》となり、第二《だいに》の議長《ぎちよう》は亦同《またおな》じくマソンのハコツクにして且《か》つ獨立戰爭《どくりつせんそう》のため軍費調達《ぐんぴちようたつ》を引受《ひきう》けたるは猶太人《ゆだやじん》を後援《こうえん》とするロバート・モリスにして、彼《か》れ亦《また》マソンの一人《ひとり》なり、而《しか》して當時《とうじ》の詳細《しようさい》は上述《じようじゆつ》の如《ごと》きが故《ゆえ》に猶太人無《ゆだやじんな》かりせば米國《べいこく》は在《あ》らざりしなり。

要《よう》するに北米合衆國《ほくべいがっしゅうこく》なるものは猶太人《ゆだやじん》が世界政策上《せかいせいさくじょう》の自由策源地《じゆうさくげんち》として奠《さだ》めたるものにして、恰《あたか》も猶太人《ゆだやじん》に飼《か》はれ居《い》る野象《やぞう》の如《ごと》きものなり、勿論米國《もちろんべいこく》は米國人《べいこくじん》の米國《べいこく》にして猶太人《ゆだやじん》の米國《べいこく》に非《あら》ざる事《こと》は言《い》ふまでもなきことなれども、其米國人《そのべいこくじん》は實《じつ》は猶太人《ゆだやじん》の走狗《そうく》なるを知《し》らば米國《べいこく》は米國人《べいこくじん》の米國《べいこく》に非《あら》ずして猶太人《ゆだやじん》の米國《べいこく》なりといふをうべし、若《も》し更《さら》に之《これ》を證明《しょうめい》せんとせば少《すく》なからざる事實《じじつ》あれども、唯一事實《ゆいいつじじつ》にて足《た》るべし、卽《すなわ》ち猶太人《ゆだやじん》の移民表是《いみんひょうこれ》なり。

在米猶太人總數《ざいべいゆだやじんそうすう》

一八一八年《ねん》	三千人《さんぜんにん》
一八二六年《ねん》	六千人《ろくせんにん》
一八四〇年《ねん》	一萬五千人《いちまんごせんにん》
一八四八年《ねん》	五萬人《ごまんにん》
一八八〇年《ねん》	二十三萬《にじゅうさんまん》〇二百五十七人《にひゃくごじゅうななにん》
一八八八年《ねん》	四十萬人《よんじゅうまんにん》
一八九七年《ねん》	九十三萬七千八百人《きゅうじゅうさんまんななせんはっぴゃくにん》
一九〇〇年《ねん》	百〇五萬八千百三十五人《ひゃくごまんはっせんひゃくさんじゅうごにん》

一九〇七年《ねん》　百七十七萬七千百三十五人《ひやくななじゆうななまんななせんひやくさんじゆうごにん》
一九一四年《ねん》　二百三十萬人《にひやくさんじゆうまんにん》
一九二〇年《ねん》　三百十萬人《さんびやくじゆうまんにん》
一九二二年《ねん》　三百四十萬人《さんびやくよんじゆうまんにん》

僅《わず》かに一百年内外《いつぴやくねんないがい》に於《お》いて一千倍《いつせんばい》の増加《ぞうか》をなしたる異常《いじよう》なる發展《はつてん》を見《み》よ、勿論米國《もちろんべいこく》の移民《いみん》は過去《かこ》一百年間《いつぴやくねんかん》に約一千七百萬人《やくいつせんななひやくまんにん》に及《およ》びたるが故《ゆえ》に、必《かなら》ずしも猶太人《ゆだやじん》のみ増加《ぞうか》せるに非《あら》ずとはいへ、建國《けんこく》當時《とうじ》に比《ひ》し米國人《べいこくじん》の人口《じんこう》は三十倍乃至三十五倍《さんじゆうばいないしさんじゆうごばい》の増加《ぞうか》に過《す》ぎざるに、猶太人《ゆだやじん》の増加《ぞうか》は優《ゆう》に一千倍《いつせんばい》なり、而《しか》も現米國人口《げんべいこくじんこう》に比《ひ》し約三十分一《やくさんじゆうぶんのいち》に當《あた》る多數《たすう》を占《し》め居《い》るのみならず、紐育《にゆーよーく》の如《ごと》きは五分一《ごぶんのいち》にして、猶太人《ゆだやじん》の紐育《にゆーよーく》と呼《よ》ばるゝまで人口《じんこう》に於《お》ても亦實力《またじつりよく》に於《お》いても猶太人《ゆだやじん》の發展著《はつてんいちじる》しきものありて、三十年前《さんじゆうねんまえ》に於《お》いてすら紐育《にゆーよーく》の猶太人取引年額《ゆだやじんとりひきねんがく》は五億萬圓《ごおくまんえん》に達《たつ》し、其財産《そのざいさん》は三億圓《さんおくえん》を超《こ》え居《お》りしといふ、されば黄金萬能《おうごんばんのう》の米國《べいこく》にありて、米國人《べいこくじん》よりも三倍强《さんばいきよう》の富豪率《ふごうりつ》を有《ゆう》する猶太人《ゆだやじん》の勢力《せいりよく》は決《けつ》して無視《むし》すべきものにあらざるべし、さればこそ、僅《わず》かに二十五萬《にじゆうごまん》の日本移民《にほんいみん》をすら虐待《ぎやくたい》に虐待《ぎやくたい》を加《くわ》へ、出來《でき》うべくんば私刑《しけい》を以《もつ》て之《これ》を減少《げんしよう》せしめたき氣配《けはい》さへ窺《うかが》はるゝに、一方猶太移民《いつぽうゆだやいみん》は右《みぎ》の如《ごと》く自由自在《じゆうじざい》に發展《はつてん》し居《い》るは抑《そもそ》も何故《なにゆえ》ぞや、ヨシ米國《べいこく》は猶太移民《ゆだやいみん》を歡迎《かんげい》せずとするも、在米猶太人《ざいべいゆだやじん》の手《て》前之《まえこれ》を如何《いかん》ともし難《がた》き事情《じじよう》ありしならん、否《いな》、歡迎《かんげい》せざるのみか、米國《べいこく》は大《おお》に門戸《もんこ》を開《ひら》きて千九百《せんきゆうひやく》年《ねん》の如《ごと》きは波蘭《ぽーらんど》及露國《およびろこく》よりの避難猶太人六十萬人《ひなんゆだやじんろくじゅうまんにん》を歡迎《かんげい》して右《みぎ》の結果《けっか》を成《な》したるなり、然《さ》らば太平《たいへい》洋方面《ようほうめん》に於《お》いては日米親善《にちべいしんぜん》の旗《はた》を翳《かざ》しつゝ、世界一等國《せかいいっとうこく》よりの二三千《にさんぜん》の移民否學生《いみんいながくせい》をすら悉《ことごと》く拒絶《きょぜつ》し、且《か》つ在住移民《ざいじゅういみん》すら奴隷《どれい》の如《ごと》くに取扱《とりあつか》ひ居《い》るに、他方太西洋方面《たほうたいせいようほうめん》に於《お》いては天下《てんか》の無籍者《むせきもの》なる亡國流《ぼうこくる》浪《ろう》の猶太人《ゆだやじん》を斯《か》くの如《ごと》く歡迎《かんげい》する理由果《りゆうはた》して如何《いかが》、若《も》し夫《そ》れ同化云々《どうかうんぬん》を言《い》はゞ猶太人《ゆだやじん》は日本人《にほんじん》よりも同化《どうか》せざることは何人《なんびと》も知《し》る所然《ところしか》るに米國《べいこく》の猶太人《ゆだやじん》は完全《かんぜん》に米化《べいか》し居《い》るが如《ごと》く世評《せひょう》に上《のぼ》れるは實《じつ》は猶太人《ゆだやじん》が米化《べいか》せるに非《あら》ずして、米國《べいこく》なるものは已《すで》に猶化《ゆうか》し居《お》りしものなり。

而《しか》して此猶太移民《このゆだやいみん》を更《さら》に深《ふか》く研究《けんきゅう》せば面白《おもしろ》き事實《じじつ》を發見《はっけん》すべきも、最早其必要《もはやそのひつよう》なきを信《しん》ず、兎《と》に角米國《かくべいこく》は猶太人《ゆだやじん》の國《くに》なり、元來猶太人《がんらいゆだやじん》は極端《きょくたん》に宗教癖《しゅうきょうへき》を有《ゆう》し、他教徒殊《たきょうとこと》に基督教徒《きりすときょうと》に對《たい》しては不《ふ》倶戴天《ぐたいてん》の仇《あだ》の如《ごと》く、基督教徒亦猶太人《きりすときょうとまたゆだやじん》を蛇蝎視《だかつし》するを常《つね》とするは前《まえ》にも述《の》べたるが如《ごと》きに米國《べいこく》に在《あ》りては猶太教基督教《ゆだやきょうきりすときょう》との間《あいだ》に何等反感《なんらはんかん》なきのみならず、基督教會及組合教會《きりすときょうかいおよびくみあいきょうかい》の如《ごと》きは猶太人《ゆだやじん》と特別《とくべつ》なる親交《しんこう》をすら結《むす》び居《い》るなり、蓋《けだ》し兩教派《りょうきょうは》ともマソンと關係深《かんけいふか》きものあればなり、而《しか》して米國《べいこく》の上院及下院《じょういんおよびかいん》は其開院式《そのかいいんしき》に猶太人牧師《ゆだやじんぼくし》を招《まね》きて開院式祈禱《かいいんしききとう》をなさしめたる事《こと》は少《すこ》しも珍《めず》らしき事《こと》にあらず、即《すなわ》ち千八百六十年二月一日《せんはっぴゃくろくじゅうねんにがつついたち》には上院《じょういん》はラファルを招《まね》き、千八百七十二年一月九日《せんはっぴゃくななじゅうにねんいちがつここのか》にはドソラを招《まね》き、千八百七十六年八月十二日《せんはっぴゃくななじゅうろくねんはちがつじゅうににち》にはステルンを招《まね》き、千八百八十四年《せんはっぴゃくはちじゅうよねん》にはメンデスを招《まね》き、千八百九十二年《せんはっぴゃくきゅうじゅうにねん》にはサリヴァマンを招《まね》きたるが、下院《かいん》に於《お》いては千八百六十九年《せんはっぴゃくろくじゅうきゅうねん》にジャストロウ、千八百九十二年三月《せんはっぴゃくきゅうじゅうにねんさんがつ》にはヒルシ、同年四月《どうねんしがつ》にはカリシ、及《および》ワイズを招《まね》きたるなり、之《これ》に準《じゅん》じて各州議會《かくしゅうぎかい》に於《お》いても亦屢々猶太人牧師《またしばしばゆだやじんぼくし》を迎《むか》へたるあり、而《しか》して兩教間《りょうきょうかん》の交換説教《こうかんせっきょう》の例《れい》の如《ごと》きは一々枚擧《いちいちまいきょ》に遑《いとま》あらざるを以《もっ》て之《これ》を略《りゃく》す、而《しか》して議會《ぎかい》の開院式《かいいんしき》に猶太牧師《ゆだやぼくし》を招聘《しょうへい》したるは、曩《さ》きに大統領《だいとうりょう》の項《こう》に於《お》いてクリスチヤンとして假《か》りに認《みと》められて殘《のこ》りたる五人《ごにん》の大統領《だいとうりょう》の時《とき》（ブカナンを除《のぞ》き）にてありしは奇怪《きかい》に非《あら》ずや、之《これ》にて四十大統領《よんじゅうだいとうりょう》の内《うち》マソン又《また》は猶太人《ゆだやじん》との關係未《かんけいいま》だ公《おおやけ》に我《わ》が目《め》に知《し》られ居《お》らざるは只《ただ》クリヴランド及《および》ヘースの二人《ふたり》あるのみとなれり、清教徒《せいきょうと》の子孫云々《しそんうんぬん》を以《もっ》てクリスチヤンの如《ごと》く思《おも》ふは、思《おも》ふものの誤《あやまり》にてありしなり、英國清教徒《えいこくせいきょうと》の説教者《せっきょうしゃ》ナタナエル・ホームスは『われはイズラエルの僕《しもべ》として奉仕《ほうし》せん』と公言《こうげん》したるは何人《なんびと》も打消《うちけ》し難《がた》き消息《しょうそく》を語《かた》るものにあらずや。

以上《いじょう》にて余《よ》は米國《べいこく》の正體《しょうたい》を徹底的《てっていてき》に明《あきら》かにしたるを信《しん》ず、若《も》し夫《そ》れ六十年來《ろくじゅうねんらい》の宿醉《しゅくすい》を醒《さ》まして以上《いじょう》の事實《じじつ》を綜合《そうごう》し來《きた》らば、米國《べいこく》は果《はた》して如何《いか》なる國《くに》なるかを根本《こんぽん》より會得《えとく》しうべし。

曰《いわ》く、米國《べいこく》は基督教國《きりすときょうこく》に非《あら》ずしてマソン國《こく》なり。故《ゆえ》に其政策《そのせいさく》は常《つね》に二重《にじゅう》なり。

曰《いわ》く、清教徒《せいきょうと》はクリスチヤンに非《あら》ずしてマソンなり、故《ゆえ》に米國《べいこく》にて基督教《きりすときょう》と稱《しょう》するものは基督教《きりすときょう》に非《あら》ずしてマソンなり。

曰《いわ》く、米國《べいこく》の政治及教育共《せいじおよびきょういくとも》に基督教主義《きりすときょうしゅぎ》に非《あら》ずしてマソン主義《しゅぎ》なり、故《ゆえ》に米國々民《べいこくこくみん》はマソン式《しき》なり。

曰《いわ》く、此《この》マソン式《しき》を發揮《はつき》したる米國主義《べいこくしゅぎ》は益々延長擴大《ますますえんちょうかくだい》せらるべし、故《ゆえ》に四十八個《よんじゅうはちこ》の星《ほし》は永久《えいきゅう》のものに非《あら》ず、必《かなら》ず近《ちか》き將來《しょうらい》に五十《ごじゅう》となり百《ひやく》となり三百《さんびやく》となり、遂《つい》に之《これ》を國旗《こつき》に現《あら》はし得《え》ざるに至《いた》りて再《ふた》び元《もと》の如《ごと》く一個《いつこ》の星《ほし》に復《か》へるべし、而《しか》して其星《そのほし》は五光星《ごこうせい》に非《あら》ずして六光星《ろつこうせい》なるべし、而《しか》して英《えい》國《こく》に刄《やいば》を向《む》けたるが如《ごと》く、自國《じこく》に刄起《やいばおこ》りて『齒《は》にて齒《は》を』償《つぐな》ふ時《ときかなら》必ず來《く》るべし。

第九節　最近《さいきん》の米國《べいこく》

米國《べいこく》の最近《さいきん》につきては何人《なんぴと》の記憶《きおく》にも新《あた》らしき事《こと》にして、事毎《ことごと》に我國人《わがこくじん》の悲憤《ひふん》の種《たね》となりつゝあるが、一々之《いちいちこれ》を繰《く》り返《か》へさんよりは、赤裸々《せきらら》に告白《こくはく》せる米國人《べいこくじん》の證言《しょうげん》に聞《き》くを優《すぐ》れりとす、故《ゆえ》に余《よ》は、曩《さ》きに米國西伯利遠征軍司令部情報係《べいこくしべりあえんせいぐんしれいぶじょうほうがかり》として勤務《きんむ》せる米國陸軍大尉《べいこくりくぐんたいい》モール Captain Frederick F. Moore の著《ちょ》“Siberia Today” 中《ちゅう》の一篇《いつぺん》“The United States in Asia” の全文《ぜんぶん》を左《ひだり》に譯載《やくさい》すべし、余《よ》は著者《ちょしゃ》と面識《めんしき》あり、而《しか》して書中《しょちゅう》の事實《じじつ》につきて亦目擊《またもくげき》したる者《もの》なるが故《ゆえ》に、讀者幸《どくしゃさいわ》ひに潜航艇内《せんこうていない》に寫《うつ》り來《こ》れるプリズムの反射《はんしゃ》の如《ごと》くに精讀《せいどく》を惜《おし》まざらんことを。

亞細亞《あじあ》に於《お》ける米國《べいこく》

米國《べいこく》が西伯利《しべりあ》に於《お》いて爲《な》したる全投機《ぜんとうき》は、事國際外交《ことこくさいがいこう》、軍事干渉《ぐんじかんしょう》、對露親善《たいろしんぜん》或《あるい》は反過激派企圖《はんかげきはきと》の如何《いかん》を問《と》はず失敗《しっぱい》に歸《き》したることを、余《よ》は西伯利《しべりあ》に於《お》いて見聞《けんぶん》せる所《ところ》に據《よ》りて明白《めいはく》に讀者《どくしゃ》に告《つ》げんとす。

元來西伯利遠征《がんらいしべりあえんせい》は獨逸《どいつ》が露國及西伯利《ろこくおよびしべりあ》に軍倉庫《ぐんそうこ》を所有《しょゆう》し、又食糧《またしょくりょう》、彈藥及人員等《だんやくおよびじんいんとう》を充實《じゅうじつ》せしめざらんがために企《くわだ》てられたる事《こと》なるが、此目的《このもくてき》に對《たい》し我等《われら》は西伯利及《しべりあおよび》アルハンゲル戰場《せんじょう》に向《むか》ひたるなり、而《しか》して西伯利《しべりあ》に於《お》ける米軍《べいぐん》の駐在《ちゅうざい》は獨逸《どいつ》に取《と》りては一《いち》の威嚇《いかく》にして、露國《ろこく》、チエックスロバツク、英國《えいこく》、佛國《ふつこく》、日本及其他關係諸國《にほんおよびそのたかんけいしょこく》と相俟《あいま》つて獨逸《どいつ》の裏面《うらめん》を脅迫《きょうはく》せるものなりき、但《ただ》し我等《われら》は直《ただ》ちに實行《じっこう》に入《はい》らずして論議《ろんぎ》に走《はし》り、空《むな》しく一冬《ひとふゆ》を西伯利《しべりあ》に過《す》ごせしが、此間《このあいだ》に於《お》いて魔軍《まぐん》なる過激《かげき》派及其他《はおよびそのた》は我等《われら》の決心《けっしん》の不定《ふてい》なるに乘《じょう》じ作戰上大《さくせんじょうだい》なる利益《りえき》を得《え》、將來我等《しょうらいわれら》が行《おこな》ふべき決心《けっしん》に對《たい》する處置《しょち》を講《こう》じたるなり。

我等《われら》は露國援助《ろこくえんじょ》のために西伯利《しべりあ》に在《あ》るものなることを主張《しゅちょう》せり、而《しか》してチエック、露西亞及日本《ろしあおよびにほん》側《がわ》は唯戰爭《ただせんそう》に由《よ》りて橫行者《おうこうしゃ》を驅逐《くちく》する外《ほか》なきを知《し》れり、然《しか》るに米軍《べいぐん》は恰《あたか》も强盜《ごうとう》に襲《おそ》はれたる家《いえ》の前《まえ》に立《た》ちて家人《かじん》を救《すく》ふが如《ごと》く、『大事《だいじ》に到《いた》らば我《われ》は手《て》にせる銃《じゅう》を以《もっ》て助《たす》けん』と號《さけ》びたるなり、而《しか》も家人《かじん》は尙《な》ほ未《いま》だ全滅《ぜんめつ》するに至《いた》らざりしも頗《すこぶ》る危險《きけん》に迫《せま》り『兒女《じじょ》の半數《はんすう》は已《すで》に殺《ころ》されたり、最《もっと》も强大《きょうだい》なる強盗《ごうとう》の一人《ひとり》は我《わ》が咽喉《いんこう》を絞《し》め居《お》れり』と悲聲《ひせい》を洩《も》らし居《い》るに係《かか》はらず、玄關前《げんかんまえ》の救援者《きゅうえんしゃ》は曰《いわ》く、『我《わ》れ若《も》し暴力《ぼうりょく》を揮《ふる》はゞ他《た》の感情《かんじょう》を害《がい》すべし、我《われ》は之《これ》を欲《ほっ》せず、汝自《なんじみずか》ら強盗《ごうとう》を殺《ころ》し自《みずか》らを救《すく》へ、之《こ》れ我《わ》が汝《なんじ》に與《あた》ふる道徳的後援《どうとくてきこうえん》なり、我《われ》は此強盗《このごうとう》が果《はた》して非《ひ》なるやを知《し》らず、汝若《なんじも》し勝《か》たば汝《なんじ》は我《わ》が友《とも》なり、強盗若《ごうとうも》し勝《か》たば我《われ》は彼《かれ》を友《とも》とせん、されど兎《と》に角汝若《かくなんじも》し死《し》を免《まぬ》かるれば我《われ》は赤十字《せきじゅうじ》看護婦《かんごふ》をして汝《なんじ》の傷《きず》を帶《たい》せしむべし、強盗若《ごうとうも》し汝《なんじ》の食糧《しょくりょう》を拉《らっ》し去《さ》らば我汝《われなんじ》に之《これ》を供給《きょうきゅう》せん、而《しか》して汝若《なんじも》し殺害《さつがい》せらるれば我《われ》は僧侶《そうりょ》をして鄭重《ていちょう》に葬《ほうむ》らはしむべし、我《われ》は良《よ》きサマリヤ人《じん》なるが干渉《かんしょう》はせざるなり。』

米軍《べいぐん》が大事《だいじ》に臨《のぞ》みて斯《かか》る逡巡《しゅんじゅん》をなし居《い》る間《あいだ》に舊制《きゅうせい》を頑守《がんしゅ》する種々《しゅじゅ》なる哥薩克《こさっく》頭目等《とうもくら》は其主義《そのしゅぎ》樹立《じゅりつ》のために多大《ただい》の努力《どりょく》をなし、カルミコフは烏蘇里《うすりー》方面《ほうめん》にセメノフは後貝加爾《あとばいかる》方面《ほうめん》に權覇《けんは》を握《にぎ》れり。

彼等《かれら》は兵器《へいき》と威儀《いぎ》とを用《もち》ひて專制政治《せんせいせいじ》の權謀《けんぼう》を敢《あ》へてし、爲《た》めに人民畏怖《じんみんいふ》し其威嚇《そのいかく》の下《もと》に壓迫《あっぱく》せられたり、而《しか》して露帝國《ろていこく》の復舊《ふっきゅう》を望《のぞ》む者等《ものら》は口癖《くちぐせ》に『我《われ》は露國《ろこく》を舊露國《きゅうろこく》よりも更《さら》に擴大《かくだい》せる自由合同《じゆうごうどう》露國《ろこく》たらしめんとして蹶起《けっき》せり』と唱《とな》ふ、思《おも》ふに彼等《かれら》は運良《うんよ》くば「ザア」の位《くらい》を贏得《ようえ》んとするものに外《ほか》ならず、よし自身王位《じしんおうい》に登《のぼ》る野心《やしん》なしとするも、一皇族《いちこうぞく》を戴《いただ》きて己《おの》れ政權《せいけん》を掌握《しょうあく》せんとするものなるべし。

我等《われら》は西伯利人《しべりあじん》に向《むか》つて我政府《わがせいふ》は露國民《ろこくみん》の友《とも》たるべく同時《どうじ》に此等《これら》の簒奪者《さんだつしゃ》に何等《なんら》の關係《かんけい》をなさゞるべしと言明《げんめい》せしが、爾來幾多《じらいいくた》の内亂《ないらん》は續行《ぞっこう》せられたり、内地《ないち》の新聞及人民《しんぶんおよびじんみん》は過激反派對《かげきはんはたい》の聲《こえ》を益々《ますます》強大《きようだい》ならしめしが、西伯利《しべりあ》に在《あ》りては哥薩克頭目等《こさっくとうもくら》は我等《われら》果《はた》して何《なに》をなすべきか不明《ふめい》なりしが故《ゆえ》に、其少數《そのしようすう》の軍隊《ぐんたい》を以《もつ》て過激派《かげきは》と戰《たたか》ひながらも甚《はなは》だ不活發《ふかつぱつ》にありき、之《これ》がため過激派《かげきは》の首領等《しゆりようら》をして米國《べいこく》は過激派《かげきは》に好意《こうい》あるものなりと解《かい》し假令《たとい》好意《こうい》なしとするも敵對《てきたい》せざるものなりとの希望《きぼう》を抱《いだ》かしめたるは失敗《しつぱい》なりき、何《いず》れにせよ、米國《べいこく》の「何《なに》もせぬ」政策《せいさく》は、過激派《かげきは》をして米國《べいこく》は陰《かげ》に彼等《かれら》を後援《こうえん》し、近《ちか》き將來《しようらい》に於《お》いて過激派政府《かげきはせいふ》を承認《しようにん》すべしなど、宣傳《せんでん》せしめたるなり。

約一《やくいち》ケ年《ねん》に亘《わた》る我等《われら》の行動《こうどう》は實際《じつさい》過激派《かげきは》に對《たい》して援助《えんじよ》なりき、我平和主義《われへいわしゆぎ》の官權《かんけん》は西伯利《しべりあ》の過激派《かげきは》に慰籍《いしや》となり奬勵《しようれい》となりて彼等《かれら》をして成功《せいこう》を信《しん》ぜしめたるなり、而《しか》して我等《われら》は過激派《かげきは》の犯《おか》せる破壞《はかい》的行動《てきこうどう》が果《はた》して何《なん》の意《い》なるやを西伯利人民《しべりあじんみん》に知熟《ちじゆく》せしめざる先《さ》きに之《これ》を修理《しゆうり》せるなり、然《しか》り我政府《わがせいふ》は救濟《きゆうさい》に力《つと》めたり、而《しか》も之《これ》がため中立《ちゆうりつ》、不干渉《ふかんしよう》を標榜《ひようぼう》しつゝ、事實《じじつ》に於《お》いて過激派政治《かげきはせいじ》の一同盟《いちどうめい》となりたるなり。

『喧嘩兩成敗《けんかりようせいばい》』なる語《ご》あり、穩《おだや》かなる言分《いいぶん》なるも眞理《しんり》に非《あら》ず、されど我當局《わがとうきよく》は之《これ》を引用《いんよう》しつゝあるなり、之《こ》れ偶々《たまたま》過激派《かげきは》に對《たい》する無智《むち》を告白《こくはく》せるものに外《ほか》ならず、歐州大戰《おうしゆうたいせん》に當《あた》りても同樣《どうよう》なりき、曰《いわ》く『歐羅巴《よーろつぱ》は戰爭狂《せんそうきよう》となれり、戰《たたか》ふ者甲乙《ものこうおつ》何《いず》れも非《ひ》なり』と、而《しか》して此言分《このいいぶん》は慥《たし》かに獨逸《どいつ》に加勢《かせい》せるなり、試《こころ》みに思《おも》へ、米國《べいこく》が過激派《かげきは》を評《ひよう》して、『過激派《かげきは》と反過激派《はんかげきは》と何《なん》の擇《えら》ぶ所《ところ》なし』と云《い》へるのみならず反過激派《はんかげきは》に反對《はんたい》したるを見《み》て、過激派《かげきは》の首領等《しゆりようら》は如何《いか》に笑顏《えがお》を作《つく》りたるかを、而《しか》して我軍《わがぐん》がチエツク軍《ぐん》と協同動作《きょうどうどうさ》を執《と》るものと思《おも》ひたりしに事茲《ことここ》に出《い》でざりしを見《み》て勇敢《ゆうかん》なるチエツク軍《ぐん》は迷《まよ》ひ且《か》つ著《いちじる》しく士氣《しき》を阻喪《そそう》せり。

カルミコフ及《および》セメノフの兩人《りょうにん》は、殊《こと》にカルミコフは殺戮《さつりく》を事《こと》とし、彼《かれ》に從《したが》はさる者《もの》も凡《すべ》て敵《てき》として殺戮《さつりく》せり、されば彼《かれ》の刄《やいば》に斃《たお》れたるものは過激派《かげきは》のみにあらずして、多數《たすう》は普通《ふつう》の露人《ろじん》なるもの丶如《ごと》し、茲《ここ》に一例《いちれい》あり、哈府《はばろふすく》の市民等《しみんら》スタイヤー大佐《たいさ》（米國《べいこく》）に來《きた》りカルミコフが無辜《むこ》の市民《しみん》を獄《ごく》に投《とう》じ近《ちか》く死刑《しけい》に處《しょ》せんとして訴《うった》ふる所《ところ》ありしかば、同大佐《どうたいさ》は直《ただ》ちにカルミコフに交渉《こうしょう》せしに、其夜《そのよる》カルミコフは手當《てあた》り次第《しだい》に獄中《ごくちゅう》より十五名乃至二十名《じゅうごめいないしにじゅうめい》を引出《ひきだ》して射殺《しゃさつ》せり、而《しか》して此等《これら》の薄命者《はくめいしゃ》は何故《なにゆえ》に投獄《とうごく》せられ何故《なにゆえ》に處刑《しょけい》せらる丶を示《しめ》されず、又一度《またいちど》も審問《しんもん》を受《う》けずして憐《あわ》れなる最後《さいご》を遂《と》げたるなり斯《かか》る事《こと》は米軍哈府到着後《べいぐんはばろふすくとうちゃくご》數《すう》ケ月續行《げつぞつこう》せられたるが、華府政府《わしんとんせいふ》は干渉《かんしょう》がましきことは斷《だん》じて爲《な》すべからずとの嚴命《げんめい》を下《くだ》しありしを以《もつ》て同大佐《どうたいさ》は如何《いかん》とも爲《な》す能《あた》はざりしなり、而《しか》も我等《われら》は忠良《ちゅうりょう》なる露人《ろじん》に向《むか》つては『我等《われら》は諸君《しょくん》を保護《ほご》するものなり』と言明《げんめい》し居《お》りしなり、されば我政策《わがせいさく》の眞相《しんそう》を知《し》らざる露人《ろじん》は米軍《べいぐん》とカルミコフ間《かん》との關係《かんけい》を知《し》るに由《よし》なく、米軍《べいぐん》はカルミコフを後援《こうえん》し居《い》るものと思惟《しい》し、カルミコフは益々蠻行《ますますばんこう》を恣《ほしいま》まにするに到《いた》れり。

然《しか》れどもカルミコフ及《および》セメノフの兩人《りょうにん》に對《たい》し當初《とうしょ》より正當《せいとう》に取扱《とりあつか》ひたりしならんには彼等《かれら》は我等《われら》と行動《こうどう》を共《とも》にしたりしなるべし、此兩人《このりょうにん》は軍隊《ぐんたい》の長《おさ》として才能《さいのう》を有《ゆう》し、勤王黨《きんのうとう》なるが故《ゆえ》に言《い》ふまでもなく反過激派《はんかげきは》なり、故《ゆえ》に我等《われら》にして最初《さいしよ》より反過激政策《はんかげきせいさく》を採用《さいよう》せしならんには、我等《われら》は哥薩克《こさっく》の頭《とう》目等《もくら》と接觸《せつしよく》を保《たも》ち彼等《かれら》をして過激派《かげきは》と戰《たたか》ふに惟《こ》れ日《ひ》も足《た》らざらしめ又其非行《またそのひこう》を停止《ていし》せしむることをも要求《ようきゆう》し得《え》たりしならんが、彼等《かれら》は哈府《はばろふすく》及《および》知多《ちた》に根據《こんきよ》を据《す》え、新聞《しんぶん》をして彼等《かれら》の愛國的德行《あいこくてきとつこう》を賞揚《しようよう》せしめ且《か》つ彼等《かれら》に和《わ》せざる他《ほか》の哥薩克頭目《こさっくとうもく》を非謗《ひぼう》せしめ、其勢力《そのせいりよく》及《および》權威《けんい》を充實《じゆうじつ》せしめたり、而《しか》して斯《か》くの如《ごと》き新聞宣傳《しんぶんせんでん》は種々《しゆじゆ》なる風說《ふうせつ》を生《う》み、米軍《べいぐん》には日本軍《にほんぐん》の惡事《あくじ》を報《ほう》じ、日本軍《にほんぐん》には米軍《べいぐん》の非行《ひこう》を傳《つた》へ、且《か》つ露人對外人《ろじんたいがいじん》の感情《かんじよう》從《したが》つて混亂《こんらん》し捕捉《ほそく》すべからざる狀態《じようたい》に陥《おちい》らしめたり。

我遠征軍《わがえんせいぐん》が過激派《かげきは》に反抗《はんこう》するものなりと思《おも》ひたりしが我軍《わがぐん》は過激派《かげきは》に對《たい》し自動的《じどうてき》に威嚇《いかく》を試《こころ》みたりしことありや、又過激派討伐《またかげきはとうばつ》に協力《きようりよく》せることありや、要《よう》するに過激派《かげきは》を跋扈《ばつこ》せしむる間《あいだ》は帝國《ていこく》も共和國《きようわこく》も成立《せいりつ》せざるなり、而《しか》して我軍《わがぐん》が過激派討伐《かげきはとうばつ》を喜《よろこ》ばざりし一事《いちじ》は明《あきら》かに彼等《かれら》に或種《あるしゆ》の援助《えんじよ》となりたるなり、而《しか》して又我軍《またわがぐん》が露國《ろこく》に對《たい》し中立的態度《ちゆうりつてきたいど》を執《と》りたるがため、過激派側《かげきはがわ》より違約《いやく》の非謗《ひぼう》を招《まね》くに到《いた》れり、彼等《かれら》曰《いわ》く、『見《み》よ米國《べいこく》は我過激派《わがかげきは》を以《もつ》て公敵《こうてき》とするには餘《あま》り優勢《ゆうせい》なるを知《し》り居《い》るに非《あら》ずや、米國《べいこく》と提携《ていけい》するは何者《なにもの》ぞ、諸君《しよくん》の敵《てき》なる彼《か》れ哥薩克頭目等《こさっくとうもくら》の背後《はいご》に米國《べいこく》ありて諸君《しよくん》を苦《くるし》め居《い》るに非《あら》ずや故《ゆえ》に頭目等《とうもくら》の蠻行《ばんこう》に對《たい》しては米國《べいこく》の抗議《こうぎ》は餘《あま》りに手溫《てぬる》きを見《み》ずや、米國《べいこく》は哥薩克頭目《こさっくとうもく》をして我等《われら》を擊破《げきは》せしめんと欲《ほつ》するも、亦他日我等《またたじつわれら》が露國《ろこく》を支配《しはい》するに當《あた》りて我等《われら》の友《とも》たらんことをも希望《きぼう》するが故《ゆえ》に進《すす》んで戰《たたか》はず、退《しりぞ》いて助《たす》けざるなり。』

過激派《かげきは》の末路《まつろ》は明《あきら》かなり、到底成功《とうていせいこう》すべからず、なれど其壊滅《そのかいめつ》に當《あた》りて、過激派《かげきは》の髓《ずい》を折《お》りたる功《こう》を我《われ》に與《あた》へよと言《い》ひうべき乎《や》。

義《ぎ》に與《く》みせず、不義《ふぎ》に與《く》みせざる中立《ちゆうりつ》は罪惡《ざいあく》なり、而《しか》して此罪惡《このざいあく》は隣干《りんかん》の國渉《こくしよう》を避《さ》けつゝ利《り》を計《はか》らんとする軍事犯的發明《ぐんじはんてきはつめい》にして又間接《またかんせつ》の殺人犯《さつじんはん》なり、而《しか》して第三者來《だいさんしやきた》りて干渉《かんしよう》をなすあれば『汝《なんじ》の關係《かんけい》すべきものに非《あら》ず』と謂《い》ふ、今日《こんにち》に於《お》いては某々二國交戰《ぼうぼうにこくこうせん》するや第三者《だいさんしや》は中立《ちゆうりつ》を宣《せん》し之《これ》を以《もつ》て國際道德《こくさいどうとく》と心得居《こころえい》るも之《こ》れ不正《ふせい》の行爲《こうい》なるを認《みと》め來《きた》りしが故《ゆえ》に、國際聯盟《こくさいれんめい》は案出《あんしゆつ》せられたり、卽《すなわ》ち之《こ》れ局外中立廢止法《きよくがいちゆうりつはいしほう》に外《ほか》ならず、故《ゆえ》に若《も》し一國戰《いつこくせん》を挑《いど》まば他國《たこく》は擧《こぞ》つて之《これ》に反抗《はんこう》すべし、從《したが》つて戰爭《せんそう》は自然《しぜん》に防止《ぼうし》せらるべし、但《ただ》し一國《いつこく》の實力《じつりよく》にして他國全部《たこくぜんぶ》に對抗《たいこう》しうる時《とき》は此限《このかぎ》りに非《あら》ず、然《しか》りと雖《ゆう》も國際聯盟《こくさいれんめい》は其理想《そのりそう》に從《したが》ひ果斷曲直《かだんきよくちよく》を明《あ》かし之《これ》を決行《けつこう》せざるべからず、而《しか》して常《つね》に正義《せいぎ》を擁護《ようご》せざるべからず。

我米國《わがべいこく》は西伯利《しべりあ》なる大病人《たいびようにん》に對《たい》し、過激派《かげきは》なる盲腸炎《もうちようえん》を手術《しゆじゆつ》するか、又《また》は王冠《おうかん》を失《うしな》ふて頭痛《ずつう》を感《かん》ずる其頭《そのあたま》を切《き》り去《さ》るかの一《いち》を實行《じつこう》すべかりしなり、患者《かんじや》は今尚《いまな》ほ盲腸炎《もうちようえん》に苦《くる》しみ、又激《またはげ》しき頭痛《ずつう》を惱《なや》みつゝあるなり、曾《か》つて我等《われら》に國內《こくない》は在《あ》りては過激派《かげきは》が世界《せかい》を禍《わざわい》しつゝありと云《い》へり、而《しか》して軍隊《ぐんたい》は西伯利《しべりあ》に派遣《はけん》せられたり、蓋《けだ》し西伯利《しべりあ》は過激派《かげきは》のために沒落《ぼつらく》したればなり、されば我軍《わがぐん》は過激派《かげきは》討伐《とうばつ》に力《ちから》を致《いた》すべき筈《はず》なり、而《しか》して露國《ろこく》に向《むか》つても秩序恢復《ちつじよかいふく》まで之《これ》を續行《ぞつこう》すべきことを宣言《せんげん》すべき筈《はず》なり。

日本《にほん》は當然米國《とうぜんべいこく》に對《たい》して此期待《このきたい》をなせり、英國亦然《えいこくまたしか》り、而《しか》して米國《べいこく》は米國《べいこく》の承認及米國《しょうにんおよびべいこく》と協同《きょうどう》なくし西伯利《しべりあ》に出兵《しゅっぺい》することを日本《にほん》に警告《けいこく》せるは實《じつ》なり、而《しか》して干渉《かんしょう》を非認《ひにん》しつゝ干渉《かんしょう》に終《おわ》れり、余《よ》は米軍《べいぐん》が如何《いか》なる口實《こうじつ》を以《もつ》て西伯利《しべりあ》に上陸《じょうりく》せるや茲《ここ》に云《い》はざるべきも、其事實《そのじじつ》は已《すで》に干渉《かんしょう》なり、而《しか》して此事實《このじじつ》は露國《ろこく》の保安《ほあん》と自國《じこく》の保護《ほご》を目的《もくてき》とせるものなり。

我先頭軍《わがせんとうぐん》が浦　潮《うらじおすとく》に上陸《じょうりく》するや、我等《われら》は任務上《にんむじょう》十分《じゅうぶん》の協同《きょうどう》を列國《れっこく》と試《こころ》みざるべからず、實際列國《じっさいれっこく》は當時米國《とうじべいこく》を指導者《しどうしゃ》の如《ごと》く思惟《しい》し居《お》りしなり、彼等《かれら》は內心如何《ないしんいか》なる野心《やしん》あり否《いな》や我等之《われらこれ》を知《し》らざるも、彼等《かれら》は米國《べいこく》に信認《しんにん》を有《ゆう》し居《お》りしなり、而《しか》して日本《にほん》は先《ま》づ米軍《べいぐん》と協同動作《きょうどうどうさ》を求《もと》めたるに米軍《べいぐん》は浦　潮《うらじおすとく》に於《お》いて「パンドラ」（運命箱《うんめいばこ》）の中《なか》に閉居《へいきょ》したるまゝ何等《なんら》の行動《こうどう》に出《い》でざりしを以《もつ》て、日本《にほん》軍《ぐん》は先《さき》んじて陣頭《じんとう》に進《すす》み其欲《そのほつ》する所《ところ》を行《おこな》ひたるに、後方《こうほう》に私語《しご》する者《もの》あり、『日本《にほん》は西伯利《しべりあ》を侵略《しんりやく》せんとす』と。

日本若《にほんも》し西伯利侵略《しべりあしんりやく》に意《い》ありしとせば、之《こ》れ米國《べいこく》の煮《に》え切《き》らざる態度《たいど》が招《まね》きたるものと言《い》はざるべからず、蓋《けだ》し米國《べいこく》にして敏活《びんかつ》なる行動《こうどう》に出《い》でたりしならんには日本《にほん》は侵略《しんりやく》の意《い》を行《おこな》ふに由《よし》なかりしが故《ゆえ》なり、勿論日本《もちろんにほん》は西伯利《しべりあ》に對《たい》して慾望《よくぼう》なきに非《あら》ず、日本《にほん》は少《すく》くも浦　潮《うらじおすとく》を占得管理《せんとくかんり》し沿海州《えんかいしゅう》の沿岸《えんがん》を獲得《かくとく》せんと欲《ほっ》す、而《しか》して之《これ》に由《よ》りて朝鮮《ちょうせん》を牽制《けんせい》し、併《あわ》せて露國《ろこく》の今後如何《こんごいかん》に係《かか》はらず、日《に》本《ほん》は此地《このち》に關柵《かんさく》を設《もう》けんと欲《ほっ》するなり、又亞細亞《またあじあ》に於《お》ける日本《にほん》の現状《げんじょう》を按《あん》ずるに發展上又《はってんじょうまた》自衛上《じえいじょう》沿海州占領《えんかいしゅうせんりょう》の必要《ひつよう》なることを認《みと》む、但《ただ》し徳義上《とくぎじょう》の是非《ぜひ》は別問題《べつもんだい》なり。

英國《えいこく》は亦米國《またべいこく》と協力《きょうりょく》せんことを欲《ほっ》したりしも、米軍《べいぐん》の不活潑《ふかっぱつ》なるがために單獨《たんどく》にて出陣《しゅつじん》せり、而《しか》して後貝加爾鐵道《のちばいかるてつどう》に向《むか》つて猛進《もうしん》し聯絡《れんらく》の便《びん》を開《ひら》けり、故《ゆえ》に米國《べいこく》が露國及西伯利《ろこくおよびしべりあ》に對《たい》し親友顏《しんゆうがお》に會話《かいわ》しつゝあるも、英國《えいこく》は米國以上《べいこくいじょう》の親義《しんぎ》を實行《じっこう》したりしなり、英國《えいこく》は寡言多行《かげんたこう》して反過激派《はんかげきは》を援助《えんじょ》せり。

余《よ》は敢《あ》へて言《い》はん、米國西伯利遠征軍《べいこくしべりあえんせいぐん》は失敗《しっぱい》せり、其行動《そのこうどう》が結果《けっか》に於《お》いて獨逸《どいつ》を援助《えんじょ》せる一事《いちじ》を以《もつ》て余《よ》は之《これ》を失敗《しっぱい》と云《い》ふ、獨逸《どいつ》は經濟的席捲《けいざいてきせっけん》を露國《ろこく》に企《くわだ》てたりしを以《もつ》て米軍《べいぐん》は之《これ》を阻害《そがい》せんために出兵《しゅっぺい》せしなり、然《しか》るに我等《われら》は之《これ》を實行《じっこう》せざりしが故《ゆえ》に露國人《ろこくじん》は我等米國人《われらべいこくじん》を輕視《けいし》し「空語者《くうごもの》」と惡評《あくひょう》するに到《いた》れり。

然《しか》り我等《われら》は露國救援《ろこくきゅうえん》のために武裝《ぶそう》して進《すす》めり、而《しか》し多《おお》く語《かた》りしも行《おこな》ふところ少《すく》なかりき、唯鐵道《ただてつどう》の番人《ばんにん》となり、小冊子《しょうさっし》の配布者《はいふしゃ》となり、又活動寫眞《またかつどうしゃしん》を以《もつ》て米國《べいこく》の自己宣傳《じこせんでん》をしたるが、配布《はいふ》せる小冊子中《しょうさっしちゅう》には露文《ろぶん》にて『諸君若《しょくんも》し共和國《きょうわこく》を欲《ほっ》せば我等《われら》は其建築法《そのけんちくほう》を示《しめ》すべし』と題《だい》せるものもありき。

實《じつ》に我等《われら》は露人《ろじん》に向《むか》つて我等《われら》の行動《こうどう》は凡《すべ》て公正《こうせい》にして露入《ろいり》の爲《な》せる所《ところ》は凡《すべ》て非《ひ》なりと口走《くちばし》れり、されど露人中《ろじんちゅう》の識者《しきしゃ》は冷笑《れいしょう》し、首《くび》を振《ふ》りて曰《いわ》く『露國《ろこく》が米國《べいこく》に向《むか》つて要求《ようきゅう》をなせる度毎《たびごと》に米國《べいこく》は非干渉《ひかんしょう》を唱《とな》ひて之《これ》を拒絶《きょぜつ》し來《きた》りしが、さらば如何《いか》にして共和國建築法《きょうわこくけんちくほう》を我等《われら》に示《しめ》さんとするか』と。

休戰以來《きゅうせんいらい》西伯利《しべりあ》の形勢《けいせい》は大《おおい》に發展《はつてん》し來《きた》りしを以《もつ》て、西伯利遠征軍《しべりあえんせいぐん》の兵力《へいりょく》は之《これ》に處《しょ》する過少《かしょう》を感《かん》ずるに到《いた》れり、若《も》し夫《そ》れ露國及西伯利《ろこくおよびしべりあ》に對《たい》し米國《べいこく》は何等《なんら》の政策《せいさく》を有《ゆう》せずとせば寧《むし》ろ撤兵《てつぺい》するに加《か》かざるなり、而《しか》して我等《われら》は爲《な》さんと欲《ほつ》せしことを何一《なにひと》つ爲《な》さずして、爲《な》さゞらんとせし事《こと》は過激派《かげきは》をして之《これ》を爲《な》さしめたるやの感《かん》を禁《きん》ずる能《あた》はざるなり。

米國遠征軍《べいこくえんせいぐん》は軍事遠征《ぐんじえんせい》より政治遠征《せいじえんせい》に退化《たいか》し、外交遠征《がいこうえんせい》と稱《しょう》するを至當《しとう》とするに到《いた》れり、余《よ》は敢《あ》へて言《げん》す軍人《ぐんじん》を政治家《せいじか》に轉用《てんよう》せる米軍政府《べいぐんせいふ》の方針《ほうしん》は失態《しつたい》なりしと、夫《そ》れ我等軍人《われらぐんじん》は國家政策確定《こつかせいさくかくてい》の後始《あとはじ》めて出動《しゅつどう》すべきものなり、而《しか》して我等《われら》は政治《せいじ》と何等《なんら》の關係《かんけい》なく自由《じゆう》の行動《こうどう》に出《い》づべきものなり、我《わが》米軍《べいぐん》が本國《ほんごく》を出帆《しゅつぱん》するに當《あた》り政府《せいふ》が司令官《しれいかん》に與《あた》へたる命令《めいれい》は果《はた》して如何《いかが》、已《すで》に出帆《しゅつぱん》せる以上必《いじょうかなら》ずや斷乎《だんこ》たる命令《めいれい》を與《あた》へし筈《はず》なり、受《う》けざりしか、與《あた》へざりしか、若《も》し華府政府《わしんとんせいふ》にして兵力《へいりょく》を以《もつ》て露國《ろこく》農民《のうみん》を抑壓《よくあつ》するの意《い》なかりせば何《なん》の必要《ひつよう》なりて西伯利《しべりあ》に出兵《しゅつぺい》せしや、而《しか》も出兵《しゅつぺい》を敢《あ》へてし、浦潮《うらじおすとく》に上陸《じょうりく》せしめ且《か》つ『我等《われら》は露國《ろこく》の內政《ないせい》に干涉《かんしょう》せず』と言《い》はしむるが如《ごと》きは妄《もう》の至《いた》りなり。

試《こころ》みに米軍《べいぐん》の南北戰爭《なんぼくせんそう》に際《さい》し、某外國《ぼうがいこく》が太西洋沿岸《たいせいようえんがん》に軍隊《ぐんたい》を上陸《じょうりく》せしめたりとせば、其軍隊《そのぐんたい》が如《い》何《か》に內政無干涉《ないせいむかんしょう》を宣言《せんげん》すとも、我等米國人《われらべいこくじん》は直《ただ》ちに其撤退《そのてつたい》を要求《ようきゅう》せしならん、而《しか》して其無干涉云々《そのむかんしょううんぬん》の宣言《せんげん》に對《たい》して我等《われら》は勵聲一番《れいせいいちばん》『諸君《しょくん》は已《すで》に我國土《わがこくど》に侵入《しんにゅう》し事實《じじつ》に於《お》いて干涉《かんしょう》をなしたるなり、諸《しょ》君《くん》は味方《みかた》を利《り》せずんば敵《てき》を利《り》するなり、二者其一《にしやそのいち》を爲《な》さゞるべからず、而《しか》して諸君《しょくん》は我等《われら》と偕《とも》に敵《てき》に向《む》はんとするか、將《は》た敵《てき》と共《とも》に我等《われら》を撃《う》たんとする乎《や》、何《いず》れにもせよ我等《われら》は諸君《しょくん》を信任《しんにん》せず、蓋《けだ》し諸《しょ》君《くん》は勝利者《しょうりしゃ》に與《あた》えせんとすればなり』と。

今《いま》や露國《ろこく》及《および》西伯利《しべりあ》は過激派對反過激派《かげきはたいはんかげきは》の爭奪《そうだつ》渦中《かちゅう》にありて、帝制派《ていせいは》と共和派《きょうわは》との戰爭《せんそう》なり、而《しか》して前記南北戰爭《ぜんきなんぼくせんそう》の例《れい》を適用《てきよう》しうるに非《あら》ずや。

又墨西哥《まためきしこ》に於《お》いてマクシミリヤンが帝政《ていせい》を布《し》くや、米《べい》は之《これ》を以《もっ》て非友誼的行動《ひゆうぎてきこうどう》となし彼《かれ》を排斥《はいせき》せり而《しか》して我《わが》「モンロー」主義《しゅぎ》は外國《がいこく》が其軍隊《そのぐんたい》を西大陸《にしたいりく》の何處《どこ》にも侵略的上陸《しんりゃくてきじょうりく》をなすことを禁《きん》じ居《い》るなり假令歐州《たといおうしゅう》の何國《なんごく》と雖《いえど》も、亦如何《またいか》なる宣言《せんげん》をなすとも其軍隊《そのぐんたい》を南北亞米利加《なんぼくあめりか》に上陸《じょうりく》せしむることは非友誼的行動《ひゆうぎてきこうどう》なり、然《しか》るに米國《べいこく》は之《これ》を西伯利《しべりあ》に行《おこな》へり、されど余《よ》は軍隊《ぐんたい》を派遣《はけん》せる政府《せいふ》を攻撃《こうげき》せんとするに非《あら》ず、唯何等方針《ただなんらほうしん》なくして出兵《しゅっぺい》せしめたるを攻撃《こうげき》するなり。

我軍《わがぐん》は西伯利《しべりあ》に於《お》いて空《むな》しく一冬《ひとふゆ》を過《す》ごせり、暴民《ぼうみん》と戰《たたか》はず亦反《またはん》コルチヤツク軍《ぐん》とも戰《たたか》はずして空《むな》しく一冬《ひとふゆ》を過《す》ごせしが、春來《はるきた》るや我《わ》が兵《へい》は蘇城《すーちゃん》炭坑《たんこう》に於《お》いて暴民《ぼうみん》のために殺害《さつがい》せられたり、而《しか》して此暴民《このぼうみん》は反《はん》コルチヤツク軍《ぐん》の兵《へい》にして卽《すなわ》ち過激派《かげきは》なり、斯《か》くて政治家《せいじか》の過失《かしつ》は兵士《へいし》の生命《せいめい》に由《よ》りて訂正《ていせい》せられたり。

我等《われら》は西伯利《しべりあ》に於《お》いて何《なに》を爲《な》すべかりし乎《や》、唯一事《ゆいいつこと》あり、則《すなわ》ち豫定《よてい》の如《ごと》く軍事行動《ぐんじこうどう》を執《と》る事《こと》にありしなり、而《しか》して其《そ》の地方《ちほう》の秩序《ちつじょ》を回復《かいふく》し人民《じんみん》をして安《やす》んじて其業《そのなりわい》に就《つ》かしめ、彼等《かれら》を協力《きょうりょく》せしめて適宜《てきぎ》の政府樹立《せいふじゆりつ》を補助《ほじよ》するにてありしなり、之《こ》れ大《おおい》なる命令《めいれい》として耳朶《じだ》に響《ひび》き、露國人《ろこくじん》を始《はじ》め聯合《れんごう》諸完皆此命令《しよかんみなこのめいれい》の實現《じつげん》を我等《われら》に期待《きたい》したりしなり、然《しか》るに我等《われら》は亞細亞《あじあ》に於《お》いて面目《めんぼく》を失《しつ》したり、我等《われら》は何等《なんら》の威嚇《いかく》をも試《こころ》みざりき、假令試《たといこころ》みたることなきに非《あら》ざりしも流血《りゆうけつ》するまでの威嚇《いかく》をなさゞりき、思《おも》ふに獨逸《どいつ》は他日必《たじつかなら》ず同方面《どうほうめん》に勢力《せいりよく》を擴張《かくちよう》する時《とき》あるべく、領土的擴張《りようどてきかくちよう》に到《いた》らずとも經濟的擴張《けいざいてきかくちよう》をなすべきを以《もつ》て米國《べいこく》は之《これ》を顧慮《こりよ》したりしならん、而《しか》して亞細亞《あじあ》は獨逸《どいつ》を諒解《りようかい》するが如《ごと》く米國《べいこく》を諒解《りようかい》し居《お》らざるなり、故《ゆえ》に亞細亞《あじあ》は西伯利《しべりあ》に於《お》ける我軍《わがぐん》の行動《こうどう》を見《み》て米軍恐《べいぐんおそ》るゝに足《た》らずとなし『へん西大陸《せいたいりく》の大男《おおおとこ》の様《さま》を見《み》よ、ぶる〱慄《ふる》えてるじやないか、拳固《げんこ》は見《み》せるが動《うご》かしやしない、彼奴《あいつ》は結構《けつこう》な大男《おおおとこ》だ、何《なに》も恐《おそ》ろしくはない』云々《うんぬん》と冷評《れいひよう》し居《い》るなり。

　實際米國人《じつさいべいこくじん》は亞細亞《あじあ》に對《たい》し誤《あやま》れる見解《けんかい》を有《ゆう》す、孔子《こうし》を生《う》みたる支那《しな》あり、佛教《ぶつきよう》を編《あ》みたる印度《いんど》あり「ラマ」の大本山西藏《だいほんざんせいぞう》あり、決《けつ》して輕視《けいし》すべきに非《あら》ず、而《しか》して我等《われら》の理想《りそう》の文化《ぶんか》を亞細亞《あじあ》に行《おこな》ふに先立《さきだ》ち我等《われら》は亞細亞《あじあ》を十分《じゆうぶん》に諒解《りようかい》せざるべからず。

　國際聯盟《こくさいれんめい》は必《かなら》ずしも戰爭《せんそう》を絶對《ぜつたい》に防止《ぼうし》し得《え》ずとも、世界公共幸福《せかいこうきようこうふく》を論《ろん》じ、人道《じんどう》を唱《とな》へ、我米國《わがべいこく》の目的《もくてき》と一致《いつち》する世界教育《せかいきよういく》を爲《な》しうべし、尤《もつと》も國際聯盟《こくさいれんめい》は一《いち》の議場《ぎじよう》に過《す》ぎざれども世界《せかい》の列國《れつこく》をして禍害《かがい》を避《さ》けしむることを得《う》べし、而《しか》して米國《べいこく》に取《と》りては國家的觀念《こつかてきかんねん》と共《とも》に國際的觀念《こくさいてきかんねん》を抱《いだ》かしむること大《だい》なり、之《これ》を以《もつ》てウイルソン大統領《だいとうりよう》は講和會議《こうわかいぎ》に活動《かつどう》せり、而《しか》して國際聯盟《こくさいれんめい》を構成《こうせい》せり。

列國《れつこく》は安全瓣《あんぜんべん》を要《よう》す、舊式外交《きゆうしきがいこう》は其國《そのくに》の熱望《ねつぼう》する所《ところ》を祕密《ひみつ》に附《ふ》する例《れい》なりしが故《ゆえ》に、爲《た》めに戰爭《せんそう》は惹起《じやつき》せられたり、我等《われら》は亜細亜《あじあ》をして米國《べいこく》を誤解《ごかい》せしむべからず、歐羅巴《よーろつぱ》は互《たが》ひに相反《あいはん》する外交祕《がいこうひ》密《みつ》の衝突《しようとつ》を招《まね》けり、舊式外交《きゆうしきがいこう》の所謂打明話《いわゆるうちあけばなし》は一種《いつしゆ》の侮辱《ぶじよく》なり、而《しか》して其正體《そのしようたい》は戰《いくさ》に於《おい》て始《はじ》めて現《あら》はる、我等《われら》は互《たが》ひの正體《しようたい》を談笑《だんしよう》の間《あいだ》に示《しめ》さゞるべからず、而《しか》して多《おお》く談《だん》じ少《すこ》しく爭《あらそ》ふべきなり、故《ゆえ》に今米國《いまべいこく》は亜細亜《あじあ》に對《たい》し腹藏《ふくぞう》なく其意志及所望《そのいしおよびしよもう》を明示《めいじ》すべし、有《あ》りのまゝを明示《めいじ》すべし、而《しか》して米《べい》國《こく》は其理想《そのりそう》を以《もつ》て亜細亜《あじあ》を教育《きよういく》せざるべからず、同時《どうじ》に我等亦亜細亜化《われらまたあじあか》せざるべからず。

亜細亜《あじあ》の歴史《れきし》は怒濤狂瀾《どとうきようらん》に富《と》む、而《しか》して歐米《おうべい》の文化《ぶんか》を輸入《ゆにゆう》するや舊態《きゆうたい》を一變《いつぺん》し、新時代《しんじだい》に向《むか》ひ新《しん》主權《しゆけん》を望《のぞ》み居《お》れり、或《あるい》は第二《だいに》の成吉思汗出現《じんぎすかんしゆつげん》すべし、而《しか》して太平洋《たいへいよう》は最早米國《もはやべいこく》の國防《こくぼう》として價《あたい》なきに到《いた》るべし、而《しか》も之《これ》を黄禍《こうか》と呼《よ》ぶは非《ひ》なり、思《おも》ふに今世紀内《こんせいきない》に於《お》いて全亜細亜統一《ぜんあじあとういつ》せられ、支那《しな》、印《いん》度《ど》、波斯《ぺるしあ》、亜細亜露西亜及極東諸國《あじあろしあおよびきよくとうしよこく》が、米國《べいこく》の理想《りそう》と相反《あいはん》する新普魯士《しんぷろいせん》の形式《けいしき》を以《もつ》て合同《ごうどう》せらるゝことあるべきなり。

元來亜細亜《がんらいあじあ》は已《すで》に宗教上《しゆうきようじよう》の國際聯盟《こくさいれんめい》を實現《じつげん》し、其潜勢力侮《そのせんせいりよくあなど》るべからず。過激派《かげきは》が露國《ろこく》を禍《わざわい》せるや年已《としすで》に久《ひさ》し、而《しか》して我等《われら》は斯《か》くまでの禍害《かがい》を蒙《こう》むるべしとは思《おも》はざりしなり、我等《われら》は亜細亜《あじあ》を諒解《りようかい》せざるべからず、否《あ》らざれば我等《われら》の子孫《しそん》は亜細亜《あじあ》の臺所《だいどころ》に於《お》いて皿《さら》を洗《あら》ふに到《いた》らん。（終《おわり》）

言《い》ひ盡《つく》して外國人《がいこくじん》の蛇足《だそく》を許《ゆる》さず、然《しか》るに米國《べいこく》の正體《しょうたい》を知《し》らず眞意《しんい》を解《かい》せずして、日本《にほん》より態々《わざわざ》平和大明神《へいわだいみょうじん》參詣《さんけい》として渡米《とべい》せる人少《ひとすく》なからず、如何《いか》に偶像崇拜《ぐうぞうすうはい》の習慣《しゅうかん》あればとて斯《か》くまでの愚《ぐ》を演《えん》ずるは寧《むし》ろ狂《きょう》といふべし、されど過《す》ぎたるは追《お》ふべからず、華府會議《わしんとんかいぎ》にては至大《しだい》の國禍《こくか》を與《あた》へられ尙《な》ほ悟《さと》らず、更《さら》に國際教育會議《こくさいきょういくかいぎ》にては無上《むじょう》の國辱《こくじょく》を土產《みやげ》として得々《とくとく》として歸朝《きちょう》するあり、今《いま》にして尙《な》ほ醒《さ》めずんば皇國《こうこく》を如何《いかん》せん。

而《しか》して外《ほか》、外國心醉《がいこくしんすい》の夢《ゆめ》に耽《ふけ》り居《い》る者《もの》は、必《かなら》ず內《うち》、本國《ほんごく》の興廢《こうはい》には餘《あま》り頓着《とんちゃく》せざるものなり、之《こ》れ酒《さけ》に醉《よ》ひ色《いろ》に浮《う》かれたるものが家《いえ》を外《そと》にして妻子《さいし》を忘却《ぼうきゃく》すると同《おな》じきなり、思《おも》ふに外國心醉《がいこくしんすい》は內《ない》國《こく》を尊重《そんちょう》すべき理由《りゆう》を知《し》らざるの結果《けっか》にして、現代《げんだい》の日本國民《にほんこくみん》は概《がい》して日本《にほん》の正體《しょうたい》につきて深《ふか》く知《し》る所《ところ》なきが如《ごと》し、故《ゆえ》に余《よ》は此機會《このきかい》を利用《りよう》し次章《じしょう》に於《お》いて之《これ》を詳述《しょうじゅつ》すべし。

第四章　日本《にほん》の正體《しょうたい》

余《よ》は前二章《ぜんにしょう》に於《お》いて英米兩國《えいべいりょうこく》を赤裸々《せきらら》となし、英米《えいべい》は英米人《えいべいじん》卽《すなわ》ちアングロサクソン人《じん》の英米《えいべい》に非《あら》ずして、猶太人《ゆだやじん》卽《すなわ》ちイスラエル民族《みんぞく》の英米《えいべい》なる事《こと》を忌憚《きたん》なく摘發《てきはつ》せしが、本章《ほんしょう》に於《お》いては飜《ひるがえ》つて我《わが》日本《にほん》の正體《しょうたい》を看破《かんぱ》せんとす。

今《いま》や日本《にほん》は外國《がいこく》の文物《ぶんぶつ》より生《しょう》ぜる中毒《ちゅうどく》のために、著《いちじる》しく其本性《そのほんしょう》を喪失《そうしつ》し居《い》るが如《ごと》きも、而《しか》も之《こ》れ主《しゅ》として物質的方面《ぶつしつてきほうめん》に於《お》いて影響《えいきょう》多《おお》く、精神的方面《せいしんてきほうめん》に於《お》いては左迄《さまで》ならざるものなるが故《ゆえ》に、日本《にほん》を赤裸《せきら》となし來《く》れば其本體《そのほんたい》を探究《たんきゅう》すること決《けつ》して難事《なんじ》に非《あら》ざるなり。

されば余《よ》は、現日本《げんにほん》より基督教《きりすときょう》と稱《しょう》する歐米《おうべい》の文化《ぶんか》を剝《は》ぎ去《さ》り、又儒教《またじゅきょう》と稱《しょう》する支那《しな》の文化《ぶんか》を剝《は》ぎ去《さ》り、更《さら》に亦佛教《またぶつきょう》と稱《しょう》する印度《いんど》の文化《ぶんか》をも剝《は》ぎ去《さ》りて、三韓《さんかん》よりの文物未《ぶんぶついま》だ普《あま》ねからざりし古代《こだい》の日本《にほん》に溯《さかのぼ》らざるを得《え》ず。

思《おも》ふに鎖國攘夷的保守主義《さこくじょういてきほしゅしゅぎ》は極端《きょくたん》なる反動《はんどう》を惹起《じやつき》して外國心醉的開進主義《がいこくしんすいてきかいしんしゅぎ》と化《か》し、自由平等《じゆうびょうどう》を求《もと》めてはデモクラシイ化《か》し、儀禮《ぎれい》は廢《はい》され、慣習《かんしゅう》は破《やぶ》られ、秩序《ちつじょ》は覆《くつが》へされ、劍舞《けんぶ》はダンスとなり、忠臣藏《ちゅうしんぐら》はサロメとなり、清麿又《きよまろまた》は正成《まさしげ》はワシントンとなり、リンカーンとなり、近松《ちかまつ》はシエクスピーヤとなり、芭蕉《ばしよう》はテニソンとなり、文藝美術《ぶんげいびじゆつ》一《いち》として進化《しんか》せるなく、唯墨繪《ただすみゑ》の玄妙《げんみよう》はペンキの俗《ぞく》悪《あく》に壓倒《あつとう》せられたるあるのみ。

勿論《もちろん》、物騒《ぶつそう》なる雲助《くもすけ》の輩《やから》其跡《そのあと》を絶《た》ち、函嶺《かんれい》の關門《かんもん》自由《じゆう》に開《ひら》かれて、夢《ゆめ》の裡《うら》に五十三次《ごじゆうさんつぎ》を旅行《りよこう》しうる今日《こんにち》の便《びん》や多《た》とすべく、居《い》ながらにして萬里《ばんり》の消息《しようそく》を知《し》り、座《ざ》ながら千里《せんり》の客《きやく》と語《かた》り、翼《つばさ》なくして大空《おおぞら》に翔《かけ》り、鰭《ひれ》なくして海底《かいてい》を潜《もぐ》るの便《びん》や亦多《またた》とすべきも、之《これ》がために忠孝《ちゆうこう》の道《みち》は一厘一毛《いちりんいちもう》も開《ひら》かれたるところなく、反《かえ》つて人倫《じんりん》落《お》ち五常《ごじよう》亂《みだ》れ、物質的文化《ぶつしつてきぶんか》と逆比例《ぎやくひれい》に精神的文化《せいしんてきぶんか》は頽廢《たいはい》せるものにして、握飯《にぎりめし》を野蠻《やばん》とし、サンドウイツチを文明《ぶんめい》とし、詩吟《しぎん》の如《ごと》きは現代《げんだい》の學生《がくせい》には餘《あま》りに舊式《きゆうしき》にして、彼等《かれら》は歌劇《かげき》に目覺《めざ》め、歌劇《かげき》に夢《ゆめ》み居《い》るなり、若《も》し試《こころ》みに彼等《かれら》に詩吟《しぎん》を需《もと》むれば、彼等之《かれらこれ》を知《し》らざるのみか假令《たとい》知《し》るものといへども其吟《そのぎん》ずるや恰《あたか》もビールの泡《あわ》よりも力《ちから》なく、聽《き》くものをして爲《た》めに嘔吐《おうと》せしむ蓋《けだ》し彼等《かれら》に志士《しし》の精神皆無《せいしんかいむ》なればなり、而《しか》も其生活《そのせいかつ》や贅澤《ぜいたく》、而《しか》して彼等何《かれらなに》を學《まな》ばんとする乎《や》、此輩《このやから》亦他日《またたじつ》の實社會《じつしやかい》に出《い》で或《あるい》は國事《こくじ》に參與《さんよ》す、若《も》し之《これ》をしも文明《ぶんめい》とせば、余《よ》は極力文明《きよくりよくぶんめい》なるものを呪咀《じゆそ》せざるべからず。

如何《いか》に英米《えいべい》に心醉《しんすい》し、家庭《かてい》に於《お》いて英語《えいご》を使用《しよう》するを以《もつ》て誇《ほこ》りとするほどの英米心醉者《えいべいしんすいしや》といへども白《しろ》く塗《ぬ》りたる假面《かめん》を剝《は》がれたる英米兩國《えいべいりようこく》の本體《ほんたい》の悪相《あくそう》を目撃《もくげき》せば誰《だれ》か今日《こんにち》までの盲目《もうもく》の愛《あい》に溺《おぼ》れたる愚《ぐ》を愧《は》ぢざらんや、而《しか》して多少《たしよう》なりとも國民的良心《こくみんてきりようしん》に覺醒《かくせい》せば、明皎々《めいこうこう》たる八咫鏡《やたのかがみ》の直前《ちよくぜん》に出《い》でて、爾《なんじ》のチョビ髯《ひげ》と、爾《なんじ》の耳隠《みみかく》しの賊風《ぞくふう》を愧《は》ぢよ。
ヨシ其動機《そのどうき》が廣《ひろ》く智識《ちしき》を世界《せかい》に求《もと》むるにありしにもせよ、外《そと》に向《むか》つて斯《か》くまで盲目《もうもく》の憧憬《しょうけい》をなし居《い》る以上《いじょう》、内《うち》に對《たい》しての觀察《かんさつ》は決《けつ》して正當《せいとう》なりうべきものにあらず、故《ゆえ》に彼等《かれら》は外尊内卑《がいそんないひ》にして、鎖《さ》國當時《こくとうじ》の攘夷氣分《じょういきぶん》の如《ごと》きは彼等之《かれらこれ》をサタン視《し》し居《い》るは當然《とうぜん》なり、從《したが》つて歐米諸國《おうべいしょこく》を過大《かだい》、過强《かきょう》、過美《かび》、過善《かぜん》に仰《あお》ぎつゝ之《これ》を過信《かしん》し居《い》ると共《とも》に、自國《じこく》を見《み》ること過小《かしょう》、過弱《かじゃく》、過醜《かしゅう》、過惡《かあく》なるは事實《じじつ》なり、故《ゆえ》に彼等外國《かれらがいこく》の眞價《しんか》を解《かい》せざると同時《どうじ》に、日本《にほん》の眞價《しんか》を知《し》らざるなり、彼等《かれら》は富士山《ふじさん》を以《もつ》てロツキー山《さん》よりも低《ひく》しとなし、琵琶湖《びわこ》を以《もつ》てミシガン湖《こ》よりも小《ちい》さしとなし、耶馬溪《やばけい》を以《もつ》てヨセミツト谷《たに》よりも狹《せま》しとなし、萬世一系《ばんせいいつけい》、天津日嗣《あまつひつぎ》の皇祚《こうそ》に對《たい》してすら無比《むひ》の國光《こっこう》なり、絶對《ぜつたい》の國威《こくい》なりと感謝《かんしゃ》する心《こころ》なくして、反《かえ》つて四年毎《よねんごと》に洗濯更新《せんたくこうしん》する主權《しゅけん》を垂涎《すいぜん》するが如《ごと》き妄《もう》を敢《あ》へてし、定見《ていけん》なく又定信《またていしん》なく、風《かぜ》に誘《さそ》はれ雲《くも》に浮《う》かるゝ遊蕩《ゆうとう》に耽溺《たんでき》するを樂《たの》しむ有様《ありさま》にして、其國民性《そのこくみんせい》の淪落《りんらく》や言語《げんご》に絶《ぜつ》し、又濟度《またさいど》し能《あた》はざる情 況《じょうきょう》なり。

然《しか》りといへども天祐《てんゆう》なる哉《かな》、幸運《こううん》なる哉《かな》わが日本帝國《にほんていこく》は人民《じんみん》が勝手《かつて》に建《た》てたる國《くに》に非《あら》ずして、神《しん》勅《ちょく》を基《もと》として造《つく》られたる國《くに》なるが故《ゆえ》に、人心《じんしん》如何《いか》に動搖《どうよう》するとも其國體《そのこくたい》に微塵《みじん》の搖《ゆら》ぎあることなく、民衆《みんしゅう》如何《いか》に革命《かくめい》の渦亂《からん》を高《たか》むるとも、磐《いは》の上《うえ》に建《た》てられたる城《しろ》は更《さら》に一段《いちだん》の壯觀《そうかん》を増《ま》すあるのみ。

見《み》ずや、太陽《たいよう》は東《ひがし》より出《い》で、其第一曙光《そのだいいちしょこう》は先《ま》づ富士山頂《ふじさんちょう》の萬年雪《まんねんゆき》に輝《かがや》きたる後《のち》、亞細亞《あじあ》に歐羅巴《よーろつぱ》に阿弗利加《あふりか》に、又亞米利加《またあめりか》に其《そ》の餘光《よこう》を放送《ほうそう》するに非《あら》ずや、而《しか》して之《こ》れ日本國《にほんこく》の世界《せかい》に對《たい》する偉大《いだい》なる使命《しめい》を暗示《あんじ》するものなるに係《かか》はらず、わが國民《こくみん》は舶來《はくらい》の五色《ごしき》の酒《さけ》とニンフの鄭樂《ていらく》に惑溺《わくでき》し、歐米《おうべい》の糟粕《そうはく》を嘗《な》むる事《こと》にのみ沒頭腐心《ぼっとうふしん》す、固《もと》より世界《せかい》に顔出《かおだ》しして以來未《いらいいま》だ一世紀《いっせいき》にも及《およ》ばざるが故《ゆえ》に、見《み》るもの聞《き》くもの悉《ことごと》く珍《めず》らしく又耳新《またみみあた》らしきは已《や》むを得《え》ざる事《こと》なりとはいへ、已《すで》に一躍世界三强《いちやくせかいさんきょう》の位《い》地《ち》にまで上《のぼ》りたる今日《こんにち》、餘《あま》りに無方針《むほうしん》、無見識《むけんしき》なる態度《たいど》は顧《かえり》みて愼《つつし》むべきことなり。

於茲乎《ここにおいてや》、余《よ》は忌憚《きたん》なく英米兩國《えいべいりょうこく》の正體《しょうたい》を暴露《ばくろ》して彼等《かれら》に惑《まど》ひたる者《もの》の蒙《もう》を啓《ひら》きたりしも、而《しか》も未《いま》だ十分《じゅうぶん》の自覺《じかく》をなさしむるまでに到《いた》らざりしを以《もっ》て、更《さら》に一歩《いっぽ》を進《すす》め、日本帝國《にほんていこく》の正體《しょうたい》をも明示《めいじ》して國民的自尊《こくみんてきじそん》の念《ねん》を促《うなが》し、同時《どうじ》に第二十世紀《だいにじゅっせいき》の世界《せかい》の舞臺《ぶたい》に於《お》ける我日本帝國《わがにほんていこく》と其臣民《そのしんみん》の立場《たちば》とを誤《あやま》らざらしめ、延《ひ》いて建國以來《けんこくいらい》の大使命遂行《だいしめいすいこう》に何等《なんら》の遺憾《いかん》なからしめんことを欲《ほっ》して止《や》まざるなり。

とはいへ、無意識《むいしき》にもあれ、傳習《でんしゅう》にもあれ、我國民《わがこくみん》は日本《にほん》を指《さ》して神州《しんしゅう》と稱《しょう》し居《い》るなり、而《しか》して其何故《そのなにゆえ》なるやを問《と》はゞ蓋《けだ》し事實《じじつ》なればなりと答《こた》ふる外《ほか》なき事《こと》なり、而《しか》も余《よ》は現代《げんだい》のペンキ塗《ぬ》りの日本《にほん》の外飾一切《がいしょくいっさい》を抹殺《まっさつ》し、剝奪《はくだつ》し、赤裸々《せきらら》の日本《にほん》を茲《ここ》に露出《ろしゅつ》せしめんとす、而《しか》して史上有《しじょうあ》りふれたる事《じ》實《じつ》の如《ごと》きは我國民《わがこくみん》如何《いか》に其國民性《そのこくみんせい》の麻痺《まひ》し居《い》るとも眞逆《まぎゃく》に忘却《ぼうきゃく》せざるべきを以《もっ》て、余《よ》は敢《あ》へて蛇足《だそく》を加《くわ》へ魚翼《ぎょよく》を添《そ》ふるが如《ごと》き愚《ぐ》を避《さ》け、我國人《わがこくじん》が未《いま》だ耳《みみ》にせざる新事實《しんじじつ》につきてのみ我日本《わがにほん》の正體《しょうたい》を探究《たんきゅう》闡明《せんめい》すべし。

第一節　日本《にほん》の前身《ぜんしん》

葦原中國平定《あしはらのなかつくにへいてい》の功成《こうな》りければ、天照大神《あまてらすおおみかみ》は忍穂耳尊《おしほみみのみこと》の御子《みこ》、天津彦火瓊々杵尊《あまつひこほのににぎのみこと》を此土《このつち》に降《くだ》し玉《たま》へり。天孫《てんそん》の將《まさ》に降臨《こうりん》せんとするや、大神《おおみかみ》、之《これ》に賜《たま》ふに八坂瓊曲玉《やさかにのまがたま》、八咫鏡《やたのかがみ》、天叢雲劍《あめのむらくものつるぎ》の三種《さんしゅ》の神器《じんぎ》を以《もっ》てし勅《ちょく》して曰《いわ》く、「葦原《あしはら》の千五百秋《せんごひゃくしゅう》の瑞穂國《みずほのくに》は往《ゆ》きて之《これ》を治《おさ》むべし、寶祚《ほうそ》の隆《さか》えまさんこと當《まさ》に天壌《てんじょう》と窮《きわま》りなかるべし」と。皇謨《こうぼ》遠大《えんだい》、炳《へい》として日星《ひほし》の如《ごと》し。建國《けんこく》の大本實《おおもとじつ》に此《これ》に定《さだ》まる

大神《おおみかみ》また八咫鏡《やたのかがみ》を指《さ》し示《しめ》してのたまはく、「是《これ》を視《み》ること猶《な》ほ吾《われ》を視《み》る如《ごと》くせよ」と。斯《か》くて天孫《てんそん》は五部《ごぶ》の神々《かみがみ》を從《したが》へて筑紫《ちくし》の高千穂《たかちほ》に降《お》り給《たま》ふ。（笹川種郎《ささがわたねお》著《ちょ》日本帝國史《にほんていこくし》）

世界三强《せかいさんきょう》として優勝《ゆうしょう》を占《し》め今日《こんにち》に到《いた》りたる英國及米國《えいこくおよびべいこく》の建國《けんこく》を見《み》るに、日本《にほん》の建國《けんこく》とは全然其大《ぜんぜんそのおお》本《もと》を異《い》にし、基督教《きりすときょう》を標榜《ひょうぼう》するも神勅《しんちょく》に由《よ》りて建《た》てられたるものに非《あら》ず、而《しか》も英國《えいこく》の祖先《そせん》は青色《あおいろ》にて體《からだ》を染《そ》め居《お》りたる蠻族《ばんぞく》にして、米國《べいこく》の祖先《そせん》は反逆《はんぎゃく》を事《こと》とする清教徒《せいきょうと》なり而《しか》して兩國《りょうこく》とも何《いず》れも日《に》

本《ほん》の如《ごと》き神秘的國史《しんぴてきこくし》を有《ゆう》せず、而《しか》して又彼等英米《またかれらえいべい》の祖先《そせん》は單《たん》に侵略的移民《しんりやくてきいみん》に過《す》ぎざるも、日本《にほん》の祖《そ》先《せん》は右神勅《みぎしんちよく》に明示《めいじ》しあるが如《ごと》く建國《けんこく》の特命全權《とくめいぜんけん》を受《う》けたる天孫《てんそん》の降臨的植民《こうりんてきしよくみん》にして、英米兩國共《えいべいりようこくとも》に建國紀元《けんこくきげん》なるものを有《ゆう》せざるほど彼等《かれら》の建國《けんこく》は無意味《むいみ》なるに引換《ひきか》へ、日本《にほん》は獨《ひと》り二千五百八十四《にせんごひやくはちじゆうよ》年《ねん》の紀元《きげん》を有《ゆう》し世界《せかい》に於《お》ける最長《さいちよう》の國史所有者《こくししよゆうしや》なり、尤《もつと》も猶太人《ゆだやじん》は五千六百八十四《ごせんろつぴやくはちじゆうよ》年《ねん》の紀元《きげん》を使用《しよう》し居《お》るも、二千六百年來《にせんろつぴやくねんらい》の亡國民《ぼうこくみん》なり、其他暹羅紀元《そのたしやむきげん》は二千四百六十七年《にせんよんひやくろくじゆうななねん》にして我紀元《わがきげん》と相伍《あいご》するものあれども、國家的價値殆《こつかてきかちほと》んど、欠如《けつじよ》し居《い》るが故《ゆえ》に數《かぞ》ふるに足《た》らず、されば日本《にほん》の國史《こくし》は古今東《ここんとう》西無比《ざいむひ》の長《なが》き持續性《じぞくせい》を發揮《はつき》したるものなるのみならず、其質《そのしつ》に於《お》いても地上天下無類《ちじようてんかむるい》の純且良《じゆんかつりよう》なるものなるは事實《じじつ》なるが故《ゆえ》に、之《これ》を神州《しんしゆう》と稱《しよう》するは當然《とうぜん》なりといへども、天孫降臨《てんそんこうりん》の秘事未《ひじいま》だ明《あきら》かならず、從《したが》つて天孫《てんそん》の意義甚《いぎはなは》だ漠《ばく》たるものあるがために、之《これ》を國民《こくみん》に訓《くん》ずるは可《か》なりとするも、之《これ》を中外《ちゆうがい》に宣《せん》して神州《しんしゆう》の所以《ゆえん》を示《しめ》すには餘《あま》りに薄弱《はくじやく》なり。

固《もと》より天孫降臨《てんそんこうりん》を基督教《きりすときよう》に所謂《いわゆる》『見《み》よ彼《かれ》は雲《くも》に乘《の》りて臨《み》る』と同律《どうりつ》なりと強《し》ゆれば夫迄《それまで》なるも、天地神人《てんちしんじん》の接合明《せつごうあきら》かならずば今世《こんせい》の信仰《しんこう》を支配《しはい》する能《あた》はざるが故《ゆえ》に、天降《あまくだ》りは之《これ》を移住《いじゆう》と見《み》るより外《ほか》なき事《こと》なれども、之《これ》を移住《いじゆう》と見《み》れば天孫降臨《てんそんこうりん》の四字《よんじ》は史上《しじよう》より抹殺《まつさつ》せらるゝこととなり、神州《しんしゆう》の權威《けんい》を毀損《きそん》すること尠《すく》なからざるべし、而《しか》も日本《にほん》は神州《しんしゆう》なり、されば天孫降臨《てんそんこうりん》そも何《なに》を謂《い》へるか、果《はた》して之《これ》を立證《りつしよう》すべき事實《じじつ》ありしか、卽《すなわ》ち之《こ》れ余《よ》が日本《にほん》の前身《ぜんしん》を茲《ここ》に究明《きゆうめい》せんとする所以《ゆえん》にして、皇國《こうこく》の將來亦之《しようらいまたこれ》に因《よ》りて決《けつ》せらるべし。

天孫《てんそん》が降臨《こうりん》し玉《たま》ふたとの日本歴史《にほんれきし》の土地《とち》は、勿論此島國日本《もちろんこのしまぐににほん》ではなく波斯《ぺるしあ》である。（木村鷹太郎《きむらたかたろう》著《ちよ》「耶蘇教《やそきよう》の日本的研究《にほんてきけんきゆう》」）

此見解《このけんかい》は余《よ》と同一《どういつ》なり、「豐葦原《とよあしはら》の瑞穗《みずほ》の國《くに》」とは今日《こんにち》の日本《にほん》の國土《こくど》を指《さ》したるものに非《あら》ずして、バビロン卽《すなわ》ち波斯《ぺるしあ》を指《さ》したるものなる事《こと》は、木村氏《きむらし》が內閣圖書舘《ないかくとしよかん》にて發見《はつけん》せる灘波上古圖《なんばじようこず》を見《み》るも明《あきら》かなれども、バビロンは今《いま》を去《さ》る六千年前頃《ろくせんねんまえごろ》にはケンギ Kengi と呼《よ》ばれたる地方《ちほう》にして、ケンギとは Land of canals and reeds 卽《すなわ》ち運河《うんが》と葦《あし》の國《くに》の意《い》なり、豐《ゆたか》はトヨにして樋《とい》なり、水道《すいどう》なり、さらば豐葦原《とよあしはら》とはケンギにしてバビロン地方《ちほう》の古代名稱《こだいめいしよう》なるが、瑞穗《みずほ》とは舊約聖書《きゆうやくせいしよ》に數回散見《すうかいさんけん》せられ、創世紀《そうせいき》にはヤコブとラバンとの會見地《かいけんち》として錄《しる》されあるが、尙《な》ほ左《ひだり》の一節《いつせつ》を引照《いんしよう》すべし。

サムエル言《い》ひけるはイスラエル人《じん》を悉《ことごと》くミヅパに集《あつ》めよ、我汝等《われなんじら》のためにエホバに祈《いの》らん、彼《かれ》等《ら》ミヅパに集《あつ》まり水《みず》を汲《く》みて之《これ》をエホバの前《まえ》に注《そそ》ぎ其日斷食《そのひだんじき》して彼《かれ》に言《い》ひけるは我等《われら》ヱホバに罪《つみ》を犯《おか》したりとサムエル、ミヅパに於《お》いてイスラエル人《じん》はさばく、サムエル一生《いつしよう》の間《あいだ》イスラエルをさ

ばき歳々《さいさい》ペテルとギルガル及《および》ミヅパをめぐりて其處々《そこここ》にてイスラエル人《じん》をさばけり。（サムエル前《ぜん》書第七章《しょだいななしょう》）

ミヅパ Mizpah とは望臺《ぼうだい》の義《ぎ》なり、卽《すなわ》ち山《やま》なり、山《やま》は城《しろ》の謂《いい》にして、城《しろ》は卽《すなわ》ち國《くに》なり、故《ゆえ》に豐葦原《とよあしはら》の瑞穗《みずほ》の國《くに》とは運河《うんが》と葦《あし》の多《おお》き地方《ちほう》に聳《そび》へたる國土《こくど》を謂《い》へるものにして、現在《げんざい》の日本《にほん》に與《あた》へられたる名稱《めいしょう》には非《あら》ざるなり、而《しか》して聖書《せいしょ》に錄《しる》されあるミヅパはパレステナのギレアデ又《また》はモアブ地方《ちほう》に在《あ》れども思《おも》ふに之《こ》れアブラハム又《また》は其子孫《そのしそん》が故鄉《こきょう》バビロンを忘《ぼう》じ難《がた》く、到《いた》るところに故鄉《こきょう》に關係《かんけい》ある地《ち》名《めい》を附《ふ》したるものと解《かい》して然《しか》るべし、現《げん》に灘波上古圖《なんばじょうこず》に三津浦《みつうら》とあるは卽《すなわ》ちミヅパにして、波斯灣口《ぺるしあわんこう》の一市邑《いっしゅう》なりしものの如《ごと》く、而《しか》して此《この》「トヨアシハラノミヅホノクニ」なる名稱《めいしょう》が我日本《わがにほん》の前半身《ぜんはんしん》なる國土《こくど》に與《あた》へられたるものなること斯《か》く明瞭《めいりょう》なる以上《いじょう》、日本《にほん》の前身《ぜんしん》がバビロニヤ（後《のち》に波斯《ぺるしあ》）なる事最早争《こともはやあらそ》ふべからず。

而《しか》して日本語《にほんご》はペルシヤ語《ご》より出《い》でたるものなりとの一部學者《いちぶがくしゃ》の說《せつ》が、果《はた》して幾何程度《いかていど》まで信《しん》じうべきやは門外漢《もんがいかん》なる余《よ》の與《あずか》らざるところなれども、波斯《ぺるしあ》と日本《にほん》との關係《かんけい》は決《けつ》して少小《しょうしょう》に非《あら》ざる事《こと》は兩皇室《りょうこうしつ》の御紋所《ごもんどころ》が同一《どういつ》なるを見《み》ても之《これ》を知《し》るをうべく、又今《またいま》を去《さ》ること二千四百五十年前《にせんよんひゃくごじゅうねんまえ》、卽《すなわ》ち我第三代安寧天皇《わがだいさんだいあんねいてんのう》の頃《ころ》、波斯《ぺるしあ》にシラス又《また》はシロスと稱《しょう》する王《おう》ありしが、シラスとは太陽《たいよう》の義《ぎ》にして、我《わ》が國語《こくご》の「天治《てんし》らす」又《また》は「天照《てんて》らす」と相通《あいつう》ずるものなるべし、而《しか》して此《この》シラス王《おう》の事蹟《じせき》は我日《わがに》本帝國《ほんていこく》の使命《しめい》と同一《どういつ》なるものありて、卽《すなわ》ち彼《かれ》は神勅《しんちよく》に由《よ》りてバビロニヤを亡《ほろ》ぼし、バビロニヤに奴《ど》隷《れい》となり居《お》りたるイスラエル民族《みんぞく》を解放《かいほう》し、之《これ》を祖國《そこく》パレステナに歸還《きかん》せしめ、且《か》つ最善《さいぜん》を盡《つく》してエルサレム神殿《しんでん》の再建《さいけん》に努力《どりよく》せしが、之《こ》れ今後《こんご》に於《お》ける我日本《わがにほん》の使命《しめい》と一致《いつち》するものにして、詳細《しようさい》は後《のち》に述《の》ぶべきも、波斯王《ぺるしあおう》シラス（クロスともいふ）の事蹟《じせき》卽《すなわ》ちパレステナ復興《ふつこう》は、我日本《わがにほん》が世界《せかい》に對《たい》する大使命《だいしめい》卽《すなわ》ち神政復古《しんせいふつこ》の縮圖《しゆくず》にてありしを知《し》らば、天孫降臨《てんそんこうりん》とは卽《すなわ》ち之《こ》れ神勅《しんちよく》を奉體《ほうたい》せる民族《みんぞく》が神政復古《しんせいふつこ》の大事業《だいじぎよう》を胸《むね》に藏《おさ》めて、作戰上此島國《さくせんじようこのしまぐに》に其主力《そのしゆりよく》を移《うつ》したるものにして、決《けつ》して無意義《むいぎ》なる尋常《じんじよう》の移住《いじゆう》に非《あら》ざりしを知《し》るべし。

於茲乎《ここにおいてや》、余《よ》は日本帝國《にほんていこく》の前身《ぜんしん》はイスラエル王國《おうこく》なりと斷《だん》ずべき直覺《ちよつかく》を有《ゆう》するなり。

卽《すなわ》ち、人間《にんげん》の祖先《そせん》なるアダム以來五十五代《いらいごじゆうごだい》、連綿《れんめん》たる系統《けいとう》を享《う》け、四千三百年《よんせんさんびやくねん》の歷史《れきし》を有《ゆう》するイスラエル王國《おうこく》は、實《じつ》に我日本《わがにほん》と同一《どういつ》なる神勅《しんちよく》に由《よ》りて建《た》てられ、又同一《またどういつ》なる萬世一系天津日嗣《ばんせいいつけいあまつひつぎ》の皇《こう》統《とう》を戴《いただ》き、又同一《またどういつ》なる三種《さんしゆ》の神器《じんぎ》を國寶《こくほう》となし居《お》りしものなりしが、今《いま》を去《さ》る二千六百年前《にせんろつぴやくねんまえ》、極《きわ》めて複雜《ふくざつ》にして又徹底《またてつてい》せる理由《りゆう》に由《よ》りて無慘極《むざんきわ》まる最後《さいご》を遂《と》げ、爾來亡國《じらいぼうこく》の數《かず》に入《い》りしが、而《しか》も其亡國《そのぼうこく》は國家的實力《こつかてきじつりよく》を欠乏《けつぼう》したる滅亡《めつぼう》にはあらずして、反《かえ》つて世界的《せかいてき》に發展《はつてん》すべきための亡國《ぼうこく》にてありしなり、然《しか》りといへども萬世一系《ばんせいいつけい》を標榜《ひようぼう》したる以上一日《いじよういちにち》といへども亡國癈王《ぼうこくはつおう》の狀《じよう》を呈《てい》せしむべからず、故《ゆえ》に神《かみ》は國民《こくみん》に對《たい》しては『エルサレムについては民《たみ》また住《す》まはんといひ、ユダの諸《もろもろ》の邑《ゆう》については重《かさ》ねて建《た》てらるべし我《わ》れ其荒《そのあ》れ癈《すた》れたる所《ところ》を元《もと》に復《か》へさんといふ（舊約聖書《きゅうやくせいしょ》イザヤ書第四十四章二《しょだいよんじゅうよんしょうに》十六節《じゅうろくせつ》）と豫言《よげん》して亡國民《ぼうこくみん》イスラエル民族殊《みんぞくこと》に猶太人《ゆだやじん》の國民的發奮《こくみんてきはっぷん》を促《うな》がし置《お》き、私《ひそ》かに其王國《そのおうこく》を我日本《わがにほん》に移《うつ》したまへるなり、さればイスラエル王國《おうこく》は其國民《そのこくみん》をして世界的發展《せかいてきはってん》をなさしむるがために亡國《ぼうこく》の狀《じょう》を粧《よそほ》ひたりしも、實際《じっさい》は一日《いちにち》も亡國《ぼうこく》せず其儘日本帝國《そのままにほんていこく》として繼續《けいぞく》せられたるものなり、故《ゆえ》にイスラエル王國滅亡《おうこくめつぼう》と同時《どうじ》に日本帝國《にほんていこく》は建立《こんりゅう》せられたるものにして、此兩國《このりょうこく》は共《とも》に萬世一系《ばんせいいっけい》の皇統《こうとう》を以《もつ》て國體《こくたい》の眞髓《しんずい》となし居《い》るものなるが、而《しか》も怪《あやし》むべきはイスラエル王國《おうこく》は後半《こうはん》に於《お》いて滅亡《めつぼう》の沙《さ》中《ちゅう》に葬《ほうむ》られ、日本帝國《にほんていこく》は前半《ぜんはん》に於《お》いて漠《ばく》として稽《かんが》ふべからざる不明《ふめい》の裡《うら》に隱《かく》されあるなり、若《も》し夫《そ》れ萬世一系《ばんせいいっけい》といはゞ後半《こうはん》を沙中《さちゅう》に葬《ほうむ》らるゝことなく、又前半《またぜんはん》を雲中《うんちゅう》に隱《かく》さるることなき筈《はず》なり、然《しか》るにイスラエルは前半明《ぜんはんあきら》かにして後半《こうはん》を欠《か》ぎ、日本《にほん》は後半鮮《こうはんあざや》かにして前半《ぜんはん》を失《しっ》し居《い》るなり、而《しか》して若《も》し此兩者《このりょうしゃ》を相連結《あいれんけつ》せしむれば正《まさ》に世界《せかい》の過去現在及將來《かこげんざいおよびしょうらい》をアルハよりオメガにかけて一貫《いっかん》すべき大國家《だいこっか》を實現《じつげん》しうるにあらずや、斯《か》くてこそ始《はじ》めて世界的權威《せかいてきけんい》ある萬世一系《ばんせいいっけい》の王國實現《おうこくじつげん》さるべきにあらずや。

假令《たとえ》ば二個《にこ》の人形《にんぎょう》あり、一《いち》は胴體以上《どうたいいじょう》を失《うしな》ひ、他《た》は胴體以下《どうたいいか》を失《うしな》ひたるものありとせんか、如何《いか》に思慮淺《しりょあさ》き兒童《じどう》といへども此不完全《このふかんぜん》なる人形《にんぎょう》を惜《おし》むの餘《あま》り、此兩破片《このりょうはへん》を以《もつ》て一個《いっこ》の人形《にんぎょう》を完《まつと》ふしうべしとの考《かんがえ》よりして之《これ》を接《つ》ぎ合《あ》はし見《み》るべきにあらずや、さらば今其下半身《いまそのかはんしん》を失《うしな》へるイスラエルと、上半身《じようはんしん》を失《うしな》へる日本《にほん》との接合《せつごう》を試《こころ》むるもの恐《おそ》らく余一人《よひとり》に非《あら》ざるべし、而《しか》して兩者《りようしや》とも已《すで》に二千六百年《にせんろつぴやくねん》の長年月《ながねんげつ》を經過《けいか》せる事《こと》とて、互《たが》ひに破滅《はめつ》せる個所少《かしよすく》なからず、爲《た》めに兩者《りようしや》の接合《せつごう》は水《みず》も洩《も》らさぬ程度《ていど》に至《いた》らざるは言《い》ふまでもなき事《こと》ながら、兎《と》に角《かく》に同身同體《どうしんどうたい》のものなりとのヒントは左《ひだり》に列擧《れつきよ》する特殊關係及特殊共通《とくしゆかんけいおよびとくしゆきようつう》に由《よ》りて自《おの》づから會得《えとく》せらるべし。

（一《いち》）天津日嗣《あまつひつぎ》、萬世一系《ばんせいいつけい》の皇統《こうとう》を奉戴《ほうたい》する事《こと》。

（二《に》）神勅《しんちよく》に由《よ》りて建《た》てられたる事《こと》。

（三《さん》）イスラエル王國滅亡《おうこくめつぼう》と同時《どうじ》に日本帝國出現《にほんていこくしゆつげん》せる事《こと》。

（四《よん》）同意義同形式《どういぎどうけいしき》の三種《さんしゆ》の神器《じんぎ》を國寶《こくほう》となす事《こと》。

（五《ご》）イスラエル民族《みんぞく》は神民《しんみん》と自稱《じしよう》し、日本民族《にほんみんぞく》は神州《しんしゆう》と自稱《じしよう》する事《こと》。

（六《ろく》）我皇室《わがこうしつ》の御紋章《ごもんしよう》なる十六菊花章《じゆうろくきつかしよう》は猶太寺院《ゆだやじいん》に多《おお》く見受《みう》くる事《こと》。

（七《なな》）日本《にほん》の皇道《こうどう》は猶太道《ゆだやどう》と酷似《こくじ》し居《い》る事《こと》。

（八《はち》）イスラエルに與《あた》へられたる聖書《せいしよ》の豫言《よげん》と神《かみ》の約束《やくそく》は日本《にほん》に由《よ》りて實現《じつげん》せられつゝある事《こと》。

（九《きゆう》）日本帝國建國《にほんていこくけんこく》の大本《おおもと》は舊約聖書《きゆうやくせいしよ》イザヤ書第十一章《しよだいじゆういつしよう》に預言《よげん》せられある事《こと》。

（十《じゅう》）日本帝國《にほんていこく》の使命《しめい》及《および》將來《しょうらい》は新約聖書默示錄第十二章《しんやくせいしょもくしろくだいじゅうにしょう》及《および》第十四章《だいじゅうよんしょう》に明記《めいき》しある事《こと》。

（十一《じゅういち》）イスラエル民族《みんぞく》は亡國《ぼうこく》と共《とも》に國語《こくご》を忘《わす》れ國字《こくじ》のみを保存《ほぞん》せるに日本國民《にほんこくみん》は建國《けんこく》と共《とも》に國《こく》字《じ》を忘《わす》れ國語《こくご》のみを保存《ほぞん》せる事《こと》。

（十二《じゅうに》）祖先崇拜《そせんすうはい》に忠誠《ちゅうせい》にして系統《けいとう》を尊重《そんちょう》する事《こと》。

（十三《じゅうさん》）男尊女卑《だんそんじょひ》なる事《こと》。

（十四《じゅうよん》）七《なな》の數《かず》を貴《とうと》び誕生《たんじょう》第七日《だいななにち》に宮詣《みやもうで》をなし且《か》つ命名《めいめい》する事《こと》。

（十五《じゅうご》）祭政一致《さいせいいっち》、神權政治《しんけんせいじ》なる事《こと》。

（十六《じゅうろく》）自尊心極端《じそんしんきょくたん》に強《つよ》く他民族《たみんぞく》と同化《どうか》せざる事《こと》。

（十七《じゅうなな》）從《したが》つて降服《こうふく》を無上《むじょう》の恥辱《ちじょく》とし戰爭《せんそう》に強《つよ》き事《こと》。

（十八《じゅうはち》）忠義一徹《ちゅうぎいってつ》死《し》を鴻毛《こうもう》の輕《かる》きに比《ひ》し義《ぎ》を泰山《たいざん》の重《おも》きに比《ひ》し居《い》る事《こと》。

（十九《じゅうきゅう》）ペルシヤが兩國《りょうこく》の仲介者《ちゅうかいしゃ》なる事《こと》。

（二十《にじゅう》）高天原《たかまがはら》はパレステナのマゲドが原《はら》なる事《こと》。

（二十一《にじゅういち》）イスラエル民族《みんぞく》の理想《りそう》なるシオンは日向《ひなた》の謂《いい》にして我日本《わがにほん》なる事《こと》。

（二十二《にじゅうに》）伊勢《いせ》は希伯來語《へぶらいご》のイエツセ（恩賜《おんし》の意《い》にしてダビデ王《おう》の父《ちち》の名《な》）にして、イエツセより神《かみ》の子《こ》（イエス）と神《かみ》の國《くに》（シオン）が出現《しゅつげん》すべき事《こと》はイザヤ書第十一章《しょだいじゅういっしょう》に明記《めいき》しある事《こと》。
(二十三《にじゅうさん》) 五十鈴川《いすずがわ》十二支流《じゅうにしりゅう》はイスラエル十二支族《じゅうにしぞく》なる事《こと》。
(二十四《にじゅうよん》) 神殿造營様式《しんでんぞうえいようしき》酷似《こくじ》し居《い》る事《こと》。
(二十五《にじゅうご》) 建國紀元《けんこくきげん》を使用《しよう》し居《い》る事《こと》。
(二十六《にじゅうろく》) 他國《たこく》には類例《るいれい》なき神秘的天祐《しんぴてきてんゆう》を享有《きょうゆう》し居《い》る事《こと》。
(二十七《にじゅうなな》) 他國《たこく》に類例《るいれい》なき神嘗祭《かんなめさい》を有《ゆう》する事《こと》。
(二十八《にじゅうはち》) 他國《たこく》に類例《るいれい》なき卽位式《そくいしき》を執行《しっこう》する事《こと》。
(二十九《にじゅうきゅう》) 家庭組織同一《かていそしきどういつ》なる事《こと》。
(三十《さんじゅう》) 其他風俗習慣《そのたふうぞくしゅうかん》に於《お》いて少《すく》なからざる相似點《そうじてん》を認《みと》むる事《こと》。

右《みぎ》は兩國間《りょうこくかん》に共通《きょうつう》せらる丶特殊關係《とくしゅかんけい》の一半《いっぱん》を示《しめ》したるものなるが、若《も》し人種學上《じんしゅがくじょう》より、言語學《げんごがく》上《じょう》より考古學上《こうこがくじょう》より、其他凡《そのたあら》ゆる方面《ほうめん》より自由《じゆう》に研究《けんきゅう》せんか、余《よ》の斷定《だんてい》は決《けつ》して妄斷《もうだん》に非《あら》ざりしを發見《はっけん》するなるべきも、之《これ》は專門家《せんもんか》に讓《ゆず》り、余《よ》は唯聖書《ただせいしょ》の豫言《よげん》を根據《こんきょ》として得《え》たる直覺《ちょっかく》に由《よ》りて、日《に》本帝國《ほんていこく》は眞《まこと》にイスラエル王國《おうこく》の後半身《あとはんしん》なるを信《しん》じて疑《うたが》はざる者《もの》なり。
而《しか》して兩者同體《りょうしゃどうたい》なりとせば、猶太人《ゆだやじん》は之《これ》に由《よ》りて神《かみ》の選民《せんみん》たる所以《ゆえん》を一層《いっそう》有意義《ゆういぎ》ならしむるをうべく、且《か》つ國家《こつか》を亡《ほろ》ぼしたる極罪《きよくざい》より免《まの》がるゝことをうべし、即《すなわ》ちイスラエル王國《おうこく》は假令《たとい》一時的《いちじてき》なるにもせよ、其滅亡《そのめつぼう》せるは眞《まこと》に滅亡《めつぼう》せるに非《あら》ずして假《か》りに移《うつ》されたるものなることを曉《さと》り來《きた》るべく、從《したが》つて亡國民《ぼうこくみん》となり四方《しほう》に離散《りさん》せるものは罪障《ざいしょう》のために呪《のろ》はれたるに非《あら》ずして、反《かえ》つて世界的發展《せかいてきはつてん》のための攝理《せつり》にてありしことを知《し》るべし、而《しか》してイスラエル王國《おうこく》は一日《いちにち》も中絶《ちゅうぜつ》せられざりしを曉《さと》り來《きた》りて猶太人《ゆだやじん》の面目《めんぼく》は茲《ここ》に果然《かぜん》として地上《ちじょう》に美《うる》はしき光彩《こうさい》を放《はな》つに到《いた》るべし。

之《これ》と同時《どうじ》に、我日本《わがにほん》も亦極東《またきよくとう》の一孤島否一異教國《いちことういないちいきょうこく》なる不名譽《ふめいよ》なる地位《ちい》よりして、一躍世界《いちやくせかい》の神《しん》州帝國《しゅうていこく》たる地位《ちい》に登《のぼ》り來《きた》り、基督教《きりすときょう》を奉《ほう》ずる歐米諸國《おうべいしょこく》を眼下《がんか》に見下《みくだ》すべき權威《けんい》直《ただ》ちに降《ふ》り來《きた》るべし、何《なん》となれば彼等《かれら》は日本《にほん》は神《かみ》の祕藏國《ひぞうこく》にてありしを發見《はつけん》すべければなり、されば此兩者《このりょうしゃ》の接合《せつごう》を謀《はか》るは兩者相互《りょうしゃそうご》の利益《りえき》なるが故《ゆえ》に、余《よ》は遠《とお》からぬ未來《みらい》に於《お》いて日猶協會《にちゆきょうかい》なるものを設立《せつりつ》し、兩者間《りょうしゃかん》に潜《せん》在《ざい》せる神祕的關係《しんぴてきかんけい》を闡明《せんめい》せんことを欲《ほつ》す、而《しか》も猶太人未《ゆだやじんいま》だ日本人《にほんじん》を解《かい》せざるが故《ゆえ》に彼等《かれら》は皇國《こうこく》を以《もつ》て他《た》の諸王國同様《しょおうこくどうよう》に心得《こころえ》、其顚覆《そのてんぷく》を計《はか》りて休《やす》まざるなり、されば余《よ》は當座《とうざ》の急務《きゅうむ》として我國人《わがこくじん》に向《むか》つては猶太人《ゆだやじん》を敵視《てきし》せしめ、其計略《そのけいりゃく》に陷《おちい》らざるやう警告《けいこく》を怠《おこた》らざるなり、蓋《けだ》し皇國《こうこく》の運命《うんめい》をして諸帝王《しょていおう》國《こく》と同様《どうよう》ならしむるを欲《ほつ》せざるのみならず、神州帝國《しんしゅうていこく》は猶太人《ゆだやじん》のために一日《いちにち》といへども翻弄《ほんろう》せらるべきものにはあらざるを信《しん》ずればなり。

而《しか》して頑迷《がんめい》なる相互《そうご》の慣習上《かんしゅうじょう》、兩者直《りょうしゃただ》ちに此一致點《このいっちてん》に握手《あくしゅ》するを欲《ほつ》せざるべく、猶太人《ゆだやじん》は之《これ》を否《ひ》認《にん》し、日本人《にほんじん》は之《これ》を忌嫌《きけん》するあらんも、事實《じじつ》は到底否《とうていいな》むべからず拒《こば》むべからずして常《つね》に最後《さいご》の勝利者《しょうりしゃ》なる以上《いじょう》、之《こ》れ兩國民《りょうこくみん》に取《と》りて極《きわ》めて重要《じゅうよう》なる問題《もんだい》といはざるべからず。

第二節　日本《にほん》の成長《せいちょう》

歐米《おうべい》の宣教師等《せんきょうしら》は口癖《くちぐせ》に日本《にほん》を異教國《いきょうこく》と呼稱《こしょう》するも、焉《いず》くんぞ知《し》らんや我日本《わがにほん》は彼等《かれら》の潜越《せんえつ》なる宣《せん》教《きょう》を要《よう》せざる神州《しんしゅう》にてありしなり、故《ゆえ》に日本《にほん》の國體《こくたい》はイスラエル王國《おうこく》と同一《どういつ》にして又基督教《またきりすときょう》の主義《しゅぎ》綱領《こうりょう》と一致《いっち》し居《い》るものなり、天津日嗣《あまつひつぎ》の皇祚《こうそ》、萬世一系《ばんせいいっけい》の皇統《こうとう》、神權政治《しんけんせいじ》、王化主義《おうかしゅぎ》等凡《とうすべ》て之《こ》れイスラエル王國《おうこく》と同一律《どういつりつ》なるが、猶太人《ゆだやじん》は之《これ》を概稱《がいしょう》して猶太道《ゆだやどう》といふ、一般《いっぱん》に猶太教《ゆだやきょう》と稱《しょう》するもの是《これ》なり。

而《しか》して此猶太道卽《このゆだやどうすなわ》ち惟神道《かんながらどう》はイスラエル王國《おうこく》（ユダ王國《おうこく》）の滅亡《めつぼう》と共《とも》に三態《さんたい》に其姿《そのすがた》を變《へん》じたりしも、古往今來未《こおうこんらいいま》だ曾《か》つて此邊《このへん》の消息《しょうそく》を說《と》きたる人《ひと》あらざりしなり、蓋《けだ》し餘《あま》りに神祕《しんぴ》にして不可思議《ふかしぎ》なりしが故《ゆえ》なり、然《しか》るに余《よ》は猶太人《ゆだやじん》の計畫《けいかく》せる三《さん》ＡＢＣ鐵道政策《てつどうせいさく》よりして偶然之《ぐうぜんこれ》を發見《はっけん》したるものにして、而《しか》も聖書《せいしょ》に明示《めいじ》せられ居《い》る事《こと》にてありしなり、卽《すなわ》ち、惟神道個人化《かんながらどうこじんか》してイエスとなり、國民《こくみん》化《か》して猶太人《ゆだやじん》となり、國家化《こっかか》して日本《にほん》となりたるものにして、茲《ここ》に第三者《だいさんしゃ》の容喙《ようかい》を許《ゆる》さゞる權威《けんい》は自《おの》づから此《こ》の三者《さんしや》に與《あた》へられ、三者各《さんしやかく》左《ひだり》の如《ごと》き自尊《じそん》を自覺《じかく》したるなり。

イエス曰《いわ》く、我《われ》は神《かみ》の子《こ》なり。

猶太人曰《ゆだやじんいわ》く、我《われ》は神《かみ》の民《たみ》なり。

日本曰《にほんいわ》く、我《われ》は神《かみ》の國《くに》なり。

此三者何《このさんしやいず》れも神《かみ》の道《みち》（ことば）の化身《けしん》にして、イエスは卽《すなわ》ち「神《かみ》の言《こと》の葉《は》の人《ひと》」となり、猶太人《ゆだやじん》は「神《かみ》の言《こと》の葉《は》の民《たみ》」となり又日本《またにほん》は「神《かみ》の言《こと》の葉《は》の國《くに》」となるものなるが、之《こ》れ余《よ》が所謂神《いわゆるかみ》の三《さん》J政《せい》策《さく》（Jesus, Jew and Japan）にして極《きわ》めて興味深遠《きようみしんえん》なる問題《もんだい》なれども、詳說《しようせつ》は別著《べつしよ》に讓《ゆず》り唯《ただ》イエスと日本《にほん》の關係《かんけい》につきての新《あた》らしき發見《はつけん》を公《おおやけ》にすべし。

余《よ》は日本人《にほんじん》なり、故《ゆえ》に日本《にほん》の神州說《しんしゆうせつ》に對《たい》して何等《なんら》の疑念《ぎねん》を抱《いだ》かざると共《とも》に、余《よ》はクリスチヤンなり故《ゆえ》にイエスの神子說《みこせつ》に對《たい》しても亦何等《またなんら》の疑念《ぎねん》を有《ゆう》せず、故《ゆえ》に余《よ》は極《きわ》めて有利《ゆうり》なる立場《たちば》に在《あ》り、又《また》甚《はなは》だ都合《つごう》よき見地《けんち》に在《あ》るものなるが故《ゆえ》に、日本《にほん》を解《かい》せざる基督教徒《きりすときようと》の想像《そうぞう》し得《え》ぬ事《こと》をも之《これ》を目《め》にし、又基督教《またきりすときよう》を辨《べん》ぜざる他教徒《たきようと》の企圖《きと》し得《え》ざる事《こと》をも之《これ》を口《くち》にしうるの利便《りべん》を有《ゆう》し居《い》るなり、されど余《よ》は唯之《ただこれ》を自己《じこ》の直感《ちよつかん》にのみ訴《うつた》ふるものに非《あら》ず、余《よ》は第一《だいいち》に聖書《せいしよ》の明文《めいぶん》に據《よ》り、次《つぎ》に事實《じじつ》に求《もと》めたる後《のち》、信仰眼《しんこうがん》に由《よ》りて之《これ》を判斷《はんだん》するを常《つね》とす。

日本人《にほんじん》は日本《にほん》を神州《しんしゆう》と稱《しよう》しつ、何《なに》が故《ゆえ》にイエスの神子說《みこせつ》を信《しん》ずる能《あた》はざるか、神《かみ》の道《みち》（ことば）

にして國《くに》と權現《ごんげん》せば何《なに》が故《ゆえ》に人《ひと》と權現《ごんげん》し能《あた》はざるか、而《しか》も權現樣《ごんげんさま》てふ用語《ようご》すら一時《いちじ》使用《しよう》し居《お》りしに非《あら》ずや。

歐米人《おうべいじん》はイエスを神《かみ》の子《こ》と唱《とな》へつ、何《なに》が故《ゆえ》に日本《にほん》の神州說《しんしゆうせつ》を信《しん》ずる能《あた》はざるか、神《かみ》の道《みち》（ことば）にして人《ひと》と權現《ごんげん》せば何《なに》が故《ゆえ》に國《くに》と權現《ごんげん》し能《あた》はざるか、而《しか》もシオンてふ理想鄕《りそうきよう》を憧憬《しようけい》し居《い》るに非《あら》ずや。

加之《しかのみならず》、世界《せかい》の權威《けんい》、萬國《ばんこく》の光明《こうみよう》と稱《しよう》せらるる聖書《せいしよ》に左《ひだり》の明文《めいぶん》あり。

エッサイの株《かぶ》より一《ひと》つの芽《め》出《い》で、その根《ね》より一《ひと》つの枝《えだ》はえて實《み》を結《むす》ばん、その上《うえ》にエホバの靈《れい》とゞまらん。（舊約聖書《きゆうやくせいしよ》イザヤ書第十一章《しよだいじゆういつしよう》一《いち》、二節《にせつ》）

エッサイは前述《ぜんじゆつ》せるが如《ごと》くイスラエル王國《おうこく》の開祖《かいそ》ダビデ王《おう》の父《ちち》にして、其後裔《そのこうえい》に一《ひと》つの芽《め》（個人《こじん》卽《すなわ》ち王者《おうじや》を謂《い》ふ）現《あら》はれ出《い》づべく、又其系統《またそのけいとう》より一《ひと》つの枝《えだ》（分家《ぶんけ》又《また》は分邦《ぶんぽう》）生《は》えて隆昌《りゆうしよう》するを豫言《よげん》したるものなるが、其後裔《そのこうえい》卽《すなわ》ちダビデより二十七代《にじゆうななだい》にしてイエス降誕《こうたん》せるも、其根《そのね》より生《しよう》じたる新《あた》らしき枝《えだ》につきては今日《こんにち》まで何人《なんぴと》も正解《せいかい》を與《あた》ふる能《あた》はざりしなり、然《しか》るに同章十節《どうしようじゆつせつ》を見《み》るに、曰《いわ》く。

その日《ひ》、エッサイの根起《ねた》ちて諸《もろもろ》の民《たみ》の旗《はた》となり、諸《もろもろ》の邦人《ほうじん》は之《これ》に服《ふく》ひ來《きた》り、榮光《えいこう》は其止《そのとどま》る所《ところ》に在《あ》らん。

之《これ》にて根《ね》より生《しよう》じたる枝《えだ》は一王國《いちおうこく》を示《しめ》したるものなるを知《し》るべく、又其國萬國《またそのくにばんこく》に聳《そび》えて隆昌《りゆうしよう》し居《お》るを知《し》るべし、而《しか》して同《おな》じくイザヤ書第十四章《しよだいじゆうよんしよう》の終《おわ》りに於《お》いて、『エホバ、シオンの基《もと》を置《お》き給《たま》へり』とあるに見《み》て、日東帝國《につとうていこく》の基礎《きそ》成《な》れるを知《し》るべし、何《なん》となればシオンとは日光直射《につこうちよくしや》する所《ところ》、即《すなわ》ち日《ひ》の本《もと》の國《くに》を謂《い》ひたるものなればなり。

已《すで》に此明文《このめいぶん》あり、如何《いか》なるクリスチヤンも日本《にほん》の神州説《しんしゆうせつ》を否定《ひてい》する能《あた》はず、又如何《またいか》なる日本人《にほんじん》もイエスの神子説《みこせつ》を否定《ひてい》する能《あた》はずして、否應《いやおう》なしに兩者相互《りようしやそうご》の是認《ぜにん》をなすに到《いた》るべし、實《じつ》に奇且妙《きかつみよう》なる因縁《いんねん》ならずや、而《しか》して相互是認信任《そうごぜにんしんにん》するに到《いた》らば、日本《にほん》とイエスとは元來之《がんらいこ》れ同心同律《どうしんどうりつ》のものにして唯作戰上其形體《たださくせんじようそのけいたい》を異《こと》にし居《い》るに過《す》ぎざるものあるを發見《はつけん》すべし、若《も》し夫《そ》れ一切《いつさい》の舊習《きゆうしゆう》を排《はい》してイエスの一生《いつしよう》と日本《にほん》の歴史《れきし》とを對照《たいしよう》し來《きた》れば實《じつ》に驚異《きようい》すべき事實《じじつ》を發見《はつけん》すべし。

イエス	日本《にほん》
一《いち》、誕《たん》生《じよう》（神《かみ》の子《こ》）	建《けん》國《こく》（神《かみ》の國《くに》）
二《に》、發《はつ》育《いく》期《き》（三十年《さんじゆうねん》）	發《はつ》育《いく》期《き》（九百年《きゆうひやくねん》）

三《さん》、試《し》練《れん》期《き》（四十日《よんじゆうにち》）
四《よん》、ユダヤ傳《でん》道《どう》（往《おう》）
五《ご》、サマリヤ傳《でん》道《どう》（往《おう》）
六《ろく》、ガリラヤ傳《でん》道《どう》
七《なな》、サマリヤ傳《でん》道《どう》（復《ふく》）
八《はち》、ユダヤ傳《でん》道《どう》（復《ふく》）
（四～八）（三年《さんねん》）
九《きゆう》、十《じゆう》字《じ》架《か》（三日《みつか》）
十《じゆう》、復《ふつ》活《かつ》（四十日《よんじゆうにち》）
十一《じゆういち》、昇《しよう》天《てん》
十二《じゆうに》、再《さい》醫《い》

外教傳來《がいきようでんらい》（四百年《よんひやくねん》）
平安時代《へいあんじだい》
源平時代《げんぺいじだい》
鎌倉時代《かまくらじだい》
織田時代《おだじだい》
徳川時代《とくがわじだい》
（平安～徳川）（千二百年《せんにひやくねん》）
明治時代《めいじじだい》（四十五年《よんじゆうごねん》）
大正時代《たいしようじだい》
使命自覺《しめいじかく》
神政復古《しんせいふつこ》

而《しか》してイエスは第十一《だいじゆういち》までのプログラムを終《おわ》り、将《まさ》に近《ちか》き未來《みらい》に於《お》いて第十二《だいじゆうに》を實現《じつげん》せんとし、其前兆《そのぜんちよう》として猶太人《ゆだやじん》は已《すで》に其祖國《そのそこく》パレステナを復興《ふつこう》せり、之《これ》に對《たい》して日本《にほん》は第十《だいじゆう》の半途《はんと》に在《あ》りて未《いま》だ使命《しめい》を自覺《じかく》するに至《いた》らざれども、而《しか》も其曙光《そのしよこう》は十分《じゆうぶん》に認《みと》めうるに到《いた》れり。

故《ゆえ》に十九世紀末《じゆうきゆうせいきまつ》より以來《いらい》の世界史《せかいし》は甚《はなは》だしく神祕的《しんぴてき》のものにして、從來《じゆうらい》の史家眼《しかがん》にては到底諒《とうていりよう》解《かい》し能《あた》はざるものあるが、近《ちか》く日本《にほん》の發展《はつてん》の如《ごと》きも亦全《またまつた》く理外《りがい》の理《り》といはざるべからざるを見《み》るべし、蓋《けだ》し天祐《てんゆう》にして、今後益々神秘的發展《こんごますますしんぴてきはつてん》をなすこと明《あきら》かなるが、豫言者《よげんしや》イザヤ獅子吼《ししく》せるが如《ごと》く「シオンよ醒《さ》めよ、さめて爾《なんじ》の力《ちから》を衣《い》よ」との天來《てんらい》の聲《こえ》に覺醒《かくせい》し、皇國《こうこく》の大本《おおもと》に復歸《ふつき》して其使命《そのしめい》を自覺《じかく》する時蓋《ときけだ》し遠《とお》からざるべし。

斯《か》くの如《ごと》くイエスと日本《にほん》とは全《まつた》く同一使命及同一計畫《どういつしめいおよびどういつけいかく》の下《もと》に地上《ちじよう》に權現《ごんげん》せるものなるが故《ゆえ》に、日本帝國《にほんていこく》の擁護《ようご》に對《たい》するイエスの苦心眞《くしんまこと》に言語《げんご》に絕《ぜつ》するものあり、ア、宣教師《せんきようし》にして斯《かか》る尊《とうと》き神《かみ》の作戰《さくせん》を我等《われら》に明示《めいじ》せしならんには、日本《にほん》は已《すで》に業《ごう》に神州《しんしゆう》の實《じつ》を擧《あ》げてイエスを千代田城內《ちよだじようない》に奉迎《ほうげい》するを得《え》たりしならんに、彼等《かれら》は基督教《きりすときよう》の名《な》を詐《いつ》はつて米國宗《べいこくしゆう》を我國人《わがこくじん》に鼓吹《こすい》したるが故《ゆえ》に、我國人《わがこくじん》とイエスとの間《あいだ》に雲泥《うんでい》の間隔《かんかく》を置《お》かしめたるなり。

日本《にほん》とイエスとの關係《かんけい》につきてすら前代未發《ぜんだいみはつ》の新說《しんせつ》なるに、余《よ》は更《さら》に進《すす》んで日本《にほん》の成長《せいちよう》に對《たい》するイエスの苦心《くしん》を說明《せつめい》せざるべからず。

日本《にほん》は神州《しんしゆう》として建設《けんせつ》せられ、又神州《またしんしゆう》として極《きわ》めて順調《じゆんちよう》に成長《せいちよう》せり、而《しか》して現今地球上《げんこんちきゆうじよう》に一國《いつこく》を成《な》し居《い》る幾十ケ國《いくじゆつこく》の間《あいだ》に在《あ》りて、最《もつと》も强健《きようけん》なる國威《こくい》を發揚《はつよう》し居《お》るを得《え》たるは誰《だれ》か之《これ》を天祐《てんゆう》に非《あら》ずとせんや、固《もと》より五千年間山河《ごせんねんかんさんか》の異動《いどう》なきものあらむ、されど二千六百年間國體《にせんろつぴやくねんかんこくたい》に何《なん》の支障《ししよう》なきのみか、恰《あたか》も老杉《ろうさん》の空《そら》に聳《そび》ゆるが如《ごと》くに其國運《そのこくうん》を中外《ちゆうがい》に發揚《はつよう》して、望洋々《のぞみようよう》の前途《ぜんと》を有《ゆう》し四境《しきよう》の羨望《せんぼう》を集《あつ》め居《い》るもの、東西《とうざい》は愚《おろ》か、古今何處《ここんどこ》に其例《そのれい》ありや、宜《う》べ、日本《にほん》は萬年國《まんねんこく》なり、不死《ふし》の國《くに》なり、又不《またふ》二《じ》の國《くに》なり斯《か》くまで不可思議《ふかしぎ》なる天《てん》の恩惠《おんけい》に充《み》ち溢《あふ》るる我日本《わがにほん》は如何《いか》にして成長《せいちよう》したるか、內患外《ないかんがい》憂交々起《ゆうこもごもおこ》りて絕《た》え間《ま》なく皇國《こうこく》の運命《うんめい》を呪《のろ》ひたりしも、曾《か》つて國體《こくたい》に汚損《おそん》なく、國家《こつか》の基礎《きそ》は不變不動《ふへんふどう》なり、されば苟《いやしく》も國《くに》を憂《うれ》ふるもの誰《だれ》か此天祐《このてんゆう》を感銘《かんめい》せざらんや、又苟《またいやしく》も國《くに》を愛《あい》するもの誰《だれ》か此天《このてん》祐《ゆう》を讃美《さんび》せざらんや、大正《たいしよう》の今日《こんにち》を謳歌《おうか》しつつ淺田宗伯《あさだそうはく》の名《な》を知《し》らざるが如《ごと》きは餘《あま》りに愚《ぐ》ない、二《に》十世紀《じゆつせいき》の日本《にほん》を謳歌《おうか》しつつ日本《にほん》をして今日《こんにち》あらしめたるイエスの名《な》を知《し》らざるが如《ごと》きは決《けつ》して不明《ふめい》の謗《そしり》を免《まの》かる能《あた》はざるべし。

イエス卽《すなわ》ち耶蘇基督《やそきりすと》は亞細亞《あじあ》の西端《せいたん》に生《うま》れ、日本《にほん》は亞細亞《あじあ》の東端《とうたん》に建《た》てられ、其間深嶺大海《そのあいだしんれいたいかい》を挾《はさ》んで相距《あいさ》る二千里《にせんり》、兩者全《りようしやまつた》く何等《なんら》の關係《かんけい》なきが如《ごと》きも、其無關係《そのむかんけい》と見《み》ゆる所《ところ》に驚《おどろ》くべき大關係《だいかんけい》は結《むす》ばれありしなり、卽《すなわ》ち其關係《そのかんけい》は已《すで》に述《の》べたるが如《ごと》きが、斯《か》くて男性《だんせい》なるイエスは、女性《じよせい》なる日本《にほん》の成《せい》長《ちよう》に對《たい》し滿腔《まんこう》の同情《どうじよう》を灑《そそ》ぎて怠《おこた》り給《たま》はざりしなり。卽《すなわ》ち第十一代垂仁天皇《だいじゆういちだいすいにんてんのう》の御代《みよ》、八咫鏡及叢《やたのかがみおよびむら》雲劍《くものつるぎ》を大和《やまと》の笠縫《かさぬい》より伊勢《いせ》の五十鈴川上《いすずがわじよう》に遷《うつ》し奉《たてまつ》りし時《とき》、イエスは處女《しよじよ》マリヤの胎內《たいない》に降《くだ》り給《たま》ひしものにして、日本《にほん》の建國《けんこく》をサタン（魔軍《まぐん》）に探知《たんち》せしめざるがためにイエスはイスラエル王國《おうこく》の切《きり》株《かぶ》より出《い》でたる芽《め》の如《ごと》く現《あら》はれ出《い》でてサタンの注意《ちゆうい》を一身《いつしん》に集《あつ》めたまへり。

盖《けだ》し世界《せかい》は天魔兩軍《てんまりようぐん》の戰場《せんじよう》にして、魔軍《まぐん》は神《かみ》の指定國《していこく》なるイスラエル王國《おうこく》を崩壞滅亡《ほうかいめつぼう》せしめ、且《か》つ之《これ》を根絶《こんぜつ》せんと企《くわだ》てイスラエル民族《みんぞく》に對《たい》する虐殺《ぎやくさつ》に力《つと》むるところあり、又王族《またおうぞく》の凡《すべ》てを葬《ほうむ》り終《おわ》らんとしてイエスの出現《しゆつげん》を待《ま》ち詫《わ》び居《お》りしが故《ゆえ》に、イエス生《うま》るるやヘロデ王《おう》をして之《これ》を暗《あん》に葬《ほうむ》らしめんとしたりしが、事成《ことな》らずして慘酷《ざんこく》にも罪《つみ》なき幾百《いくひやく》の嬰兒《えいじ》を殺戮《さつりく》せるなり。

試《こころ》みにイエスの一生《いつしよう》を見《み》よ、魔軍《まぐん》の主力《しゆりよく》は不休不眠《ふきゆうふみん》の襲撃《しゆうげき》を彼《かれ》に加《くわ》へつつあるに非《あら》ずや、四十《よんじゆう》日間《にちかん》の荒野《こうや》の試練《しれん》の如《ごと》きを始《はじ》めとして、ゲツセマネの園《その》の血《ち》の祈《いのり》に至《いた》るまで、彼《かれ》の身邊《しんぺん》は常《つね》に所謂《いわゆる》四《し》面楚歌《めんそか》の聲《こえ》にて脅《おびや》かされ居《お》りしなり、而《しか》も彼《かれ》は孤軍奮闘克《こぐんふんとうよ》く魔軍《まぐん》の主力《しゆりよく》を一身《いつしん》に集《あつ》め、巧《たく》みに牽制《けんせい》運動《うんどう》を試《こころ》みて成功《せいこう》し、彼《か》れ自身亦虎穴《じしんまたこけつ》に深《ふか》く入《い》りて陰府《いんぷ》を征服《せいふく》し、「われ世《よ》に勝《か》てり」と高唱《こうしよう》しつつ、彼《かれ》を迎《むか》へし天軍《てんぐん》の凱歌聲裡《がいかせいり》に昇天《しようてん》せられたるが、思《おも》ひがけなき大敗《たいはい》を招《まね》ける魔軍《まぐん》は今《いま》や天地相隔《てんちあいへだ》つるイエスと合戰《かつせん》する能《あた》はず、憤恨《ふんこん》の極《きわみ》、イエスに關係《かんけい》ある一切《いつさい》の事物破壞《じぶつはかい》に矛《ほこ》を轉《てん》じ、茲《ここ》に基督教《きりすときよう》に向《むか》つて撲滅運動《ぼくめつうんどう》を開始《かいし》せるなり。

爾來《じらい》、魔軍《まぐん》はイエスの遺《のこ》し給《たま》へる十二使徒外聖男聖女《じゆうにしとがいせいなんせいじよ》の群《むれ》を襲《おそ》ひ、恰《あたか》も狼《おおかみ》が羊《ひつじ》の群《むれ》を襲《おそ》へるが如《ごと》き慘虐《ざんぎやく》を恣《ほしいま》まにしたるも尙《な》ほ足《た》れりとせず、更《さら》に基督教《きりすときよう》の攻撃及基督教徒《こうげきおよびきりすときようと》の迫害《はくがい》に熱中《ねつちゆう》したりしかば、イエスは魔軍《まぐん》の氣勢《きせい》を利用《りよう》して基督教《きりすときよう》を西漸《せいぜん》せしめたり、蓋《けだ》し東方《とうほう》、日本帝國《にほんていこく》の成長《せいちよう》を自由《じゆう》ならしむべく、彼《かれ》は魔軍《まぐん》を西方《せいほう》に牽制《けんせい》せんがためなりしなり、由來凡《ゆらいすべ》ての宗教《しゆうきよう》は其主力《そのしゆりよく》の東漸《とうぜん》するを常《つね》となせしに、基督教《きりすときよう》のみ其例《そのれい》を破《やぶ》つて西漸《せいぜん》せるは之《これ》がためなり、而《しか》して羅馬《ろーま》に於《お》いて之《これ》が根絶《こんぜつ》を計《はか》りたりしも能《あた》はず、反《かへ》つて益々之《ますますこれ》を强大《きようだい》ならしむるを看破《かんぱ》し、策《さく》を改《あらた》めて基督教《きりすときよう》を内部《ないぶ》より破《は》壞《かい》せしめ、又腐敗《またふはい》せしめんと企《くわだ》てたりしかば、其後基督教《そののちきりすときよう》は外部《がいぶ》よりの迫害絶《はくがいた》えしため自然《しぜん》に腐敗《ふはい》し來《きた》り、同時《どうじ》に種々《しゆじゆ》なる内訌起《ないこうおこ》りて四分五裂《しぶごれつ》し、質《しつ》に於《お》いても量《りよう》に於《お》いても著《いちじる》しく其本義《そのほんぎ》を没却《ぼつきやく》せしが、而《しか》も基督教《きりすときよう》と稱《しよう》する一《いち》の宗教《しゆうきよう》は汎《あま》ねく歐羅巴《よーろつぱ》に其勢力《そのせいりよく》を張《は》り益々其根據《ますますそのこんきよ》を强大《きようだい》ならしめ、更《さら》に大西洋《たいせいよう》を超《こ》えて米國《べいこく》に流行《りゆうこう》せりといへども、此時《このとき》に於《お》いては已《すで》に基督教《きりすときよう》は全《まつた》く風化《ふうか》して基督《きりすと》の道《みち》は何處《どこ》に見《み》るを得《え》ざる一《いち》の邪宗門《じやしゆうもん》と成《な》り果《は》てたるなり、之《こ》れ卽《すなわ》ちアメリカニズム（米國宗《べいこくしゆう》）にして、此方面《このほうめん》より見《み》れば魔軍《まぐん》の大勝利《だいしようり》なるも、天軍《てんぐん》に取《と》りては元《もと》と之《こ》れ牽制運動《けんせいうんどう》に過《す》ぎざりし事《こと》とて當初《とうしよ》より外形的基督教《がいけいてききりすときよう》の運命《うんめい》は犧牲《ぎせい》に供《きよう》しありしものなるのみならず、魔軍《まぐん》が死力《しりよく》を盡《つく》して基督教《きりすときよう》の影《かげ》を追《お》ひ居《い》る間《あいだ》に、神《かみ》の祕藏國《ひぞうこく》なる日本《にほん》は愈々成長《いよいよせいちよう》し「智慧《ちえ》も齡《よわい》もいや增《ま》さり」つつありしなり、而《しか》して所謂基督教《いわゆるきりすときよう》なるものが日本《にほん》に渡來《とらい》せる頃《ころ》には、日本《にほん》は一大强國《いちだいきようこく》として他《た》の侵略《しんりやく》を許《ゆる》さざるまでの健全《けんぜん》なる成長《せいちよう》をなし居《お》りしなり、故《ゆえ》に魔軍《まぐん》の作戰《さくせん》は悉《ことごと》く失敗《しつぱい》に歸《き》したるものにして、彼《かれ》は基督《きりすと》教《きよう》なるものを虐殺《ぎやくさつ》し終《おわ》りたるも、神《かみ》の子《こ》と神《かみ》の道《みち》と神《かみ》の國《くに》とは「われ世《よ》に勝《まさ》りて」を三唱《さんしよう》して神政《しんせい》復古《ふつこ》の宏業《こうぎよう》は將《まさ》に近《ちか》く成就《じようじゆ》せられんとす。

然《しか》りといへども此邊《このへん》の消息《しようそく》は餘《あま》りに神祕的《しんぴてき》なるが故《ゆえ》に他日《たじつ》『天魔兩軍《てんまりようぐん》の決戰《けつせん》』なる拙著《せつちよ》に讓《ゆず》り、尙《な》ほ一事實《いちじじつ》を附《ふ》して日本《にほん》の成長《せいちよう》に對《たい》するイエスの苦心《くしん》を立證《りつしよう》すべし。

聖書《せいしょ》を繙《ひもと》けばエルサレム及《および》シオンの兩固有名稱《りようこゆうめいしよう》は甚《はなは》だ多《おお》く散見《さんけん》せらるべし、而《しか》してエルサレムは猶太國《ゆだやこく》の首都《しゅと》にして、シオンはエルサレムの一區域《いちくいき》なる事《こと》は今更言《いまさらい》ふまでもなきことながら、聖書殊《せいしょこと》に舊約聖書《きゆうやくせいしょ》に錄《しる》されある此兩地名《このりようちめい》は、唯單《ただたん》に地中海《ちちゆうかい》の東岸《とうがん》に在《あ》る一小土《いちしようど》をのみ表示《ひようじ》せるものにあらずして、エルサレムとは新世界《しんせかい》、シオンとは新帝國《しんていこく》を意味《いみ》し、即《すなわ》ちイエスの使命《しめい》なる神政復古《しんせいふつこ》を暗示《あんじ》せるものなり、而《しか》してシオンとは前述《ぜんじゆつ》せる如《ごと》く、太陽輝《たいようかがや》く所《ところ》にして換言《かんげん》すれば神《かみ》の義《ぎ》の行《おこな》はるゝ所《ところ》、即《すなわ》ち「聖旨《せいし》の天《てん》に成《な》る如《ごと》く地《ち》にも行《おこな》はるゝ所《ところ》」を謂《い》ひたるものにして、實《じつ》は日本帝國《にほんていこく》を指《さ》したるものにてありしなり。

さればイスラエル王國未《おうこくいま》だ亡《ほろ》びず、日本未《にほんいま》だ建設《けんせつ》せられざる舊約時代《きゆうやくじだい》に於《お》いてはシオンなる名稱《めいしよう》は甚《はなは》だ多《おお》く見受《みう》けられたるも、日本建國後即《にほんけんこくごすなわ》ち新約時代《しんやくじだい》に入《はい》るや、シオンの名稱《めいしよう》は忽然《こつぜん》として其姿《そのすがた》を隱《かく》し、只僅《ただわず》かに四《よん》ケ所《しょ》に錄《しる》されあるのみなり、而《しか》もイエスはエルサレムを幾度《いくど》も口《くち》にせられたりしが、シオンは一度《いちど》も口《くち》にし給《たま》はず、其十二使徒《そのじゆうにしと》すら曾《か》つて之《これ》を口《くち》に洩《も》らせしことなきは不思議《ふしぎ》ならずや、尤《もつと》も聖都入城《せいとにゆうじよう》の砌《みぎ》り『シオンの女《おんな》に告《つ》げよ』（馬太傳第二十二章四節《またいでんだいにじゆうにしようよんせつ》）云々《うんぬん》の一句《いつく》あれども、之《これ》はイエスの口《くち》より出《い》でしものにあらずして、聖書記者《せいしよきしや》がイエスの神威《しんい》を高唱《こうしよう》すべく舊約《きゆうやく》の豫言《よげん》を引照《いんしよう》したるものなるが故《ゆえ》に、軍機漏洩《ぐんきろうえい》とはならざるなり、而《しか》してイエス昇天後《しようてんご》に於《お》いて、使徒《しと》パウロは薄々此極祕軍機《うすうすこのごくひぐんき》を感知《かんち》せしものの如《ごと》く、隱《かく》さんとして蔽《おお》ひ難《がた》く、猶太人《ゆだやじん》に向《むか》つて一回《いつかい》、羅馬人《ろーまじん》に向《むか》つて一回《いつかい》、都合三回《つごうさんかい》シオンを筆《ふで》にせし事《こと》ありしが、固《もと》より彼《か》れパウロはシオンの所在地《しよざいち》を明《あきら》かに知《し》り居《お》りしに非《あら》ざりしかば、之《これ》がために魔軍《まぐん》の注意《ちゆうい》を喚起《かんき》せざりしなり、而《しか》して使徒《しと》ヨハネは可《か》なりに具體的《ぐたいてき》に僅《わず》かに一回之《いつかいこれ》を筆《ふで》にせり。

小羊《こひつじ》（イエス）シオンの山《やま》（日本國《にほんこく》）に立《た》てり、十四萬四千《じゆうよんまんよんせん》の人《ひと》（イスラエル十二《じゆうに》支族《しぞく》）是《これ》と偕《とも》に在《あ》り

（新約聖書默示録第十四章一節《しんやくせいしよもくしろくだいじゆうよんしよういつせつ》）

而《しか》して之《こ》れ日本武尊《やまとたけるのみこと》が熊襲《くまそ》平定《へいてい》の頃《ころ》にして、尊《みこと》が女装《じよそう》して奇襲《きしゆう》を試《こころ》みたるは、イエスが死装《しそう》してサタンの牙城《がじよう》なる陰府《いんぷ》に潜入《せんにゆう》して快捷《かいしよう》を得《え》たると東西相通《とうざいあいつう》ずるものなるが、若《も》し當時萬國史《とうじばんこくし》なるもの一書《いつしよ》となり居《お》りしならんにはシオンは卽《すなわ》ち日本《にほん》なりと判斷《はんだん》せざるを得《あたわ》ざりしなり、されど時未《ときいま》だ熟《じゆく》さゞりしがために其後千八百年間《そののちせんはつぴやくねんかん》尙《な》ほ極祕裡《ごくひり》に藏《おさ》められ居《お》りしは、イエスの用意周到《よういしゆうとう》なりし結果《けつか》に外《ほか》ならざりしなり。

斯《か》くて成長《せいちよう》せる日本《にほん》は、支那及印度等《しなおよびいんどとう》の外氣《がいき》に觸《ふ》れて益々健全《ますますけんぜん》を示《しめ》し、二千五百年來《にせんごひやくねんらい》の箱入娘《はこいりむすめ》は一躍《いちやく》して世界《せかい》の猛者《もさ》となれり、誰《だれ》か之《これ》を天下《てんか》の一大奇蹟《いちだいきせき》なりと稱《たた》へざらんや、眞《まこと》に奇蹟《きせき》なり、天授《てんじゆ》な

り固《もと》より人力《じんりよく》に非《あら》ざるなり、乞《こ》ふ其然《そのしか》る所以《ゆえん》を述《の》べむ。

第三節　日本《にほん》の特長《とくちよう》

第一項　王政復古《おうせいふつこ》

王政復古《おうせいふつこ》なる史實《しじつ》は必《かなら》ずしも我日本帝國《わがにほんていこく》の獨有《どくゆう》に非《あら》ず、過去《かこ》は兎《と》に角《かく》、現存國《げんぞんこく》の內《うち》にありても英國《えいこく》にもあり、佛國《ふつこく》にもあり、獨逸《どいつ》にもあり、支那《しな》にもあり、西班牙其他《すぺいんそのた》にもありとはいへ、此等《これら》の王政《おうせい》復古《ふつこ》は極《きわ》めて輕少《けいしよう》なる形式《けいしき》を以《もつ》て行《おこな》はれたるものにして、史上《しじよう》の大事實《だいじじつ》として特筆《とくひつ》すべき價値《かち》あるものに非《あら》ず、西班牙《すぺいん》の如《ごと》きは僅《わず》かに二《に》ケ年《ねん》の王政復古《おうせいふつこ》に過《す》ぎずして、英國《えいこく》といへども十一年《じゆういちねん》に過《す》ぎざりしなり、然《しか》るに我日本《わがにほん》の王政復古《おうせいふつこ》に至《いた》りては實《じつ》に一千二百六十年《いつせんにひやくろくじゆうねん》に亘《わた》る大事實《だいじじつ》にして、全然人《ぜんぜんじん》智人力《ちじんりよく》の企《くわだ》て及《およ》ぶべからざるものに屬《ぞく》す、但《ただ》し從來《じゆうらい》の史家《しか》は或《あるい》は六百年說《ろつぴやくねんせつ》をなし、又八百年說《またはつぴやくねんせつ》をなしたりしが、余《よ》は聖德太子《しようとくたいし》の憲法發布《けんぽうはつぷ》より之《これ》を起算《きさん》し德川慶喜《とくがわよしのぶ》の大政奉還《たいせいほうかん》に至《いた》るまでを以《もつ》てするを正當《せいとう》なりと認《みと》め一千二百六十年說《いつせんにひやくろくじゆうねんせつ》を茲《ここ》に提供《ていきよう》す。

而《しか》して此長《このなが》き期間《きかん》、神權的王政《しんけんてきおうせい》はデモクラシー化《か》せられ、一種《いつしゆ》の過激派《かげきは》到《いた》る處《ところ》に出沒《しゆつぼつ》して政權奪《せいけんだつ》取《しゅ》に耽溺《たんでき》し居《お》りしものにて、事若《ことも》し外國《がいこく》にてありしならんには日本《にほん》の王朝《おうちょう》は共和政《きょうわせい》と代《かわ》らざるまでも幾度《いくど》か異分子《いぶんし》より成《な》れる王朝《おうちょう》を以《もっ》て綴《つづ》られたるなるべきに、此長期間《このちょうきかん》一人《ひとり》の反逆者《はんぎゃくしゃ》を出《だ》さず、ヨシ出《い》でたりとも直《ただ》ちに天刑《てんけい》に處《しょ》せられ、剰《あま》さへ最後《さいご》に徳川三百年《とくがわさんびゃくねん》の政治《せいじ》を謳歌《おうか》せる者等《ものら》は、将軍《しょうぐん》あるを知《し》つて天子《てんし》あるを知《し》らざるまで勤王《きんのう》の念《ねん》を痲痺《まひ》せしめたりしが、一度《ひとた》び大政奉還《たいせいほうかん》せらるゝや、凡《すべ》ての假装《かそう》は悉《ことごと》く一夜《いちや》にして剝《は》ぎ去《さ》られ、忠君愛國《ちゅうくんあいこく》の精神《せいしん》は全國民《ぜんこくみん》の赤誠《せきせい》より迸《ほとばし》りたる其奇觀何物《そのきかんなにもの》を以《もっ》て之《これ》を譬《たと》へ得《え》んや、見《み》よ其勤王《そのきんのう》の志《こころざし》、譬《たと》へば二千餘年《にせんよねん》の神々《こうごう》しき古色《こしょく》を示《しめ》して、決《けっ》して昨今《さっこん》の附刄《つけば》には非《あら》ざるなり、米國《べいこく》の如《ごと》きは奴隷廢止《どれいはいし》にすら馬鹿《ばか》らしき大戰争《だいせんそう》を爲《な》したるに、空前無比《くうぜんむひ》の大革《だいかく》命《めい》ともいふべき王政復古《おうせいふっこ》に於《お》いて、我日本《わがにほん》は極《きわ》めて僅少《きんしょう》なる犠牲《ぎせい》を以《もっ》て之《これ》を完成《かんせい》したるのみならず、其後《そのご》の日本《にほん》の偉大《いだい》なる發展《はってん》を目撃《もくげき》せば、誰《だれ》か之《これ》を天祐《てんゆう》に歸《き》せざらんや、然《しか》り、全《まった》く天祐《てんゆう》なり、神《かみ》の攝《せつ》理《り》なり、疑《うたが》ふものは來《きた》りて新約聖書默示録第十二章《しんやくせいしょもくしろくだいじゅうにしょう》を見《み》よ。

　爰《ここ》に大《だい》なる異象天《いしょうてん》に現《あら》はる。
　一人《ひとり》の婦《ふ》あり、日《ひ》を着《き》、月《つき》を足《あし》の下《した》に踏《ふ》み、首《くび》に十二《じゅうに》の星《ほし》を戴《いただ》けり。（天照太神《あまてらすおおみかみ》）
　彼《か》れ既《すで》に孕《はら》み居《お》りしが子《こ》を産《う》まんとして甚《いた》く苦《くる》しみ泣《な》き叫《さけ》べり。（建國《けんこく》の辛苦《しんく》）……
　婦《ふ》、男子《だんし》を生《う》めり。（帝國《ていこく》）

其子《そのし》鐵《てつ》の杖《つえ》をもて萬國《ばんこく》の民《たみ》を司《つかさど》らんとす、（正義《せいぎ》を以《もっ》て世界《せかい》を統治《とうち》す）
彼《か》れ神《かみ》と其寶座《そのほうざ》の下《もと》に擧《あ》げられたり（神州《しんしゅう》の義《ぎ》）
婦《ふ》のがれて野《の》に往《ゆ》けり、神《かみ》そこにて彼《かれ》を千二百六十日《せんにひやくろくじゆうにち》の間食《あいだく》はしめんために備《そな》へ給《たま》へる一《いち》の所《ところ》あり（政權《せいけん》を一時《いちじ》民衆化《みんしゅうか》せしめ帝國《ていこく》の安定《あんてい》を計《はか》る）
斯《か》くて天《てん》に戰起《いくさおこ》れり、ミカエル其使者《そのししゃ》を率《ひき》ゐて龍《りゅう》と戰《たたか》ふ。（王政復古戰《おうせいふっこせん》）……
此婦《このふ》大《だい》なる鷲《わし》の二《に》の翼《つばさ》を與《あた》へられ野《の》に飛《と》びて己《おのれ》が所《ところ》に至《いた》り其處《そこ》にて蛇《へび》を避《さ》け、一年《いちねん》と二年《にねん》と半年《はんとし》の間《あいだ》養《やしな》はれたり。（王政復古《おうせいふっこ》と大雄飛《だいゆうひ》、一年《いちねん》と二年《にねん》と半年《はんとし》は四十二ヶ月《よんじゆうにげつ》、一千二百六十日《いつせんにひやくろくじゆうにち》又《また》は千二百六十年《せんにひやくろくじゆうねん》）
蛇《へび》その口《くち》より水《みず》を河《かわ》の如《ごと》く婦《ふ》の後《あと》に吐《は》きて之《これ》を漂《ただよ》はさんとせり。（時代思潮《じだいしちょう》を以《もっ》た皇國《こうこく》の運命《うんめい》を呪《のろ》はんとす）
地《ち》、婦《ふ》を助《たす》け口《くち》を啓《ひら》きて龍《りゅう》の口《くち》より吐《は》きたる水《みず》を呑盡《のみつく》せり、（天祐《てんゆう》ありて此危機《このきき》消散《しょうさん》す）

默示録《もくしろく》に係《かか》はる解釋《かいしゃく》は今日《こんにち》まで甚《はなは》だ不明瞭《ふめいりょう》なりしが、日本《にほん》なる神祕國《しんぴこく》を捉《うなが》し來《きた》りて之《これ》を解釋《かいしゃく》すれば甚《はなは》だ鮮明《せんめい》なること右《みぎ》の如《ごと》し、蓋《けだ》し事實之《じじつこれ》を證明《しょうめい》すればなり。

ア、何《なに》が故《ゆえ》に極東《きょくとう》の一孤島《いちことう》に斯《かか》る異象《いしょう》現《あら》はれたるか、斯《かか》る奇蹟《きせき》行《おこな》はれたるか、誰《だれ》か之《これ》を讀《よ》みて奇《き》異《い》を感《かん》ぜざるものあらんや、殊《こと》に不思議《ふしぎ》なるかな王政復古《おうせいふつこ》の千二百六十日《せんにひやくろくじゆうにち》、（豫言《よげん》には日《ひ》を以《もつ》て年《とし》を示《しめ》すこと多《おお》し）而《しか》して聖徳太子《しようとくたいし》の憲法十七條《けんぽうじゆうななじよう》發布《はつぷ》せられて『大事《だいじ》は獨《ひと》り斷《だん》ずべからず必《かなら》ず衆《しゆう》と論《ろん》ずべし』の一項《いつこう》は絶對君主政《ぜつたいくんしゆせい》を甚《はなは》だしく民衆化《みんしゆうか》せしめたりしが、同憲法《どうけんぽう》の發布《はつぷ》せられたるは神武《じんむ》紀元千二百六十四年《きげんせんにひやくろくじゆうよねん》にして、徳川慶喜《とくがわよしのぶ》が大政《たいせい》を奉還《ほうかん》せるは亦千二百六十四年目《またせんにひやくろくじゆうよねんめ》に該當《がいとう》するは奇《き》といふべし。

而《しか》して若《も》し斯《かか》る事實《じじつ》をして外國《がいこく》に在《あ》らしめば、幾度《いくど》か僭王現《せんおうあら》はれたる後共和國《のちきようわこく》と成《な》り果《は》てたるは何人《なんびと》にも認《みと》めらるゝことなれども、我國《わがくに》に在《あ》りては之《これ》がために皇室《こうしつ》の尊嚴更《そんげんさら》に汚損《おそん》せらるゝことなく、萬世一系《ばんせいいつけい》の皇統《こうとう》は一糸《いつし》亂《みだ》れず連綿《れんめん》として益々隆《ますますさか》ゆるを見《み》るが如《ごと》き寧《むし》ろ奇異《きい》なり、天祐《てんゆう》なくんば如何《いか》で斯《か》くありえんや、否斯《いなかか》る天祐《てんゆう》を享有《きようゆう》するは已《すで》に享有《きようゆう》すべき理由《りゆう》あればなり、而《しか》して此事實《このじじつ》は日本國《にほんこく》人間《にんげん》の傳説《でんせつ》に非《あら》ずして、萬國萬民《ばんこくばんみん》の承認《しようにん》せざる能《あた》はざる史上《しじよう》の事實《じじつ》なり、而《しか》も聖書《せいしよ》の豫言《よげん》と全《まつた》く符《ふ》合《ごう》し居《お》る事實《じじつ》なり、茲《ここ》に到《いた》りて日本《にほん》は神州《しんしゆう》なりといふも誰《だれ》か異《い》とせんや。

然《さ》らば世界《せかい》の主宰者《しゆさいしや》なる神《かみ》は何《なに》が故《ゆえ》に我日本《わがにほん》にのみ斯《かか》る尊《とうと》き歴史及《れきしおよび》訓練《くんれん》を與《あた》へ給《たま》ひしやと問《と》はば、卽《すなわ》ち之《こ》れ聽《やが》て來《きた》るべき世界《せかい》の維新革命《いしんかくめい》、卽《すなわ》ち神政復古《しんせいふつこ》の宏業《こうぎよう》を行《おこな》はしめんための聖慮《せいりよ》に外《ほか》ならざりしなり、言《い》ひ換《か》ゆれば日本《にほん》の王政復古《おうせいふつこ》は卽《すなわ》ち之《こ》れ世界《せかい》の神政復古《しんせいふつこ》の豫行《よこう》にてありしなり、觀兵式諸兵《かんぺいしきしよへい》指揮官《しきかん》が先《ま》づ自《みずか》ら事《こと》を豫行《よこう》すると其理一《そのりいち》なり、而《しか》して日本以外《にほんいがい》に此豫行《このよこう》を爲《な》し得《え》たるものなしとせば、神政復古《しんせいふつこ》は正《まさ》に日本《にほん》の當然《とうぜん》爲《な》すべき大任務《だいにんむ》といふべく、從《したが》つて日本《にほん》が孤立《こりつ》の狀態《じようたい》に立《た》たざるべからざるは言《い》ふまでも無《な》きことなりとす、故《ゆえ》に孤立《こりつ》を恐《おそ》るゝが如《ごと》き政治家《せいじか》の如《ごと》きは以《もつ》て大事《だいじ》を語《かた》るに足《た》らざる者《もの》といふべし。

神政復古《しんせいふつこ》とは神勅《しんちよく》に由《よ》りて再建《さいけん》せらるべき世界帝國《せかいていこく》の實現《じつげん》にして、從來世界《じゆうらいせかい》は神政《しんせい》を遙《はる》かに遠《とお》かりたる人政又《じんせいまた》は民政《みんせい》に由《よ》りて支配《しはい》せられつゝありたるものにして、人意又《じんいまた》は民意《みんい》といふものは名義《めいぎ》のみにして實《じつ》はサタンの聲《こえ》に過《す》ぎざりしなり、卽《すなわ》ち良智《りようち》の發露《はつろ》に非《あら》ずして我儘《わがまま》の號《さけ》びなりしなり、我儘《わがまま》は自由《じゆう》てふ厚化粧《あつげしよう》にて美化《びか》せられあるも畢竟《ひつきよう》ずるに凡《すべ》ての罪惡《ざいあく》の本源《ほんげん》にして惡魔之《あくまこれ》を操縱《そうじゆう》し、故《ゆえ》に今日《こんにち》までの世界《せかい》の總政治《そうせいじ》は神政《しんせい》に非《あら》ずして魔政《ませい》なりしなり、而《しか》して神《かみ》は之《これ》を打破《だは》して神政《しんせい》を復古《ふつこ》せしむべく、王者《おうじや》としてはイエスを降《こう》じ、國家《こつか》としては日本《にほん》を起《おこ》し、又國民《またこくみん》としては猶太人《ゆだやじん》を選《えら》び、三者《さんしや》を暗々裡《あんあんり》に協同《きようどう》せしめて此大目的《このだいもくてき》に向《むか》はしめたるものにして、所謂天地人合一《いわゆるてんちじんごういつ》の作戰《さくせん》に出《い》で給《たま》へるものなるが、今《いま》や此三者《このさんしや》は何《いず》れも已《すで》に其豫行《そのよこう》を終《おわ》りたる事卽《ことすなわ》ち左《ひだり》の如《ごと》し。

一《いち》、イエスは復活《ふつかつ》せり。

二《に》、日本《にほん》は王政《おうせい》を復古《ふつこ》せり。

三《さん》、猶太人《ゆだやじん》は祖國《そこく》を復興《ふつこう》せり。

而《しか》して豫行《よこう》に於《お》いて首尾《しゆび》克《よ》き成蹟《せいせき》を擧《あ》げたる三者《さんしや》は、將《まさ》に近《ちか》く三方面《さんほうめん》より其全力《そのぜんりよく》を傾注《けいちゆう》して世界《せかい》の神政復古《しんせいふっこ》を實現《じつげん》せんとしつゝあるなり、イエスが『爾曹《じそう》先《ま》づ神《かみ》の國《くに》と其義《そのぎ》を求《もと》めよ』と訓《くん》じ給《たま》ひたるは、取《と》りも直《なお》さず日本《にほん》と猶太人《ゆだやじん》の使命《しめい》を探知《たんち》せよとの聖旨《せいし》に外《ほか》ならざりしなり、卽《すなわ》ち神政復古《しんせいふっこ》の計畫《けいかく》を暗示《あんじ》し給《たま》ひたるものにてありしなり、故《ゆえ》に復活《ふっかつ》せるイエスは復活《ふっかつ》に由《よ》りて神政復古《しんせいふっこ》の大任《たいにん》を負《お》ふに足《た》るべき王者《おうじゃ》なることを證示《しょうじ》し、千二百六十年間民間《せんにひゃくろくじゅうねんかんみんかん》に歸《き》したる王政《おうせい》を復古《ふっこ》せる日本《にほん》は王政復古《おうせいふっこ》に由《よ》りて神政復古《しんせいふっこ》の大任《たいにん》を負《お》ふに足《た》るべき國家《こっか》なることを證示《しょうじ》したるものにして、又二千六百年間《またにせんろっぴゃくねんかん》の亡國《ぼうこく》を復興《ふっこう》したる猶太人《ゆだやじん》は祖國復興《そこくふっこう》に由《よ》りて神政復古《しんせいふっこ》の大任《たいにん》を負《お》ふに足《た》るべき國民《こくみん》なるを證示《しょうじ》したるなり而《しか》して此三者《このさんしゃ》の接近《せっきん》は近次益々顯著《きんじますますけんちょ》なるは少《すこ》しく信仰眼《しんこうがん》、大勢眼《たいせいがん》あるものの等《ひと》しく承認《しょうにん》する事實《じじつ》なるが、尙《な》ほ之《これ》に關《かん》しては他日《たじつ》『神政復古《しんせいふっこ》』を刊行《かんこう》して詳述《しょうじゅつ》するところあるべし。

第二項　日本《にほん》と太陽《たいよう》

日本《にほん》には多《おお》くの名稱《めいしょう》あり、國多《くにおお》しといへども日本《にほん》ほど多《おお》くの名稱《めいしょう》を有《ゆう》するものあらざるべし、先《ま》づ豐葦原中國《とよあしはらのなかつくに》又《また》は瑞穗《みずほ》或《あるい》は水穗《みずほ》の國《くに》を始《はじ》めとし、扶桑《ふそう》、敷島《しきしま》、大和《やまと》、蜻蜓州《せいていしゅう》、日出國《ひいずるくに》、をのころ島《じま》、大八州《おおやしま》、秋津州《あきつしま》、倭國《わこく》、日照國《ひてるくに》（日向《ひなた》）、蓬萊《ほうらい》、君子國《くんしこく》、義《ぎ》の國《くに》、神人《しんじん》の國《くに》、神州《しんしゅう》、日東帝國《にっとうていこく》、櫻咲《さくらさ》く國《くに》、菊匂《きくにお》ふ國《くに》、皇國《こうこく》、天子國《てんしこく》、言《こと》の葉《は》の國《くに》、不老不死《ふろうふし》の國《くに》などと呼《よ》び、又呼《またよ》ばれつゝありたるが、其國際的公式名稱《そのこくさいてきこうしきめいしょう》は日本《にほん》なり、而《しか》して日本《にほん》てふ名稱《めいしょう》の由來《ゆらい》につきては全《まった》く不明《ふめい》なれども、其《その》由來如何《ゆらいいかん》に係《かか》はらず、實際《じっさい》に於《お》いて此名稱《このめいしょう》は科學上《かがくじょう》より見《み》るも、國際關係《こくさいかんけい》より見《み》るも、地理上《ちりじょう》より見《み》るも、亦國家《またこっか》の使命上《しめいじょう》より見《み》るも間然《かんぜん》する所《ところ》なきものにして、希伯來語《へぶらいご》のチオン（シオン卽《すなわ》ち日《ひ》照國《てるくに》）と語音及意義《ごおんおよびいぎ》相通《あいつう》ずるなど著《いちじる》しき神祕味《しんぴみ》を加《くわ》ふるものといふべし。

而《しか》して此名稱《このめいしょう》は國人自《こくじんみずか》ら使命《しめい》を慮《おもんぱか》って命名《めいめい》せしものか、或《あるい》は三韓人又《さんかんじんまた》は唐土人《とうどじん》が地理上《ちりじょう》より斯《か》く命名《めいめい》せるものなるやは明《あきら》かならずといへども、太陽《たいよう》を名《な》とする天照大神《あまてらすおおみかみ》を建國《けんこく》の祖神《そじん》となし居《い》るに對《たい》して極《きわ》めて用意深《よういぶか》き命名《めいめい》にして、遙《はる》かに後世《こうせい》の國人《こくじん》をして命名《めいめい》せしむるも斯《か》く大膽《だいたん》なる亦適當《またてきとう》なる命名《めいめい》はなし能《あた》はざりしなり。

われシオンの義《ぎ》朝日《あさひ》の光輝《こうき》の如《ごと》くに出《い》で、エルサレムの救《すくい》、燃《も》ゆる松火《まつび》の如《ごと》くなるまでは、シオンのために默《だま》さず、エルサレムのために休《やす》まざるべし。（舊約聖書《きゅうやくせいしょ》イザヤ書第六十二章一節《しょだいろくじゅうにしょういっせつ》）

「エルサレムの救《すくい》」とは世界《せかい》の神政復古《しんせいふっこ》にして、「シオンの義《ぎ》」とは日本帝國《にほんていこく》の使命《しめい》を謂《い》ひたるものなるが、「シオンの義《ぎ》、朝日《あさひ》の光輝《こうき》の如《ごと》くに出《い》づ」とは卽《すなわ》ち之《こ》れ「敷島《しきしま》の大和心《やまとごころ》を人問《ひとと》はゞ朝日《あさひ》に匂《にお》ふ山櫻花《やまざくらばな》」と異曲同巧《いきょくどうこう》の感想《かんそう》にして、シオンの義《ぎ》は卽《すなわ》ち大和魂《やまとだましい》と同《おな》じきものなるを發見《はっけん》すべし、古事記《こじき》に『朝日之直刺國《あさひのなおさすくに》、夕日之日照國《ゆうひのひてるくに》』とあるは卽《すなわ》ちシオンを遺憾《いかん》なく說明《せつめい》したるものなり。

　實《じつ》に日本帝國《にほんていこく》は建國以來《けんこくいらい》日出《ひのい》づる所《ところ》の天子國《てんしこく》卽《すなわ》ち日本《にほん》として內外《ないがい》に稱《しよう》せられ來《きた》りしが、何《いず》れの所《ところ》に日《ひ》の出《で》なき國《くに》ありや、又何《またいず》れの所《ところ》に太陽照《たいようて》らざる國《くに》ありや、然《しか》るに日本《にほん》のみ斯《かか》る名稱《めいしよう》を獨占《どくせん》し、太陽《たいよう》は我國《わがくに》より出《い》づと言《い》はんばかりに天下《てんか》に高唱《こうしよう》したるものなりしが、科學《かがく》の進歩《しんぽ》と共《とも》に斯《かか》る傳說《でんせつ》は一《ひ》ト溜《たま》りもなく打破《だは》せらるべしと思《おも》ひきや、千六百七十五年《せんろつぴやくななじゆうごねん》に英國《えいこく》グリニッチ天文臺設立《てんもんだいせつりつ》せられ、同所《どうしよ》を起點《きてん》として東經及西經《とうけいおよびせいけい》を定《さだ》めたりしに、我日本《わがにほん》は東經百四十度《とうけいひやくよんじゆうど》に當《あた》り、極東《きよくとう》なる百八十度《ひやくはちじゆうど》までは多少《たしよう》の距離《きより》ありといへども、地球 上《ちきゆうじよう》の極東國《きよくとうこく》なるが故《ゆえ》に、太陽《たいよう》の第一光線《だいいちこうせん》は毎日毎週《まいにちまいしゆう》、毎月《まいつき》、毎年又毎世紀《まいとしまたまいせいき》を通《つう》じて、必《かなら》ず先《ま》づ日本《にほん》の靈峰富士山上《れいほうふじさんじよう》の萬年雪《まんねんゆき》に反射《はんしや》したる後順次全世界《のちじゆんじぜんせかい》に及《およ》ぼすものと斷定《だんてい》せられ、歐米《おうべい》の文明國民《ぶんめいこくみん》と稱《しよう》するもの亦日本《またにほん》を指《さ》してライズイング・サン・カントリー(日出《ひので》の國《くに》)と尊稱《そんしよう》するに到《いた》りしなり。

　されば日本《にほん》は陽光陽氣《ようこうようき》の源泉《げんせん》に於《お》いて、最《もつと》も強威《きようい》あるラヂウムを浴《あ》び居《い》るものにして、之《これ》のみにても至上《しじよう》の天祐《てんゆう》と稱《しよう》すべきものなり、尤《もつと》も赤道以南《せきどういなん》には東經百七十五度《とうけいひやくななじゆうごど》に新西蘭《にゆーじーらんど》あるも回歸線以南《かいきせんいなん》は問題《もんだい》とする必要《ひつよう》なし、又日本《またにほん》の東北《とうほく》にカムチヤツカありて百六十度乃至百八十度《ひやくろくじゆうどないしひやくはちじゆうど》に亘《わた》るあるも、未開《みかい》の曠原氷野《こうげんひようや》にして國家《こつか》の體《てい》を爲《な》さゞるものなるが故《ゆえ》に、日本《にほん》なる名稱《めいしよう》は科學上亦當然犯《かがくじようまたとうぜんおか》すべからざる權威《けんい》を有《ゆう》する事《こと》となりたるなり。

之《これ》に加《くわ》ふるに國旗亦太陽《こつきまたたいよう》なり。

思《おも》ふに太陽《たいよう》ほど天《てん》の下《した》、地《ち》の上《うえ》にありて明白《めいはく》なるものはあらざるべし、如何《いか》に神系遅鈍《しんけいちどん》なるものといへども太陽《たいよう》の存在《そんざい》を知《し》らざるものなかるべく、又萬物《またばんぶつ》悉《ことごと》く太陽《たいよう》に由《よ》りて其生存《そのせいぞん》を保《たも》ち居《い》るものなる以上《いじょう》、野蠻民族《やばんみんぞく》が之《これ》を神《かみ》として崇拝《すうはい》するは決《けっ》して迷信《めいしん》として抹殺《まっさつ》すべきことにあらざるべし、而《しか》して太陽《たいよう》は神《かみ》に非《あら》ず、亦禮拝《またれいはい》すべきものにあらずといへども、太陽《たいよう》ほど勢力《せいりょく》の象徴《しょうちょう》として偉大《いだい》なるものあらざるべし、されば何《いず》れの國家《こっか》も、何《いず》れの國民《こくみん》も、競《きそ》うて之《これ》を國章《こくしょう》たらしむべき筈《はず》なるに、世《せ》界《かい》の先進國又《せんしんこくまた》は一等國《いっとうこく》と稱《しょう》する國々《くにぐに》は一《いち》として之《これ》を國章《こくしょう》となしたるものなく、只僅《ただわず》かにチユニス、ウルゲイ、アルゼンチン及《および》アラビヤ等《とう》の劣等國《れっとうこく》が之《これ》を使用《しよう》しあるのみ、而《しか》もアラビヤは赤地《あかじ》に日月《じつげつ》を現《あら》はし、アルゼンチンは青二條《あおにじょう》の間《あいだ》に人面日章《じんめんにっしょう》を描《えが》き、ウルゲイは青白九條《あおしろきゅうじょう》の一隅《いちぐう》に同《おな》じく人面日章《じんめんにっしょう》を配《はい》し、又《また》チユニスは赤地《あかじ》に白丸日章《しろまるにっしょう》を染《そ》め出《だ》したる中《なか》に赤色《あかいろ》にて月《つき》と星《ほし》とを置《お》きたるものにして、日本《にほん》の如《ごと》く明々白々《めいめいはくはく》に白地《しろじ》に日章《にっしょう》を示《しめ》したるものは世界何處《せかいどこ》にも無《な》きことなり。

然《しか》りといへども日本《にほん》に優先權《ゆうせんけん》ありて爲《た》めに外國《がいこく》をして之《これ》を使用《しよう》せしめざりしには非《あら》ざるのみか、日本《にほん》が日章旗《にっしょうき》を船舶《せんぱく》の徽號《きごう》となし、以《もっ》て外國船《がいこくせん》との區別《くべつ》を明《あきら》かにしたるは、安政元年七月九日《あんせいがんねんしちがつここのか》にして『大船製造《おおぶねせいぞう》については異國船《いこくせん》に紛《まぎ》れざる様日本總船印《ようにほんそうふなじるし》は白地日之丸幟《しろじひのまるのぼり》相用《あいもち》ひ候《そうろう》べし』との布令以來《ふれいいらい》の事《こと》なるが故《ゆえ》に、僅《わず》かに七十年前《ななじゅうねんまえ》の事《こと》なり、故《ゆえ》に日本《にほん》は列强中最《れっきょうちゅうもっと》も遅《おく》れて國章《こくしょう》を制定《せいてい》したるものなるに係《かか》はらず、其意匠《そのいしょう》は最《もっと》も單純《たんじゅん》にして、其理想《そのりそう》は最《もっと》も遠大正《えんだいまさ》に萬國《ばんこく》に冠《かん》たり。

尤《もつと》も日章《につしよう》即《すなわ》ち日《ひ》の丸《まる》は古《ふる》くより軍扇《ぐんせん》に用《もち》ひられ、日本《にほん》の紋章《もんしよう》は多《おお》く丸《まる》を使用《しよう》するが如《ごと》き又此日《またこのひ》の丸《まる》より出《い》でたる意匠《いしよう》ならんが、國家《こつか》の理想《りそう》及使命《およびしめい》が後世《こうせい》に於《お》いて制定《せいてい》せる國章《こくしよう》に自《おの》づから發露《はつろ》せられて誤《あやま》らざるが如《ごと》きは如何《いか》に考《かんが》ふるも天授《てんじゆ》といはざるを得《え》ざるなり。

シオンに指示《しじ》す、合圖《あいず》の旗《はた》を樹《た》てよ。

シオンは太陽《たいよう》の國《くに》なり、日本《にほん》なり、合圖《あいず》の旗《はた》とは言《い》ふまでもなく日章旗《につしようき》なり、即《すなわ》ちシオンに適《かな》はしき合圖《あいず》の旗《はた》を樹《た》てよとの意《い》にして、神《かみ》は二千五百五十年前《にせんごひやくごじゆうねんまえ》に已《すで》に豫言者《よげんしや》エレミヤをして斯《か》く豫言《よげん》せしめたるなり。

尚《な》ほ之《これ》に加《くわ》ふるに畏《かしこ》くも菊花《きつか》の御紋章《ごもんしよう》あり。

菊花《きつか》の御紋章《ごもんしよう》は現《げん》に波斯皇室《ぺるしあこうしつ》の御紋章《ごもんしよう》にして、又猶太會堂《またゆだやかいどう》に多《おお》く見受《みう》けらるゝものなるが、日本《にほん》には之《これ》を菊花《きつか》と判《はん》じ居《い》るも、其根據甚《そのこんきよはなは》だ薄弱《はくじやく》なり、余《よ》は之《これ》を太陽《たいよう》なりと信《しん》ずるものにして、以上《いじよう》の如《ごと》く太陽《たいよう》と縁深《えんぶか》き日本《にほん》の皇室《こうしつ》の御紋章亦太陽《ごもんしようまたたいよう》ならざるべからざるは言《い》ふまでもなきことなるが、若《も》し菊花《きつか》なりとせば其意義極《そのいぎきわ》めて輕少《けいしよう》のものとなり、霜《しも》に堪《た》ゆる最終《さいしゆう》の花《はな》、又四君子《またしくんし》の一位《いちい》のものに過《す》ぎずして、一天萬乘《いつてんまんじよう》、萬世一系《ばんせいいつけい》なる天津日嗣《あまつひつぎ》の稜威《りようい》を象徴《しようちよう》すべきものとしては餘《あま》りに意義輕少《いぎけいしよう》なり。

余《よ》は波斯皇室《ぺるしあこうしつ》の御紋章《ごもんしよう》につきては未《いま》だ研究《けんきゆう》し居《お》らざるも、猶太寺院《ゆだやじいん》の旭日章《きよくじつしよう》は斷《だん》じて菊花《きつか》を模《も》したるものに非《あら》ず、而《しか》して其陽光《そのようこう》の如《ごと》きも多《おお》くは八條《はちじょう》又《また》は十二條《じゅうにじょう》にして十六條《じゅうろくじょう》は甚《はなは》だ多《おお》きも、何《いず》れも四《よん》を以《もっ》て除《じょ》しうる數《かず》なるを見《み》れば陽光四方《ようこうしほう》に放射《ほうしゃ》するの意《い》を示《しめ》し居《い》るものにして、單純《たんじゅん》なる花瓣《かべん》を示《しめ》したるものに非《あら》ず、殊《こと》に猶太《ゆだや》には之《これ》に酷似《こくじ》せる花《はな》を見《み》ざるのみならず、猶太人《ゆだやじん》は太陽《たいよう》を以《もっ》て神明《しんめい》の象徴《しょうちょう》として申分《もうしぶん》なきものゝ如《ごと》く思惟《しい》し、其聖書中《そのせいしょちゅう》に少《すく》なからず之《これ》を表示《ひょうじ》せり。

義《ただ》しき者《もの》の途《と》は旭光《きよつこう》の如《ごと》し、いよ〳〵光輝《こうき》を増《ま》して晝《ひる》の正午《しょうご》に到《いた》る。

夫《そ》れ光明《こうみよう》は快《こころよ》きものなり、目《め》に日《ひ》を見《み》るは樂《たの》し。

人《ひと》を正《ただし》く治《おさ》むる者《もの》、神《かみ》を畏《おそ》れて治《おさ》むるものは日出《ひので》の朝《あさ》の光《ひかり》の如《ごと》く雲《くも》なき朝《あさ》の如《ごと》く又雨《またあめ》の後《のち》の日《ひ》の光明《こうみよう》によりて地《ち》に萌《も》え出《い》づる若草《わかくさ》の如《ごと》し、

エホバを愛《あい》するものは日《ひ》の眞盛《まことさかん》に昇《のぼ》るが如《ごと》くなれよかし、

其裔《そのえい》は永久《えいきゅう》に續《つづ》き、其座位《そのざい》は日《ひ》の如《ごと》く常《つね》に我前《わがまえ》に在《あ》らん。

そは神《かみ》エホバは日《ひ》なり盾《たて》なり。

われ曙《あけぼの》の翼《つばさ》を張《は》る。

我名《わがな》を畏《おそ》るゝ汝等《なんじら》には義《ぎ》の日出《ひい》でゝ昇《のぼ》らん。

日《ひ》は亦美《またび》の衣章《いしょう》なり。

日《ひ》は天《てん》の装飾《そうしょく》なり。
主《しゅ》の日來《ひきた》らば太陽《たいよう》は七倍《ななばい》の光明《こうみょう》を増《ま》すべし。
イスラエルの日《ひ》は再《ふたた》び沒《ぼつ》せざるべし。
僞善者《ぎぜんしゃ》は日《ひ》の前《まえ》に靑《あお》し。
日《ひ》の下《もと》に一《いち》も新《あたら》しきものなり。
日《ひ》の如《ごと》く明《あきら》かなり。
義人《ぎじん》は日《ひ》の如《ごと》く輝《かがや》かん。

されば猶太人《ゆだやじん》は眞善美《しんぜんび》の最大《さいだい》なる象徴《しょうちょう》として太陽《たいよう》を見居《みい》りしを察《さつ》しうべく、天子《てんし》の稜威及《りょういおよび》盛徳《せいとく》を表章《ひょうしょう》するに此上《このうえ》なきものとなし居《お》りしを知《し》るべし、然《さ》らば我皇室《わがこうしつ》の御紋章《ごもんしょう》の由來《ゆらい》は如何《いか》にもあれ、單《たん》に之《これ》を菊花《きつか》なりと見《み》るよりも太陽《たいよう》なりと見《み》る方遙《ほうはる》かに意義遠大又玄妙《いぎえんだいまたげんみょう》ならずや、斯《か》くてそ始《はじ》めて「日《ひ》の御子《みこ》」の意義亦鮮《いぎまたあざや》かなるべし、現《げん》に國旗《こつき》の如《ごと》きは御紋章《ごもんしょう》の花瓣《かべん》を延長《えんちょう》したるものにあらずや、故《ゆえ》に余《よ》は御紋章《ごもんしょう》は菊花《きつか》に非《あら》ずして太陽《たいよう》なりと信《しん》ずるものにして、國旗《こつき》の竿頭《かんとう》に輝《かがや》く金《きん》の御紋章亦始《ごもんしょうまたはじ》めて意義《いぎ》あるべく、胸間《きょうかん》の旭日章亦一段《きょくじつしょうまたいちだん》の武勲《ぶくん》を語《かた》るべきなり。

思《おも》ふに御紋章《ごもんしょう》を菊花《きつか》と斷《だん》じたるは、後世《こうせい》の誤《あやま》りにして、天壤無窮《てんじょうむきゅう》の神勅《しんちょく》に對《たい》するも太陽《たいよう》と判《はん》ずべきを正當《せいとう》とす、而《しか》して國士《こくし》を山櫻《やまざくら》とみて、其散《そのち》り際の美《ぎは》はしさを奨勵《しょうれい》するは國民教育上至當《こくみんきょういくじょうしとう》なるも、萬世一系《ばんせいいっけい》の皇統《こうとう》を象徴《しょうちょう》する御紋章《ごもんしょう》を期間短《きかんみじ》かき菊花《きっか》と比《ひ》するは餘《あま》りに輕擧《けいきょ》なり、而《しか》して余《よ》は固《かた》く信《しん》ず、御紋章《ごもんしょう》は菊花《きっか》に非《あら》ずして太陽《たいよう》なることを國民《こくみん》が信《しん》じ得《え》たる時《とき》、我國民《わがこくみん》の國民性《こくみんせい》は必《かなら》ず歸一《きいつ》せられて今國《いまくに》の淺《あさ》ましき淪落《りんらく》と、恐《おそ》ろしき危機《きき》より救濟《きゅうさい》せらるゝをうべしと。

第三項　國歌《こっか》「君《きみ》が代《よ》」

國歌《こっか》「君《きみ》が代《よ》」は、古今集中《こきんしゅうちゅう》にある讀人不知《よみびとしらず》の古歌《こか》に一部改善《いちぶかいぜん》を加《くわ》へたるものなることは衆知《しゅうち》の事《こと》なれども、之《これ》を日本《にほん》の國歌《こっか》となしたるは明治八年《めいじはちねん》の頃《ころ》、英國軍樂長《えいこくぐんがくちょう》フエルトンを招聘《しょうへい》したる際《さい》、原田造兵總監苦心慘澹《はらだぞうへいそうかんくしんさんたん》の末《すえ》に之《これ》を國歌《こっか》たらしむべく決定《けってい》したるものなるが、作者《さくしゃ》の何人《なんびと》にして、歌想《かそう》の出所如何《しゅっしょいかん》は全《まった》く不明《ふめい》なりき。

此歌《このうた》は一見甚《いっけんはなは》だ平凡《へいぼん》なるものにして、且《か》つ非科學的《ひかがくてき》なるが故《ゆえ》に、余《よ》の如《ごと》きも明治三十六年《めいじさんじゅうろくねん》の頃音《ころおん》樂講演旅行《がくこうえんりょこう》を全國《ぜんこく》に試《こころ》みたりし時《とき》、之《これ》を歐米《おうべい》の諸國歌《しょこっか》に比《ひ》し甚《はなは》だ遜色《そんしょく》あり且《か》つ非科學的《ひかがくてき》なりとて更《さら》に優秀《ゆうしゅう》なるもの ゝ 出現《しゅつげん》を希望《きぼう》したる事《こと》ありしが、今《いま》にして回顧《かいこ》すれば冷汗背《れいかんせ》を濕《しめ》すを覺《おぼ》えて慚愧《ざんき》の至《いた》りに堪《た》えず。

余《よ》は國民教育上音樂殊《こくみんきょういくじょうおんがくこと》に國歌《こっか》の必要《ひつよう》を認《みと》め、唱歌研究《しょうかけんきゅう》のために身《み》を致《いた》せしこと年久《としひさ》しく、曾《か》つて『教育《きよういく》と音樂《おんがく》』を著《あらは》して識者《しきしや》に訴《うつた》ふるところありしが、當時《とうじ》余《よ》は米國心醉《べいこくしんすい》の絶頂《ぜつちよう》に在《あ》りし事《こと》とて、國民教育《こくみんきよういく》の方針亦米國式《ほうしんまたべいこくしき》なりしが故《ゆえ》に、「君《きみ》が代《よ》」に對《たい》して物足《ものた》らぬを感《かん》じたるは其君主主義《そのくんしゆしゆぎ》なるがためなりき、卽《すなわ》ち余《よ》はも少《すこ》し民主主義《みんしゆしゆぎ》のものを要求《ようきゆう》し居《お》りたるなり、而《しか》して之《これ》に加《くわ》ふるに「いはほとなりて」の一句《いつく》が餘《あま》りに非科學的《ひかがくてき》なるを認《みと》めたるなり、如何《いか》に進化論《しんかろん》を提《さ》げ來《きた》るも「さゞれ石《いし》」が「いはほ」たりうべきものに非《あら》ず云々《うんぬん》と說《と》き「君《きみ》が代《よ》」抹殺《まつさつ》を試《こころ》みたりしが、蓋《けだ》し米國心醉《べいこくしんすい》の結果《けつか》に外《ほか》ならざりしなり、而《しか》して日露戰争從軍以來《にちろせんそうじゆうぐんいらい》、余《よ》が國家觀《こつかかん》は極端《きよくたん》なる民主主義《みんしゆしゆぎ》より、極端《きよくたん》なる君主《くんしゆ》主義《しゆぎ》となり、米國心醉《べいこくしんすい》の宿夢《しゆくむ》は痕跡《こんせき》もなく消《き》え去《さ》りて日本《にほん》は神州《しんしゆう》なりてふ觀念《かんねん》に復活《ふつかつ》するや、茲《ここ》に始《はじ》めて「君《きみ》が代《よ》」を見《み》るべき明《めい》を得《え》「君《きみ》が代《よ》」こそ萬國無比《ばんこくむひ》の尊《とうと》き國歌《こつか》にして、又得難《またえがた》き神祕的《しんぴてき》のものなるを發見《はつけん》せり、而《しか》して非科學的云々《ひかがくてきうんぬん》の如《ごと》きは取《と》るに足《た》らざる愚論《ぐろん》にてありしことを知《し》りたるなり。然《しか》りといへども余《よ》は今唱歌學上《いましようかがくじよう》より「君《きみ》が代《よ》」を論《ろん》ずるの煩《はん》を避《さ》け、唯之《ただこれ》を以《もつ》て天授的國歌《てんじゆてきこつか》なりと信《しん》ずる神祕的方面《しんぴてきほうめん》のみにつきて一言《ひとこと》すべし、「君《きみ》が代《よ》」の歌詞《かし》は先《さ》きにも述《の》べたるが如《ごと》く、一見平凡《いつけんへいぼん》の觀《かん》なきに非《あら》ざれども、尙《な》ほ誦《しよう》し去《さ》り誦《しよう》し來《きた》れば、當時《とうじ》の歌例《うたれい》に見難《みがた》き一新機軸《いつしんきじく》の潜《ひそ》み居《い》るを發見《はつけん》すべし、卽《すなわ》ち「さゞれ石《いし》のいはほとなりて」の一句《いつく》に萬金《まんきん》の價《あたい》あるものにして、石《いし》または巖《いわお》は珍《めず》らしき用辭《ようじ》にあらずといへども、石《いし》を巖《いわお》たらしむる其連用《そのれんよう》に偉大《いだい》なる力《ちから》あるものなり、思《おも》ふに此神祕的情緒《このしんぴてきじようちよ》は萬葉集第十二巻《まんようしゆうだいじゆうにかん》の下《げ》にある左《ひだり》の一節《いつせつ》と同曲《どうきよく》のものと見《み》らるべきも、從來有《じゆうらいあ》りふれたる、和歌中《わかちゆう》には甚《はなは》だ奇異《きい》なるものなりとす。

葦原《あしはら》の水穗《みずほ》の國《くに》に手向《たむ》けすと、天降《あまくだ》りましけん五百萬《ごひやくまん》、千萬神《せんまんがみ》の神代《じんだい》より言《い》ひ繼《つ》ぎ來《き》たるかみなびの、三諸《みもろ》の山《やま》は春來《はるきた》れば、春霞立《はるがすみた》ち秋往《あきい》けば、紅《べに》にほふ。かみなびの三諸《みもろ》の神《かみ》の帶《おび》にせる、飛鳥《あすか》の川《かわ》の水尾速《みおはや》め、おひため難《がた》き石枕《いしまくら》、苔《こけ》むすまでに、あらた世《よ》の、幸《さ》きく通《かよ》はんことばかり、夢《ゆめ》に見《み》せこそ、劒刀齋《けんとういは》ひ祭《まつ》れる、神《かみ》にしませば。

思《おも》ふに「君《きみ》が代《よ》」は萬葉集《まんようしゆう》の『おひため難《がた》き石枕苔《いしまくらこけ》むすまでに』の一句《いつく》より生《うま》れ出《い》でたるものなるべく、讀人不知《よみびとしらず》とあるも或《あるい》は古今集編者《こきんしゆうへんじや》の一人《ひとり》なる紀貫之《きのつらゆき》の作《さく》にあらざるなきか、そは兎《と》に角《かく》「君《きみ》が代《よ》」の起源《きげん》を萬葉集《まんようしゆう》なりとするも、萬集葉中《まんしゆうようちゆう》の「石枕《いしまくら》」云々《うんぬん》の歌想《かそう》は何《いず》れより來《きた》りしや、又《また》此石枕《このいしまくら》を「君《きみ》が代《よ》」作者《さくしや》は「いはほ」たらしめたる其歌想《そのかそう》は何《いず》れより來《きた》りしや、之《こ》れ大《おおい》に研究《けんきゆう》を要《よう》する事《こと》にして當時《とうじ》の歌人《かじん》は果《はた》して如何《いか》なる意《い》を含《ふく》みて之《これ》を用《もち》ひたるや不明《ふめい》なるが、其後《そののち》の歌人恐《かじんおそ》らくは其眞意義《そのしんいぎ》を知《し》り居《い》る人《ひと》あらざりしならん、然《さ》らば其感想《そのかんそう》は何處《どこ》より來《きた》りしや、讀者《どくしや》よ、天孫民族《てんそんみんぞく》の昔時《せきじ》を忘《わす》れずば今日我等《こんにちわれら》を拘束《こうそく》する一切《いつさい》の外來思想《がいらいしそう》より解脱《げだつ》して左《ひだり》の一篇《いつぺん》を一讀《いちどく》せよ。

茲《ここ》にヤコブ（アブラハムの孫《まご》にしてイスラエル民族《みんぞく》の祖《そ》）ベエルシバより出《い》でたちて、ハランの方《ほう》におもむきけるが、或處《あるところ》に到《いた》れる時《とき》、日暮《ひく》れたれば卽《すなわ》ち其處《そこ》に宿《やど》り、其處《そこ》の石《いし》を取《と》り枕《まくら》となして其處《そこ》に臥《ふ》して寝《い》ねたり。

時《とき》に彼夢《かれゆめ》みて梯《はしご》の地《ち》に立《た》ち居《い》て其頂《そのいただき》の天《てん》に達《いた》れるを見《み》、又神《またかみ》の使《つかい》の其《それ》に昇《のぼ》り降《お》りするを見《み》たり。

エホバ其上《そのうえ》に立《た》ちて言《い》ひたまはく、我《われ》は汝《なんじ》の祖父《そふ》アブラハムの神《かみ》、イサク（アブラハムの子《こ》にしてヤコブの父《ちち》）の神《かみ》なり、汝《なんじ》が臥《ふ》す所《ところ》の地《ち》は我之《われこれ》を汝《なんじ》と汝《なんじ》の子孫《しそん》に與《あた》へん、汝《なんじ》の子孫《しそん》は地《ち》の塵沙《じんしゃ》の如《ごと》く西東北南《せいとうほくなん》に蔓《はびこ》るべし、又天下《またてんか》の諸《もろもろ》の族《ぞく》、汝《なんじ》と汝《なんじ》の子孫《しそん》に由《よ》りて福祉《ふくし》を得《え》ん、また我汝《われなんじ》と共《とも》にありて凡《すべ》て汝《なんじ》の往《い》くところにて汝《なんじ》を護《まも》り、汝《なんじ》を此地《このち》に牽《ひき》ゐ返《かえ》るべし、我《われ》は我《わ》が汝《なんじ》に語《かた》りし事《こと》を行《おこな》ふまで汝《なんじ》を離《はな》れざるなり。

ヤコブ目《め》をさまして言《い》ひけるは、誠《まこと》にエホバ此處《ここ》に在《いま》すに我知《われし》らざりきと、乃《すなわ》ち惶懼《こうおそ》れて言《い》ひけるは、畏《おそ》るべきかな此處《ここ》是《こ》れ卽《すなわ》ち神《かみ》の殿《でん》に外《ほか》ならず、是《こ》れ天《てん》の門《もん》なり。

かくてヤコブ朝夙《あさつと》に起《お》き、其枕《そのまくら》となしたる石《いし》を取《と》り、之《これ》を立《た》てゝ柱《はしら》となし、膏《あぶら》を其上《そのうえ》に沃《そそ》ぎ、其處《そこ》の名《な》をベテル（神《かみ》の殿《でん》）と名《な》づけたり。（舊約聖書創世記《きゅうやくせいしょそうせいき》第二十八章《だいにじゅうはっしょう》十節《じゅっせつ》以下《いか》）

此石卽《このいしそく》ベテルこそ後《のち》にイスラエル王國《おうこく》の基礎《きそ》となりたるものにして、卽《すなわ》ち是《こ》れ本書第二章《ほんしょだいにしょう》に於《お》いて述《の》べたるが如《ごと》く今日英國《こんにちえいこく》のウエストミンスター寺院《じいん》に奉安《ほうあん》せらるゝ、即位石《そくいいし》なり、萬葉集《まんようしゅう》の三諸《みもろ》の神《かみ》とは三柱《みはしら》の謂《いい》にして、舊約聖書《きゅうやくせいしょ》にアブラハムの神《かみ》、イサクの神《かみ》、ヤコブの神《かみ》と謂《い》へると同一《どういつ》なりと見《み》るべし。

斯《か》くて石枕《いしまくら》の由來明瞭《ゆらいめいりょう》となりたるが、此石枕《このいしまくら》こそ「君《きみ》が代《よ》」に歌《うた》はれたる「いはほ」にして、べテル即《すなわ》ち神《かみ》の殿《でん》なり又神《またかみ》の國《くに》なり、而《しか》して「さゞれ石《いし》」とは流《なが》れに洗《あら》はるる小石《こいし》にして、換言《かんげん》すれば隠《かく》れたる小石《こいし》なり、即《すなわ》ち明治以前《めいじいぜん》の日本《にほん》を指《さ》したるものなり、而《しか》して「いはほとなりて苔《こけ》のむす」は世界《せかい》に擡頭《たいとう》して國威《こくい》を發揚《はつよう》するを謂《い》ひたるもの、而《しか》も其國威《そのこくい》は天壤無窮《てんじょうむきゅう》的《てき》のものを示《しめ》したるは何人《なんぴと》にも認《みと》めらるることとなるべし。

イスラエル王國《おうこく》の祖《そ》ダビデ王臨終《おうりんじゅう》に際《さい》し、最終《さいしゅう》の詔書《しょうしょ》を發《はっ》せり、其一節《そのいっせつ》に曰《いわ》く。

エホバの靈《れい》わが中《なか》にありて言《い》ひたまふ、其鍮言《そのちゅうげん》わが舌《した》にあり、イスラエルの神言《かみい》ひたまふ、イスラエルの磐《いは》われに語《つ》げたまふ、人《ひと》を正《ただ》しく治《おさ》むる者《もの》、神《かみ》を畏《おそ》れて治《おさ》むるものは日《ひ》の出《で》の朝《あさ》の光《ひかり》の如《ごと》く雲《くも》なき朝《あさ》の如《ごと》く又雨《またあめ》の後《のち》の日《ひ》の光明《こうみょう》によりて地《ち》に萠《も》え出《い》づる新草《にいくさ》の如《ごと》し。

（舊約聖書《きゅうやくせいしょ》サムエル後書第二十三章二節以下《あとがきだいにじゅうさんしょうにせついか》）

その日《ひ》（神政復古《しんせいふっこ》）ユダの國《くに》（神《かみ》を讃美《さんび》する國神《くにかみ》の義《ぎ》を行《おこな》ふ國《くに》）にて此歌《このうた》をうたはん。

われらに堅固《けんご》なる邑《ゆう》あり（萬代不易《まんだいふえき》の皇室《こうしつ》）神政《しんせい》を以《もつ》て其垣其藩《そのがきそのはん》となしたまふべし、汝等《なんじら》門《もん》を開《ひら》きて忠信《ちゆうしん》を守《まも》る義《よ》き國民《こくみん》を容《い》れよ（古武士《こぶし》の如《ごと》き民《たみ》）汝《なんじ》は平康《へいこう》に平安《へいあん》を以《もつ》て志《こころざし》かたき者《もの》を護《まも》りたまふ、彼《かれ》は汝《なんじ》に依《よ》り頼《たの》めばなり、汝等《なんじら》常盤《ときわ》に（千代《ちよ》に八千代《やちよ》に）エホバによりたのめ、主《しゆ》エホバは永久《えいきゆう》の巖《いわお》なり。（舊約聖書《きゆうやくせいしよ》イザヤ書第二十六章《しよだいにじゆうろくしよう》始《はじめ》）

而《しか》して其像《そのぞう》（神《かみ》に敵《てき》する國《くに》即《すなわ》ち民國《みんこく》）を撃《う》ちたる石《いし》は大《だい》なる山《やま》（國威發揚《こくいはつよう》）となりて全地《ぜんち》に充《み》てり（舊約聖書《きゆうやくせいしよ》ダニエル書第二章三十五節《しよだいにしようさんじゆうごせつ》）

右《みぎ》の如《ごと》きダビデ王《おう》の遺詔《いしよう》と、イザヤ及《および》ダニエルの豫言《よげん》とを綜合《そうごう》し來《きた》れば、極《きわ》めて容易《ようい》に「君《きみ》が代《よ》は千代《ちよ》に八千代《やちよ》にさゞれ石《いし》の巖《いわお》となりて苔《こけ》のむすまで」を詠《よ》み出《い》づるにあらずや、勿論《もちろん》「君《きみ》が代《よ》」が我《わが》歌人《かじん》に由《よ》りて作《つく》られたるものなる以上《いじよう》、其全形其《そのぜんけいその》まゝを聖書《せいしよ》に求《もと》むるは非《ひ》なり、要《よう》する所《ところ》は其精神《そのせいしん》にあり歌想《かそう》にあり、而《しか》して其歌想《そのかそう》はイスラエルの詩想《しそう》と一致《いつち》するものにして、又日本《またにほん》の古代史《こだいし》は、カルデヤ方面《ほうめん》にありしものなるを知《し》らば、「君《きみ》が代《よ》」の出所茲《しゆつしよここ》に到《いた》りて始《はじ》めて明瞭《めいりよう》なるべく、「君《きみ》が代《よ》」の意義《いぎ》始《はじ》めて世界的《せかいてき》の權威《けんい》あるべきなり。

而《しか》して聖書《せいしよ》にはキリストを「いはほ」と呼《よ》び居《い》ること尠《すく》なからず、キリスト自身《じしん》、『わが教會《きようかい》を巖《いわお》の上《うえ》に立《た》つべし』『巖《いわお》の上《うえ》に建《た》てられたる家《いえ》は倒《たお》るゝことなし』と說《と》きたまへるは、巖即《いわおすなわ》ち萬代不易《まんだいふえき》、千古不滅《せんこふめつ》の神意《しんい》（神《かみ》の言《こと》の葉《は》）の上《うえ》に建《た》てらるべき國《くに》を示《しめ》し給《たま》へるものにして、前述《ぜんじゅつ》の如《ごと》くイエスと日本《にほん》との神祕的關係《しんぴてきかんけい》を知《し》るに到《いた》つて、「君《きみ》が代《よ》」は始《はじ》めて世界的陽光《せかいてきようこう》を受《う》けたるものといふべく、正《まさ》に是《こ》れ神《かみ》の授《さず》け給《たま》へる國歌《こっか》とこそ感謝《かんしゃ》すべきなり、而《しか》して此國歌《このこっか》は實《じつ》に神州《しんしゅう》の將來《しょうらい》を祝《しゅく》し居《い》るものにして日本國民《にほんこくみん》の思想及信仰《しそうおよびしんこう》の歸一點《きいってん》とこそ謂《い》ふべきなり。

然《しか》るに何事《なにごと》ぞ、如何《いか》に米國《べいこく》に心醉《しんすい》せばとて、斯《かか》る尊《とうと》き國歌《こっか》に對《たい》し妄言妄語《もうげんもうご》を試《こころ》み以《もっ》て新人《しんじん》を氣取《きど》り得《え》たりし我《わ》が醜《みにく》さよ、わが愚《おろ》かさよ、而《しか》も奇《き》なる哉《かな》、「君《きみ》が代《よ》」に對《たい》して公然妄言妄語《こうぜんもうげんもうご》せるは恐《おそ》らく余《よ》を以《もっ》て第一人《だいいちにん》とすべきが、又《また》「君《きみ》が代《よ》」に對《たい》して右《みぎ》の如《ごと》き新解説《しんかいせつ》を試《こころ》み以《もっ》て「君《きみ》が代《よ》」の權威《けんい》を世《せ》界的《かいてき》ならしめたるも余《よ》を以《もっ》て第一人《だいいちにん》とすべし、さらば余《よ》は此功後《このこうのち》に由《よ》りて前科《ぜんか》を償《つぐな》ひうべきか。

第四項　國字《こくじ》「いろは」

日本語《にほんご》の語源《ごげん》につきては未《いま》だ定説《ていせつ》なきも、ペルシヤ語説《ごせつ》最《もっと》も有力《ゆうりょく》なるが如《ごと》し、されど此方面《このほうめん》の研《けん》究《きゅう》は門外漢《もんがいかん》なる余《よ》の與《あず》かり知《し》る所《ところ》に非《あら》ざるが故《ゆえ》に、余《よ》は余《よ》の領分《りょうぶん》なる神祕的方面《しんぴてきほうめん》より國字《こくじ》「いろは」を説明《せつめい》せんとす。

日本《にほん》には固有《こゆう》の國語《こくご》なるものありて現存《げんぞん》し居《い》るも、固有《こゆう》の國字《こくじ》なるものなきは一《いち》の不思議《ふしぎ》なり、さらば當初《とうしょ》より國字《こくじ》なかりしやといはゞ、然《しか》らず慥《たし》かに存在《そんざい》したるものにして、神道《しんとう》の一派《いっぱ》は古代文字《こだいもじ》は是《これ》なりと主張《しゆちよう》し居《い》るものあるに見《み》て明《あきら》かなるべし、尤《もつと》も彼等《かれら》の所謂《いわゆる》古代文字《こだいもじ》なるものにつきては學者多《がくしやおお》く否認《ひにん》し居《い》るが故《ゆえ》に、余《よ》は其眞僞《そのしんぎ》につきては明言《めいげん》する能《あた》はざれども、兎《と》に角《かく》、國字《こくじ》なるもの其《その》跡《あと》を絶《た》ちて漢字之《かんじこれ》に代《かわ》りたるは事實《じじつ》なり、而《しか》も漢語《かんご》を使用《しよう》せずして漢字《かんじ》のみを使用《しよう》したるが故《ゆえ》に、日《に》本文《ほんぶん》は日本語《にほんご》と共《とも》に支那人《しなじん》に不通《ふつう》なり、之《こ》れ恰《あたか》も猶太人《ゆだやじん》は日本《にほん》と反對《はんたい》に、國字《こくじ》を保存《ほぞん》せるも、國語《こくご》を忘却《ぼうきやく》したると相似《そうじ》たる不思議《ふしぎ》なり、但《ただ》し猶太人《ゆだやじん》は亡國民《ぼうこくみん》なるが故《ゆえ》に國語《こくご》を忘却《ぼうきやく》するも不思議《ふしぎ》に非《あら》ざれども、日本《にほん》は絶《た》えず順境《じゆんきよう》に國體《こくたい》を支持《しじ》しつゝ而《しか》も國字《こくじ》を失《うしな》へるは甚《はなは》だ奇怪《きかい》なり、之《こ》れ想《おも》ふに日本《にほん》國《こく》はイスラエル系《けい》より出《い》でたるものなることを一時祕《いちじひ》し置《お》く必要《ひつよう》より起《おこ》りたる事《こと》に非《あら》ざるなきか。

　而《しか》して此間《こないだ》に在《あ》りて吉備眞備《きびのまきび》の片假名《かたかな》現《あら》はれ、次《つ》いで空海《くうかい》の平假名《ひらがな》出《い》でたるが、前者《ぜんしや》は科學的《かがくてき》の價《か》値《ち》を示《しめ》し、後者《こうしや》は宗教的價値《しゆうきようてきかち》を示《しめ》したものにして、何《いず》れも漢字《かんじ》より案出《あんしゆつ》したるものなるが、余《よ》が今《いま》言《い》はんとする「いろは」に到《いた》りては眞《まこと》に神祕極《しんぴきわ》まるものにして、如何《いか》に弘法大師《こうぼうだいし》の智明英才《ちめいえいさい》を以《もつ》てするも彼《か》れ自身斯《じしんかか》る神祕《しんぴ》を含《ふく》ましめて之《これ》を案出《あんしゆつ》したるには非《あら》ざるべし。

　さらば「いろは」は如何《いか》なる神祕《しんぴ》を藏《ぞう》するやといふに、其四十八文字《そのよんじゆうはちもじ》に歌《うた》はれたる道歌《どうか》としての値《あたい》は今之《いまこれ》を言《い》はず、唯《ただ》「いろは」を猶太人及日本人《ゆだやじんおよびにほんじん》の神聖數《しんせいすう》と稱《しよう》する七《なな》にて上《うえ》の如《ごと》く區分配列《くぶんはいれつ》せば其最下段《そのさいかだん》の七字《ななじ》は「とかなくてしす」（科《とが》なくて死《し》す）となり、明《あきら》かに耶蘇基督《やそきりすと》の十字架《じゆうじか》を連想《れんそう》せしむ、之《これ》は中田某氏《なかだぼうし》の發見《はつけん》として今日《こんにち》まで多大《ただい》に不思議視《ふしぎし》せられたるものなりしが之《これ》のみにては未《いま》だ

い●ろは●にほ●へと●
ちりぬるをわか●
よたれそつねな●
らむうゐのおく●
やまけふこえ●て●
あさきゆめみし●
ゑひもせす●

「いろは」を神秘視《しんぴし》するに足《た》らず、又基督《またきりすと》の十字架《じゅうじか》を連想《れんそう》せしむるに足《た》るとはいへ基督《きりすと》を明示《めいじ》せざる限《かぎ》り其論據薄弱《そのろんきょはくじゃく》なるを免《まの》かれざりき、然《しか》るに余《よ》は「いろは」が尋常一様《じんじょういちよう》の佛教《ぶっきょう》の僧侶《そうりょ》の頭《かしら》より案《あん》出《しゅつ》せられたるものに非《あら》ずして、入唐《にゅうとう》の折《おり》、當時唐《とうじとう》に於《お》いて熾《さか》んに流行《りゅうこう》せる太秦景教《だいしんけいきょう》に歸依《きえ》したる空海《くうかい》の信仰《しんこう》より湧《なが》れ出《い》でたるものなるを知《し》るや、必《かなら》ず更《さら》に祕義《ひぎ》なかるべからずと信《しん》じ之《これ》を研究《けんきゅう》したりしに、偶然第一行《ぐうぜんだいいちぎょう》の隔字《かくじ》を讀《よ》みて「いはほ」を得《え》たり、而《しか》して之《これ》に「とかなくてしす」を附《ふ》すれば「嚴科《げんか》なくて死《し》す」となるべく、「いはほ」は基督《きりすと》の別名《べつめい》なること言《い》ふまでも無《な》きことにして、之《これ》にて始《はじ》めて完全《かんぜん》に基督《きりすと》の十字架《じゅうじか》を暗《あん》示《じ》したるものといふべし。

然《しか》るに余《よ》は尚《な》ほ之《これ》にて満足《まんぞく》せず、更《さら》に他《た》の研究《けんきゅう》に出《い》でたり、即《すなわ》ち基督《きりすと》が種々《しゅじゅ》なる國家及《こっかおよび》教會七代《きょうかいななだい》表《ひょう》に宛《あ》て、發《はっ》し給《たま》へる親書中《しんしょちゅう》、其最《そのもっと》も信任《しんにん》する國家《こっか》に宛《あ》て給《たま》へる一書《いっしょ》の署名《しょめい》は『われはアルパなりオメガなり』とあり、而《しか》して余《よ》は此國家《このこっか》は必《かなら》ず我日本《わがにほん》なりと信《しん》じ居《お》りしが故《ゆえ》に、此發信者《このはっしんしゃ》の匿名《とくめい》は必《かなら》ず受信者《じゅしんしゃ》なる日本語《にほんご》にて説明《せつめい》しうべきものならざるべからずとし、直《ただ》ちに「いろは」に由《よ》りて之《これ》が判讀《はんどく》を試《こころ》みたりしが、アルパは首先《しゅさき》にしてオメガは末尾《まつび》なり、即《すなわ》ち始《はじめ》なり終《おわり》なるが故《ゆえ》に「いろは」

の始字《しじ》と末字《まつじ》とを見《み》しに「い」と「す」とを得《え》、イエスの名《な》の輪廓明《りんかくあきら》かとなりたり、之《これ》に力《ちから》を得《え》て中央《ちゆうおう》のエに當《あた》る字《じ》を探《さが》し出《だ》せしに、別表《べつひよう》にて示《しめ》すが如《ごと》く、「え」は第五行《だいごぎよう》の下部《かぶ》に在《あ》りて、而《しか》も第《だい》三十三字目《さんじゆうさんじめ》に當《あた》るを知《し》れり（「い」より數《かぞ》ふれば第三十四字《だいさんじゆうよんじ》となるも「い」及《および》「す」は已《すで》に使用中《しようちゆう》故之《ゆえこれ》を數《かぞ》へず）而《しか》して「え」と「す」と間《あいだ》に十二字《じゆうにじ》あり、之《こ》れに由《よ》れば「いろは」全體《ぜんたい》は「え」にて二分《にぶん》せられ、前半三十三《ぜんはんさんじゆうさん》は基督《きりすと》の一生三十三年《いつしようさんじゆうさんねん》に當《あた》り、後半十二《こうはんじゆうに》は基督《きりすと》の使徒十二人《しとじゆうににん》に當《あた》り兩者《りようしや》に由《よ》りて基督　教《きりすときよう》なるもの完成《かんせい》せられたるものにて、「いろは」は卽《すなわ》ち基督　教《きりすときよう》なり、「いはほ科《とが》なくて死《し》す」之《これ》を證明《しようめい》して餘《あま》りあるに非《あら》ずや。

　而《しか》も尚《な》ほ此外《このほか》に更《さら》に驚《おどろ》くべき祕義《ひぎ》あり、卽《すなわ》ち聖書《せいしよ》にてはサタンの數六百六十六《かずろつぴやくろくじゆうろく》なりとあり、而《しか》して此六百六十六《このろつぴやくろくじゆうろく》の計算《けいさん》はアルファベット又《また》は「いろは」を使用《しよう》するものなるが、アルファベットにて悪魔《あくま》（サタン）なりと斷《だん》じうるものは同《おな》じく「いろは」にても悪魔《あくま》となるを發見《はつけん》せり、例《たと》へばカイゼルの如《ごと》き然《しか》り、而《しか》して今日世界《こんにちせかい》が悪魔視《あくまし》すべき某々　兩國亦此算數《ぼうぼうりようこくまたこのさんすう》に由《よ》りて斷《だん》じうるゝ事《こと》にて、甚《はなは》だ興味《きようみ》ある事《こと》なれども之《これ》は少《すこ》しく憚《はば》かる所《ところ》あるを以《もつ》て他日《たじつ》に讓《ゆず》るべきが、「いろは」は右《みぎ》の如《ごと》く神《しん》祕的《ぴてき》のものにして我國民《わがこくみん》に對《たい》する大宗　教《だいしゆうきよう》なるに、外國《がいこく》に心醉《しんすい》せる輕薄《けいはく》なる人々等《ひとびとら》は漢字《かんじ》は固《もと》より「いろは」すら全廢《ぜんぱい》し、之《これ》に代《か》はるに羅馬字《ろーまじ》を以《もつ》てせんとするあり、如何《いか》に實利主義《じつりしゆぎ》なればとて餘《あま》りに輕擧《けいきよ》なり妄動《もうどう》なり彼等《かれら》は目前《もくぜん》の小利輕便《しようりけいべん》のために國民性《こくみんせい》を破壊《はかい》すべき大害《だいがい》あるを見《み》るの明《めい》なきなり、嘆《たん》ずべき哉《かな》。

第五項　暗流的國教《あんりゅうてきこっきょう》

右《みぎ》の如《ごと》く凡《すべ》て神祕的《しんぴてき》に構成《こうせい》せられたる日本帝國《にほんていこく》即《すなわ》ち神州《しんしゅう》なる以上《いじょう》、國家《こっか》の生命《せいめい》、國民《こくみん》の精神《せいしん》たるべき一《いち》の固有國教《こゆうこっきょう》なかるべからず、而《しか》して此國教《このこっきょう》は後世《こうせい》に於《お》いて制定《せいてい》しうべきが如《ごと》きものは非《ひ》なり、何《なん》となれば日本《にほん》は此國教《このこっきょう》の上《うえ》に建《た》てられたるべきものにして、建國《けんこく》と共《とも》に實在《じつざい》し、人智人力《じんちじんりょく》を加《くわ》ふる必要《ひつよう》なきものなればなり、此點《このてん》に於《お》いて現行基督教《げんこうきりすときょう》も、佛教《ぶっきょう》も後入宗教《あといりしゅうきょう》なるが故《ゆえ》に神州帝國《しんしゅうていこく》の國教《こっきょう》には非《あら》ざるなり、唯獨《ただひと》り、神道《しんとう》なるもの其流《そのなが》れを酌《く》み居《い》るが如《ごと》きも、之《こ》れ亦餘《またあま》りに風化《ふうか》し居《い》るが故《ゆえ》に此神道《このしんとう》を惟神道《かんながらどう》（かんながらの道《みち》）、分《わか》り易《やす》くいへば皇道《こうどう》の出發點《しゅっぱつてん》まで還元《かんげん》せしめざるべからず、而《しか》して其方法《そのほうほう》としては日本建國《にほんけんこく》の大本《おおもと》を闡明《せんめい》し、國民《こくみん》を赤裸々《せきらら》として此大本《このおおもと》に一時《いちじ》歸着《きちゃく》せしめざるべからず之《これ》がためには基督教《きりすときょう》は固《もと》より佛教《ぶっきょう》も神道《しんとう》も今日現存《こんにちげんぞん》する一切《いっさい》の宗教《しゅうきょう》を打破《だは》し否廢棄《いなはいき》し、即《すなわ》ち宗教《しゅうきょう》てふ観念《かんねん》より解脱《げだつ》して、神代時代《じんだいじだい》の純信仰《じゅんしんこう》に復活《ふっかつ》するを要《よう》す、而《しか》して之《こ》れ甚《はなは》だ至難《しなん》の如《ごと》くにして實《じつ》は難事《なんじ》に非《あら》ざるなり。

而《しか》して此國教《このこっきょう》にして闡明《せんめい》せらるれば祭政《さいせい》は言《い》ふまでもなく一致《いっち》のものにして、神權《しんけん》を繼承《けいしょう》せる帝《てい》權實現《けんじつげん》せらるべく今日《こんにち》の醜惡《しゅうあく》なる代議政體《だいぎせいたい》の如《ごと》きは全然排除《ぜんぜんはいじょ》せられて、之《これ》に代《か》はるべきもの自《おの》づから新《あら》たに現《あら》はれ出《い》づべし、元來代議制《がんらいだいぎせい》は民國《みんこく》の產物《さんぶつ》なり、故《ゆえ》に民主國《みんしゅこく》にこそ其必要《そのひつよう》あらんも君主國《くんしゅこく》殊《こと》に神州帝國《しんしゅうていこく》に於《お》いて之《これ》を踏襲《とうしゅう》するは餘《あま》りに無謀《むぼう》なり、而《しか》も我國《わがくに》は外國心醉《がいこくしんすい》の餘《あまり》、誤《あやま》つて之《これ》を踏襲《とうしゅう》したりしが、僞基督教《にせきりすときょう》が醜《みにく》き末路《まつろ》を呈《てい》したるが如《ごと》く、神州《しんしゅう》の國體《こくたい》を輕《かろ》んじたる代議制《だいぎせい》の如《ごと》きも必《かなら》ず天誅《てんちゅう》近《ちか》く降《くだ》りて其最後《そのさいご》を遂《と》ぐるなるべし、近次政黨《きんじせいとう》なるもの、信用《しんよう》は僞基督教《にせきりすときょう》と共《とも》に我國民《わがこくみん》の頭腦《ずのう》より抹殺《まっさつ》せられつゝあるは以《もっ》て其前兆《そのぜんちょう》とすべし、斯《かか》る政黨《せいとう》はバベルの塔《とう》の如《ごと》く崩壞《ほうかい》さるべきものにして、改革《かいかく》すべきものにあらず、亦改革《またかいかく》しうべきものに非《あら》ず、見《み》よ、何政黨《なにせいとう》を問《と》はず改革《かいかく》の度每《たびごと》に其量《そのりょう》と其質《そのしつ》とを劣等《れつとう》ならしめ居《い》るに非《あら》ずや。余《よ》は神州本位《しんしゅうほんい》よりして極力《きょくりょく》凡《すべ》ての政黨《せいとう》を非認《ひにん》す、殊《こと》に普選《ふせん》又《また》は婦人參政權《ふじんさんせいけん》の如《ごと》きは神州帝國民《しんしゅうていこくみん》の斷《だん》じて口《くち》にすべきものに非《あら》ざるを信《しん》ず、借問《しゃもん》す、今日《こんにち》の政黨《せいとう》に由《よ》りて我國及我國民《わがくにおよびわがこくみん》は何《なん》の得《え》るところありしや、寧《むし》ろ得《え》たるは今日《こんにち》の禍《わざわい》に非《あら》ずや、今《いま》にして我國《わがこく》民尙《みんな》ほ醒《さ》めずんば更《さら》に大《おおい》なる災害《さいがい》降《ふ》り來《きた》るべし、國民《こくみん》よ、十萬《じゅうまん》の蒙古軍《もうこぐん》が何故《なにゆえ》に玄海《げんかい》の藻屑《もくず》となりしや、蓋《けだ》し神州《しんしゅう》を汚《けが》さんとしたればなり、さらば、神州《しんしゅう》の臣子《しんし》とし生《うま》れて神州帝國《しんしゅうていこく》を歐米化《おうべいか》せしめ、延《ひ》いて國體《こくたい》の存在《そんざい》を呪《のろ》ふが如《ごと》き行動《こうどう》に出《い》づるに於《お》いては天誅《てんちゅう》は必《かなら》ずしも外國人《がいこくじん》にのみ降《くだ》るものに非《あら》ざるを知《し》れ、故《ゆえ》に余《よ》は皇國《こうこく》の立法機關《りっぽうきかん》は皇國特殊《こうこくとくしゅ》のものを創作《そうさく》すべきものと信《しん》じ、全《まった》く反對《はんたい》なる國體《こくたい》を有《ゆう》する外國《がいこく》に模倣《もほう》すべきものに非《あら》ざるを信《しん》ずるなり、而《しか》して皇國《こうこく》に該當《がいとう》する立法機關《りっぽうきかん》は如何《いか》なるものぞといはば、國民《こくみん》先《ま》づ誓《ちか》つて神州臣民《しんしゅうしんみん》の實《じつ》に復歸《ふっき》したる後《のち》に非《あら》ざれば不可《ふか》なり、茲《ここ》に於《お》いてか國《こっ》教宣明《きょうせんめい》の必要《ひつよう》生《しょう》じ來《きた》れるなり。

余《よ》は三十六年來《さんじゅうろくねんらい》基督教《きりすときょう》の傳道《でんどう》に身《み》を致《いた》し居《い》るものなるが、十五年以前《じゅうごねんいぜん》より國教宣明團《こっきょうせんめいだん》なるものを設《もう》け、同志《どうし》と共《とも》に神州日本《しんしゅうにほん》の國教宣明《こっきょうせんめい》に努力《どりょく》怠《おこた》らざりき、されど余《よ》は日本《にほん》に一《いち》の國教《こっきょう》を制定《せいてい》せしめんとするに非《あら》ず、唯建國以來暗流《ただけんこくいらいあんりゅう》の如《ごと》くに我國及我國民《わがくにおよびわがこくみん》の心髓《しんずい》に滾々《こんこん》として晝夜《ちゅうや》を別《わか》たず流《なが》れ居《い》る國教《こっきょう》を地上《ちじょう》に公示《こうじ》せんとするに過《す》ぎず、恰《あたか》も之《こ》れ王政復古《おうせいふっこ》の如《ごと》きものなり、新《あら》たに王位《おうい》を樹《た》つるに非《あら》ずして、千二百六十年間埋《せんにひゃくろくじゅうねんかんうも》れたる王政《おうせい》を復古《ふっこ》したる如《ごと》く、新《あら》たに一《いち》の宗教《しゅうきょう》を國教《こっきょう》に制定《せいてい》するに非《あら》ずして、千三百五十年間埋《せんさんびゃくごじゅうねんかんうも》れ來《きた》れる皇道《こうどう》を復古《ふっこ》せしめんとするものなり、徳川三百年《とくがわさんびゃくねん》の政權《せいけん》も神州《しんしゅう》に於《お》いては落葉《らくよう》の如《ごと》く吹《ふ》き拂《はら》はれたるを記憶《きおく》せよ、僅《わず》かに數十年《すうじゅうねん》の政黨《せいとう》、而《しか》も上下《じょうげ》に信用《しんよう》なき政黨《せいとう》の如《ごと》きは神威《しんい》の前《まえ》には物《もの》の數《かず》にも足《た》らざるべし、余《よ》は確信《かくしん》す遠《とお》からぬ將來《しょうらい》に於《お》いて此皇道復古《このこうどうふっこ》せられて、昨日《さくじつ》まで横行暴動《おうこうぼうどう》したる旗本《はたもと》の徒《と》は忽《たちま》ちにして浪人《ろうにん》たらざるべからざるを。

今《いま》や皇國《こうこく》は眞《まこと》に空前《くうぜん》の危機《きき》に在《あ》り、外患內憂《がいかんないゆう》、天災地變《てんさいちへん》湧《わ》くが如《ごと》くに襲《おそ》ひ來《きた》りて、何時《いつ》崩壞《ほうかい》せずとも測《はか》り難《がた》き危機《きき》に陷《おちい》りたるなり、而《しか》して之《これ》に處《しょ》すべき急務百《きゅうむひゃく》を以《もっ》て數《かぞ》ふべしとはいへ、急務中《きゅうむちゅう》の急務《きゅうむ》としては、國民擧《こくみんこぞ》つて先《ま》づ丸裸《まるはだか》となるを要《よう》す、丸裸《まるはだか》とは國民的良心《こくみんてきりょうしん》に復歸《ふっき》する事《こと》なり、一切《いっさい》の私利《しり》私慾私執《しよくししつ》を去《さ》つて、世界唯一《せかいゆいいつ》の帝國《ていこく》に生《うま》れたるを神明《しんめい》に感謝《かんしゃ》する心《こころ》に戻《もど》らざるべからず、而《しか》して新《あら》たなる結果《けっか》、武裝《ぶそう》を以《もっ》て各《おのおの》其與《そのあた》へられたる職分《しょくぶん》に向《むか》つて邁進《まいしん》すべきなり、之《これ》がためには五十年間《ごじゅうねんかん》の文化《ぶんか》を破壊《はかい》するも亦可《またか》ならずや。

今人《いまひと》は口癖《くちぐせ》に現状打破《げんじょうだは》といふ、而《しか》して自《みずか》らの現状《げんじょう》を打破《だは》する事《こと》なし、矛盾《むじゅん》の極《きわみ》といふべし、打破《だは》すべきもの何《なん》ぞ獨《ひと》り内閣《ないかく》のみならんや、個人《こじん》を問《と》はず、團體《だんたい》を論《ろん》ぜず、今日《こんにち》の日本《にほん》は悉《ことごと》く現状《げんじょう》を打破《だは》せざるべからず、而《しか》も無謀《むぼう》の打破《だは》は國家及國民《こっかおよびこくみん》の禍《わざわい》なり、輕擧不可《けいきょふか》なり、妄動不可《もうどうふか》なり、されば消極的《しょうきょくてき》に打破《だは》を號《さけ》ぶよりも、先《ま》づ積極的《せっきょくてき》に國家及國民《こっかおよびこくみん》の心髓《しんずい》なる國教《こっきょう》を闡明《せんめい》し、以《もつ》て國是《こくぜ》の向ふ所《ところ》を固定《こてい》せしむべきなり、國教《こっきょう》にして闡明《せんめい》せられんか、無用有害《むようゆうがい》なるものは自《おの》づから雨《あめ》に打《う》たれて落《お》ち、風《かぜ》に吹《ふ》かれて飛《と》び去《さ》るべし。

我日本《わがにほん》には火山脈《かざんみゃく》あるが如《ごと》く建國以來國教《けんこくいらいこっきょう》なるもの地下《ちか》に暗流《あんりゅう》し皇國《こうこく》の生命《せいめい》を支配《しはい》し居《お》りしなり、勿論物質的文化《もちろんぶっしつてきぶんか》は印度《いんど》、支那《しな》、朝鮮及歐米《ちょうせんおよびおうべい》等《とう》に負《お》ふ所多大《ところただい》なりしとはいへ、之《これ》に由《よ》りて我皇國《わがこうこく》は成《な》りたるに非《あら》ざるなり、又佛教儒教及基督教《またぶっきょうじゅきょうおよびきりすときょう》等《とう》の教化《きょうか》を受《う》けたる事亦多大《ことまたただい》なりしとはいへ、之《これ》に由《よ》りて我國民《わがこくみん》は成《な》りたるに非《あら》ざるなり、卽《すなわ》ち二千六百年《にせんろっぴゃくねん》の皇國史《こうこくし》は日本國教《にほんこっきょう》の發露《はつろ》にして、此日本國教《このにほんこっきょう》こそ「神《かみ》の言《こと》の葉《は》」是《これ》なり、其名稱《そのめいしょう》の如《ごと》きは後日《ごじつ》の問題《もんだい》なるが、此《この》「神《かみ》の言《こと》の葉《は》」に對《たい》し絶對服從《ぜったいふくじゅう》の信仰《しんこう》を表明《ひょうめい》するこそ日本我國民《にほんわがこくみん》の最大急務《さいだいきゅうむ》にして、昔《むか》し之《これ》を怠《おこた》るものは口《くち》に政治《せいじ》を談《だん》ずべからず、宗教《しゅうきょう》を說《と》くべからず、教育《きょういく》を論《ろん》ずべからず、凡《すべ》ての職業《しょくぎょう》を語《かた》るべからず、何《なん》となれば國家及《こっかおよび》國民《こくみん》の生命《せいめい》を尊重《そんちょう》せざるものは國家及國民《こっかおよびこくみん》の福祉《ふくし》を慮《おもんぱか》る能《あた》はざればなり。

於茲乎《ここにおいてや》我等《われら》は國教《こっきょう》を闡明《せんめい》せざるべからず、而《しか》も之《こ》れ宗教家《しゅうきょうか》の手《て》に任《まか》すべきものに非《あら》ずして全國《ぜんこく》民自《みんみずか》ら先《ま》づ努力《どりょく》すべき問題《もんだい》なり、預言者《よげんしゃ》イザヤ叱《しっ》して曰《いわ》く、『醒《さ》めよ、さめて爾《なんじ》の力《ちから》を衣《き》よ』と、蓋《けだ》し爾《なんじ》の力《ちから》とは國民固有《こくみんこゆう》の力《ちから》にして外國輸入《がいこくゆにゅう》の新思想《しんしそう》に非《あら》ず、固有《こゆう》の力《ちから》即《すなわ》ち之《これ》を國教《こっきょう》といふ、夫《そ》れ國教《こっきょう》は左《ひだり》の五資格《ごしかく》を具備《ぐび》するを要《よう》す。

一《いち》、國《くに》の始《はじ》めより國《くに》の終《おわ》りまで國家及國民《こっかおよびこくみん》を支配《しはい》し居《い》る事《こと》。
二《に》、國民又《こくみんまた》は時代思潮《じだいしちょう》に左右《さゆう》せられず、自由《じゆう》に國民及時代思潮《こくみんおよびじだいしちょう》を左右《さゆう》する事《こと》
三《さん》、時代《じだい》に由《よ》り事情《じじょう》に由《よ》りて變移《へんい》せず常《つね》に新《あた》らしき力《ちから》ある事《こと》
四《よん》、國教《こっきょう》の神《かみ》は日本一國《にほんいちこく》の氏神《うじがみ》に非《あら》ずして世界萬國萬民《せかいばんこくばんみん》の主宰神《しゅさいしん》なる事《こと》
五《ご》、國體《こくたい》の根源《こんげん》なる事《こと》

苟《いやしく》も神州帝國《しんしゅうていこく》の國教《こっきょう》たる以上《いじょう》、右《みぎ》の五資格《ごしかく》は必《かなら》ず無《な》かるべからず、而《しか》して其一《そのいち》を缺《か》くも最早國教《もはやこっきょう》たる價値《かち》なきものなり、然《さ》らば今日之《こんにちこれ》に該當《がいとう》する已成宗教《いせいしゅうきょう》ありやと問《と》はゞ、一《いち》として之《これ》に該當《がいとう》するものを見《み》ざるなり、其内最《そのうちもっと》も資格多《しかくおお》きは惟神道《かんながらどう》なれども、惜《おし》むらくば第四《だいよん》の資格《しかく》を有《ゆう》せず、さらば日本《にほん》には國教《こっきょう》なきや、曰《いわ》く然《しか》らず、萬國無比《ばんこくむひ》の偉大《いだい》なる國教《こっきょう》あつて存《そん》するも、國民放恣《こくみんほうし》にして之《これ》を見《み》るの明《めい》なく、徒《いたず》らに外《そと》に視線《しせん》を走《はし》らすなり、萬世一系《ばんせいいっけい》の皇統《こうとう》は即《すなわ》ち此國教《このこっきょう》の一露出《いちろしゅつ》なり、此皇統《このこうとう》を仰《あお》ぐもの何《な》んぞ此國教《このこっきょう》を信《しん》ずる能《あた》はざるか、而《しか》も見《み》へざるは無《な》きが故《ゆえ》にあらずして見《み》ざるが故《ゆえ》

なり、見《み》るの明《めい》なきなり外國心醉《がいこくしんすい》の餘毒《よどく》に由《よ》りて其明《そのめい》を失《しつ》し居《い》るなり。基督《きりすと》宣《のたま》はく。

夫《そ》れ道《みち》は此處《ここ》にあり、彼處《あそこ》に在《あ》りと人《ひと》の言《い》ふが如《ごと》きものに非《あら》ず、近《ちか》く爾曹《じそう》の間《あいだ》にあり、爾曹《じそう》の心《こころ》に在《あ》り。

然《しか》り、日本國民《にほんこくみん》たる以上《いじょう》、如何《いか》に風化《ふうか》するも其血脈《そのけつみゃく》の何處《どこ》にか此皇道《このこうどう》は潜《ひそ》み居《い》る筈《はず》なり、此道《このみち》敢《あ》へて士道《しどう》と稱《しょう》し、武士道《ぶしどう》と稱《しょう》し又《また》は大和魂《やまとだましい》と稱《しょう》する必要《ひつよう》なし、之《こ》れ日本國民《にほんこくみん》の大道《だいどう》なればなり、故《ゆえ》に日本國民《にほんこくみん》にして其國民性《そのこくみんせい》を失《うしな》はざる限《かぎ》り此道《このみち》は會得《えとく》し得《え》るべき筈《はず》なり、古聖曰《こせいいわ》く、天《てん》の命《めい》ずる之《これ》を性《せい》といふ、性《せい》に從《したが》ふ之《これ》を道《みち》といふ、道《みち》は須臾《しゅゆ》も離《はな》すべからず、離《はな》すべきは道《みち》に非《あら》ざるなり』と、さらば神州帝國《しんしゅうていこく》の臣民《しんみん》は其誕生《そのたんじょう》と共《とも》に天《てん》の命《めい》ずる國民性《こくみんせい》を有《ゆう》し居《い》る筈《はず》なり、而《しか》して其國民性《そのこくみんせい》に從《したが》ふ事《こと》是《こ》れ道《みち》なり、國教《こっきょう》なり、故《ゆえ》に此道《このみち》は寸時《すんじ》も放棄《ほうき》すべきものに非《あら》ず、もし之《これ》を離《はな》るれば彼《かれ》は國民《こくみん》に非《あら》ざるなり、而《しか》して若《も》し此道《このみち》を歩《あゆ》むことを欲《ほっ》せず、國民性《こくみんせい》に從《したが》ふことを欲《ほっ》せざるものあらば、須《すべか》らく國籍《こくせき》を去《さ》りて其欲《そのほっ》する所《ところ》に移住《いじゅう》して可《か》なり、己《おのれ》が欲《ほっ》する所《ところ》に由《よ》りて此道《このみち》を左右《さゆう》せんとするが如《ごと》きは不敬《ふけい》なり不遜《ふそん》なり不逞《ふてい》なり。

而《しか》して此道卽《このみちすなわ》ち國民性《こくみんせい》の基本《きほん》は極《きわ》めて單純《たんじゅん》なるものにして、親《おや》に對《たい》しては孝《こう》、君《くん》に對《たい》しては忠《ちゅう》、神《かみ》に對《たい》しては義《ぎ》なる事是《ことこれ》のみ、或《あるい》はいはむ、斯《か》くの如《ごと》きは歐米《おうべい》は愚《おろ》か支那《しな》にも印度《いんど》にもありと、然《しか》り之《こ》れ人《ひと》の道《みち》なり、人住《ひとす》む所何處《ところどこ》にも無《な》かるべからず、但《ただ》し神州帝國臣民《しんしゅうていこくしんみん》の踏《ふ》むべき大道《だいどう》は外國《がいこく》の如《ごと》き條件附《じょうけんつき》の忠孝義《ちゅうこうぎ》に非《あら》ずして、無條件《むじょうけん》なるを異《ことな》りとす、所謂絶對服從《いわゆるぜったいふくじゅう》なり、信仰《しんこう》とは絶對服從《ぜったいふくじゅう》の謂《いい》なり、故《ゆえ》に自由《じゆう》は惡魔《あくま》の聲《こえ》なり斷《だん》じて神《かみ》の命令《めいれい》に非《あら》ず、故《ゆえ》に余《よ》は大正四年《たいしょうよねん》の御大典《ごたいてん》を奉祝《ほうしゅく》し、『忠君愛國《ちゅうくんあいこく》は神《かみ》の命令《めいれい》なり』てふ小册子《しょうさつし》を同志《どうし》に呈《てい》したるなりき、然《しか》るに近代外國思想《きんだいがいこくしそう》に耽溺《たんでき》したる者等《ものら》は命令又《めいれいまた》は服從《ふくじゅう》などの用語《ようご》を以《もつ》て時代遲《じだいおく》れなり、野蠻時代《やばんじだい》の遺習《いしゅう》なり、むしろ罪惡《ざいあく》なり非人道《ひじんどう》なりなどゝ囈語《うわごと》するも、命令《めいれい》に服從《ふくじゅう》する事《こと》は眞善美《しんぜんび》の極致《きょくち》にして、基督《きりすと》の道《みち》は此大義《このたいぎ》に基《もと》したるものにあらずや、然《しか》るに己《おのれ》が放恣《ほうし》を蔽《おお》ふに自由《じゆう》を標榜《ひょうぼう》し、他《た》の榮達《えいたつ》を惡《にく》みて平等《びょうどう》を高唱《こうしょう》す、而《しか》して此《この》破廉恥的言行《はれんちてきげんこう》を奬勵《しょうれい》し煽動《せんどう》し居《い》るものこそ、卽《すなわ》ち皇國《こうこく》の運命《うんめい》を呪《のろ》ふ外敵《がいてき》の奸策《かんさく》なりと知《し》らずや、子《こ》のために身《み》を惜《おし》まざる人親《ひとおや》は其子《そのこ》に我儘《わがまま》を行《おこな》はしめざるも、無責任《むせきにん》なる隣人《りんじん》は其我儘《そのわがまま》を奬勵《しょうれい》し居《お》るに非《あら》ずや、國民《こくみん》よ外鬼《がいき》の巧妙《こうみょう》なる誘惑《ゆうわく》に陷《おちい》る勿《なか》れ、爾《しか》は日本國民《にほんこくみん》なり、日《ひ》に三度反省《さんどはんせい》して己《おのれ》が足《あし》が果《はた》して日本《にほん》の國道《こくどう》の上《うえ》に立《た》ち居《い》るや否《いな》やを慥《たし》かめよ。

故《ゆえ》に余《よ》は日本《にほん》の國教《こっきょう》は何宗教《なにしゅうきょう》なりとはいはず、亦言《またい》ふ能《あた》はず、否言《いない》ふべき必要《ひつよう》なし、唯余《ただよ》は建國《けんこく》の大本《おおもと》、卽《すなわ》ち神人《しんじん》、君臣及親子間《くんしんおよびおやこかん》に特《とく》に實在《じつざい》する大義大道《たいぎだいどう》に歸一《きいつ》せんことを求《もと》むるのみ、而《しか》も此大《このだい》道《どう》は外來思想又《がいらいしそうまた》は外來宗教《がいらいしゅうきょう》に由《よ》りて廢葉《はいよう》せられたるものに非《あら》ずして、古來一日《こらいいちにち》の如《ごと》く國家及國民《こっかおよびこくみん》の心髄《しんずい》に流《なが》れ居《い》るものなるが故《ゆえ》に、若《も》し試《こころ》みに國民茲《こくみんここ》に赤裸々《せきらら》となり、至誠岩《しせいいわ》を貫《つらぬ》く金剛力《こんごうりき》の鐵錐《てつすい》を振《ふる》つて地殻三千尺《ちかくさんぜんしゃく》を破《やぶ》らんか曾《か》つて、俗氣《ぞくけ》に觸《ふ》れざる神代《じんだい》ながらの清流千尺《せいりゅうせんしゃく》の柱《はしら》を成《な》して湧《なが》れ出《い》づべし、余《よ》は之《これ》を信《しん》ず、故《ゆえ》に余《よ》は現行宗教《げんこうしゅうきょう》の何者《なにもの》にも捕《とら》はるゝことなし。

夫《そ》れ太陽《たいよう》は第一《だいいち》に日本《にほん》を照《て》らすも日本一國《にほんいちこく》の太陽《たいよう》に非《あら》ず、神亦然《かみまたしか》り神《かみ》は天地《てんち》の神《かみ》なり、されど國教《こっきょう》と稱《しょう》する以上其國特殊《いじょうそのくにとくしゅ》のものならざるべからず、猶太人《ゆだやじん》を見《み》よ、神《かみ》は世界《せかい》の神《かみ》なれども其國教《そのこっきょう》は猶太人《ゆだやじん》にのみ與《あた》へられたるものにして、之《これ》に由《よ》りて亡國二千六百年間彼等《ぼうこくにせんろっぴゃくねんかんかれら》は國民性《こくみんせい》を失《うしな》はざりしなり、神州國民何《しんしゅうこくみんな》んぞ特有《とくゆう》の國教《こっきょう》なからざらんや。

國民《こくみん》よ、醒《さ》めよ、さめて汝《なんじ》の國教《こっきょう》に歸《かえ》れ、而《しか》して更《さら》に世界《せかい》に向《むか》つて汝《なんじ》の使命《しめい》を行《おこ》なへ、之《こ》れ神《かみ》の命令《めいれい》なり、而《しか》して皇國今日《こうこくこんにち》の危機《きき》に處《しょ》すべき臣民《しんみん》の本分《ほんぶん》なり。

第四節　日本《にほん》と天祐《てんゆう》

夫《そ》れ天惠《てんけい》は日《ひ》の如《ごと》く萬國《ばんこく》に亘《わた》り、又雨《またあめ》の如《ごと》く萬民《ばんみん》に普《あま》ねきものなるが故《ゆえ》に、何《いず》れの國《くに》にか天惠《てんけい》なからざらんや、又何《またいず》れの人《ひと》にか天惠《てんけい》なからざらんや、されど天祐豊《てんゆうゆた》かに且《か》つ灼《あらた》かなること我日本《わがにほん》の如《ごと》きは他《ほか》に其比《そのひ》を見《み》ざるなり、されば今日《こんにち》、親日國《しんにちこく》と排日國《はいにちこく》とを問《と》はず、日本《にほん》を以《もっ》て尋常一様《じんじょういちよう》の國家《こっか》と思《おも》ふものなく、變《へん》な國《くに》、奇體《きたい》な國《くに》、氣味惡《きみわる》き國《くに》、不思議《ふしぎ》な國《くに》と心《こころ》に疑《うたが》ひ居《い》る様《さま》を讀《よ》みうるに非《あら》ずや、蓋《けだ》し二千六百年《にせんろつぴやくねん》の國史之《こくしこれ》を言《い》はしむるなり。

而《しか》して建國以來《けんこくいらい》、國民《こくみん》の感謝《かんしや》となりたる天祐《てんゆう》のみを數《かぞ》へ來《きた》るも枚擧《まいきよ》に遑《いとま》なきが故《ゆえ》に、國民《こくみん》の意識《いしき》に觸《ふ》れざるものに到《いた》りては之《これ》に幾倍《いくばい》するものあらん、固《もと》より神州《しんしゆう》なる以上神明《いじようしんめい》の加護《かご》ある事《こと》は言《い》ふまでもなき事《こと》にして、當然《とうぜん》なる事《こと》とはいへ、近時科學萬能論者《きんじかがくばんのうろんしや》は天祐《てんゆう》をも否認《ひにん》するを以《もつ》て誇《ほこ》りとなすものさへあり、科學何《かがくなに》ものぞ、獨逸《どいつ》は科學《かがく》と情死《じようし》せしに非《あら》ずや、科學《かがく》は地震《じしん》の前《まえ》に何《なん》の權威《けんい》なかりしに非《あら》ずや、而《しか》も迷《まよ》へる夢《ゆめ》は未《いま》だ容易《ようい》に醒《さ》めざるが如《ごと》し、故《ゆえ》に余《よ》は此機會《このきかい》に於《お》いて最近《さいきん》の五大天祐《ごだいてんゆう》を述《の》ぶべし、されど人口《じんこう》に膾炙《かいしや》したる分《ぶん》は之《これ》を略《りやく》し、未《いま》だ多《おお》く知《し》られず又全《またまつた》く知《し》られざる天祐《てんゆう》のみを列擧《れつきよ》し、如何《いか》に我國《わがくに》が天祐《てんゆう》を多大《ただい》に享有《きようゆう》し居《い》るかを示《しめ》して、拜外者流《はいがいしやりゆう》をして神明《しんめい》の前《まえ》に懺悔《ざんげ》せしめんことを冀《こひねが》ふて止《や》まざるなり。

第一項　大正《たいしよう》の出現《しゆつげん》

大正《たいしよう》の出現《しゆつげん》は全《まつた》く奇蹟《きせき》にして天祐《てんゆう》の大《だい》なるものなるに係《かか》はらず、國人多《こくじんおお》くは之《これ》を知《し》らざるに似《に》たり。

明治《めいじ》の聖代《せいだい》、千代《ちよ》に八千代《やちよ》に隆《さか》えませとは念《ねん》じたるも、之《これ》を百年《ひやくねん》となし又二百年《またにひやくねん》たらしむる能《あた》はず而《しか》して若《も》し、明治天皇崩御《めいじてんのうほうぎょ》せらるゝあらば、日本《にほん》の萬世一系《ばんせいいっけい》は百二十一代《ひゃくにじゅういちだい》を以《もっ》て斷絶《だんぜつ》せざるべからざる運命《うんめい》なりし事《こと》は、今上天皇《きんじょうてんのう》の御幼少時代《ごようしょうじだい》を記憶《きおく》し奉《たてまつ》るもの、等《ひと》しく憂慮《ゆうりょ》措《お》く能《あたは》ざりし事《こと》にして、建國以來《けんこくいらい》斯《か》くばかり、憂國者《ゆうこくしゃ》の心膽《しんたん》を惱《なや》ましたるものはあらざるなり、蓋《けだ》し當時《とうじ》、東宮御惱重《とうぐうごのうおも》く、最新《さいしん》の醫術《いじゅつ》、最善《さいぜん》の療法亦何《りょうほうまたなん》の効《こう》なく、暗澹《あんたん》たる愁雲《しゅううん》は千代田城頭《ちよだじょうとう》に漲《みなぎ》り、朝野擧《ちょうやこぞ》つて死《し》の宣告《せんこく》を受《う》けたるかの如《ごと》き苦悶《くもん》に襲《おそ》はれ居《お》りしなり、若《も》し、萬世一系《ばんせいいっけい》の實《じつ》にして中絶《ちゅうぜつ》せんか、ヨシ直《ただ》ちに革命起《かくめいおこ》りて國體《こくたい》に大變化《だいへんか》を來《きた》さゞるとも　之《これ》に由《よ》つて恐《おそ》るべき禍根生《かこんしょう》じ來《きた》りて遂《つい》に共和制《きょうわせい》の實現《じつげん》を見《み》るべかりし形勢《けいせい》ありしが故《ゆえ》なり。

　されば、明治天皇如何《めいじてんのういか》に鶴壽亀齢《かくじゅきれい》を重《かさ》ね給《たま》ふとも、人皇百二十一代《じんこうひゃくにじゅういちだい》は百二十二代《ひゃくにじゅうにだい》たる能《あた》はざるなり、ア、人事《じんじ》は已《すで》に盡《つく》され終《おわ》りて唯天命《ただてんめい》を待《ま》つの外《ほか》なかりし其時《そのとき》、漢法醫《かんぽうい》として嘲笑《ちょうしょう》の裡《うら》に隱退《いんたい》を餘儀《よぎ》なくせしめられたる一代《いちだい》の名醫淺田宗伯《めいいあさだそうはく》なるものあり、彼《か》れ如何《いか》なる祕法《ひほう》をや有《ゆう》しけむ、一死以《いっしもっ》て玉體奉護《ぎょくたいほうご》を叫《さけ》び、天聽《てんちょう》に達《たっ》するや、許《ゆる》されて此大任《このたいにん》を負《お》ふ、草根木皮此際何《そうこんもくひこのさいなん》の用《よう》ぞ、彼《かれ》は唯天地《ただてんち》神明《しんめい》に皇國《こうこく》の危機《きき》を訴《うった》へ、斷腸破心幾晝夜《だんちょうはしんいくちゅうや》、此間《こないだ》の消息唯彼《しょうそくただかれ》の外知《ほかし》るなし、而《しか》して山雨將《さんうまさ》に到《いた》らんとし風樓《ふうろう》に滿《み》ち、一穂《いちほ》の神燈半《しんとうなか》ば消《き》えたる刹那《せつな》、至誠一貫天《しせいいっかんてん》に通《つう》じけむ爾來風靜《じらいかぜしず》まり雨雲亦散《あまぐもまたさん》ず。

　而《しか》して明治四十五年七月三十日《めいじよんじゅうごねんしちがつさんじゅうにち》、大正《たいしょう》と改元《かいげん》せらるゝや、奉賀《ほうが》の樂《らく》は萬戸《ばんこ》より起《おこ》り、祥雲《しょううん》は七重《ななえ》に八重《やえ》に九重《ここのえ》の奥《おく》に棚曳《たなび》き、萬世一系《ばんせいいっけい》は永久《えいきゅう》に保障《ほしょう》せられて、皇國萬歳《こうこくばんざい》の聲始《こえはじ》めて活力《かつりょく》ありき。

第二項　對獨戰爭《たいどくせんそう》

今日《こんにち》に於《お》いてこそ米國心醉《べいこくしんすい》を云々《うんぬん》するも、明治《めいじ》の末年《まつねん》に於《お》ける獨逸心醉熱《どいつしんすいねつ》は驚《おどろ》くばかりにして、今《こん》日《にち》の米國心醉熱《べいこくしんすいねつ》は幸《さいわ》ひにも我陸軍《わがりくぐん》に傳染《でんせん》し居《お》らざるも、當時《とうじ》の獨逸心醉熱《どいつしんすいねつ》は陸軍《りくぐん》が先驅《せんく》となり居《お》りし事《こと》とて其禍《そのわざわい》や更《さら》に憂《うれ》ふべきものありしなり、蓋《けだ》し當時《とうじ》、廣《ひろ》く智識《ちしき》を求《もと》むるに急《きゅう》なりしがために、我《わが》智識階級《ちしきかいきゅう》は先《さ》きを争《あらそ》ふて歐米《おうべい》の文物輸入《ぶんぶつゆにゅう》に力《つと》めたりしが、獨逸《どいつ》の科學的進歩《かがくてきしんぽ》見《み》るからに羨《うらや》ましく、且《か》つ其《そ》の氣質及國風《きしつおよびこくふう》大《おおい》に我《われ》に似《に》たる所《ところ》ありしがために、學者及軍人《がくしゃおよびぐんじん》は全《まつた》く之《これ》に心醉《しんすい》し、一《いち》にも獨逸《どいつ》、二《に》にも獨逸《どいつ》と謳歌《おうか》するに到《いた》れり。

加之《しかのみならず》、カイゼル亦我《またわれ》に野心《やしん》あり、彼《かれ》は中歐帝國《ちゅうおうていこく》を夢想《むそう》し居《お》りて、巧《たく》みにサルタンを欺《あざむ》きて三《さん》ベー政策《せいさく》の自由《じゆう》を得《え》たるも、日英同盟《にちえいどうめい》の關係上《かんけいじょう》、獨英干戈《どくえいかんか》を交《まじ》ゆるの場合《ばあい》、日本《にほん》が英國《えいこく》を援助《えんじょ》すべきを慮《おもんぱか》り一方日英同盟《いっぽうにちえいどうめい》の破壊《はかい》を試《こころ》みたりしが、更《さら》に他方《たほう》に於《お》いて或《あるい》は留學將校《りゅうがくしょうこう》を派遣《はけん》し、或《あるい》は勳章《くんしょう》を撒布《さんぷ》し、日本《にほん》の陸軍《りくぐん》を獨逸化《どいつか》せしめんと努力怠《どりょくおこた》らざりし結果《けっか》、某國《ぼうこく》の外務省《がいむしょう》が一時米國《いちじべいこく》の出張所《しゅっちょうしょ》と惡評《あくひょう》せられたるが如《ごと》く、我陸軍《わがりくぐん》は半《なか》ば以上獨逸《いじょうどいつ》の陸軍《りくぐん》と成《な》り果《は》てたる事實《じじつ》は尚《な》ほ記憶《きおく》に新《あら》たなるべし、而《しか》して其心醉程度《そのしんすいていど》は明言《めいげん》の限《かぎ》りに非《あら》ざるも、兎《と》に角《かく》カイゼルに對《たい》しては刃《やいば》を向《む》くるを快《かい》とせざるまで獨逸化《どいつか》し居《お》りしは事實《じじつ》なり。

若《も》し之《これ》を放棄《ほうき》する尚《な》ほ三年《さんねん》ならしめば、青島戰役《ちんたおせんえき》の如《ごと》きは到底見《とうていみ》るを得《あたわ》ざりしならん。然《しか》るに此時《このとき》不思議《ふしぎ》にも大隈内閣突如現《おおくまないかくとつじょあら》はれ出《い》で、ヨシ日英同盟《にちえいどうめい》の故《ゆえ》とはいひながら、世人《せじん》の意向《いこう》に頓着《とんちゃく》なく對《たい》獨戰《どくせん》を爲《な》したるは皇國《こうこく》に取《と》りて又一《またいち》の天祐《てんゆう》となさざるべからず、若《も》し青島戰争《ちんたおせんそう》なかりせば獨逸心醉《どいつしんすい》の夢《ゆめ》は決《けつ》して破《やぶ》れざりしなるべく、更《さら》に其心醉《そのしんすい》を深《ふか》うせしむれば、日本《にほん》はカイゼルのために去勢《きょせい》せられたるものとなり、戰《たたか》はずして其征服下《そのせいふくか》に立《た》たざるべからざりしなり、葢《けだ》しカイゼルは青島《ちんたお》を有意義《ゆういぎ》に使用《しよう》すべき陰謀《いんぼう》ありしこと明《あきら》かなるが故《ゆえ》なり。

而《しか》も之《こ》れ陸軍《りくぐん》のみに止《とど》まらずして政治家《せいじか》、宗教家及教育家其他《しゅうきょうかおよびきょういくかそのた》にも同様《どうよう》の獨逸化《どいつか》ありし事《こと》とて、青島戰役中《ちんたおせんえきちゅう》にすら、獨逸化《どいつか》せる醫師及學者等《いしおよびがくしゃら》は公然親獨的會合《こうぜんしんどくてきかいごう》を開《ひら》きたりしなり、正《まさ》に是《こ》れ國民的《こくみんてき》常識《じょうしき》を以《もつ》て判斷《はんだん》し得《え》ざる事《こと》なるが、此非常識《このひじょうしき》は各方面《かくほうめん》に於《お》いて可《か》なりに露骨《ろこつ》に振舞《ふるま》はれ、其結果大《そのけっかおお》隈内閣《くまないかく》は崩壊《ほうかい》したるに非《あら》ずや、心醉《しんすい》の禍亦大《わざわいまただい》なる哉《かな》。

然《しか》るに天祐《てんゆう》なる哉《かな》、カイゼルの計畫未《けいかくいま》だ熟《じゅく》せざるに先立《さきだ》ちカイゼルを利用《りよう》せる猶太人《ゆだやじん》の世界政策《せかいせいさく》大《おおい》に進捗《しんちょく》して、世界大戰《せかいたいせん》の火蓋《ひぶた》は突如《とつじょ》バルカン半島《はんとう》の一角《いっかく》に於《お》いて切《き》られ、之《これ》がために餘命幾何《よめいいくばく》もなかりし日英同盟《にちえいどうめい》は思《おも》ひがけなき方面《ほうめん》に其効力《そのこうりょく》を發揮《はっき》する事《こと》となり、カイゼルの計畫《けいかく》は彼《かれ》の所信《しょしん》に反《はん》して水泡《すいほう》に歸《き》したるなり、されば之《これ》がためにカイゼルの對日觀《たいにちかん》は著《いちじる》しく惡化《あっか》したるは勿論《もちろん》にして、親獨派《しんどくは》はカイゼルよりの復讐《ふくしゅう》を恐《おそ》れて如何《いか》なる行動《こうどう》に出《い》でたりしやは今茲《いまここ》に繰《く》り返《か》へす必要《ひつよう》なかるべきが、彼等《かれら》の國民性《こくみんせい》は慥《たし》かに麻痺《まひ》し居《お》りしなり、されどカイゼル失脚《しつきやくま》復た起《た》つ能《あた》はず、マルクの激落《げきらく》止《とど》まる所《ところ》なきに到《いた》りて、親獨者《しんどくしや》の迷夢《めいむ》全《まつた》く醒《さ》めたるなり、されば日獨戰爭《にちどくせんそう》は眞《まこと》に皇國《こうこく》の危機《きき》を掃《そう》攘《じよう》したるものなるが、余《よ》は之《これ》を以《もつ》て大隈侯《おおくまこう》の功《こう》に歸《き》するよりも天祐《てんゆう》として神明《しんめい》に感謝《かんしや》するの正當《せいとう》なるを信《しん》ずるなり。

然《しか》り、此天祐《このてんゆう》に由《よ》つて我國《わがくに》はカイゼルの膝下《しつか》に無條件《むじようけん》に屈服《くつぷく》すべかりし大國辱《だいこくじよく》を免《まぬ》かれたるのみならず、延《ひ》いて呪《のろ》はれたる國運《こくうん》を挽回《ばんかい》し得《え》たるものにして、若《も》し此迷夢《このめいむ》を破《やぶ》る機會《きかい》なかりせば、必《かなら》ずや日本《にほん》は獨逸《どいつ》と同《おな》じき運命《うんめい》に終《おわ》りたりしならん。見《み》よ、獨逸《どいつ》は科學《かがく》に由《よ》りて基督《きりすと》を抹殺《まつさつ》せり、而《しか》して科學萬能《かがくばんのう》を標榜《ひようぼう》して雄大《ゆうだい》なるバベルの文化塔《ぶんかとう》を建設《けんせつ》せり、されど科學《かがく》の中毒《ちゆうどく》に由《よ》りて憐《あわ》れなる最後《さいご》を遂《と》げたるなり、而《しか》して當時《とうじ》の親獨派《しんどくは》、今日獨逸《こんにちどいつ》より何《なに》を學《まな》ばんとする乎《や》。

天祐《てんゆう》なる哉《かな》、ア、天祐《てんゆう》なる哉《かな》、天祐《てんゆう》は天誅《てんちゆう》と共《とも》に人《ひと》の意表《いひよう》に出現《しゆつげん》す、然《しか》るに今日獨逸《こんにちどいつ》禍《か》に倍《ばい》する米國禍《べいこくか》なるもの我國民《わがこくみん》を麻痺《まひ》せしめつゝあるなり、而《しか》して獨逸心醉《どいつしんすい》の愚《ぐ》を悟《さと》りたる陸軍《りくぐん》は幸《さいわ》ひに此《この》禍《わざわい》を受《う》けざるが如《ごと》きも、今日《こんにち》の陸軍《りくぐん》は往時《おうじ》の陸軍《りくぐん》と同視《どうし》し難《がた》きまで米國心醉者《べいこくしんすいしや》より去勢《きよせい》せられつゝあるものにして、若《も》し尚《な》ほ三年米國心醉者《さんねんべいこくしんすいしや》の跋扈《ばつこ》を容《ゆる》さば、我日本《わがにほん》は果《はた》して如何《いか》なる運命《うんめい》に遭遇《そうぐう》すべきか。

見《み》よ、彼等《かれら》は益々《ますます》非國民性《ひこくみんせい》を發揮《はつき》し、國際教育會議《こくさいきよういくかいぎ》にすら得々《とくとく》として參列《さんれつ》し居《い》るに非《あら》ずや、而《しか》して彼等《かれら》は國際《こくさい》教育會議《きょういくかいぎ》なるものは彼《かれ》が我國《わがくに》を屬國《ぞっこく》扱《あつかい》になしたるものなるを曉《さと》り得《え》ず、反《かえ》つて至上《しじょう》の光榮《こうえい》の如《ごと》く心得《こころえ》居《お》るなり、ア、待《ま》たるゝかな新《あた》らしき天祐《てんゆう》。

第三項　袁帝事件《えんていじけん》

中華民國《ちゅうかみんこく》第四年《だいよねん》、即《すなわ》ち大正四年《たいしょうよねん》、中華民國大總統袁世凱《ちゅうかみんこくだいそうとうえんせいがい》は帝王登極《ていおうとうきょく》の意《い》を公表《こうひょう》せり。事《こと》中華民國《ちゅうかみんこく》の內政《ないせい》にして、其是非曲直《そのぜひきょくちょく》の如《ごと》きは固《もと》より我等《われら》の關《かん》する所《ところ》にあらず、何人《なんびと》が大總統《だいそうとう》たり何人《なんびと》が帝王《ていおう》たるもソハ其國《そのくに》の勝手《かって》にして我等《われら》と何等交渉《なんらこうしょう》なき問題《もんだい》なるが、彼《かれ》は眞先《まっさ》きに我日本帝《わがにほんてい》國《こく》に向《むか》つて其承認《そのしょうにん》に關《かん》する照會《しょうかい》を試《こころ》み來《きた》りしがために我國《わがくに》の問題《もんだい》となりたるが、利《り》に捷《はや》きこと蛇《へび》の如《ごと》き米國《べいこく》は直《ただ》ちに遠慮《えんりょ》するところなく之《これ》を承認《しょうにん》せり、而《しか》して米國《べいこく》の此行動《このこうどう》は亦我等《またわれら》の關《かん》する所《ところ》に非《あら》ずといへども、之《これ》がために我日本《わがにほん》は之《これ》を承認《しょうにん》せざれば甚《はなは》だしく不利《ふり》なる立場《たちば》に落《おと》されたるものにして、民間《みんかん》にあつては承認論者少《しょうにんろんじゃすく》なからざりしなり、而《しか》して之《これ》を承認《しょうにん》せば果《はた》して如何《いか》なる禍害《かがい》が我皇國《わがこうこく》を襲《おそ》ふべきかは恐《おそ》らくは何人《なんびと》も知《し》らざりしならん、然《しか》るに之《これ》を知《し》りてか、或《あるい》は他《ほか》に理由《りゆう》ありてか、時《とき》の大隈內閣《おおくまないかく》は之《これ》を拒絶《きょぜつ》し、且《か》つ之《これ》がために已《すで》に出發《しゅっぱつ》せる中華民國特使《ちゅうかみんこくとくし》を途中《とちゅう》より引返《ひきかえ》さしめたりしかば、袁《えん》の登極《とうきょく》は爲《た》めに頓挫《とんざ》を來《きた》し、翌年《よくねん》已《や》むを得《え》ず帝政取消《ていせいとりけし》を申令《しんれい》したりしも、彼《かれ》は決《けつ》して其意《そのい》を曲《ま》げたるに非《あら》ずして日本《にほん》の內閣《ないかく》の更迭《こうてつ》に向《むか》つて運動《うんどう》を試《こころ》み、第二《だいに》の機會《きかい》を作《つく》らんとせしものなることは未《いま》だ忘《わす》れ得《え》ぬ新事實《しんじじつ》なるが、大隈內閣倒《おおくまないかくたお》れんか、代《かわ》つて內閣《ないかく》を組織《そしき》する人《ひと》は何人《なんぴと》を問《と》はず承認論《しようにんろん》に傾《かたむ》き居《お》れる形勢《けいせい》にして、目下憲政《もつかけんせい》の神《かみ》など、稱《しよう》せらるゝ人《ひと》の如《ごと》きも袁帝承認《えんていしようにん》のために運動《うんどう》したりしなり、然《しか》るに同年彼《どうねんかれ》は忽焉《こつえん》として逝去《せいきよ》し、一說《いつせつ》には毒殺《どくさつ》せられたるなりともいへど、何《いず》れにもせよ帝王《ていおう》宣稱《せんしよう》の儀《ぎ》は全《まつた》く畫餅《がべい》に歸《き》したるなり。

而《しか》して我國人此事件《わがこくじんこのじけん》に關《かん》し重大視《じゆうだいし》せざるも、余《よ》を以《もつ》て見《み》るに大隈內閣《おおくまないかく》の英斷《えいだん》は其理由如何《そのりゆういかん》にもせよ實《じつ》に大《おおい》なる天祐《てんゆう》と稱《たた》ふべきものにして、若《も》し誤《あやま》つて目前《もくぜん》の小利《しようり》に誘《さそ》はれ之《これ》を承認《しようにん》したりしならんには我皇國《わがこうこく》は自殺《じさつ》せざるべからざる運命《うんめい》に自《みずか》ら陥《おちい》りたりしなるべく、余《よ》は當時《とうじ》を追懷《ついかい》し慄然禁《りつぜんきん》ずる能《あた》はざるなり、乞《こ》ふ其理由《そのりゆう》を說《と》かん。

袁世凱《えんせいがい》にして支那舊來《しなきゆうらい》の王族《おうぞく》ならんには可《か》なり、されど彼《かれ》は一平民《いちへいみん》なり、成上《なりあが》り者《もの》なり、勿論何《もちろんなん》人《びと》なりとも支那皇帝《しなこうてい》たらんとするは我等《われら》の容喙《ようかい》する限《かぎ》りに非《あら》ざれども、我日本帝國《わがにほんていこく》が之《これ》を承認《しようにん》するに於《お》いて事皇國《ことこうこく》の運命《うんめい》に關《かん》するなり、何《なん》となれば、我日本《わがにほん》は天津日嗣萬世一系《あまつひつぎばんせいいつけい》の皇位《こうい》を尊重《そんちよう》し以《もつ》て國家《こつか》の大本《おおもと》となし、之《これ》を中外《ちゆうがい》に誇《ほこ》り居《い》るものなるに、今匹夫《いまひつぷ》より身《み》を起《おこ》したるものゝ登極《とうきよく》を承認《しようにん》したりとせば果《はた》して如何《いか》なる結果《けつか》を齎《もた》らすべきや。

假《か》りに袁皇帝實現《えんこうていじつげん》したりとせんか、國際場裡彼《こくさいじようりかれ》は我天皇《わがてんのう》よりもアルファベツト順《じゆん》に由《よ》り常《つね》に遙《はる》かに上座《かみざ》に列《れつ》すべきに非《あら》ずや、言《い》ふまでもなく我等《われら》は日本《にほん》の天皇《てんのう》は天子《てんし》にして、外國《がいこく》の帝王《ていおう》とは全《まつた》く選《せん》を異《こと》にし居《い》るを信《しん》じ居《い》るも、此尊《このとうと》き信念《しんねん》は國際場裡《こくさいじようり》に於《お》いては何《なん》の價《あたい》あるものに非《あら》ず、故《ゆえ》に彼《かれ》は常《つね》に我《われ》の上《うえ》に座《ざ》すべし、尤《もつと》も歐羅巴《よーろつぱ》の諸帝王《しよていおう》が假令《たとい》我國《わがくに》の上《うえ》に列《れつ》するも、ソハ國際上《こくさいじよう》の儀禮《ぎれい》にして已《や》むを得《え》ざる事《こと》なるのみならず彼等《かれら》の帝王《ていおう》は彼等《かれら》の隨意《ずいい》に載《いただ》きたるものにして我政府《わがせいふ》の關知《かんち》せざる所《ところ》なるを以《もつ》て、何等《なんら》支障《ししよう》なしといへども、袁帝《えんてい》に到《いた》りては日本《にほん》が承認《しようにん》して始《はじ》めて有効《ゆうこう》となりたるものなるが故《ゆえ》に換言《かんげん》すれば日本政府《にほんせいふ》は一《いち》の成上皇帝《なりあがりこうてい》を製造《せいぞう》したる譯《わけ》にして、而《しか》も自《みずか》ら製造《せいぞう》せる其成上皇帝《そのなりあがりこうてい》の下位《かい》に我萬世一系《わればんせいいつけい》の日《ひ》の御子《みこ》の天皇《てんのう》を立《た》たしむる異觀《いかん》を見《み》るに到《いた》るべし、而《しか》して之《これ》に對《たい》し我政府《わがせいふ》は固《もと》より何等異議《なんらいぎ》を挾《はさ》む能《あた》はざるのみならず、著《いちじる》しく國民性《こくみんせい》を喪失《そうしつ》し居《い》る我國民《わがこくみん》に果《はた》して如何《いか》なる危《き》險思想《けんしそう》、不逞思想《ふていしそう》を助長《じよちよう》せしむべきかを考《かんが》ふべし、卽《すなわ》ち恐《おそ》れ多《おお》くも萬世一系《ばんせいいつけい》の天子《てんし》も其價支那《そのあたいしな》の一《いち》馬賊《ばぞく》に及《およ》ばずとの怖《おそ》ろしき淺見必《せんけんかなら》ずや生《しよう》じ來《きた》らん、假令憲法《たといけんぽう》に如何《いか》なる明文《めいぶん》あるにもせよ、已《すで》に外《がい》國《こく》の成上皇帝《せいじようこうてい》を承認《しようにん》したる以上《いじよう》、内閣《ないかく》の獨斷《どくだん》にて之《これ》を承認《しようにん》したるに非《あら》ざるは言《い》ふまでもなき事《こと》なるが、萬々一國内《まんまんいちこくない》に袁的人物現《えんてきじんぶつあら》はれたりとせば我政府《わがせいふ》は此先例《このせんれい》を如何《いかん》にせんとする乎《や》、尤《もつと》も袁《えん》にして自《みずか》ら帝王《ていおう》を僣稱《せんしよう》し支那帝國《しなていこく》の承認《しようにん》を我《われ》に求《もと》むるに於《お》いては、之《こ》れ帝國《ていこく》を承認《しようにん》するものにして自《おの》づから別問題《べつもんだい》なれども、帝王《ていおう》を承認《しようにん》するものなるが故《ゆえ》に直《ただ》ちに我國體《わがこくたい》に禍害《かがい》を招《まね》くなり、而《しか》して内國《ないこく》に於《お》ける袁的人物《えんてきじんぶつ》は假令國法《たといこくほう》に由《よ》りて處置《しよち》しうべしとするも、國民一般《こくみんいつぱん》の天子觀《てんしかん》に一大變調《いちだいへんちよう》を來《きた》すべきことは火《ひ》を見《み》るより明《あきら》かなるにあらずや。

分《わか》り易《やす》くいへば、日本《にほん》の天皇《てんのう》は外國《がいこく》の帝王《ていおう》とは全然《ぜんぜん》類《るい》を異《こと》にする天子《てんし》なり、日《ひ》の御子《みこ》なりてふ觀念《かんねん》が、袁帝承認《えんていしようにん》の結果《けつか》全《まつた》く打破《だは》せられて、『天皇《てんのう》は神聖《しんせい》にして侵《おか》すべからず』との明文否信念《めいぶんいなしんねん》は甚《はなは》だしく其力《そのちから》を失《うしな》ふに到《いた》るや論《ろん》なく、而《しか》して『未《いま》だ臣《しん》を以《もつ》て君《くん》となしたことあらず』との神勅《しんちよく》も無意義《むいぎ》となり和氣清麿《わけのきよまろ》は史上《しじよう》より其名《そのな》を沒《ぼつ》し、反《かえ》つて道鏡《どうきよう》をして活躍《かつやく》せしむるが如《ごと》き不祥時代《ふしようじだい》を見《み》るなきを保《ほ》すべからず、蓋《けだ》し我國人多《わがこくじんおお》くデモクラシイ化《か》し居《い》るが故《ゆえ》なり。

ア、思《おも》ふだに寒膚《かんぷ》に粟《あわ》を生《しよう》ぜしむる此危機《このきき》は、又々天祐《またまたてんゆう》に由《よ》りて安《やす》らかに排除《はいじよ》するを得《え》たるなり、蓋《けだ》し皇室《こうしつ》の稜威《りようい》に由《よ》る事《こと》といふべきが、帝國《ていこく》の大任《たいにん》を負《お》ふ當局者深《とうきよくしやふか》く慮《おもんぱか》る所《ところ》なかるべからず。感謝《かんしや》すべきかな、此大《このおおい》なる天祐《てんゆう》、之《これ》を天祐《てんゆう》なりと解《かい》する能《あた》はざる人《ひと》は國民性《こくみんせい》を痲痺《まひ》し居《い》る者《もの》ならざるべからず。

第四項　○○○○

○○○○は天祐中《てんゆうちゆう》の天祐《てんゆう》に屬《ぞく》するものにして、余《よ》は已《すで》に同志《どうし》の間《あいだ》に之《これ》を語《かた》りたる事《こと》ありしも、遺憾《いかん》ながら茲《ここ》に明言《めいげん》するを得《え》ず、而《しか》も識《し》る人《ひと》ぞ知《し》る、余《よ》は唯之《ただこれ》を以《もつ》て天祐《てんゆう》なりと感謝《かんしや》して此項《このこう》を終《おわ》らん。

第五項　關東大震災《かんとうだいしんさい》

大正《たいしょう》十二年《じゅうにねん》九月《くがつ》一日《ついたち》關東《かんとう》に大震災《だいしんさい》あり、地震國《じしんこく》としては避《さ》け難《がた》き大地變《だいじへん》なれども、其災害《そのさいがい》餘《あま》りに多大《ただい》なりしが故《ゆえ》に、其後半年《そののちはんとし》を經《へ》るも慘狀尚《さんじょうな》ほ新《あらた》なり。

多《おお》くの場合《ばあい》に於《お》いて被害《ひがい》の程度《ていど》餘《あま》りに多大《ただい》ならざる時《とき》には人《ひと》は神明《しんめい》を恨《うら》むものなれども、被害多大《ひがいただい》殊《こと》に今回《こんかい》の如《ごと》く極度《きょくど》に達《たっ》したる時《とき》は神明《しんめい》を畏《おそ》るゝを常《つね》とす、蓋《けだ》し人《ひと》の横着《おうちゃく》を告白《こくはく》したるものあり、故《ゆえ》に今回《こんかい》の大震災《だいしんさい》に於《お》いては被害者《ひがいしゃ》のみならず、之《これ》を見聞《けんぶん》したる殆《ほと》んど凡《すべ》ての國人《こくじん》は反省《はんせい》せり、されば帝都《ていと》の如《ごと》きは誰彼《だれかれ》の別《べつ》なく『餘《あま》り贅澤《ぜいたく》したからでせう、』『文化《ぶんか》を誇《ほこ》り過《す》ぎたためです』、『助《たす》かって氣《き》まりが惡《わる》い』、『死《し》んだ人《ひと》には氣《き》の毒《どく》ですが此位《このくらい》は仕方《しかた》ありません』、『神樣《かみさま》が嫉《そね》まれたのです』、『チヨビ髯《ひげ》や耳隱《みみかく》しを見《み》ると私《わたし》でも撲《なぐ》つてやりたくなるのですからアノ醜《みにく》い人情風俗《にんじょうふうぞく》が神樣《かみさま》に叩《たた》かれたのです』等《など》の懺悔的感想《ざんげてきかんそう》が遇《あ》ふ人毎《ひとごと》に交換《こうかん》せられ、中《なか》には明治神宮社前《めいじじんぐうしゃまえ》に罪《つみ》を謝《しゃ》したる人《ひと》も甚《はなは》だ多《おお》かりしほどにて、之《こ》れ尋常一樣無意味《じんじょういちようむいみ》なる震災《しんさい》に非《あら》ずして、必《かなら》ずや深《ふか》き神慮《しんりょ》ありての事《こと》なるべしと語《かた》り合《あ》ひたる事《こと》にて、澁澤子《しぶさわし》の如《ごと》きは大膽《だいたん》にも眞先《まっさき》に之《これ》を以《もつ》て天譴《てんけん》なりと言明《げんめい》せられたり、而《しか》も天《てん》誅《ちゅう》と言《い》はざりしは之《これ》を憚《はば》かつての事《こと》ならんが、天譴《てんけん》なりと公然口《こうぜんくち》を切《き》りたる子爵《ししゃく》の意氣敬《いきうやま》ふべし、然《しか》り天譴《てんけん》なり、否天誅《いなてんちゅう》なり。

苟《いやしく》も神州帝國《しんしゅうていこく》の臣民《しんみん》とし生《うま》れ居《い》る身《み》を以《もつ》て、神明《しんめい》に奉仕《ほうし》する所以《ゆえん》を辨《べん》ぜざるのみならず、國體《こくたい》を無視《むし》し國是《こくぜ》を忘《わす》れ、妄《みだ》りに歐米《おうべい》の浮薄輕姚淫奔《ふはくけいちょういんぽん》なる文明《ぶんめい》に耽溺《たんでき》し、尊《とうと》き國民性《こくみんせい》を棄《す》てゝ民主國《みんしゅこく》の人《じん》民《みん》と共《とも》に民權《みんけん》を狂號《きようごう》し、前後《ぜんご》を誤《あやま》り、本末《ほんまつ》を亂《みだ》り、秩序《ちつじよ》を覆《くつが》へし、忠孝《ちゆうこう》の道《みち》を以《もつ》て蠻習《ばんしゆう》なりと排《はい》し、國家本位《こつかほんい》を以《もつ》て舊思想《きゆうしそう》なりと斥《しりぞ》け、之《これ》に代《か》ふるに自由及平等《じゆうおよびびようどう》を標榜《ひようぼう》して個人主義《こじんしゆぎ》即《すなわ》ち利己主義《りこしゆぎ》を增長《ぞうちよう》せしめ、各自其分《かくじそのぶん》を放棄《ほうき》して破壞《はかい》の亨樂《きようらく》に耽《ふけ》り、皇室《こうしつ》の藩屏《はんぺい》たるべき華族《かぞく》の間《あいだ》にすら「平民化《へいみんか》」と呼《よ》ばるゝを以《もつ》て無上《むじよう》の光榮《こうえい》の如《ごと》く誇《ほこ》るが如《ごと》き不逞《ふてい》の徒《と》を見《み》るに到《いた》れり。

夫《そ》れ神《かみ》は公平《こうへい》なり、何人《なんびと》にも偏重《へんちよう》あることなし、櫻《さくら》は櫻《さくら》として武士《ぶし》の精神《せいしん》を發揮《はつき》すべく、梅《うめ》は梅《うめ》として君子《くんし》の高徳《こうとく》を發揮《はつき》すべく、松《まつ》は松《まつ》として常綠《じようりよく》の臣節《しんせつ》を示《しめ》し、竹《たけ》は竹《たけ》として律直《りつちよく》なる貞操《ていそう》を示《しめ》せば可《か》なり、何《なに》を好《この》んで松《まつ》に櫻《さくら》の花《はな》を飾《かざ》り、竹《たけ》に梅《うめ》の花《はな》を粧《よそほ》ふ必要《ひつよう》あらんや、見《み》よ、愚《おろ》かなる近代《きんだい》の似而非文化者《えせぶんかもの》を見《み》よ、彼等《かれら》は男女《だんじよ》を比較《ひかく》し居《い》るに非《あら》ずや、婦人問題《ふじんもんだい》は之《これ》が結果《けつか》なり、彼等《かれら》は上下《じようげ》を比較《ひかく》し居《い》るに非《あら》ずや、勞働問題《ろうどうもんだい》は之《これ》が結果《けつか》なり、此等《これら》は一見甚《いつけんはなは》だ人道的《じんどうてき》の如《ごと》く思《おも》はるゝも、其實際《そのじつさい》は極《きわ》めて非人道的《ひじんどうてき》なる行動《こうどう》にして、男女及上下《だんじよおよびじようげ》は元來比較《がんらいひかく》すべきものに非《あら》ず、男《おとこ》は男《おとこ》にして女《おんな》に非《あら》ず、女《おんな》は女《おんな》にして男《おとこ》に非《あら》ず、上下亦然《じようげまたしか》り、然《しか》るに彼等《かれら》は自由平等《じゆうびようどう》を標榜《ひようぼう》し、婦人解放《ふじんかいほう》、勞働者解放《ろうどうしやかいほう》を云々《うんぬん》し、婦人《ふじん》は男子《だんし》に比《ひ》し劣《おと》る所《ところ》あるなし、平民《へいみん》も貴族《きぞく》も同《おな》じく人間《にんげん》ならずや云々《うんぬん》の詭辯《きべん》を弄《ろう》して婦人《ふじん》を煽動《せんどう》し勞働者《ろうどうしや》を煽動《せんどう》せるものにして、彼等《かれら》は敢《あ》へて婦人又《ふじんまた》は勞働者《ろうどうしや》に對《たい》する何等《なんら》の同情《どうじよう》あるに非《あら》ず、誘《さそ》ひ易《やす》き此等《これら》の人々《ひとびと》を惑《まど》はし、家庭《かてい》を破壞《はかい》し、社會《しやかい》を破壞《はかい》し國家《こつか》を破壞《はかい》せんとするものにして、所謂水平運動是《いわゆるすいへいうんどうこれ》なり。

されば彼等《かれら》の行動《こうどう》は、皇國《こうこく》に對《たい》する反逆《はんぎやく》にして、其精神《そのせいしん》に於《お》いて不逞《ふてい》の念《ねん》なしとするも、其行動《そのこうどう》は明《あきら》かに反逆《はんぎやく》なり、王政復古《おうせいふつこ》未《いま》だ七十年《ななじゆうねん》ならざるに、彼等《かれら》は更《さら》に亂暴《らんぼう》にも大權《たいけん》を民間《みんかん》に歸《き》せしめんとす神怒《しんど》無《な》からざらんや、天誅無《てんちゆうな》からざらんや、記憶《きおく》せよ、大震災《だいしんさい》は卽《すなわ》ち此天誅《このてんちゆう》の一《いち》にてありしなり、而《しか》して天誅《てんちゆう》を蒙《こうむ》りたるものは物質的文明《ぶつしつてきぶんめい》のみと思《おも》ふべからず、此惡《このにく》むべき惡風賊習《あくふうぞくしゆう》を輸入《ゆにゆう》せる拜外者《はいがいしや》は卽《すなわ》ち此天誅《このてんちゆう》を受《う》けたるものなり、而《しか》して尙《な》ほ悔《く》い改《あらた》むるなくんば更《さら》に大《おおい》なる天誅降《てんちゆうくだ》らん。

一昨年歸朝以來《いつさくねんきちよういらい》、余《よ》は全力《ぜんりよく》を盡《つく》して邪信仰惡思想《じやしんこうあくしそう》の撲滅《ぼくめつ》を力《つと》むると共《とも》に信仰歸一《しんこうきいつ》、思想統一《しそうとういつ》の任《にん》に當《あた》り居《お》りしが、余《よ》は常《つね》に言《い》へり、『今《いま》にして悔《く》い改《あらた》めずんば天誅下《てんちゆうくだ》らん』と、而《しか》して又言《またい》へり、『國民不信《こくみんふしん》にして天誅《てんちゆう》のために滅《ほろ》ぶべきも、皇國《こうこく》は天祐《てんゆう》に由《よ》りて安《やす》きをうべし』と、然《しか》り、思《おも》へば大《だい》震災《しんさい》は放埒《ほうらつ》なりし國民《こくみん》に取《と》りては慥《たし》かに天誅《てんちゆう》なりしも、皇國《こうこく》の運命《うんめい》が之《これ》がために一時危機《いちじきき》を脱《だつ》したるを思《おも》へば皇國《こうこく》に取《と》りては大《だい》なる天祐《てんゆう》と言《い》はざるべからず。

殊《こと》に思《おも》へ、若《も》し此大震災《このだいしんさい》をして、早晩無《そうばんな》かるべからざる日《にち》○戰爭《せんそう》の最中《さいちゆう》にありたりとせば如何《いかが》、我日本《わがにほん》は言《い》ふまでもなく、滅亡《めつぼう》すべかりしならずや、然《しか》るに何國《なんこく》をも窺《うかが》はしむる間隙《かんげき》を與《あた》へざる時《とき》に於《お》いて此震災《このしんさい》ありしは又天祐《またてんゆう》に非《あら》ずや。

尙《な》ほ之《これ》に加《くわ》へて、此天誅《このてんちゆう》は大《おおい》なる教訓《きようくん》を我國民《わがこくみん》に與《あた》へたるものにして、卽《すなわ》ち日《にち》○戰爭《せんそう》に於《お》いて敵《てき》の飛行機《ひこうき》、軍艦及無線電力《ぐんかんおよびむせんでんりよく》が斯《かか》る損害《そんがい》を我《われ》に與《あた》ふべきを覺悟《かくご》すべき事是《ことこれ》なり、さらば之《これ》に對《たい》して十《じゆう》分《ぶん》の國防《こくぼう》を爲《な》すべきに反《かえ》つて彼《かれ》のために、計《はか》られて軍備縮少《ぐんびしゆくしよう》に汲々《きゆうきゆう》たるは抑《そもそ》も何事《なにごと》ぞや、國民《こくみん》よ、此大敵《このたいてき》に對《たい》し人事《じんじ》を盡《つく》し居《い》るや否《いな》や、人事《じんじ》の最善《さいぜん》を盡《つく》さずして天祐《てんゆう》を待《ま》つは敵《てき》に內通《ないつう》すると同罪《どうざい》なり、天祐《てんゆう》は一《いち》に神慮《しんりよ》に存《そん》す、我等《われら》は神州《しんしゆう》の臣民《しんみん》として人事《じんじ》の最善《さいぜん》を怠《おこた》るべからず。

此外虎《このほかとら》の門事《もんじ》變《へん》其他《そのた》二三《にさん》ありといへども、國人《こくじん》普《あま》ねく之《これ》を知悉《ちしつ》し居《お》るを以《もつ》て之《これ》を略《りやく》す。

斯《か》く觀《かん》じ來《きた》れば如何《いか》に我國《わがくに》が天祐《てんゆう》に豐《ゆた》かなるかを知《し》るべし、ソロモン王誡《おういまし》めて曰《いわ》く、『義《ぎ》は國《くに》を高《たか》くし、罪《つみ》は民《たみ》を辱《はず》かしむ』と、至言《しげん》といふべし、皇國《こうこく》は義《ぎ》のために其位《そのくらい》を高《たか》めらるゝも、國民放埒《こくみんほうらつ》にして罪《つみ》のために辱《はずかし》めらる、古聖曰《こせいいわ》く、『君子《くんし》は義《ぎ》に就《つ》き小人《しようにん》は利《り》に就《つ》く』と、現代《げんだい》の日本國民何《にほんこくみんいず》れに就《つ》かんとする乎《や》。

第五節　日本《にほん》の國寶《こくほう》

日本《にほん》の國寶《こくほう》として保存《ほぞん》せらるゝもの萬《まん》を以《もつ》て數《かぞ》ふべしといへども、凡《すべ》て之《こ》れ學術的寶物《がくじゆつてきほうもつ》に過《す》ぎざるものなるが、唯獨《ただひと》り皇國《こうこく》の至寶《しほう》として仰《あお》ぐべきは三種《さんしゆ》の神器《じんぎ》のみなり。

十五乘《じゆうごじよう》の夜光珠《やこうたま》を以《もつ》て國寶《こくほう》となすものあり、忠臣孝子《ちゆうしんこうし》を以《もつ》て國寶《こくほう》となすものあり、泰山《たいざん》を誇《ほこ》るものあり、大河《たいが》を誇《ほこ》るものあり、領土《りようど》の廣《ひろ》きを誇《ほこ》るものあり、利源《りげん》の多《おお》きを誇《ほこ》るものあり、如何《いか》なる國《くに》といへども必《かなら》ず相當《そうとう》の國寶《こくほう》を有《ゆう》すれども、我神州《わがしんしゅう》の三種《さんしゅ》の神器《じんぎ》の如《ごと》きは他《ほか》に類《たぐい》なし、唯有《ただあ》り二千六《にせんろっ》百年前《ぴゃくねんまえ》のイスラエル王國《おうこく》に於《お》いて。

三種《さんしゅ》の神器《じんぎ》の實體《じったい》如何《いかん》は餘之《あまりこれ》を知《し》らずといへども、神鏡《しんきょう》、神劍及神玉《しんけんおよびしんぎょく》は抑《そもそ》も何《なに》を語《かた》らんとする乎《や》、而《しか》して此三至寶《このさんしほう》は學術的價値《がくじゅつてきかち》を超越《ちょうえつ》したるものにして、卽《すなわ》ち神州《しんしゅう》の正體《しょうたい》を默示《もくじ》し、神州《しんしゅう》の將來《しょうらい》を暗射《あんしゃ》し、併《あわ》せて神州《しんしゅう》の使命《しめい》を象徵《しょうちょう》せるものにして、從來《じゅうらい》の說明《せつめい》の如《ごと》く單簡《たんかん》なる智仁勇《ちじんゆう》の象徵《しょうちょう》には非《あら》ざるなり、故《ゆえ》に此三種《このさんしゅ》の神器《じんぎ》の意義《いぎ》にして闡明《せんめい》せらるれば、神州帝國《しんしゅうていこく》の正體《しょうたい》、將來及使命《しょうらいおよびしめい》は從《したが》つて瞭然《りょうぜん》たるべきものなり。

第一項　八咫鏡《やたのかがみ》

「ヤダ」は希伯來語《へぶらいご》にて神智《じんち》の義《ぎ》を有《ゆう》し、「ヤダイ」は神《かみ》の指示《しじ》する者《もの》てふ義《ぎ》あり、思《おも》ふに八咫《やた》なる形容《けいよう》は其鏡《そのかがみ》の形狀《けいじょう》より來《きた》りしものに非《あら》ずして、ヤダ又《また》はヤダイ卽《すなわ》ち神智又《じんちまた》は神示《しんじ》の意《い》を承《う》けたるもののなるべし、而《しか》して鏡《かがみ》は鑑《かがみ》にして國民《こくみん》の思想《しそう》を統一《とういつ》すべきものなるが故《ゆえ》に、一點曇《いってんくも》りなき明鏡《めいきょう》、換《かん》言《げん》すれば萬代不易《まんだいふえき》の大法《たいほう》ならざるべからず。

故《ゆえ》に天照太神《あまてらすおおみかみ》親《した》しく此神鏡《このしんきょう》を皇孫天津彦彦火瓊瓊杵尊《こうそんあまつひこひこほのににぎのみこと》に授《さず》け給《たま》ふや、『吾兒視此寶鏡《わがみこのたからのかがみをみまさむこと》當猶視吾《まさにあれをみるがごとくすべし》可與同床共殿以爲齋鏡《ともにみゆかおなじくしみあらかをひとつにしてもつていわいのかがみとなすべし》』と宣《のたま》はせ給《たま》へるは神《かみ》の命令《めいれい》を遵奉《じゅんぽう》せよとの聖旨《せいし》にして、鏡面《きょうめん》如何《いか》なる明文《めいぶん》を刻《きざ》みあるや、不明《ふめい》なりといへども、若《も》し何等《なんら》明文《めいぶん》なしとせば、神旨《しんし》傳達《でんたつ》の印《しるし》として此神鏡《このしんきょう》を親授《しんじゅ》せられしなるべく、此神鏡《このしんきょう》と共《とも》に必《かなら》ず神旨《しんし》を傳《つた》へ給《たま》へるものなるは明《あきら》かなりとす。

然《さ》らば如何《いか》なる神旨《しんし》ありしや、太古《たいこ》モーセ、神勅《しんちょく》を奉《ほう》じイスラエル民族《みんぞく》をエヂプトより救《すく》ひ出《だ》し、建國《けんこく》のためにカナンに向《むか》へる途次《とじ》、シナイ山上《さんじょう》に於《お》いて、神《かみ》エホバより新《あら》たに建《た》てらるべき國《くに》の國《こく》民《みん》の鑑《かがみ》として、十誡《じっかい》を録《しる》したる石板《せきばん》二枚《にまい》を拜受《はいじゅ》しけるが、其時《そのとき》左《ひだり》の神勅《しんちょく》ありたりき。

汝等《なんじら》もし善《よ》く我《わ》が言《げん》を聴《き》き、我《わ》が契約《けいやく》を守《まも》らば汝等《なんじら》は諸《もろもろ》の民《たみ》に愈《まさ》りて我《わ》が寶《たから》となるべし、全地《ぜんち》は我《わ》が所有《しょゆう》なればなり、汝等《なんじら》は我《われ》に對《たい》して祭司《さいし》の國《くに》となり、聖《きよ》き民《たみ》となるべし。

（舊約聖書《きゅうやくせいしょ》出埃及記《しゅつえじぷとき》第十九章《だいじゅうきゅうしょう》五六節《ごじゅうろくせつ》）

此二枚《このにまい》の石板《せきばん》卽《すなわ》ち神《かみ》の律法《りっぽう》はイスラエル王國《おうこく》の國寶《こくほう》にして、至聖所《しせいじょ》卽《すなわ》ち賢所《かしこどころ》に奉安《ほうあん》せられたる三《さん》種《しゅ》の神器《じんぎ》の一《いち》なるが、八咫鏡《やたのかがみ》は卽《すなわ》ち是《こ》れ神《かみ》の律法《りっぽう》にして神州臣民《しんしゅうしんみん》の國民思想《こくみんしそう》の源泉《げんせん》と稱《しょう》すべきものならざるべからず、『之《これ》を視《み》ること吾《われ》を見《み》る如《ごと》くあれ』と宣《のたま》ひたるは、イエスが晩餐席上《ばんさんせきじょう》、『斯《か》くする毎《ごと》に吾《われ》を覺《おぼ》えよ』と仰《おお》せられたると同一《どういつ》にして、常《つね》に神意《しんい》を奉體《ほうたい》せよとの謂《いい》なり、されば我國民《わがこくみん》は母《はは》の胎内《たいない》に在《あ》る時《とき》より此意《このい》を體《てい》すべき筈《はず》のものにして、之《これ》を思想《しそう》とし、之《これ》を信仰《しんこう》とし、之《これ》を道《みち》とし之《これ》を鏡《かがみ》とし以《もつ》て迷《まよ》ひなかるべきなり、然《しか》るに何事《なにごと》ぞ、之《これ》を忘《わす》れて徒《いたず》らに異端《いたん》の邪風《かぜ》に感染《かんせん》す、不信不忠《ふしんふちゆう》言語《げんご》に絶《ぜつ》す寧《むし》ろ生《うま》れざりしを幸《さいわ》ひとすべし。

されば八咫鏡《やたのかがみ》の神器《じんぎ》たる所以《ゆえん》は神《かみ》の律法《りつぽう》の象徴《しようちよう》なればなり、故《ゆえ》に國民《こくみん》必《かなら》ず之《これ》に由《よ》りて其趣《そのおもむ》く所《ところ》を定《さだ》め、以《もつ》て惑《まど》ひなきを期《き》すべきなり、而《しか》して我神鏡《わがしんきよう》には如何《いか》なる明文《めいぶん》を刻《きざ》みありやは知《し》る能《あた》はずといへども、イスラエル王國《おうこく》の神鏡《しんきよう》には左《ひだり》の十誡《じつかい》深《ふか》く刻《きざ》まれありしなり。

一《いち》、我《われ》は汝《なんじ》の神《かみ》エホバなり
二《に》、汝我《なんじわれ》の外神《ほかかみ》ありとすべからず
三《さん》、汝《なんじ》の神《かみ》エホバの名《な》を妄《みだ》りに唱《とな》ふべからず
四《よん》、安息日《あんそくび》を憶《おぼ》へよ
五《ご》、汝《なんじ》の父《ちち》と母《はは》とを敬《うやま》へ
六《ろく》、汝殺《なんじごろ》す勿《なか》れ
七《なな》、汝姦淫《なんじかんいん》する勿《なか》れ
八《はち》、汝盗《なんじぬす》む勿《なか》れ
九《きゆう》、汝僞《なんじいつわ》りの證言《しようげん》をなす勿《なか》れ

十《じゆう》、汝《なんじ》貪《むさぼ》る勿《なか》れ
敬神愛人《けいしんあいじん》の大法右《たいほうみぎ》の如《ごと》く完備《かんび》せるものを國寶《こくほう》とし亀鑑《きかん》とせるイスラエル民族《みんぞく》の國民性《こくみんせい》が、如何《いか》に忠良《ちゆうりよう》に強健《きようけん》に且《か》つ熱本誠《ねつもとまこと》なるかを思《おも》へ、然《しか》るに同《おな》じき神鏡《しんきよう》を國寶《こくほう》となす我日本民今日《わがにほんみんこんにち》の淪落《りんらく》を見《み》て猶太人《ゆだやじん》に對《たい》し愧《は》ぢなすとする乎《や》。

第二項　八坂瓊勾玉《やさかにのまがたま》

八坂瓊勾玉《やさかにのまがたま》は上古《じようこ》の頸飾《けいしよく》にして、古事記《こじき》に『天《てん》なるや弟棚機《おとたなばた》の纓《うな》がせる玉《たま》の御統《みすまる》』と歌《うた》はれたるものと同一《どういつ》のものなるべきが、頸飾《けいしよく》とは言《い》へ無意義《むいぎ》なる装飾品《そうしよくひん》に非《あら》ず。

勾玉《まがたま》なる名稱《めいしよう》はイスラエル王國《おうこく》の三種《さんしゆ》の神器《じんぎ》の一《いち》なるマナより來《きた》りしものなるべし、マナとはイスラエル民族《みんぞく》がエヂプトより脱出《だつしゆつ》して建國《けんこく》を志《こころざ》し、四十年間不毛《よんじゆうねんかんふもう》の曠野《こうや》に國民的修行《こくみんてきしゆぎよう》を爲《な》しつゝありし時《とき》アラビヤの沙漠《さばく》の一部《いちぶ》とて飲《の》むべき水《みず》なく、食《く》ふべきパンなき地方《ちほう》に、三百萬《さんびやくまん》の大民衆《だいみんしゆう》如《い》何《か》にして四十年《よんじゆうねん》の生活《せいかつ》をなし得《え》たるかは奇蹟中《きせきちゆう》の奇蹟《きせき》なるが、實《じつ》は神《かみ》は朝《あさ》にマナを降《ふ》らして彼等《かれら》を養《やしな》ひたまひしものにして、其時賜《そのときたま》はりたるマナを感謝紀念《かんしやきねん》のため、又併《またあわ》せて國民教育《こくみんきよういく》のため之《これ》を國《こく》寶《ほう》として至聖所《しせいじよ》の聖櫃中《せいひつちゆう》に納《おさ》めたるものにてありき。

マナは露果《つゆか》と譯《やく》され、生命《せいめい》のパンにして、人《ひと》が額《ひたい》に汗《あせ》して得《う》べき肉《にく》のパンに非《あら》ず、故《ゆえ》にマナは『人《ひと》

は パンのみにて生《い》くるものに非《あら》ず』を暗示《あんじ》したるものにして「精神的《せいしんてき》に生活《せいかつ》せよ」との意《い》を含《ふく》みたるものなるが、マナの語原《ごげん》はエヂプト語《ご》のメヌ（食物《しよくもつ》）より來《きた》りしものと定《さだ》まり居《お》るも、エーレンベルクの說《せつ》に由《よ》れば、マナはシナイ半島《はんとう》に生《しよう》ずるタマリスク樹《じゆ》の樹脂《じゆし》なりといふ、而《しか》してタマリスク樹《じゆ》の學名《がくめい》はタマリクス・マニフエラにして、之《これ》を前後《ぜんご》せしめマニフエラ・タマリクスとなし更《さら》に略《りやく》してマニタマ又《また》はマナタマとなすは極《きわ》めて容易《ようい》なるべし、加之《しかのみならず》、アラビヤ人《じん》は此樹《このき》をマナルサマと呼《よ》び居《い》る由《よし》なればマガタマの語原《ごげん》は甚《はなは》だ明白《めいはく》となりたるべし、尙《な》ほ猶太聖書註解《ゆだやせいしよちゆうかい》には『マナと共《とも》に每朝《まいあさ》寶石《ほうせき》交《まじわ》り降《お》りたり』とあるを思《おも》ひ廻《めぐ》らせばマナタマなるもの面白《おもしろ》く說明《せつめい》せらるべく、マナタマよりマガタマの轉訛《てんか》したるは少《すこ》しも無理《むり》に非《あら》ざるべし。

而《しか》して其形狀《そのけいじよう》兩者《りようしや》亦《また》酷似《こくじ》し居《い》るが如《ごと》し、されば勾玉《まがたま》は國民《こくみん》の生命《せいめい》を司《つかさ》どるものにして、之《これ》あらん限《かぎ》り我國民《わがこくみん》は滅亡《めつぼう》せざるなり、ア、尊《とうと》き哉勾玉《かなまがたま》、ア、慕《した》はしき哉勾玉《かなまがたま》、然《しか》るに國民《こくみん》は此生命《このせいめい》を仰《あお》がずして野獸《やじゆう》と共《とも》に私慾《しよく》に生《い》きんとす、猶太《ゆだや》の婦人《ふじん》は之《これ》に因《ちな》みて己《おのれ》が貞操《ていそう》を示《しめ》すの飾《かざり》を頸《くび》に掛《か》け居《い》るが、日本《にほん》の婦人《ふじん》は反對《はんたい》に此尊《このとうと》き頸飾《けいしよく》を棄《す》てゝ男子《だんし》と參政權《さんせいけん》を爭《あらそ》はんとす、之《こ》れ神器《じんぎ》を汚《けが》すものなり、神《しん》意《い》に背《そむ》くものなり、人之《ひとこれ》を恕《じよ》すとの神《かみ》は許《ゆる》し給《たま》はざるべし。

第三項　叢雲剣《むらくものつるぎ》

草薙剣《くさなぎのつるぎ》と改稱《かいしょう》せられたるは後《のち》の事《こと》なるが、ムラクモとは雲《くも》の柱《はしら》の義《ぎ》にして、陰氣發《いんきはつ》する所《ところ》金石《きんせき》亦透《またとお》るの力《ちから》を示《しめ》したるものなり。

イスラエル王國《おうこく》の三種《さんしゅ》の神器《じんぎ》中之《ちゅうこれ》に該當《がいとう》するものは十字《じゅうじ》に萠芽《ほうが》したるアロンの杖《つえ》なり、アロンはモーセの兄《あに》にして祭司長《さいしちょう》なり、聖《ひじり》は指揮《しき》の用《よう》に供《きょう》し、精神的《せいしんてき》の戰鬪上無比《せんとうじょうむひ》の武器《ぶき》にして、舊約《きゅうやく》に於《お》いては信仰《しんこう》の象徴《しょうちょう》となり居《お》れり、而《しか》して此杖《このつえ》はイスラエル三百萬《さんびゃくまん》を指導《しどう》し、又岩《またいわ》を撃《う》つて泉《いずみ》を躍《おど》らしめ、其大小幾度《そのだいしょういくど》となき奇蹟《きせき》を示《しめ》したるものにして、傳說《でんせつ》に由《よ》ればアダム（人間《にんげん》の始祖《しそ》）が神《かみ》より賜《たま》はりたるものにしてサファイヤにて造《つく》り一貫三百目《いっかんさんびゃくめ》ほどの重量《じゅうりょう》ありとの事《こと》なるが、其眞僞《そのしんぎ》は別《べつ》として、エヂプトの貴族之《きぞくこれ》をヨセフより竊取《せっしゅ》したるが、エスロなるもの之《これ》を前庭《まえにわ》の土《つち》に挿《さ》したるに又抜《またぬ》く能《あた》はず且《か》つ之《これ》に觸《ふ》れるものは悉《ことごと》く死《し》したるがため、其儘《そのまま》に放棄《ほうき》しありしを、モーセ之《これ》を抜《ぬ》き其功《そのこう》に由《よ》りエスロの愛孃《あいじょう》チポラを妻《つま》となせりとのローマンスあるものなり、而《しか》して此《この》ローマンスは夫《おっと》の逆鉾《さかほこ》が何處《どこ》に移《うつ》すとも必《かなら》ず自《おの》づ舊位地《きゅういち》に戻《もど》るといひ、又容易《またようい》に動《うご》くも之《これ》を抜《ぬ》く能《あた》はずなどの傳說《でんせつ》に一《いっ》致《ち》するのみならずモーセは之《これ》を抜《ぬ》きてチプラ孃《じょう》を妻《つま》とし、我《わ》が素盞嗚尊《すさのおのみこと》は之《これ》に由《よ》りて櫛稲田姫《くしいなだひめ》の奇《き》難《なん》を救《すく》ひたるが、更《さら》にモーセは之《これ》に由《よ》りてイスラエル民族《みんぞく》をエヂプトより救《すく》ひ出《だ》したるものなり、而《しか》して又《また》アロンの杖《つえ》は曠野《こうや》に道《みち》を拓《ひら》きたるが如《ごと》く、日本武尊《やまとたけるのみこと》は叢雲劍《むらくものつるぎ》を以《もつ》て活路《かつろ》を開《ひら》き給《たま》へるなどの古事《こじ》を對照《たいしょう》し來《きた》れば、此兩者正《このりようしやまさ》に符節《ふせつ》を合《がつ》したるが如《ごと》きを覺《おぼ》ゆるべし。而《しか》して神《かみ》は、晝《ひる》は雲《くも》の柱《はしら》、夜《よる》は火《ひ》の柱《はしら》を以《もつ》てイスラエル民族《みんぞく》を指導《しどう》したまひたりしが、叢雲劍《むらくものつるぎ》とは雲《くも》の柱《はしら》より出《い》でたる名稱《めいしょう》に外《ほか》ならざるべし。

されば以上三種《いじょうさんしゅ》の神器《じんぎ》が東西《とうざい》の萬世一系《ばんせいいつけい》の天子國《てんしこく》に於《お》いて同精神《どうせいしん》を以《もつ》て奉安《ほうあん》さるゝのみならず、兩者同一《りようしやどういつ》なりと言《い》ひうべき多《おお》くの理由《りゆう》ある以上《いじょう》、我三種《わがさんしゅ》の神器《じんぎ》は單《たん》に智仁勇《ちじんゆう》を象徴《しょうちょう》したるに止《とど》まらず、イスラエルの三種《さんしゅ》の神器《じんぎ》同様《どうよう》に深遠《しんえん》なる意義《いぎ》を象徴《しょうちょう》したるものなるべき筈《はず》なり、然《しか》らずんば神《しん》州帝國《しゅうていこく》の神器《じんぎ》としては甚《はなは》だ多《おお》く其價値《そのかち》を缺《か》くものと言《い》はざるべからず。

斯《か》く觀《かん》じ來《きた》れば、我三種《わがさんしゅ》の神器《じんぎ》の一《いち》なる八咫鏡《やたのかがみ》は國民《こくみん》の鑑《かがみ》とすべき神《かみ》の律法《りつぽう》にして、勾玉《まがたま》は國家《こつか》及國民《およびこくみん》の生命《せいめい》ともいふべき稜威《りょうい》を示《しめ》し、又叢雲劍《またむらくものつるぎ》は皇國《こうこく》の大方針《だいほうしん》を教《おし》へたるものにして、擧々服《けんけんふく》膺《よう》し來《きた》れば神州帝國《しんしゅうていこく》の正體《しょうたい》、將來及使命《しょうらいおよびしめい》自《みず》から會得《えとく》せらるべきなり、借問《しやもん》す、大正《たいしょう》の國民《こくみん》、此三《このさん》種《しゅ》の神器《じんぎ》を仰《あお》ぎて感果《かんはた》して如何《いかん》。

第五章　結《けつ》論《ろん》

余《よ》は之《これ》にて現代世界《げんだいせかい》を代表《だいひょう》する三強國《さんきょうこく》、日英米《にちえいべい》を忌憚《きたん》なく赤裸々《せきらら》に剝《は》ぎ去《さ》りたるを信《しん》ず、勿論《もちろん》悉《つく》して餘《あま》す所《ところ》なしとはいはざるも、此三強《このさんきょう》の正體《しょうたい》が遺憾《いかん》なく明《あきら》かに爲《な》し得《え》たるを疑《うたが》はず、されど人或《ひとあるい》は謂《い》はむ、英米兩國《えいべいりょうこく》を餘《あま》りに醜《みにく》く、日本《にほん》を餘《あま》りに美《うる》はしく現《あら》はしたる嫌《けん》なきに非《あら》ずやと、然《しか》り、余《よ》何《な》んぞ之《これ》を知《し》らざらんや、されど事實《じじつ》は蔽《おお》ふべからず、又曲《またま》ぐべからず、英米《えいべい》が醜態《しゅうたい》を露出《ろしゅつ》せるは從來餘《じゅうらいあま》りに厚化粧《あつげしょう》を以《もっ》て世間《せけん》を粧塗《しょうと》し居《お》りしが故《ゆえ》なり、而《しか》して日本《にほん》が美容《びよう》を露出《ろしゅつ》せるは從來餘《じゅうらいあま》りに塵埃《じんあい》に汚《よご》れ居《お》りしが故《ゆえ》なり、余《よ》はジンゴイストに非《あら》ず、余《よ》は神《かみ》の傳道者《でんどうしゃ》なり、是《ぜ》を是《ぜ》とし、非《ひ》を非《ひ》とし何處《どこ》に憚《はばか》る所《ところ》なく、何人《なんびと》に忌《い》む所《ところ》なし、而《しか》して余《よ》の述《の》べたる所凡《ところすべ》て是《こ》れ事實《じじつ》なり、而《しか》も聖書《せいしょ》の豫《よ》言《げん》と約束《やくそく》に合致《がっち》するもの『神偕《かみとも》に在《まし》まさば誰《だれ》か我等《われら》に敵《てき》せんや』。

斯《か》くて余《よ》は彼等《かれら》を丸裸《まるはだか》となせり、蓋《けだ》し最後《さいご》の土俵《どひょう》は目前《もくぜん》に展開《てんかい》されたるが故《ゆえ》なり、而《しか》して此三強《このさんきょう》は將《まさ》に近《ちか》く此土俵上《このどひょうじょう》に相見《あいみ》ざるべからざる運命《うんめい》を有《ゆう》す、さらば三強《さんきょう》の將來如何《しょうらいいかん》。

われ天地《てんち》を振《ふる》はん

列國《れつこく》の位《くらい》を倒《たお》さん
又《また》異《い》邦人《ほうじん》の諸國《しょこく》の權勢《けんせい》を滅《ほろぼ》さん。

（舊約聖書《きゅうやくせいしょ》ハガイ書第《しょだい》二章《にしょう》　終《おわり》）

紀元前五百二十年《きげんぜんごひゃくにじゅうねん》、萬軍《まんぐん》の神《かみ》エホバ、預言者《よげんしゃ》ハガイをして世界終末《せかいしゅうまつ》の光景《こうけい》を預言《よげん》せしめ給《たま》はく『われ天地《てんち》を振《ふる》はん、列國《れつこく》の位《くらい》を倒《たお》さん、又《また》異《い》邦人《ほうじん》の諸國《しょこく》の權勢《けんせい》を滅《ほろぼ》さん』と、而《しか》して二千四百四《にせんよんひゃくよん》十三年《じゅうさんねん》の今日我等《こんにちわれら》は此豫言《このよげん》が眼前《がんぜん》に實現《じつげん》せられつゝあるを目撃《もくげき》す。

聖書《せいしょ》に所謂《いわゆる》「世《よ》の末《すえ》」（よのをはり）とは地球《ちきゅう》の科學的最後《かがくてきさいご》を言《い》へるものに非《あら》ずして、地上《ちじょう》に建《た》てられたる世界《せかい》の維新革命《いしんかくめい》、即《すなわ》ち神政復古《しんせいふっこ》の謂《いい》なり、而《しか》して是《こ》れ王政復古《おうせいふっこ》に實驗《じっけん》ある我日本《わがにほん》及《および》日本國《にほんこく》民《みん》には直《ただ》ちに諒解《りょうかい》さるべき事《こと》にして、民主《みんしゅ》が君主《くんしゅ》となりたるが如《ごと》く、サタンの政治《せいじ》より神《かみ》の政治《せいじ》に復歸《ふっき》する事《こと》あるは已《すで》に述《の》べたるが如《ごと》し、而《しか》して神政復古《しんせいふっこ》せられたる後《のち》にこそ、始《はじ》めて自由《じゆう》あるべし、平和《へいわ》あるべし、故《ゆえ》に我等神明《われらしんめい》に奉仕《ほうし》する者《もの》に取《と》りては、神政復古《しんせいふっこ》こそ鶴首翹望《かくしゅぎょうぼう》せらるべき大福音《だいふくいん》にして、勤王浪人《きんのうろうにん》が王政復古《おうせいふっこ》を待《ま》ち焦《こが》れたるが如《ごと》きなり、一首《いっしゅ》あり。

神政復古《しんせいふっこ》その日《ひ》その時《とき》邇《ちか》うして

かふとの下《した》に歌《うた》ふ蟋蟀《こおろぎ》

而《しか》して此世界《このせかい》終末《しゅうまつ》の前兆《ぜんちょう》として先《ま》づ現《あら》はるべきは『何《いず》れの時此事《ときこのこと》あるや、又世《またよ》の末《すえ》の兆《きざし》とは如何《いか》なるものぞや』との弟子《でし》の質問《しつもん》に答《こた》へられたるイエスの左《ひだり》の答訓《とうくん》にて知《し》るをうべし。（括弧内《かっこない》は著者《ちょしゃ》の説明《せつめい》なり）。

爾曹人《じそうひと》に欺《あざむ》かれざるやう慎《つつし》めよ、そは多《おお》くの人我名《ひとわがな》を冒《おか》し来《きた》り我《われ》はキリストなりといひて多《おお》く人《ひと》の欺《あざむ》くべし。（米國 宗《べいこくしゅう》の如《ごと》き其適例《そのてきれい》なり）

又汝等戰《またなんじらいくさ》と戰《いくさ》の風聲《ふうせい》を聞《き》かん、されど慎《つつし》みて懼《おそ》るゝ勿《なか》れ、此等《これら》の事《こと》は皆有《みなあ》るべきなり、されども末期《まつき》は未《いま》だ至《いた》らず。（世界大戰《せかいたいせん》は此適例《このてきれい》にして大戰《たいせん》は決《けっ》して終《おわ》りたるに非《あら》ず、今漸《いまようや》く二期《にき》に入《はい》りたるなり）

民起《たみおこ》りて民《たみ》を攻《せ》め、國《くに》は國《くに》を攻《せ》め（世界《せかい》の現状正《げんじょうまさ》に斷《かく》の如《ごと》し、我國《わがくに》に於《お》いて亦然《またしか》り）

饑饉《ききん》、疫病《えきびょう》、地震《じしん》ところ〴〵に有《あ》るならん、是《こ》れ皆《みな》 禍《わざわい》の始《はじめ》なり。（如何《いか》に天《てん》を畏《おそ》れず神《かみ》を知《し》らざる人《ひと》も端然襟《たんぜんえり》を正《ただし》うすべきにあらずや）

また不法《ふほう》みつるに因《よ》りて多《おお》くの人《ひと》の愛情《あいじょう》 冷《ひやや》かになるべし。（婦權《ふけん》を號《さけ》び子權《しけん》を唱《とな》へ家庭《かてい》にも學校《がっこう》

にも役所《やくしよ》にも會社《かいしや》にも主従師弟《しゆじゆうしてい》上下《じようげ》の觀念《かんねん》なく又奉公《またほうこう》の至情《しじよう》滅《ほろぼ》したる今日《こんにち》の我國民《わがこくみん》尚《な》ほ覺醒《かくせい》する能《あた》はざるか）

されど終《おわ》りまで忍《しの》ぶものは救《すく》はることを得《え》ん。

又天國《またてんごく》の此福音《このふくいん》を萬民《ばんみん》に證《しよう》せんために普《あま》ねく天下《てんか》に宣傳《せんつた》へられん、然《さ》る後末期《のちまつき》到《いた》るべし。

そは屍《かばね》（亡國《ぼうこく》パレステナ）のある所《ところ》に鷲《わし》（猶太人《ゆだやじん》）集《あつ》まらん、此等《これら》の日《ひ》の患難《かんなん》の後《のち》、日《ひ》は晦《くら》く、月《つき》は光《ひかり》を失《うしな》ひ、星《ほし》は雲《くも》より落《お》ち天《てん》の勢《いきお》ひ震《ふる》ふべし（神政復古戰《しんせいふつこせん》の光景《こうけい》、日月星《じつげつせい》はサタンに與《く》みせる世《せ》界《かい》の諸國《しよこく》）

其時人《そのときひと》の子《こ》（キリスト）の兆天《きざしてん》に現《あら》はる（基督教徒《きりすときようと》の所謂《いわゆる》キリストの再臨《さいりん》にして猶太人《ゆだやじん》の所謂《いわゆる》メシヤ降臨《こうりん》なり）

地上《ちじよう》に在《あ》る諸族《しよぞく》は哭《な》き哀《あわれ》み且《か》つ人《ひと》の子《こ》の權威《けんい》と大《おおい》なる榮光《えいこう》を以《もつ》て天《てん》の雲《くも》に乗《の》り來《きた》るを見《み》ん。

又《また》その使等《つかいら》を遣《つか》はし、箛《こ》の大《おおい》なる聲《こえ》を出《だ》さしめて天《てん》の此極《このきわみ》より彼極《かのきわみ》まで四方《しほう》より其選《そのえら》ばれし者《もの》（猶太人《ゆだやじん》）を集《あつ》むべし。

宗派《しゆうは》の奴隷《どれい》なる宗教眼《しゆうきようがん》にては固《もと》より見《み》るを得《あたわ》ざらんも、三世《さんせい》を通《つう》じて皇天《こうてん》に對《たい》する信仰眼《しんこうがん》あらんには必《かなら》ずや右《みぎ》の聖訓《せいくん》と眼前《がんぜん》の事實《じじつ》との一致《いつち》を信《しん》じうべきなり、故《ゆえ》に曰《いわ》く、今《いま》や神政復古《しんせいふつこ》の兆歴然《きざしれきぜん》たりと。

王政復古《おうせいふつこ》の舞臺《ぶたい》開《ひら》かるゝに當《あた》りて、封建《ほうけん》の古《ふる》き幕《まく》は切《き》り落《おと》されたり、而《しか》して我日本《わがにほん》の明治維新《めいじいしん》は成《な》りたるなり、而《しか》して斯《か》くの如《ごと》く今《いま》や世界《せかい》の維新亦成《いしんまたな》らんとし、神《かみ》は萬國《ばんこく》に亘《わた》る大《おおい》なる篩《ふるい》を以《もつ》て天地《てんち》を振《ふる》はし、列國《れつこく》の位《くらい》を倒《たお》し、異邦諸國《いほうしよこく》の權勢《けんせい》を滅《ほろ》ぼしつゝあるを見《み》るなり、而《しか》して之《これ》がために奮闘《ふんとう》すべく猶太民族《ゆだやみんぞく》なるもの特《とく》に選《えら》ばれたるなり、神《かみ》の選民《せんみん》と彼等《かれら》が稱《しよう》するは之《これ》がためなり、而《しか》して遠慮《えんりよ》なく會釋《えしやく》なく、情實《じようじつ》なく、滅《ほろ》ぼさるべきものは悉《ことごと》く滅《ほろ》ぼされ、倒《たお》さるべきものは凡《すべ》て倒《たお》され、呪《のろ》はるゝものと、祝《しゆく》せらるゝものとは、山羊《やぎ》と綿羊《めんよう》とを左右《さゆう》に別《わか》つが如《ごと》く分《わか》たれつゝあるなり。

往《ゆ》きて過去《かこ》二十年《にじゆうねん》の事實《じじつ》を見《み》よ、來《きた》りて眼前《がんぜん》の現狀《げんじよう》を言《い》よ、而《しか》して世界萬國《せかいばんこく》が如何《いか》に激烈《げきれつ》に變化《へんか》したるかを見《み》よ、帝國《ていこく》として健全《けんぜん》に殘《のこ》り居《お》るは東陲只獨《とうすいただひと》り我日本《わがにほん》あるのみに非《あら》ずや、而《しか》して他《た》の幾《いく》十《じゆう》の帝王諸國《ていおうしよこく》は『共和《きようわ》は世界《せかい》の大勢《たいせい》なり』てふ秋風《あきかぜ》に誘《さそ》はれて紅葉《こうよう》しつゝある間《あいだ》に在《あ》りて、日本帝《にほんてい》國獨《こくひと》り老松《おいまつ》の如《ごと》く常磐《ときわ》の色《いろ》をたゞへて亭々《ていてい》たるなり、夫《そ》れは紅葉《こうよう》は一時美觀《いちじびかん》を呈《てい》するも軈《やが》て凋落《ちようらく》すべきが如《ごと》く、革命《かくめい》なる木枯風《こがらしかぜ》に吹《ふ》かれて帝國又《ていこくまた》は王國《おうこく》は共和國《きようわこく》となり、一時偉觀《いちじいかん》を示《しめ》すならんが、乞《こ》ふ事實《じじつ》に徵《ちよう》せよ、帝王國《ていおうこく》が共和國《きようわこく》となつて以前《いぜん》に增《ま》して隆昌《りゆうしよう》し居《お》る國《くに》は何《いず》れにありや、一《ひと》つだに無《な》きに非《あら》ずや而《しか》して多《おお》くは滅亡《めつぼう》し行《ゆ》くなり。

此王等《このおうら》の日《ひ》に、天《てん》の神《かみ》、一《いち》の國《くに》を建《た》て給《たま》はん
是《これ》は何時《なんどき》まで滅《ほろ》ぶること無《な》からん
此國《このくに》は他《た》の民《たみ》に歸《き》せず、却《かえ》つて此諸《このもろもろ》の國《くに》を打破《うちやぶ》りて之《これ》を滅《めっ》せん
是《これ》は立《た》ちて永遠《えいえん》に到《いた》らん。

（舊約聖書《きゅうやくせいしょ》ダニエル書第二章四十四節《しょだいにしょうよんじゅうよんせつ》）

此豫言《このよげん》はイスラエル王國已《おうこくすで》に滅《ほろ》びて、日本帝國建設《にほんていこくけんせつ》せられ、神武天皇始《じんむてんのうはじ》めて皇國史《こうこくし》の初頭《しょとう》を綴《つづ》り給《たま》へる時《とき》に示《しめ》されたるものなるが故《ゆえ》に、イスラエル王國《おうこく》を指《さ》したるものに非《あら》ざるは明《あきら》かなるが、今日此《こんにちこの》豫言《よげん》に合格《ごうかく》し居《お》るもの我日本《わがにほん》の外無《ほかな》きに非《あら》ずや。

化粧《けしょう》、假装《かそう》、僞容《ぎよう》、虚飾《きょしょく》の世界《せかい》は漸《ようや》く終《おわ》りを告《つ》げんとして、世界《せかい》は一時赤裸々《いちじせきらら》にせられんとす、正善正眞《せいぜんしょうしん》の裸體美茲《らたいびここ》に制《とどま》りて始《はじ》めて神前《しんぜん》に讃美《さんび》せられんとす『學者何處《がくしゃどこ》にある、此世《このよ》の論者何處《ろんしゃどこ》にある』科學《かがく》も之《これ》を造《つく》る能《あた》はず、金錢《きんせん》も之《これ》を求《もと》むる能《あた》はず、權力《けんりょく》も之《これ》を奪《うば》ふ能《あた》はず、唯神《ただかみ》の國《くに》と其義《そのぎ》とを求《もと》めて止《とど》まざりし者《もの》のみ此恩典《このおんてん》に浴《よく》しうるなり、而《しか》して民《たみ》としては猶太人《ゆだやじん》、國《くに》としては日本《にほん》なるべきは最早蔽《もはやおお》ふべからざる事《こと》なり。

故《ゆえ》に余《よ》は猶太人《ゆだやじん》の世界征服運動《せかいせいふくうんどう》に敬意《けいい》を表《ひょう》し又感謝《またかんしゃ》す、されど彼等未《かれらいま》だ日本帝國《にほんていこく》が斯《かか》る神祕國《しんぴこく》なる

を知《し》らずして支那《しな》又《また》は印度《いんど》其他《そのた》と同様《どうよう》に異教國視《いきようこくし》し、之《これ》が覆滅《ふくめつ》に汲々《きゆうきゆう》たるなり、殊《こと》に彼等《かれら》は我帝政《わがていせい》を呪《のろ》ふや酷《こく》なり、於茲乎《ここにおいてや》、假令彼等《たといかれら》の使命如何《しめいいか》に偉且大《いかつだい》なりとも、誤《あやま》つて此皇國《このこうこく》の運命《うんめい》を呪《のろ》はしむるが如《ごと》きあらば、我等何《われらなん》の面目《めんぼく》あつて神明《しんめい》に見《み》へんとする乎《や》。

國民《こくみん》よ、猶太人《ゆだやじん》の使命如何《しめいいか》にもあれ、彼等《かれら》は現在我皇國《げんざいわがこうこく》の敵《てき》なり、彼等《かれら》をして一歩《いつぽ》も皇土《こうど》を汚《けが》さしむるべからず、されど彼等《かれら》の運動《うんどう》は已《すで》に深《ふか》く我國家《わがこつか》を禍《わざわい》しつゝあるなり、されば國民《こくみん》よ、彼等《かれら》の運動《うん》につきては拙著《せつちよ》「猶太民族《ゆだやみんぞく》の大陰謀《だいいんぼう》」につき精讀《せいどく》あるべし、而《しか》して目下我國《もつかわがくに》に行《おこな》はれ居《お》る彼等《かれら》の運動《うんどう》は一切之《いつさいこれ》を撲滅《ぼくめつ》するの英斷《えいだん》に醒《さ》めよ、普選《ふせん》にあれ、婦人參政權《ふじんさんせいけん》にあれ、水平運動《すいへいうんどう》にあれ、勞働運動《ろうどううんどう》にあれ、現狀打破《げんじようだは》にあれ、自由《じゆう》にあれ、平等《びようどう》にあれ、デモクラシイにあれ、彼等《かれら》の術中《じゆつちゆう》に陷《おちい》るが如《ごと》き狂號《きようごう》は一切之《いつさいこれ》を廢棄《はいき》し、各自丸裸《かくじまるはだか》となつて皇國擁護《こうこくようご》の忠勇《ちゆうゆう》に活《い》きよ、而《しか》して一時《いちじ》なりとも敵《てき》を擊《げき》退《たい》したる後《のち》、日本帝國《にほんていこく》の神州《しんしゆう》ある所以《ゆえん》を彼等《かれら》に教《おし》へ、然《さ》る後彼等《のちかれら》と協同《きようどう》して神政復古《しんせいふつこ》の宏業《こうぎよう》を完成《かんせい》すべきなり

エホバ斯《か》く言《い》ひたまふ。

われ高《たか》き檜《ひのき》の梢《こずえ》の一《いち》を取《と》りて之《これ》を植《う》ゑ、その芽《め》の嶺《みね》より若芽《わかめ》を摘《つ》みとりて之《これ》を高《たか》き勝《すぐ》れたる山《やま》に樹《う》ゆべし、イスラエルの高《たか》き山《やま》に我《わ》れ之《これ》を植《う》ゑん、是《これ》は枝《えだ》を生《しよう》じ果《か》を結《むす》びて熾《さか》んなる檜《ひのき》となり、諸《もろもろ》の

國《くに》の鳥《とり》皆《みな》其下《そのした》に棲《すま》ひ、その枝《えだ》の蔭《かげ》に住《す》まはん、是《これ》に於《お》いて野《の》の樹《き》皆《みな》われエホバ高《たか》き樹《き》を卑《いやし》くし、卑《いやし》き樹《き》を高《たか》くし、綠《みどり》なる樹《き》を枯《か》れしめ、枯木《こぼく》を綠《みどり》ならしめしことを知《し》らん。

（舊約聖書《きゅうやくせいしょ》イゼキエル書第十七章《しょだいじゅうななしょう》 終《おわり》）

イスラエル王國《おうこく》の分身《ぶんしん》なる日本《にほん》が、勝《すぐ》れたる高《たか》き山《やま》　樹《た》てられたるなり、卽《すなわ》ち外冠《がいかん》を許《ゆる》さぬ安全地《あんぜんち》帶《たい》なり、而《しか》して大檜樹《おおひのき》となつて世界《せかい》を蔽《おお》ふべし、檜樹《ひのき》は神殿造營《しんでんぞうえい》の用材《ようざい》あり、卽《すなわ》ち神政復古《しんせいふっこ》の使命《しめい》を指《さ》したるものにして、野《の》の樹《き》とは萬國《ばんこく》なり、綠樹《りょくじゅ》は枯木《こぼく》となりたるは英國《えいこく》の章《しょう》に於《お》いて之《これ》を知《し》るべく枯木《こぼく》が綠樹《りょくじゅ》となりたるは日本《にほん》の章《しょう》に於《お》いて之《これ》を知《し》るべし。

何一《なにひと》つ不自由《ふじゆう》なき皇國《こうこく》に生《うま》れ、而《しか》も感謝《かんしゃ》の念《ねん》なきは、私慾《しよく》に驅《か》られて外《そと》に贅《ぜい》を求《もと》むればなり、國民《こくみん》よ、贅澤《ぜいたく》より醒《さ》めて必要《ひつよう》に歸《かえ》れ、而《しか》して常磐《ときわ》の綠《みどり》滴《したた》る二千六百年來《にせんろっぴゃくねんらい》の老松《ろうしょう》を仰《あお》ぎ、心行《こころゆ》く讃美《さんび》もて汝《なんじ》の殘生《ざんせい》を奉仕《ほうし》せずや。

世界《せかい》の正體《しょうたい》と猶太人《ゆだやじん》（終《おわり》）

酒井勝軍　さかい かつとき

1874年（明治７年）山形県生まれ。青年時代にキリスト教の洗礼を受けて、キリスト教徒となる。日露戦争、シベリア出兵に従軍するうちに知った欧米の反ユダヤ主義を、書籍などを通して日本に紹介。しかし次第にその思想は親ユダヤ的なものに変化していき、日ユ同祖論者となる。その後日本のピラミッドの探求や、特別高等警察に弾圧されながらも、竹内文書に基づく天皇の意義を主張し続けた。1940年（昭和15年）逝去。

※本文中に含まれる不適切な表現及び伏字は、復刻版として初出時の原稿をそのまま掲載したものです。予め、ご了承ください。

奪われし日本【復活版】シリーズ001
世界の正体と猶太人

第一刷　2023年4月30日

著者　酒井勝軍

発行人　石井健資

発行所　ともはつよし社
〒162-0821　東京都新宿区津久戸町3-11　TH1ビル6F
電話　03-5227-5690　ファックス　03-5227-5691
http://www.tomohatuyoshi.co.jp　infotth@tomohatuyoshi.co.jp

発売所　株式会社ヒカルランド
〒162-0821　東京都新宿区津久戸町3-11　TH1ビル6F
電話　03-6265-0852　ファックス　03-6265-0853
http://www.hikaruland.co.jp　info@hikaruland.co.jp

振替　00180-8-496587

本文・カバー・製本　中央精版印刷株式会社
DTP　株式会社キャップス
編集担当　TakeCO/Manapin

Printed in Japan
ISBN978-4-86742-213-7